U0931337

社会工作教育问题研究

臧其胜 著

四川人民出版社

图书在版编目（CIP）数据

社会工作教育问题研究 / 臧其胜著. -- 成都 : 四川人民出版社, 2025. 2. -- ISBN 978-7-220-13832-4

Ⅰ. D632

中国国家版本馆 CIP 数据核字第 202433Y8H5 号

SHEHUI GONGZUO JIAOYU WENTI YANJIU

社会工作教育问题研究

臧其胜　著

出 版 人	黄立新
责任编辑	汤　梅
版式设计	张迪茗
封面设计	李其飞
责任校对	蓝　海
责任印制	周　奇
出版发行	四川人民出版社（成都三色路 238 号）
网　　址	http://www. scpph. com
E-mail	scrmcbs@ sina. com
新浪微博	@四川人民出版社
微信公众号	四川人民出版社
发行部业务电话	（028）86361653　86361656
防盗版举报电话	（028）86361661
照　　排	四川看熊猫杂志有限公司
印　　刷	成都勤德印务有限公司
成品尺寸	165mm×238mm
印　　张	23. 5
字　　数	410 千
版　　次	2025 年 2 月第 1 版
印　　次	2025 年 2 月第 1 次印刷
书　　号	ISBN 978-7-220-13832-4
定　　价	98. 00 元

国家社科基金后期资助项目

出版说明

后期资助项目是国家社科基金设立的一类重要项目，旨在鼓励广大社科研究者潜心治学，支持基础研究多出优秀成果。它是经过严格评审，从接近完成的科研成果中遴选立项的。为扩大后期资助项目的影响，更好地推动学术发展，促进成果转化，全国哲学社会科学工作办公室按照“统一设计、统一标识、统一版式、形成系列”的总体要求，组织出版国家社科基金后期资助项目成果。

全国哲学社会科学工作办公室

本书为全国高校思想政治理论课教师研修基地（苏州大学）研究成果；

江苏省委宣传部、苏州市委宣传部、苏州大学“部校共建马克思主义学院”研究成果；

江苏省优势学科第三期项目研究成果；

江苏省中国特色社会主义理论体系研究中心苏州大学基地、江苏省习近平新时代中国特色社会主义思想研究中心苏州大学基地、在苏高校马院联盟理论研究成果。

序　言

迈向整合型的中国社会工作教育研究

2011 年初，其胜在众多考生中胜出，迈入南京大学攻读社会学（社会福利与社会工作方向）博士。次年，他带着两个博士研究选题征求我的意见，一是社会福利，二是社会工作教育。我当时和他深聊之后，基于他的学术背景和前期成果，认为他以社会工作教育研究为博士论文选题未免较窄，而选择社会福利，走强理论、强方法、强资料、强创新之路更合适，可以为自己博士论文和未来研究建好平台。在社会福利领域，我为其胜提出了当时在中国极具创新性的福利态度研究选题。他克服了身体健康等方面的诸多困难，完成的博士论文获南京大学优秀论文奖，在博士论文基础上出版了专著《迈向福利共同体：中国公众福利态度研究》（2021 年），发表了多篇福利态度研究论文，成为该领域具有前沿成果的学者。同时，他在社会工作教育领域也不断研究，形成发表在《社会学研究》上的《标准化案主：社会工作临床技能教育的新策略》高水平成果。他始终没有放弃社会工作教育研究，热爱社会工作教育志向未改，从 2009 年底萌生标准化案主概念及不断精进的研究，到 2024 年 12 月出版专著，十五年磨一剑，可喜可贺。

其胜这本专著完全是基于个人对社会工作专业兴趣而成就，强调以教师为中心，而非学生为中心，较多考虑的是教育管理、教师投入的可能性和可持续性。他将总体目标设定为建构面向“开放、标准与公信”的社会工作教育行动纲领，力图跨越理论与实践的鸿沟，培养出合格的专业人才，从而提高社会工作教育的公信力。包括四项具体目标：以能力为目标，优化社会工作教育协同体系；以照顾为取向，重构社会工作专业培养方案；以评估为中轴，搭建证据—表演—服务模型；以技术为支撑，改造社会工作实验教学平台。从具体内容来看，该专著在行动纲领上，提出“开放、标准、公信”的六字方针；在分析框架上，应用社会—生态系统解释框架整体考察社会工作教育；在教育模型上，建立了社会工作教育的生态系统模式与证据—表演—服务模型；在教育策略上，在国内率先引入标准化案主，基于此设计出评价指标并应用之；在能力指标上，将能力区分为基础性能力、扩展性能力与过程性能力；在培养方案上，倡导以照顾为核心的课程体系的构建。作者认为，社会工作教育的发展处于特定的场域；标准化是社会工作专业化、职业化的核心表征与必由路径；能力建设是社会工作教育的核心目标；课堂教学与机构实习同等重要；技术性实践与反思性实践无对错之分；模拟教学应走向标准化；实践即表演，表演即实践。

该成果为国家社科基金后期资助项目，于2020年获准立项。它以可视化的文献计量方法识别社会工作教育研究的热点、前沿与知识基础，运用比较的方法揭示中外社会工作教育发展面临的异同，以及中国社会工作教育发展蕴含的内部张力；以社会—生态系统框架解释社会工作教育承受的宏观政策型构与微观要素配置，梳理政策或重大事件的历史沿革，绘制社会工作教育发展过程中从知识为本向能力为本、从经验权威为本向证据为本的焦点转移轨迹。据此提出开放性、标准化与公信力相统一的行动纲领，并通过政策文本解读确立以责任、质量与科学为原则设计的培养方案。针对社会工作临床技能教育策略，以标准化案主为参照系，提出十四项评估指标，构建量表并应用于社会工作教育策略的比较筛选中。在此基础上，该专著将理论、方法、工具和实务整合在社会工作教育生态系统中，构建跨越虚拟和现实的社会工作教育行动框架，并以此作为实务展开的结构，为社会工作教育课堂教学提供了理想设计中的行动指南和现实约束下的实践范本，切实践行“在行动中研究，在研究中行动”之行动研究理念。

该成果立足于社会工作教育的国内外研究成果及实践发展路径和中国特色，以提高社会工作教育公信力为目标，以保持开放性与推动标准化为策略，以学生专业能力培养为落脚点，有助于从整体上更为完整、更为准确地把握社会工作教育的理论、方法、工具和实务体系，进而推动教育理念、课程体系和实践教学的总体性变革，形成新的培养体系。该专著引入多元学科理论，强调证据为本，倡导回归课堂，推动实践教学，阐述证据生产、剧本设计、表演培训、能力评估等的理论依据和实践流程，讨论机构参与教育过程的障碍，区分能力评估指标为强标准与弱标准，搭建了一个理想的社会工作临床技能的教育与评估体系，包括场景篇、证据篇、表演篇、服务篇与评估篇，跨越宏观与微观、虚拟与现实、理论与实践、行动与研究、课堂与实习等的鸿沟，为后续研究、实践应用提供了相对完整和专业的参照坐标。

他在框架设计上，借鉴了制度分析与发展框架、社会—生态系统框架，设计出社会工作教育的研究框架，为后续研究提炼了一系列的具有普适性的分析参数、解释框架与实践流程；在方法应用上，引入文献计量学，推动社会工作教育文献研究的可视化和网络化；在理论采借上，整合生态系统理论、行动研究理论、社会表演理论、体验学习理论，应用循证实践理念与标准化案主教学策略，引入区块链技术，构建证据、表演与服务为一体的社会工作教育 EPS 模型，有助于推动社会工作教育的理论研究与标准化建设；在模式选择上，引入生态系统模式，为研究、教育与实践的互惠机制的建立提供支持；在路径选择上，坚持课堂教学与机构实习并重，倡导在技术规制的基础上增加反思批判的元素的教学模式。

他在该专著中总结道，新的培养体系正视社会工作教育面临的环境约束，积极引入现代技术，构建了比较完善的社会工作教育培养体系。通过建立社会工作临床技能测量指标，引入标准化案主教育策略，新的培养体系可以支持社会工作职业资格考试在模拟环境下以同一标准评估不同个体能力。通过引进区块链技术，以社会工作实验室为平台，以证据为共享的语言，在研究、教育与实践三个子系统间建立了良好的数据交换与存储机制。新的培养体系有助于推动社会工作教育的信息化，并能为社会工作实验室的建设提供实践指导。

尽管专著内容已经比较丰富，但仍存在不足与有待深化的议题。如，目前研究仅限于普通高等学校社会工作本科教育，不包括职业教育与机构培训；未提供基于责任、质量与科学设计原则的培养方案理想范本。而以照顾为核心的课程设计、教学模式比较、教育供应链建设，以及学生投入等问题的研究有待进一步深化。总体而言，这是一本具有学术创新的专著。

2024 年是中国社会工作教育史上一个特别的日子，中国社会工作教育协会走过了艰难而辉煌的三十年历程。伴随着中国经济社会发生的巨大变化以及社会需要，社会工作教育经历了从恢复重建，从蹒跚而行到快速发展的历程。中国社会工作教育协会下设 24 个专业委员会，9 个基于地区的片区中心工作机制，横向纵向交流整合。开办社会工作专业的院校从恢复重建时的寥寥几所发展到目前的 400 多所；社会工作专业硕士从 2009 年第一批 33 个专业硕士点到今天的 215 个专业硕士点；最新的统计信息是有 15 个大学已经设立社会工作专业博士点，包括自主设立和非自主设立两种类型，不同层次的教育整合。社会工作教育专业化程度不断提高，为转型期的社会建设和社会治理做出了重要贡献。社会工作专业教育的发展是中国社会工作发展的重要支撑，在新发展阶段也面临新发展的发展任务和发展空间。因此，中国特色的社会工作教育是一个意义重大的研究领域，需要更多的学者进入这个领域开展深度研究，将宏观和微观研究整合，制度体系研究和分支领域研究整合，多元研究方法和多类型资料整合。期待其胜和社会工作同行推出新的研究成果。

是为序。

彭华民
南京大学二级教授
中国社会工作教育协会副会长
国际社会工作教育联盟能力建设委员会中国代表
2024 年 12 月 1 日

目录 Contents

第一章　社会工作教育的研究缘起与基本问题

第一节　无法信任的社会工作教育

一、社会工作教育的公信力

社会工作专业化发端于19世纪末，1900年美国教育学家西蒙·N·帕顿（Simon N. Patten）将其命名为“社会工作”（李伟，2018）[①]。1890—1910年，对社会工作者的正式培训，标志着社会工作教育正式开始，到1912年社会工作教育的基础结构正式建立（Austin，1983）。但社会工作教育自其开启之日就处于争议与质疑中。1904—1912年间，纽约慈善学院推动延长培训年限的改革，引发了课程设置应基于“社会理论”还是“实践智慧”（practice wisdom）路径的争论（Austin，1983）。1915年，在美国慈善与矫正会议（The National Conference of Charities and Corrections）上，亚伯拉罕·弗莱克斯纳（Abraham Flexner）宣称，由于缺乏责任性和沟通技术，社会工作不能称之为一门专门职业（朴炳铉，2012：97）。1929年，米尔福德会议（Milford Conference）产生了关于“社会工作是艺术还是科学”的争论。1951年欧内斯特·霍利斯（Ernest Hollis），1959年爱丽丝·泰勒（Alice Taylor）与沃纳·博姆（Werner Boehm），围绕社会工作专业教育推动改革的研究失败（Dunlap，1993；Stoesz & Karger，2009）展开研究。20世纪60年代，出现了对专业权威的质疑，开启了由基于道德、权威向基于经验的范式转型进程，而后者又存在经验临床实践与证据为本实践的争议（Okpych & Yu，2014）。20世纪70年代，美国社会工作者联合会与美国社会工作教育协会（CSWE）先后批准“专业社会工作本科课程”标准，引发了“通才教育”与“专才教

① 学界通常将“社会工作”概念的发明者归于美国教育学家帕顿（1852—1922）名下，但美国大学与睦邻运动引进与发展的关键人物罗伯特·伍兹（Robert Woods）（1865—1925）提出其于1893年在论文中就使用了“社会工作”（social work）一词，而帕顿于1900年才提出“社会工作者”（social worker）的概念。参见 Abels，Paul 1998，“And the Angels Sang.”Reflections：Narratives of Professional Helping 4（2）.

育”的争论（刘继同，2012）。同一时期，乔尔·费希尔（Joel Fischer）也对社会工作专业服务的效力（effectiveness）提出了质疑（Fischer，1973）。可以说，社会工作始终是“一个充满争议的专业”（Cooper，1977）。即便到了20世纪90年代，仍有学者指责社会工作违背满足公众需要与提升公众福祉的本初使命而成了“不忠诚的天使”（Specht & Courtney，1995）。在其创建百年之后，至今仍然无法满足“为他人提供可实现的、负责任的服务”的专业目标（臧其胜，2018）。其不仅要为公信力（public credibility）而奋斗，而且要为学术地位而奋斗（Stoesz，Karger，& Carrillo，2017：ix）。关于社会工作的功能是社会改革还是个体治疗的争论也早已过了百年（Haynes，1998）。“人在情境中”的视角则试图调和个体治疗与社会变革之间的关系，随之产生的一系列问题激发了社会工作教育的活力：社会工作专业使命是变革（change）还是改良（adjustment）？知识的积累是通过师徒制还是通过研究？社会工作最终是一种职业还是一门专业？社会工作是试图改变社会还是控制社会？（Stoesz，Karger，& Carrillo，2017：3—4）这一系列问题的澄清将有助于改变社会工作地位的模糊性。

社会工作的实践应当是高品质的、有效的、代表案主最佳利益的，这样的专业化才能赢得公众的尊重与信任（Hunt，2017）。最近几十年，责任运动（accountability movement）席卷美国的高等教育，它们通过各种工具评估学业成绩。与其他专业比较，无论是本科还是研究生，社会工作学生在大学学习评价（Collegiate Learning Assessment，CLA）中，得分都几乎是最低的（Stoesz，2013）。特别是，社会工作者屡次被揭露（虽然在某些情况下被夸大）没有遵守法律要求、必要的标准、机构准则和程序规则；他们对法律的知识有限且过时；他们缺乏适当的责任感，人们呼吁政府限制社会工作者的权力，或者要求他们在获准执业之前先学会高效和胜任（Vass，2004：1）。当社会工作作为一项专业事业仍在为公信力苦苦挣扎时，全国的社会工作学院也会受到冲击高等教育的力量的冲击（Stoesz，Karger，& Carrillo，2017：11）。20世纪80年代末，英国对社会工作教育和培训进行了全面改革，最终形成了新的社会工作资格证书，即社会工作文凭。要求获得文凭后方可执业，一个主要原因就是公众对社会工作的公信力失去信心（Vass，1996：9）。

中国社会工作教育的公信力同样不容乐观。2000年以来，社会工作教育进入“井喷和超常式”飞速发展阶段，绝大多数院校在一无专业师资，二无专业教材，三无技术技能操作规范，四无必要硬件条件的背景下开设社会工作专业（刘继同，2012；熊跃根，2005），其输出质量自然令人无法恭维。同时，行政机构的行政介入与非专业性管理使得社会工作的专业性难以有效体现（柴定红，2015：5）。当然，中国社会工作的新目标和新做法与西方并不会完全一致，国际社会工作联盟关于社会工作的定义，即西方意义上的专业社会工作，仅具有参考价值（Hutchings &Taylor，2007）。目前，社会工作专业在治理体系的优化、教育资源的配置、课程体系的设计、专业教材的开发、主干课程的选择、教学大纲的编制、师资力量的培训、实习基地的建设、学术交流的开展、硬件条件的配备、评估指标的设计上仍有待改善。但仅有符合质量标准的黄沙、水泥、石子并不意味着就能承建出符合质量标准的高楼大厦，并且学术研究与专业协会倡导的条件配置与指标体系仅具有参考意义，缺乏强制性。而在社会工作专业硕士招生上，有高校基于生源质量更倾向招收调剂非社会工作专业的985、211高校的学生，不愿招收调剂超过国家分数线的普通高校社会工作专业的学生。在学生论文评审上，何谓社会工作专业论文虽有指引性文件，但在实践中，无论是高校间还是高校内，专业教育者都缺乏共识，导致学生的毕业论文或设计因评审老师的认知取向或偏好而无法通过。在专业培训与机构评估中，专家的理念常常被行政机构官员与机构实践者视为纸上谈兵。从个人行为来看，部分专家或教师、学生在具体行动上的表现并不具有社会工作者的品质。在人才招聘中，社会组织或公共部门无法识别简历的真假，无法测量简历的水分，难以寻找到合适的社工。可以发现，行政机构对高校不信任，社会对专业不信任，机构对专家不信任，同行对同行不信任等现象仍然较为突出，导致社会工作专业的学生因学校不同而在求职、升学等问题上遭遇不公平。究其本质，是我们无法信任当下中国的社会工作教育。

本书正是以此作为思考的出发点，基于教育者视角，全面考察社会工作教育发展面临的社会、经济、政治设置与其他生态系统，以及教育资源系统、治理系统等的影响，在悬置内外部因素后试图重建社会工作教育模型，缩小理论与实践的差距，全面提升学生的专业能力，增强教育过程的透明度与可溯源性，进而提高社会工作教育的公信力。

二、教育改革的现实驱动

1. 教育改革的质量观

社会工作专业的发展必然置于教育政策的场域之中。在21世纪的前30年，从树立高等教育的“质量意识”，到走向“质量革命”，然后达到

“质量中国”构成“中国本科教育的三部曲”（吴岩，2019）①。《国家中长期教育改革和发展规划纲要（2010－2020年）》指出，提高质量是教育改革发展的核心任务，而能否促进人的全面发展、适应社会需要成为衡量教育质量的根本标准②。教育部2018年启动实施“六卓越一拔尖”计划2.0，③ 包括卓越医生、卓越新闻传播人才、卓越法治人才、卓越工程师、卓越农林人才、卓越教师教育人才培养计划，以及基础学科拔尖学生培养计划。④ 2019—2021年，面向所有高校、所有专业，全面实施一流专业建设“双万计划”、一流课程建设“双万计划”，建设基础学科拔尖学生培养一流基地，全面推进新工科、新医科、新农科、新文科建设，提高高校服务社会经济发展能力。“双万计划”，中央和地方分“赛道”建设，给地方高校留足发展空间⑤，部分高校社会工作专业或课程入选。社会工作教育正由从无到有向从有到好转变，目前“正在进入一个新的、高质量创新发展阶段”（何雪松、刘仕清，2020）。

尽管2010年国务院在《国家中长期人才发展规划纲要（2010—2020年）》中将社会工作专业人才提升为与党政人才、企业经营管理人才、专业技术人才、高技能人才和农村实用人才相并列的第六支主体人才地位，但社会工作专业人才尚未被纳入教育部的卓越人才计划。基础学科拔尖人才培养计划2.0现已扩展到心理学、哲学、经济学、中国语言文学、历史学等传统的人文社会科学学科，但尚无法学门类，更不谈社会学，以及藏身在应用社会学二级学科下的社会工作。

---

① 《吴岩司长在高等学校专业设置与教学指导委员会第一次全体会议上的讲话》，2019－06－20，http://fzgh.nchu.edu.cn/zcfg/content_56603。

② 《国家中长期教育改革和发展规划纲要（2010－2020年）》，2010－07－29，http://old.moe.gov.cn/publicfiles/business/htmlfiles/moe/info_list/201407/xxgk_171904.html?authkey=gwbux。

③ 《教育部等六部门关于实施基础学科拔尖学生培养计划2.0的意见》，2018－10－08，http://www.moe.gov.cn/srcsite/A08/s7056/201810/t20181017_351895.html。

④ 《教育部关于加快建设高水平本科教育全面提高人才培养能力的意见》《教育部等六部门关于实施基础学科拔尖学生培养计划2.0的意见》《教育部 国家卫生健康委员会 国家中医药管理局关于加强医教协同实施卓越医生教育培养计划2.0的意见》《教育部 中共中央宣传部关于提高高校新闻传播人才培养能力实施卓越新闻传播人才教育培养计划2.0的意见》《教育部 中央政法委关于坚持德法兼修实施卓越法治人才教育培养计划2.0的意见》《教育部 工业和信息化部 中国工程院关于加快建设发展新工科实施卓越工程师教育培养计划2.0的意见》《教育部 农业农村部 国家林业和草原局关于加强农科教结合实施卓越农林人才教育培养计划2.0的意见》《教育部关于实施卓越教师培养计划2.0的意见》。

⑤ 吴岩，教育部新闻发布会，2019－04－29，http://www.moe.gov.cn/fbh/live/2019/50601/twwd/201904/t20190429_380086.html。

由于“211工程”“985工程”以及“优势学科创新平台”和“特色重点学科项目”等重点建设存在身份固化、竞争缺失、重复交叉等问题，2015年国务院推出“双一流建设”（国务院，2015）①。其基本原则包括：坚持以一流为目标、坚持以学科为基础、以绩效为杠杆、坚持以改革为动力。要满足绩效评价，就必须“优化学科结构，凝练学科发展方向，突出学科建设重点，创新学科组织模式”。对于高校而言，最简单的方法就是调整专业结构，改变原有专业分类，“大类”招生，减少专业，科研成果也就纳入新学科门类下，从而增加新学科门类的科研业绩。2017年5月5日，为了优化学科专业结构，提升专业与课程建设水平，实现人才培养目标，直接目标是跨入国内高校的第一方阵，中山大学宣布2017年秋季停止包括社会工作、民族学在内的十五个本科专业招生，② 引发社会工作界激烈反应，但最终结果没有任何改变。援引教育部高等教育司司长吴岩的话来讲：专业结构关系到质量、服务、引领与根本。学校要下决心动专业调整这个奶酪，是要得罪人的。你要不得罪一部分少量的老师，你就得罪全体同学③。

2. 学科晋升的锦标赛

锦标赛的暗喻来自经济学中的“锦标赛理论”（Tournament Theory），分析的是公司管理中委托—代理关系的激励机制，通过考察业绩排名而非实绩的办法来选择谁能够获得晋升（周飞舟，2009）。锦标赛存在激励的有偏性、短期行为及其产生的逆向选择、人为制造绩效以及退出竞赛等问题，导致基础教育发展失衡（蔡芸、杨冠琼，2011）。在高等教育领域，教育的模式正从就业从业模式转变为创新创业模式，④ 其关注的焦点也就从知识的获得转向能力的培养，而晋升锦标赛被视为当下推动教育模式转变的最佳机制。在专业结构调整中，高校通常会将学生参赛获奖以较高的权重纳入综合评价方案中。目前有两大赛事席卷了全国高校：一是“挑战杯”，一是中国“互联网+”大学生创新创业大赛。

“挑战杯”启动于1989年，全称为“挑战杯”全国大学生系列科技学

---

① 《国务院关于印发统筹推进世界一流大学和一流学科建设总体方案的通知》，2015－10－24，http://www.gov.cn/zhengce/content/2015－11/05/content_10269.htm。

② 中山大学回应本科专业调整：就业率非唯一原因。https://www.sohu.com/a/140625219_219984。

③ 《吴岩司长在高等学校专业设置与教学指导委员会第一次全体会议上的讲话》，2019－06－20，http://fzgh.nchu.edu.cn/zcfg/content_56603。

④ 《吴岩司长在高等学校专业设置与教学指导委员会第一次全体会议上的讲话》，2019－06－20，http://fzgh.nchu.edu.cn/zcfg/content_56603。

术竞赛，是全国性的大学生课外学术实践竞赛，由共青团中央、中国科协、教育部和全国学联共同主办。包括两个交叉轮流开展的并列项目，两年举办一届：一是“挑战杯”中国大学生创业计划竞赛；二是“挑战杯”全国大学生课外学术科技作品竞赛①。创业计划竞赛起源于美国，又称商业计划竞赛事，它借用商业计划中风险投资的运作模式。该模式要求参赛者组建成一支优势互补的竞赛团队，提出一项具有市场前景的技术、产品或者服务，以获得风险投资为目的，完成一份完整、具体、深入、可行的创业计划②。中国“互联网+”大学生创新创业大赛启动于2015年，目的是以赛促学，培养创新创业生力军；以赛促教，探索素质教育新途径；以赛促创，搭建成果转化新平台③。大赛设金奖、银奖、铜奖和各类单项奖；另设高校集体奖、省市组织奖和优秀导师奖。这类奖项被纳入高校或专业评估的指标体系中，从而影响高校或专业的排名，成为教育部门引导或约束高校发展方向的工具。

锦标赛机制将社会工作教育席卷至不同专业共同竞争的赛道上，其带来的挑战已经无法回避。对社会工作专业而言，虽强调实务，但社会工作教育协会、学会与联合会及相关部门（如民政部门）尚未成功组织具有影响力的高等级竞赛，只能参加“挑战杯”、创新创业大赛等非行业竞赛，相对于经济管理类、理工科专业，处于劣势。在锦标赛机制的驱动下，社会工作教育界也不得不适应形势的需要，开始组织自己的赛事，并以成为高等级赛事为目标，这在一定程度上推动了实务的提炼、分享和专业的发展，但也在一定程度上偏离了社会工作的专业使命。

3. 教育技术的现代化

美国教育部自1996年开始每四年发布一次《国家教育技术计划》，2010年在《变革美国教育：技术推动的学习》中提出应用技术促进教育系统的结构性变革的目标，集中在学习、评价、教学、基础设施和生产力五个重要领域。2021年的最新计划则以《重新想象技术在教育中的角色》为题，以“领导力”取代“生产力”，强调“为创新和变革创造文化和条

---

① 《“挑战杯”中国大学生创业计划竞赛章程》，http://www.tiaozhanbei.net/rules2。

② 《“挑战杯”全国大学生课外学术科技作品竞赛和中国大学生创业计划竞赛》，http://www.tiaozhanbei.net/focus。

③ 《第五届中国“互联网”大学生创新创业大赛》，http://www.moe.gov.cn/jyb_xwfb/xw_zt/moe_357/jyzt_2019n/2019_zt28/。

件”①。2019年，为适应“社会5.0”的“超智能时代”需要，日本文部科学省出台了《以尖端技术支持新时代学习推进方略》，试图以信息通信技术（ICT）和大数据驱动教育创新与学习变革②。2010年，我国《国家中长期教育改革和发展规划纲要（2010—2020年）》明确提出“信息技术对教育发展具有革命性的影响”，“鼓励学生利用信息手段主动学习、自主学习，增强运用信息技术分析解决问题能力”。2019年，《中国教育现代化2035》则进一步提出“加快信息化时代教育变革”，“推动信息技术在教学、管理、学习、评价等方面的应用”。在社会工作领域，2015年美国社会工作与社会福利研究院在《利用大数据促进社会公益：社会工作面临的巨大挑战》的报告中提出如何使用大数据技术促进社会公益的核心议题，并指出社会工作在法律、道德与隐私问题等方面面临的巨大挑战③。2020年，中共中央、国务院在《深化新时代教育评价改革总体方案》中明确提出，要“创新评价工具，利用人工智能、大数据等现代信息技术，探索开展各年级学生学习情况全过程纵向评价、德智体美劳全要素横向评价”，④开启了纵横结合、全过程、全要素的技术嵌入评价时代。在社会工作领域，中国社会工作教育协会秘书长史柏年教授也积极呼吁利用信息化技术提升公众认知度和社会影响力，实现远程培训或督导，引入大数据分析指引行业发展，创新社会工作服务模式（史柏年，2017）。

教育现代化不能简单理解为课堂教学中应用现代化设备或者采用现代教学方法模式。教育实践的核心过程是课前的课程开发、教学设计以及课后的教育系统分析。只有运用现代课程开发技术、教学设计技术、教育系统分析技术嵌入教育核心过程才意味着教育现代化的实现（杨开城，邓钰红，2019）。除此之外，还应包括课中的教学过程中的教、学行为的实时记录、监控和反馈等。2020年一场突如其来的新冠疫情席卷全国，全国各类各级学校不得不通过网络开展教学，其在线规模、平台数量、学习层次、覆盖学科等均创下历史之最，为课程开发、教学设计与实时学习行为

---

① US Office of Educational Technology，National Educational Technology Plan. https://tech. ed. gov/netp/.

② 田辉，2020，《我们从日本超级智能时代的学习变革中看到什么》，https://news. gmw. cn/2020—07/28/content _ 34033842. htm。

③ Coulton，Claudia J. et al.，Harnessing Big Data for Social Good：A Grand Challenge for Social Work. https://aaswsw. org/wp—content/uploads/2015/07/Big—Data—GC—edited—and—formatted—for—committee—review—7—17—20151. pdf.

④ 中华人民共和国中央人民政府，《中共中央国务院印发〈深化新时代教育评价改革总体方案〉》，http://www. gov. cn/zhengce/2020—10/13/content _ 5551032. htm。

记录及分析提供了重要支持，但这并不意味着我们已经实现了教育现代化。现实问题是，教师面临种种障碍或挑战，如缺乏制度保障、缺少技术支持、技术更新太快、技术太多难以选择、不知道如何设计在线课程、时间成本太高（Diaconu et al.，2019）。同时，许多教师的思维方式并未从传统的单线程无链接转变为互联网时代的多线程超链接，课程开发、教学设计只是从原有的纸质材料转变为比特字节，从传统的纸笔变为电脑鼠标，而知识单元间的联结、多维考核功能的挖掘、学生学习行为记录分析等都不在其课程开发与教学设计的思考中，教学平台沦为课件及资料存储的仓库，沦为教师单向度输出的独角舞台。对于教师、管理者乃至未来的聘用单位而言，最关心的不是授课的媒介而应是授课的效果。为实时展示并监控教育的过程与结果，社会工作教育需要拥抱新的技术。面对大数据、学习分析、人工智能与区块链（blockchain）技术的兴起，社会工作教育需要讨论的问题并非是否拥抱技术，而是如何拥抱技术。

教育的现代化有助于改变社会工作教育高校间、区域间的不平衡不充分的发展状态，避免教育机会与教育条件的不平等（Lohmann & Ferger，2014）。不足的是，少量的研究仅停留在技术应用的意义叙述上，对技术原理知之甚少，无法提供可行的操作指引，而在实践上由于技术的壁垒也使得从事专业教育的教师与管理者存在跨界障碍，教师与学生均需要提高技术素养。师范教育通常会开设“教育技术学”课程，为提高师范生的技术能力提供了重要保证。社会工作专业也需纳入“社会工作技术学”等类似课程，或以“社会工作行政”课程为依托，加强信息技术能力的学习与应用，如使用专业软件制作宣传海报、管理服务项目与档案等，以满足社会工作行政管理、服务实践，以及师资培养的需要，但这对教师的技术素养提出了更高的要求。

4. 社会照顾的专业化

照顾是“处于国家、市场、家庭和志愿部门交界处的一种活动和一系列社会关系”（Daly & Lewis，2000）。已从私人领域进入公共领域，从家庭照顾上升为社会照顾。中国当下人口预期寿命延长、妇女就业增加、生育初始时间推迟、工作遭遇中年危机、子女依赖期延长、慢性非传染疾病增加、多代照顾时间重叠、公共预算压力提高，第一代独生子女已经或即将进入夹心位置，成为在工作的同时需在家庭中承担父母与子女两代或多代无薪双重照顾责任的“夹心世代”（臧其胜，2021），“照顾赤字”越发明显，而新冠疫情期间的照顾缺失更是凸显出家庭与社会照顾能力的不足。

2019 年开始执行的《个人所得税专项附加扣除暂行办法》为“夹心世代”提供了一定的经济补偿；《宁夏回族自治区妇女权益保障条例》鼓励用人单位给予符合条件的夫妻“共同育儿假”各十天；《内蒙古自治区老年人权益保障条例》规定用人单位应当为独生子女提供护理时间与护理假；而 2020 年广东深圳出台的《深圳市构建高水平“1336”养老服务体系实施方案（2020—2025 年）》，则明确提出为家庭照顾者提供培训、“喘息服务”，探索独生子女护理假等；2021 年 9 月，《贵州省人口与计划生育条例修正案（草案）》提出，设立父母育儿假，3 周岁以下婴幼儿的父母双方每年享受育儿假各 10 天；2021 年 9 月，河南省长垣市符合法律、法规生育子女的夫妻，在子女年满 3 周岁前，每年分别给予夫妻双方各 30 日育儿假，育儿假期间视为出勤。这些政策或措施在一定程度上减轻了家庭成员在照顾时面临的工作压力、经济压力、情感压力等，降低了在照顾上投入的时间成本，但并不能从根本上解决问题。面对半失能、失能或患有慢性疾病的成年家庭成员，以及未成年子女，仅仅通过“爱”很多时候无法给予受照顾者体面的生活，更多时候需要依赖专业服务。在社区导向的福利传递过程中，社会工作者将不得不参与照顾，以补充甚至替代家庭照顾。面对不断变化的卫生保健环境，社会工作者需要接受专业教育与持续培训。此外，作为社会健康支持网络的重要节点，社会工作者应能满足患者对预防、治疗和康复服务的需求。为培养专业人才，2019 年国务院办公厅颁布了《关于促进家政服务业提质扩容的意见》，教育部办公厅等七部门则印发了《关于教育支持社会服务产业发展 提高紧缺人才培养培训质量的意见》，鼓励引导普通本科高校主动适应社会服务产业发展需要，设置家政学、心理学、护理学和社会工作等相关专业。

照顾本是社会工作的基本功能，但在寻求专业基础时失去了其初心，以预防（prevent）或康复（cure）取代照顾成为专业成长的中心机制（Morri，1978）。英国新工党阐明并巩固视照顾为公民义务的理念转变，完善其意识形态基础，并确保其在社会工作事业供应链中的地位（Harris，2003：8）。2000 年，英国政府颁布《健康及社会照顾法案》（Health and Social Care Act）和《照顾标准法案》（Care Standards Act）[①]。2001 年 4 月 1 日，英国政府设立“国家照顾标准委员会”（National Care Standards Commission，NCSC），负责社会照顾、独立服务及提供者的注册，巡视服

① 相关法律法规可至英国政府法律网检索。https://www.legislation.gov.uk/。

务场所、促进服务质量提高①。社会工作培训提供者被要求在社会工作资格（qualifying）与岗位资格（post-qualifying）项目中的所有方面都要有服务使用者与照顾者的参与，包括招生（admissions）、教学与评估、课程计划与发展，以及项目管理与评估（Robinson & Webber，2013）。以长期照顾为例，专业社会工作在促进资源平衡方面可以发挥更大的作用，社会工作教育者有必要为在社会工作课程中纳入一个通用且全面的长期照顾框架尽早作出回应（Klein，1989）。为推进“健康中国”的国家战略，迎接照顾社会（caring society）的来临，我们需要围绕“照顾”重建社会工作专业培养体系。

第二节　研究对象与基本问题

社会工作教育是培养学生完成从个人到社会工作者身份认同转变的教育进程，也是整合高校与机构利益的社会机制。它通过学习与个人发展培养他们实践能力的教育进程并贯穿其职业生涯，包括培训和体验、资格教育与职业终身教育（Payne，2015）。《礼记·学记》曰：君子如欲化民成俗，其必由学乎。玉不琢，不成器；人不学，不知道。是故古之王者，建国君民，教学为先。对于专业建设而言，欲提升学生的专业能力，缩小理论与实践的鸿沟，同样要首先抓好教育。与西方国家以及我国港台地区相比，我们的社会工作专业发展与教育改革相对迟缓，并且较少受到重视，许多会议冠以社会工作教育之名，但教学维度在大多数情况下是被有意无意地忽视了，而教育才是社会工作专业发展最重要的基石。因此，以中国社会工作教育作为研究对象也就成了题中之义。

信任总是伴随着对专业素养的欣赏与对专业的认同。在教育政策方面，公众普遍存在一种对专业人员的潜在的不信任感（柯伯恩，1990：443）。从内容来看，公信力（public trust，credibility）可以是来自自身的信用、资源、能力，也可以是来自公众的信任；相对而言，体现双方互动关系的信任观更具合理性（梁东荣，2010）。社会工作教育的公信力特指公众对教育组织实施社会工作人才培养的过程与结果的信任水平。本书讨论的是社会工作领域内的教育公信力，重点在教育，而非专业认同、职业认同。认同专业或职业，并不代表信任专业教育。对于社会工作教育的公

---

① 参见英国卫生部官方网站介绍。https://navigator.health.org.uk/theme/national-care-standards-commission-ncsc。

信力讨论，是要讨论教育的过程与结果的公信力如何塑造。因此，需要思考的基本问题是：社会工作教育的公信力何以可能提高？

从公信力的定义来看，提升公信力的路径有两条：一是提升教育的内在质量，为学生从业做好能力准备，二是保证教育的过程与结果的透明公开。前者所处的情境是：输出质量不佳，公众不信任，需要加强内功。后者所处的情境是：输出质量较高，呈现不足，公众不信任。要提高社会工作教育的公信力，就需要双管齐下，既要提升教育水平与质量，又要保证教育过程与结果的透明公开。前者需要以能力建设为目标，改革创新教育教学模式，包括革新培养计划，设计课程目标，修订教学大纲，编审选用教材，调整教学内容，编写教案课件，应用教育技术，贯穿课堂授课、教学研讨、实验实训、作业论文各个环节，[①] 同时整合线上线下、正式教育与非正式教育的优点；后者需要主动展示自己的教育过程与结果，接受多元监督与评价。需要进一步思考的问题是：

1. 社会工作教育改革的未来方向是什么

中国社会工作专业需要走向承认，从形式承认走向实质性承认，是中国社会工作的基本发展方向（王思斌，2013c）。开放性将是其改革启动的前提，标准化是其改革执行的过程，公信力则是改革指向的结果，是获得承认的表征。社会工作专业的边界是有形的，但并非是静止不变的。社会工作教育只有通过开放理论、方法及技术边界，广泛汲取自然科学、人文社会科学以及相关的本土化知识，穿透并扩展边界，实现兼容并蓄，才能保证专业永葆活力。标准化则是一个专业确立自身边界排斥他者的自然进程。如果职业不存在边界，进入无须标准，那么也就意味着它无法成为一种专业，甚至也可能无法称之为一种职业。通过标准化过程，实现理论、方法与技术的整合，才有助于推动社会工作的专业化、职业化与本土化，进而实现社会工作教育的公信力的提升。

2. 理论与实践的鸿沟如何跨越

理论与实践作为社会工作教育的一对基本范畴，如何跨越是研究者、教育者与实践者共同关注的问题。我们需要突破制度的约束，改革既有的模式模型，在研究、教育与实践间建立互惠机制，实现工作量的标准化转换，避免由于贡献无法获得回报而导致的“劣币驱逐良币”现象产生。在研究、教育与实践需要进一步深入探讨的有关于实践的研究、关于教育的

---

① 教育部，2020，教育部关于印发《高等学校课程思政建设指导纲要》的通知，2020－5－28，http://www.moe.gov.cn/srcsite/A08/s7056/202006/t20200603_462437.html。

研究，以及研究本身的研究，即研究如何转化应用的问题。当代中国社会工作教育则已经初步形成“产、学、研、用”一体化的教育培养体系（马凤芝，2022），① 但不同环节间的联结仍然是脆弱的。

3. 影响社会工作教育的因素有哪些

社会工作教育并非处于没有干预的自然状态，研究者、教育者、实践者，以及管理者等行动主体共处于教育场域中，受社会、经济与政治设置的约束，与研究、实践，以及就业子系统之间存在对称或非对称的资源交易，面临权力、资源等的纷争，消除或降低这些因素的影响才能更好地推动社会工作专业的发展。

4. 教育的过程与结果如何实现透明公开

社会工作教育不能抱有“酒香不怕巷子深”的想法，需要主动呈现自己。在技术的支持下，过程与结果的透明公开不再是无法回应的问题。更进一步的需求是保证数据的可溯源与不可篡改。

基于上述问题的探索与研究，本书希望丰富社会工作教育的制度—行动者的分析与发展框架，赋予社会工作教育在社会工作专业发展中的核心地位，确立社会工作教育发展的方向，跨越理论与实践的鸿沟，构建一个可以代表社会工作教育未来发展趋势的理想模型，在技术嵌入的基础上实现教育过程与结果的透明公开，以及数据的可溯源与不可篡改，从而提高社会工作教育的公信力，避免不合格学生进入社会从事专业工作带来的伦理风险。

第三节　研究目的与意义

一、研究目的

社会工作始终是“一个充满争议的专业”，至今仍然无法满足“为他人提供可实现的、负责任的服务”的专业目标。其不仅要为公信力而奋斗，而且要为学术地位而奋斗。中国社会工作教育的诸多研究以务虚为主，缺乏体系化、可操作性与可持续性，为反对而“反对”，为批判而“批判”，为创新而“创新”，过多落入反思批判的虚幻窠臼中而不正视现实处境；教育仍徘徊在知识为本阶段，无法适应复杂多变的现场实践；机

---

① 马凤芝，2022，《非凡十年丨中国社会工作教育协会：秉持初心 筑梦前行》，2022—10—10，https://mp.weixin.qq.com/s/9htJm26S_SmaOHV-Q6rQXQ。

构实习服务于项目要求而不是教育目标，加之一线社会工作者缺乏动力和能力，碎片化的实践经验和教训也难以被整理成为可供借鉴的研究成果，研究、教育与实践始终处于一种断裂状态①。基于此，研究将总体目标设定为建构社会工作教育的行动纲领，跨越理论与实践的鸿沟，培养合格的专业人才，提高社会工作教育的公信力。研究侧重于提升社会工作教育公信力的方法而不是社会工作教育的内容（如社会工作介入的方法、模式等）。研究的视角是以教育者为主位，而非学生为中心。具体目标如下：

1. 以能力为目标，优化社会工作教育协同体系

专业实践的核心是对能力的承诺（Fischer，1973），能力则是跨越争议的共享变量，能力建设也就成为社会工作教育需要完成的核心任务。对公众负责就必须培养出具有专业能力的社会工作者。在能力的构成要素上，知识、价值与技能成为社会工作教育学界共识，但知识、价值与技能包括哪些、如何提高仍缺乏共识。其中照顾能力的教育尤为缺乏。在课堂教学中，知道同理心是什么并不等于知道如何使用、展示同理心，而后者正是教育过程中忽视的。学生更想知道的是怎样做才表明自己已经具备并正在使用同理心，而我们只是告诉学生同理心是什么，最多是提供两个案例，却没有告诉他们如何使用与展示它。在课堂教学中，我们组织了若干游戏，却有意无意地将老师当作社会工作者，学生当作案主。表面热闹，效果却并不明显。在专业方法教学中，教师组织游戏的主要目的应是增强学生组织游戏的能力，以及以游戏为工具提供专业服务的能力，而不是停留在活跃课堂气氛，让学生如何更好地参与到课堂教学中。面对确定的案例，我们不能以“具体问题具体处理”回避学生的疑问。如此回答，积极点理解，称之为“辩证法”；消极点理解，就是“捣糨糊”，没有实在意义。学习的过程是从无形到有形再到无形，教育的过程则是从有形到无形再到有形。换句话说，学习初始状态是无形的，它需要接受有形的框架固化自己的行动，在积累了一定经验后再重构自己的思维方式；而教育初始状态是有形的，是带着前人的经验以规训学生的思维方式及行为，在学生确立特定的有形状态后再打破教育的有形框架，从知识传授转向反思批判，为学生的学习从有形转向无形提供支持，而转化的过程正是理论应用于实践的过程。因此，我们需要优化社会工作教育的知识、价值与技能的

① 案例库建设很好地体现了研究、教育与实践的合作，最近几年取得了较为丰富的成果，但案例作为后期描述和反思的结果，其不可避免地夹杂有被美化的虚假与被摒弃的真实，并且未能见之于普通课堂之上，因此其尚未能够弥合研究、教育与实践的断裂状态。

协同体系。

2. 以照顾为取向，重构社会工作专业培养方案

社会工作本质存在着两种取向："照顾"（care）及"管控"（control），互相矛盾，却又无法回避（何国良，2019：1）。照顾存在多重意涵，我们可以视之为权利、商品、礼物、技术，也可以视之为生存的状态。社会福利体制不同，其性质的界定不同，社会工作介入的模式也将不同。照顾本是社会工作的基本功能，但在寻求专业基础时失去了其初心，以预防（prevent）或康复（cure）取代照顾成为专业成长的中心机制（Morri，1978）。前者将照顾更多视为权利或礼物，体现人本主义，社会工作者是情感的支持者；而后者将照顾更多视为一项治疗的技术，奉行科学主义，社会工作者只是没有情感的、传递福利的管道。新冠暴发带来的初始混乱中不少情况集中在公众无法照顾自己，而专业服务人员又严重缺乏。在课程体系中加大照顾取向的内容权重，重构专业培养方案，提升专业社会工作者的照顾技能就显得尤为必要。

3. 以评估为中轴，搭建证据—表演—服务模型

评估是促进反思的重要手段，无论是评估还是反思都应基于共同证据建立的标准进行。当然评估不限于表演、服务环节，也包括证据采集与转化的环节，是贯穿所有环节的中轴。按照涉及的子系统区分，评估包括研究评估、教育评估与实践评估。研究评估主要是证据等级评估，教育评估主要是专业能力评估，其对象包括教师和学生，实践评估主要是服务质量评估，但仍是以专业能力评估为目标。证据是能力指标、表演剧本设计的依据；标准化案主是证据在表演中的呈现，学生的能力在模拟世界中可以反复检测；而服务，则是对学生能力在真实世界中的检验。通过提取关键要素，有助于指明社会工作教育未来改革的重点与方向。而当下的社会工作教育未能识别关键要素，因而缺乏清晰的改革思路。

4. 以技术为支撑，改造社会工作实验教学平台

社会工作教育理应积极拥抱现代科学技术，而应用科学技术的最重要载体是社会工作实验室。它包括有形的物理空间，也包括无形的网络空间。目前许多高校的社会工作实验室硬件先进，软件丰富，但实际应用效率并不高。一方面是教师自身的能力有限，对现代技术产生畏难心理；另一方面是技术本身没有发挥减轻教师负担的功能。此外，在社会工作实验室建设上，缺乏有效的理论指导，教育者不了解技术前沿，无法与技术有效融合，导致实验室不能满足与扩展实践教学的需要。而日常工作中，对

于教师而言，最大的负担是如何处理研究、教育与实践过程中生成的海量数据。基于此，本研究探索引入区块链技术，与标准化案主策略、证据为本的实践理念相结合，建立嵌入“证据—表演—服务”模型的区块链平台。

二、研究意义

1. 推动社会工作教育的总体变革

引入社会—生态系统解释框架，立足于社会工作教育的国内外研究成果及实践现状，以提高社会工作教育公信力为目标，以保持开放性与推动标准化为策略，以学生专业能力培养为落脚点，有助于从整体上更为完整、更为准确地把握社会工作教育的理论、方法、工具和实务体系，进而推动教育理念、课程体系和实践教学的总体性变革。

2. 构建社会工作教育的行动坐标

引入多元学科理论，强调证据为本，倡导回归课堂，推动实践教学，阐述证据生产、剧本设计、表演培训、能力评估等的理论依据和实践流程，讨论机构参与教育过程的障碍，区分能力评估指标为强标准与弱标准，搭建了一个理想的社会工作临床技能的教育与评估体系，包括场景篇、证据篇、表演篇、服务篇与评估篇，跨越宏观与微观、虚拟与现实、理论与实践、行动与研究、课堂与实习等的鸿沟，为后续研究、实践应用提供了相对完整和专业的参照坐标。

三、学术创新

1. 理论创新

（1）在行动纲领上，提出“开放、标准、公信”的六字方针。社会工作教育的发展应保持开放性，推动标准化，提高公信力。开放包括理论开放与技术嵌入，积极倡导区块链技术的应用；标准包括证据筛选标准、能力指标及其评估标准、服务标准；公信力提高的途径则包括培养质量提升，教育过程透明公开，倡导建立基于算法的信任机制。

（2）在分析框架上，从社会—生态系统视角整体考察社会工作教育。研究以IAD（制度分析与发展）与SES（社会—生态系统）框架为基础设计研究框架，其分析不再局限于教学，正视社会、经济、政治设置以及相关的研究、实践系统等外生变量，也重视教育资源系统、教育资源单位、教育治理系统与使用者等影响社会工作教育的内在因素；同时关注行动舞台中教育的行动情景与行动者的相互作用。

（3）在教育模型上，建立社会工作教育的生态系统模式与证据—表演—服务模型。研究采借生态系统理论、行动研究理论、社会表演理论、体验学习理论，吸纳标准化、证据为本、服务学习等实践理念，从科研、教育与实践三个子系统分别提取关键要素——证据（Evidence）、表演（Performance）与服务（Service），建立 EPS 模型。它以能力建设作为共享的教育目标，以证据作为共享的教育语言，以标准化案主作为共享的教育策略，并结合区块链技术，设计出可实现能力认证的 EPS 区块链平台。

（4）在教育策略上，设计了评价指标并在国内率先引入与应用标准化案主。设计了十四项可供比较的指标，如伦理破坏的可能性、规模教学的可行性、学生的反思性、时空的可控性等，并为指标提供了说明。通过定量研究揭示，经过训练，能恒定、逼真地表现真实案主心理社会特征和情感反应的，并可用于教学、评估的标准化案主的策略能够更好地满足社会工作模拟教学的需要。

（5）在能力指标上，将能力区分为基础性能力、扩展性能力与过程性能力。基础性能力是指确保人之为人的自主性能力，如指向个体的知识储备、价值操守、学习能力与批判反思能力；扩展性能力指维系社会生产与再生产的能力，如知识评估能力、政策倡导能力、社会照顾能力；过程性能力则是指在实务工作中需要经常使用的通用能力，包括沟通技能与技术技能。沟通技能是专业要求，而技术能力主要涉及行政管理、财务管理、项目设计、项目运营、智慧照顾，也包括对沟通技术的支持。

（6）在培养方案上，推动以照顾为核心的课程体系的构建。作为社会工作的基本功能，照顾在寻求专业基础时失去了其初心，以预防或康复取代照顾成为专业成长的中心机制，需要回归其初心使命。疫情期间，政府强力介入，以医疗管控替代家庭和社会照顾，迅速消除混乱，但也极大地增加了社会运行的成本。因而，在课程体系中加大照顾取向的内容权重，重构专业培养方案，适应后疫情时代居家照顾的要求时，就显得尤为必要。

2. 方法创新

在文献回顾上，引入文献计量法。相对于传统的主观化、精英化、节点化与碎片化的文献综述方式，文献计量技术以知识图谱的可视化方式呈现出知识的网络关系，有助于文献综述向客观化、全民化、关系化与全景式的转变。

在模型提炼中，采用行动研究法。行动研究法强调在行动中研究，在研究中行动。计划、行动、观察与反思是解决问题的四个基本步骤，模型的提炼及其行动框架的展开是在行动研究四个步骤的反复循环中完成的。

四、研究价值

1. 学术价值

（1）在框架设计上，借鉴制度分析与发展框架、社会—生态系统框架，设计出社会工作教育研究的分析框架。为后续研究提炼一系列的具有普遍性的要素，有助于更好地理解影响社会工作教育发展的资源系统、资源单位、治理系统、行动者，以及社会、经济、政治等因素。

（2）在理论采借上，能够将生态系统理论、行动研究理论、社会表演理论、体验学习理论有效整合进能力为本的社会工作教育新体系中。应用循证实践理念与标准化案主模拟教学策略，有助于推动社会工作教育的标准化建设；能够广泛吸收多学科前沿知识，坚持理论的开放性，从多学科视野反思社会工作教育的困境，并寻找突破困境的路径策略等，有助于推动社会工作教育的理论研究。

（3）在方法使用上，针对文献梳理，引入文献计量学，基于 Web of Science 与 CSSCI、CNKI 数据库，使用 CiteSpace 从结构性（空间）和突现性（时间）两个维度分析研究的热点、前沿和知识图谱，并分析社会工作教育的共现和合作网络，改变传统的精英叙事的“点将法”模式，有助于推动文献研究的可视化、网络化分析。

（4）在指标界定上，通过学科间与学科内的比较研究，梳理了医学、心理学、职业教育、社会工作等学科的能力指标，分析了机构招聘中需要的能力，更为清晰地界定了社会工作教育策略测量指标与社会工作临床技能测量指标，缩小了理论与实践的差距。

（5）在模式选择上，引入生态系统模式，可以为研究、教育与实践的互惠机制的建立提供支持。社会工作的研究、教育与实践也非常适合于实践研究（practice research）（Uggerhøj，2011）。但在社会工作的发展初期，“研究”这一范畴处于一种“似有还无”的状态之中（何国良，2019：3）。通过引入区块链技术，穿透研究、教育与实践的边界，尝试实现工作量的公平交易，进而避免“劣币驱逐良币”的现象发生。

2. 应用价值

（1）完善社会工作教育培养体系。传统的社会工作教育体系主要限定在以高校为载体的教育系统，忽视其所处的社会、经济、政治设置，以及相关的研究系统与实践系统，也很少深入思考其面临的资源系统、资源单位、治理系统与使用者的影响，未能很好地处理教育、研究与实践系统间的协同关系，也未能很好地消除制度、资源、能力等约束带来的负面影响。在教育手段上，教师仍偏好于“粉笔＋黑板”或课件，对现代技术缺乏应用的兴趣。新的培养体系将正视面临的环境约束，积极引入现代技术，有助于推动教育培养思维方式的转变，加快现代技术的应用。

（2）支持职业资格考试能力评估。现行的社会工作职业资格考试仍然停留在笔试环节，缺乏对专业能力的考核。研究建立的社会工作临床技能测量指标与引用的标准化案主教育策略，可以为社会工作职业资格考试在模拟环境下以同一标准考核不同个体提供技术支持。可在（中级）社会工作师职业资格考试中增加临床技能考核部分，考试委员会将典型案例编写为剧本，选择能力考察锚点，采用标准的能力考核指标，设置考站，可分解为多个考站分别考察不同环节，也可在同一考站考察所有环节，由经过训练的标准化案主表演，与监考教师共同测评，其数据的记录则采用区块链技术。这将有助于筛选出合格的社会工作者，并能够为用人单位提供选拔的可靠依据。

（3）推动社会工作教育的信息化。数字革命正在产生大量的社会、心理和组织数据，社会工作者可以利用这些数据来解决社会最困难的问题（Coulton et al.，2015）。2019 年 12 月，国家发展改革委等七部门联合印发的《关于促进“互联网＋社会服务”发展的意见》提出，推动“互联网＋社会服务”发展，促进社会服务数字化、网络化、智能化、多元化、协同化，为社会工作教育的发展提供了方向。研究引进区块链技术，以社会工作实验室为平台，以证据为共享的语言，在研究、教育与实践三个子系统间建立了良好的数据交换与存储机制，推动了社会工作教育的信息化，并能为社会工作实验室的建设提供实践指导。

第二章　社会工作教育的研究脉络与知识图谱

社会工作专业化发端于19世纪末，至今已跨越一个多世纪。社会工作教育始于20世纪前后十年间对社会工作者的正式培训，1895—1910年间第一批课程在阿姆斯特丹、伦敦、纽约与芝加哥出现（Kendall，2000；转引自Payne，2015），至1912年已经成功建成社会工作教育的基础结构，形成了以英国为代表的欧洲、美国为代表的北美两条主要发展路径，起源均来自欧洲，至今也有百年历史。不足的是，我们缺少中西方社会工作教育发展的比较研究，无法准确定位中国社会工作教育发展的阶段。回顾与比较中西方社会工作教育研究的历史，有助于我们重新审视中国社会工作教育的发展现状，厘清未来改革的重点与发展的路径。

为回应弗莱克斯纳在《社会工作是一门专业吗?》演讲中的质疑，社会工作开启了科学化与专业化之路，以1917年玛丽·里士满（Mary Richmond）的《社会诊断》一书出版为标志，但社会工作是否已经成为一门独立的科学学科仍然存疑。亚历山大·M·施耐德（Alexander M. Shneider）提出了一个科学学科演化四阶段的简单模型。第一阶段，引入新对象与现象作为新学科的重要主题。主要任务是概念化，通过引入新的“科学语言”描述新主题。第二阶段，为新学科开发方法与技术的工具箱。主要任务是开发工具，彰显新科学的语言作用，使对象与现象能够被进一步理解。第三阶段，应用第二阶段的方法创新，为原创性研究生产最多的阶段。主要任务是应用创新，用第二阶段发展的语言重新描述原有主题，创造新见解，提供新答案，提出新问题，引入在其他领域被证明行之有效的方法。第四阶段，目的是保持和传递在前三个阶段产生的科学知识。主要任务是知识整理，此阶段没有突破性的新发现，但出现呈现科学信息的新方法，在整理过程中，对该学科在不断发展的科学环境中的作用进行修订时经常会发挥关键性作用（Shneider，2009）。这四个阶段在同一个国家并非是按照线性顺序进行的，更多情况下是多线程同步进行的；不同国家之间也不会同步，存在先发与后发之分，面临的问题不同，需要完成的任务也就不会相同。对应四个阶段，科学工作者也可区分为四种类型，理论或概念创新型、工具或方法创新型、应用创新型与知识整理型。理解科学学科的演进的四个阶段，不仅有助于优化学术研究者的职业生涯，有助于推动科学团队的组建，还有助于有效组织与管理科学的进程（Shneider，2009）。对照模型，回顾西方社会工作教育研究的历史，识别其研究的热点、前沿与知识基础等，可以更好地定位中外社会工作教育的发展阶段，更好地优化社会工作教育者、研究者与实践者的职业生涯，有助于推动科学团队的组建，并有助于有效组织与管理社会工作教育的社会—生态系统。

托马斯·库恩（Thomas Kuhn）认为“科学研究的重点随着时间变化，有些时候速度缓慢，有些时候会比较剧烈”，科学发展是可以通过其足迹从已经发表的文献中提取的（李杰、陈超美，2016：2）。而文献计量学的发展，为库恩思想的验证提供了技术支持，也为保障文献综述的全面客观提供了技术支持，其研究的方法就是知识图谱（knowledge mapping）。它将人类拥有的知识资源及其载体在时间与空间中定位，通过可视化的方式，绘制、挖掘、分析和呈现知识及其相互关系，推动知识共享以促进学术研究（胡志刚等，2013；陈悦、刘则渊，2005）。结构性与突现性是其最重要的测量指标，前者代表空间，后者指向时间；可视化是其最显著的特色。通过对研究影响力和演化显著性的结构识别与时间度量，可以发现事件的突然变化和其他类型的信息，进而识别可能导致革命性发现的跨界潜力（Chen，2013：324；Chen，2017）。相对于传统的主观化、精英化、节点化与碎片化的文献综述方式，文献计量技术有助于文献综述向客观化、全民化、关系化与全景式的转变，但技术分析只是辅助，不能取代对文本的深度解读（臧其胜，2016）。

本章将使用文献计量分析软件 CiteSpace，结合深度的文本分析，对来自 Web of Science、CSSCI 与 CNKI 收录的 1998—2019 年期间与社会工作教育相关的研究文献进行分析与评述，借助可视化的知识图谱追踪中西方社会工作教育研究的 20 余年的发展脉络，识别其发展阶段与研究领域，展示其研究前沿和演进趋势，进而为中国社会工作的发展提供科学的参照依据。

第一节　研究数据来源和文献计量研究方法

一、数据来源

在 WoS（Web of Science）中，选择核心合集，设定检索条件，主题词=（“social work” and education），引文索引中默认选择所有数据库，时间跨度设置为 1998—2019 年，访问时间为 2019 年 6 月 24 日。检索结果有 7359 篇（施引文献）类别与文献类型选择保持默认条件（未筛选）；通过软件去重功能，删除少量重复的记录，最终剩余 7319 篇施引文献。

在 CSSCI 中，由于与社会工作教育直接相关的文献太少，故仍以“社会工作”为篇名、关键词的默认字段；时间跨度为 1998—2020（数据库默认）；数据访问及下载时间为 2020 年 4 月 12 日。受期刊上传数据进度影响，2020 年 4 月之前的文献记录不会完整。检索结果有 988 条记录，默认选择所有文献类型，下载全部记录（含施引文献与参考文献），无重复记录。

在 CNKI 中，由于其仅免费提供施引文献数据，故专业检索条件设置为：全部期刊（由于社会工作教育类文章能发表在核心期刊上的占总体比例偏少，故仅选择 CSSCI 与中文核心期刊不能反映总体面貌）；AB＝‘社会工作’AND（AB＝‘教育’OR AB＝‘教学’OR AB＝‘实训’OR AB＝‘实习’OR AB＝‘实务’）①。时间跨度无限制；访问时间为 2019 年 7 月 19 日。检索结果有 5521 篇（施引文献）；转化格式并去重后，剩余 5396 篇施引文献。

二、研究方法

本文基于文献计量法，采用美国德雷塞尔大学（Drexel University）陈超美教授开发的可视化软件 CiteSpace 的最新版本 5.8.R3，其设计理念源于库恩的科学革命结构、罗纳德·博特（Ronald Burt）的结构洞等哲学社会科学理论，以及关于研究前沿、知识基础的概念模型，以知识图谱为工具，对引文数据分析进行分析。该软件支持文献与作者共被引分析、合作网络分析，以及地理空间可视化分析。限于研究的目的与篇幅，本文仅分析参考文献共被引网络，相关技术请参考具体文献。相对于传统的“点将法”，其采用的是社会网络研究方法，重视网络关系的分析。

初始条件设置如下：参考文献共被引研究，Node Type 选择了 reference，英文选择 Wos 数据库，中文选择 CSSCI 数据库（CNKI 不能同时免费提供参考文献的数据）；共现与合作网络分析，Node Types 选择了

① AB 指摘要。由于社会工作类文献能够发表在 CSSCI、核心期刊、CSCD 上的文献很少，特别是早期，如果仅限此条件只能检索到 866 条，将不能真实反映社会工作教育的发展历史，因此选择全部。通过对题名、关键词等检索结果比较，发现按照摘要检索能够最大化覆盖相关文献。受最高提供 6000 条记录的限制，仅选择了具有代表性的概念检索，部分重要文献有遗漏也就在所难免。

关键词（Keyword），或作者（Author）、机构（Institution），英文选择WoS数据库，中文选择CNKI数据库，WoS数据库还包括了国家/地区（country）。为便于中西方比较，时间段设置统一为从1998年到2019年。WoS数据库时间切片为5年，属于整群分析，即5年内参与分析的文献是一个整体；CSSCI引文数据库，由于施引文献总量低，故设定区间为1年，分析对象区间内位列前100％的被引文献，即全部参考文献。术语来源默认全选，包括题目（Title）、摘要（Abstract）、作者关键词（Author Keywords）与WoS增补关键词（Keywords plus）；分析对象设定为时间切片内Top 100位的节点；Pruning项选择Pathfinder和区间内修剪Pruning Sliced networks与整体网修剪Pruning the merged network的组合，可视项（Visualization）默认选择，包括Cluster View－Static与Show Merged Network两项，为默认。项目参数中溯源年限：无限制（Look Back Years＝－1），否则无法显示1998年前的参考文献节点。

三、指标解释

图谱中节点代表选择的节点类型，构成不同类型的网络。如以参考文献为节点，则构成共被引网络；以作者、机构、国家/地区等为节点，则构成合作网络；以关键词、术语等为节点，则构成共现网络。共被引指两篇文献被同一篇文献同时引用；共现指同一关键词同时出现在两篇施引文献中；合作指两个主体，如作者，同时出现在一篇施引文献中。节点大小代表共现或合作的次数，节点之间的连线代表共现或合作的强度，连线的颜色与聚类区块的颜色代表首次共现或合作的年份，其颜色对应图谱年份颜色，由深色向浅色（彩图中是由冷色调至暖色调）渐变（图2.2.1），年份则由远至近。

从结构来看，处于网络中心的或位于不同聚类间的节点其重要性高于其他节点，可用中心度测量，又称中介中心性（betweenness centrality），反映的是节点在网络中位置的重要性，大于0.1的会出现紫色外圈，表明在共现网络中存在范式的跃迁或转型的可能，在合作网络中则发挥着桥梁的作用。从时间来看，特定时间内共现或合作频次急遽增加的节点比其他节点更为重要，可用共现或合作突现（Citation Burst）强度测量，包括突现强度与持续时间两个维度，图谱有红色内核代表该节点具有强共现或合作突现强度，可通过共现或合作的来衡量，通常构成研究的里程碑。而能同时呈现结构性与时间性的测量指标为Sigma值，故其值受中心度与突现强度影响。值越大，则节点所代表的文献或作者、机构等越重要。与此相关联的文献、作者、机构也就是应当重点关注的对象。

第二节　西方社会工作教育研究的文本脉络

一、共被引网络分析

（一）文献共被引网络的聚类分析

执行可视化命令后，结果显示（见图 2.2.1 左上角）：参与分析的有效施引文献记录为 6423 条（1998—2019 年），有效参考文献记录为 161698 条，无效记录为 1667 条；节点有 445 个，连线有 644 条，网络中“实际关系数”除以“理论上的最大关系数”生成的网络密度为 0.0041，值越低越好。快速聚类后，共有 35 个聚类，总体模块度 Modularity Q=0.8771，取值区间为［0，1），Q＞0.3 表示结构是清晰的，Q＞0.7 表示是可信的，故聚类间区分度良好且可信；平均轮廓值 Mean Sihlouette＝0.9642，非常高，内部一致性好。调和平均数 Harmonic Mean（Q，S）＝0.9186。

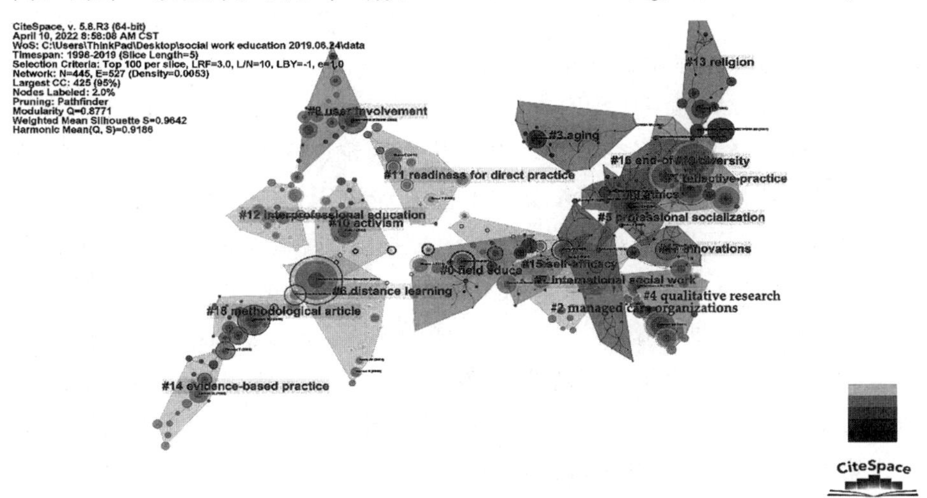

图 2.2.1　西方社会工作教育研究共被引网络聚类图谱（1998—2019 年）

1. 高共被引文献

通常情况下，不同文章同时共被引次数越高，代表学界的认可度越高，也意味着贡献越大（见表 2.2.1）。从共被引次数看，美国社会工作教育协会的《教育政策与认证标准》在网络中是共被引次数最高的，而且是不同版本的连续引用，共被引 606 次，每 7 年形成一个共被引高峰，涉及 2001、2008、2015 年，位于聚类＃10、＃15、＃18、＃19，与其在学界的地位也是相对应的。从聚类来看，聚类＃4有5篇、＃1有4篇高影响力文献排在前25位。在聚类＃4中，扎根理论，是由巴尼·盖尔斯（Barney G. Glaser）与安瑟伦·L·施特劳斯（Anselm L. Strauss）开创，自然式探究法则由伊冯娜·S·林肯（Yvonna S. Lincoln）与埃贡·古帕（Egon Guba）提供，反映该著作生命力的半衰期达到29.5年，即29.5年前就已经受到社会工作教育领域的关注；马修·B·迈尔斯（Matthew B. Miles）、迈克尔·奎因·巴顿（Michael Quinn Patton）等重在定性数据的分析。与前述文献关注研究方法不同的是，梅尔·格雷（Mel Gray）与简·福克（Jan Fook）的《寻求统一的社会工作：议题及意涵》一文，讨论了社会工作的西方化、本地化与本土化，提出在提供责任、回应与联结的同时尊重差异的情况下建立弹性框架建议。在聚类＃1中，唐纳德·A·舍恩（Donald A. Schön）的《反思型实践者：专业人员如何在行动中思考》与《教育反思性实践者：迈向专业教学和学习的新设计》，推动了社会工作教学与实践从技术性向反思性的转型，其影响力久远，半衰期分别达到28.5年与22.5年；保罗·弗莱雷（Paulo Freire）的《被压迫者教育学》，事关教育的公平与正义，强调教育是解放而非恩赐；大卫·库伯（David Kolb）的《体验学习：让体验成为学习与发展的源泉》，突出了情境设置与学生参与的重要性，共被引次数均达到100次及以上，并且都排在前6位。可以发现，前者主题是研究方法，涉及扎根理论、定性研究、自然式探究法，后者主题是教学方法，涉及反思性实践被压迫者教育法与体验教学法，说明这两个研究主题受到学界普遍关注，构成施引文献研究的重要知识基础。除此之外，还有雅各布·科恩（Jacob Cohen）的《行为科学的统计功效分析》一书。聚类＃11中，受英国教育部委托，艾琳·门罗（Eileen Munro）提交了关于儿童保护的评估报告，倡导以儿童为中心建设协同支持体系。聚类＃10中福克的批判性理论，完成了与反思性实践的整合。聚类＃5中，由哈利·斯佩希特（Harry Specht）与马克·E·考特尼（Mark E. Courtney）联合出版的著作《不忠诚的天使：社会工作是如何放弃它的使命的》，批评了社会工作抛弃改革社会的专业使命，降格为“个体问题疗治教堂中的神父”（Specht & Courtney 1995：89），再次引发关于社会工作专业的使命是“个体治疗”还是“社会改革”的争论。

表 2.2.1　1998—2019 年共被引排名前 20 位参考文献

序号	频次	作者	参考文献	出版时间	半衰期	聚类
1	303	CSWE	Educational Policy and Accreditation Standards	2008	5.5	10
2	165	Schön，DA.	The Reflective Practitioner：How Professionals Think in Action	1983	28.5	1
3	154	CSWE	Educational Policy and Accreditation Standards	2015	2.5	18
4	116	Freire P	Pedagogy of the Oppressed	1970	43.5	1
5	110	Schön DA.	Educating the Reflective Practitioner：Toward a New Design for Teaching and Learning in the Professions	1987	22.5	1
6	100	Kolb DA	Experiential Learning：Experience as the Source of Learning and Development	1984	29.5	1
7	97	Glaser BG	Glaser，Barney G.，& Anselm L. Strauss 1967，Discovery of Grounded Theory：Strategies for Qualitative Research	1967	43.5	4
8	90	Fook J.	Social Work：Critical Theory and Practice	2002	11.5	10
9	89	Specht H. & Courtney ME	Unfaithful Angels：How Social Work Has Abandoned Its Mission	1995	16.5	5
10	88	Howard MO	Teaching Evidence－Based Practice：Toward a New Paradigm For Social Work Education	2003	8.5	18
11	86	Miles，MB. & Huberman，AM	Qualitative Data Analysis：An Expanded Sourcebook	1994	18.5	4
12	81	Lincoln，YS. & GubaE.	Naturalistic Inquiry	1985	29.5	4
13	81	CSWE	Educational Policy and Accreditation Standards	2001	5.5	19
14	75	Munro E	The Munro Review of Child Protection：Final Report，A Child－Centred System	2011	3.5	11

续表

序号	频次	作者	参考文献	出版时间	半衰期	聚类
15	75	Scharlach A., et al.	Educating Social Workers for an Aging Society: A Vision for the 21st Century	2000	6.5	3
16	72	Department of Health	Requirements for Social Work Training	2002	8.5	8
17	69	Cohen J	Statistical Power Analysis for the Behavioral Sciences	1988	25.5	15
18	68	CSWE	Educational Policy and Accreditation Standards	2008	5.5	15
19	68	Gray M. & Fook J.	The Quest for a Universal Social Work: Some Issues and Implications	2004	9.5	4
20	68	Patton MQ.	Qualitative Research and Evaluation Methods	2002	12.5	4

2. 高中介中心性文献

测量节点在共被引网络中的重要性，在 CiteSpace 中是通过中介中心性（betweeness centrality）实现，其值为中心度，可以识别出具有跨界与范式跃迁的潜在能力的重要文献。达到 0.1，通常会被视为构成网络的关键节点。在知识图谱中，此节点上会出现紫色外圈。由于节点数 N>350，需要选择手动执行才会出现，操作方法为选择工具栏中的 Nodes，再点击 computer node centrality。表 2.2.2 中涉及以下主题：实习教育、管理式医疗和健康照顾、增能视角、督导与实习评估、研究方法（统计效力分析）等。

表 2.2.2　1998—2019 年中介中心性排名前 20 位参考文献

序号	中心度	作者	年份	参考文献	聚类
1	0.79	Bogo M	2006	Field Instruction in Social Work: A Review of the Research Literature	0
2	0.77	Anne EF, et al.	2001	Student Learning Processes in Field Education: Relationship of Learning Activities to Quality of Field Instruction, Satisfaction, and Performance among MSW Students	0
3	0.59	Homonoff E	2008	The Heart of Social Work: Best Practitioners Rise to Challenges in Field Instruction	10

续表

序号	中心度	作者	年份	参考文献	聚类
4	0.54	Bogo M	2015	Field Education for Clinical Social Work Practice：Best Practices and Contemporary Challenges	10
5	0.48	Kimberly S-G	1997	The Implications of Managed Care for Social Work Education	2
6	0.48	Shera& Page	1995	Creating More Effective Human Service Organizations through Strategies of Empowerment	1
7	0.44	Jarman-Rohde et al.	1997	The Changing Context of Social Work Practice：Implications and Recommendations for Social Work Educators	0
8	0.43	Gelman CR	2004	Anxiety Experienced by Foundation-Year MSW Students Entering Field Placement：Implications for Admissions，Curriculum，and Field Education	0
9	0.39	Regehr C	2013	Trendsin Higher Education in Canada and Implications for Social Work Education	11
10	0.36	Bogo M	2002	Evaluatinga Measure of Student Field Performance in Direct Service：Testing Reliability and Validity of Explicit Criteria	15
11	0.34	Knight C	2001	The Process of Field Instruction：BSW and MSW Students' Views of Effective Field Supervision	0
12	0.33	Cohen J	1988	Statistical Power Analysis for the Behavioral Sciences	15
13	0.33	Gutiérrez LM	1990	Working With Women of Color：An Empowerment Perspective	15
14	0.28	CSWE	2008	Educational Policyand Accreditation Standards	10
15	0.28	Lager PB	2004	Field Education：Exploring the Future，Expanding The Vision	10
16	0.26	CSWE	2015	Educational Policyand Accreditation Standards	18

续表

序号	中心度	作者	年份	参考文献	聚类
17	0.26	Berkman B	1996	The Emerging Health Care World: Implications for Social Work Practice and Education	16
18	0.25	NASW	2017	Codeof Ethic	18
19	0.24	Howard et al.	2003	Teaching Evidence-Based Practice: Toward a New Paradigm for Social Work Education	18
20	0.23	Corcoran K	1996	Maneuvering the Maze of Managed Care: Skills for Mental Health Practitioners	2

加拿大多伦多大学的马里恩·博戈（Marion Bogo）教授于 2006 年发表的《社会工作实习教育：一个文献回顾》成为 1998—2019 年期间中心度最高的文献，达到 0.79，其将实习教育视为社会工作专业的特色教学法，而紧随其后的 3 篇文献也均以实习教育为主题，分布在最大的聚类＃0 和＃10。其他还包括莉莉·贾曼-罗德（Lily Jarman-Rohde）、卡罗琳·罗森塔尔·盖尔曼（Caroline Rosenthal Gelman）等学者的 5 篇文献。由此可见，实习教育是学界关注的重要议题。博戈、卡罗琳·奈特（Carolyn Knight）等人的研究涉及评估问题。金伯利·斯特罗姆-戈特弗里德（Kimberly Strom-Gottfried）讨论了管理式照顾（市场化取向）对社会工作教育的意义，凯文·J·科科拉（Kevin J. Corcoran）和维姬·范迪维尔（Vikki Vandiver）出版的专著《驾驭管理式医疗的迷宫：精神健康从业者的技能》为精神健康从业者提供了技能训练指南，而韦斯·谢拉（Wes Shera）和杰米·帕格（Jaime Pag）试图引入优势策略提高社会服务组织的有效性，洛林·M·古铁雷斯（Lorraine M. Gutiérrez）引入优势视角讨论如何为非白人女性赋能增权，霍华德·马修（Howard Matthew）等人为社会工作教育开展循证实践教学提供了一个新范式。

3. 高突现性文献

引用突现点（citation burst）的强度值可以识别出研究进程中的里程碑，基于特定算法，可以侦测文献在单位时间内急遽引用的情况，其节点中心为深色（彩图为红色）。限于篇幅，仅呈现引用突现强度值排名前 20 位的参考文献（见表 2.2.3）。

表 2.2.3　1998—2019 年引用突现强度值排名前 20 位参考文献

序号	作者	参考文献	发表年份	强度	突现起点	突现终点	1998—2019 年
1	CSWE	Educational Policy and Accreditation Standards	2015	59.18	2015	2019	
2	CSWE	Educational Policy and Accreditation Standards	2008	46.28	2008	2017	
3	CSWE	Educational Policy and Accreditation Standards	2001	25.44	2001	2012	
4	Scharlachet al.	Educating Social Workers for an Aging Society：A Vision for the 21st Century	2000	24.37	2003	2012	
5	Canda E R	Spiritual diversity in social work practice：The heart of helping	1999	21.66	2003	2012	
6	NASW	Code of Ethic	2008	19.2	2013	2019	
7	Braun & Clarke	Using thematic analysis in psychology	2006	18.43	2013	2019	
8	Braun & Clarke	Using thematic analysis in psychology	2003	18.05	2013	2017	
9	CSWE	Handbook of Social Work Accreditation Policies and Procedures	1994	17.24	1998	2007	
10	Munro E	The Munro Review of Child Protection：Final Report，A Child-Centred System	2011	16.97	2013	2017	

续表

序号	作者	参考文献	发表年份	强度	突现起点	突现终点	1998—2019 年
11	Sheridan & Hemert	The role of religion and spirituality in social work education and practice: A survey of student views and experiences	1999	14.83	2003	2012	
12	CSWE	Educational Policy and Accreditation Standards	2008	14.62	2008	2017	
13	NASW	Code of Ethic	2008	14.1	2013	2017	
14	Wayne, Bogo & Raskin	Field education as the signature pedagogy of social work education	2010	12.38	2013	2019	
15	Sheridan et al.	Inclusion of content on religion and spirituality in the social work curriculum: A study of faculty views	1994	11.89	1998	2012	
16	Bogo M	Achieving competence in social work through field Education	2010	11.66	2013	2019	
17	NASW	Code of Ethic	1996	11.53	1998	2007	
18	WHO	Framework for action on interprofessional education and collaborative practice	2010	11.46	2013	2019	
19	Furman LD	Religion and spirituality in social work education and direct practice at the millennium: A survey of UK social workers	2004	11.36	2004	2012	
20	Yelloly & Henkel	Learning and teaching in social work: Towards reflective practice	1995	11.28	1998	2007	

注 1：最右侧区块显示的是在 1998—2019 年间突现可视化图示，1 区块代表 1 年。最高区块（红色）的长度取决于突现的起点（第 1 个最高区块）与终点（最后 1 个红色区块）。中等高度区块（浅蓝）起点为发表时间，若与突现起点相同，则为最高区块（红色）起点。整个区块起点为 1998 年，终点为 2019 年。

注 2：若发表时间不同，则为不同版本。由于节点识别时文献名不同，或属于不同聚类共享的节点，可能出现一个版本多次出现的现象。

2015 年、2008 年、2001 年版的美国社会工作教育协会的《教育政策与认证标准》排在前三位，它们是美国社会工作发展的专业指南，也是全球社会工作发展的风向标。故一旦颁布，无论支持还是反对，都会被学界持续高频引用。第 2、12 位均为 2008 年版，分属聚类♯10、♯15，引用突现起点为发表的当年，终点为 2017 年，持续时间为 9 年，其引用突现强度消退的时间是 2015 年版本诞生后的第 3 年。排在第 9 位的是其于 1994 年发布的早期版本——《社会工作认证政策与程序手册》，影响持续 13 年至 2007 年。排在第 6、13、17 位的《伦理守则》，包括 1996 年与 2008 年两个版本，由美国社会工作者协会（NASW）制定的，是社会工作者的行动指南，在其颁布之后进一步推动了研究与实践的发展。而第 18 位是世界卫生组织（WHO）发布的《跨专业教育和协作实践行动框架》。

位列第 4 的是《教育老龄化社会的社会工作者：21 世纪的愿景》，关注社会工作如何为老年人提供服务。安德鲁·沙尔拉赫（Andrew Scharlach）等学者认为，社会工作能够为老龄化社会的到来做出独一无二的贡献，但并未做好充分准备，需要通过招生改革、教育创新、人员培训与学术研究迎接挑战（Scharlach et al.，2000）。而位列第 10 的是《英国儿童保护现状门罗评估：最终报告——以儿童为中心的制度》，关注如何为儿童提供最佳服务，由英国教育部委托门罗教授，于 2011 年完成。该报告将儿童保护制度视为一个不可分割的整体。基于此，研究专项政策、评估工具，以及管理措施如何影响临床工作。其引用突现时间从 2013 年开始，持续至 2017 年，产生了比较大的影响。而 2013 年，基于儿童中心与协作路径，英国政府更新了《共同保护儿童——保护与促进儿童福利的机构合作指南》，取代了上一版本（2010）与《贫困儿童与家庭评估框架》（2000）。2018 年又开展了一轮修订，厘清了儿童福利提供中多元主体的责任，为与机构的合作提供了一致行动的框架，保证了服务提供的实效。

位列第 20 的文献主题是反思性实践，玛格丽特·耶洛利（Margaret Yelloly）与玛丽·亨克尔（Mary Henkel）主编的《走向反思性实践的社会工作的学与教》，涉及的是社会工作如何开展教学。学者们将后现代主义、解释哲学与反思性实践者整合进其研究中，强调不确定性、价值的相对性与知识的社会建构性，为社会工作的学与教提供了一个新的理论基础。位列第 5、11、19 的文献都涉及灵性在社会工作中的应用，与社会工作教育的能力训练内容相关。试图将其纳入社会工作教育课程大纲中。正如爱德华·R·坎达（Edward R. Canda）与利奥拉·迪鲁德·弗曼（Leola Dyrud Furman）所言，灵性是帮助的核心。它是同理心和关怀的核心，是同情心的脉搏，是实践智慧的重要力量，也是服务的驱动力（Canda & Furma，2010：1）。M·文森特·约瑟夫（M. Vincentia Joseph）应该是最早讨论该主题的学者（Joseph，1988；Sheridan & Hemert，1999）。换言之，如果没有灵性，社会工作就会失去其灵魂，所有的专业角色，理论和技能都会变得僵硬教条，毫无生机。不足的是，西方学者始终将灵性与宗教关联，本质上也是一个信仰的问题，中国社会工作的教育者与实践者在本土化过程中需要置于中国的制度与文化下审慎处理。位列第 12、16 的文献主题是实习教育，涉及的是如何增强学生的临床应用能力，试图跨越理论与实践的鸿沟。朱莉安娜·韦恩（Julianne Wayne）、博戈和米里亚姆·拉斯金（Miriam Raskin）将实习教育视为社会工作的特色教学法，博戈的专著则试图通过实习教育提高学生的能力，指出机构社工志愿无偿地投入时间与精力提供教学对学生能力的提升是至关重要的（Bogo，2020）。

位列第 7、8 的弗吉尼亚·布劳恩（Virginia Braun）与 维多利亚·克拉克（Victoria Clarke）合作的《在心理学中使用主题分析》一文的两个版本①，在谷歌学术上被引达到近 13 万次。主题分析是一种识别、分析和报告数据中的模式（主题）的方法，广泛用于定性研究，包括浏览、编码、检索、评价、定义、报告六个环节（Braun & Clark，2006）。作为一种方法出现在 20 世纪 70 年代，初期以扎根理论为基础。但到了 1998 年，理查德·E·博亚特兹（Richard E. Boyatzis）在一篇围绕《定性信息的转化：主题分析和编码发展》的关键文献中远离了扎根理论，并提出了良好的规范和指导方针（Boyatzis，1998）。而《在心理学中使用主题分析》一文的发表则标志着主题分析在社会健康和心理领域应用的真正“起飞”（Braun & Clarke，2014）。

综合而言，共被引突现强度高的文献可以区分为四类。一是标准及其不同版本。如美国社会工作者协会、美国社会工作教育协会、世界卫生组织制定的专业标准，加上政府委托的《门罗报告》，在 20 项中占据了 10 项

① 从作者的介绍来看，2003 年版本应该是被错误标记的版本 。

（含不同版本）。它们受业界广泛关注，极易成为里程碑式的文献，其爆发的启动时间通常较短，不同版本间接续其强度。二是概念创新。主要还是借鉴其他学科的概念以推动社会工作专业在教学与实务上的发展。如耶洛利和亨克尔糅合了多种理论的反思性实践、迈克尔·J·谢里登（Michael J. Sheridan）与弗曼等人的灵性研究。三是方法采借。在社会工作教育定性研究中，引入心理学的主题分析。四是综合述评。如博戈关于实习教育的文献回顾。

4. 高中介中心性和突现性文献

Sigma 值①可以识别出既具有高中心度（结构性），又具有强突现性（时间性）的文献，意味着中心度与突现性会影响其值大小。此类文献同时具有时间与空间属性，能够寻找出可能的结构转型与范式跃迁，也能寻找出特定时间段内被学界高频引用的文献。

表 2.2.4 显示，从作者来看，美国社会工作教育协会颁布的《教育政策与认证标准》2015 与 2008 年两个版本，其 Sigma 值分别位于第 1 位与第 2 位，既反映了该文献在共被引网络结构中的重要性，又反映了不同时间段内的重要性。另一个组织，来自英国的社会工作改革委员会，其报告《建设安全自信的未来：一年回顾》。而加拿大多伦多大学的博戈教授于 2006 年发表的《社会工作中的实习教育：一个文献回顾》高列学者榜首，其在实习教育与能力训练方面为社会工作教育做出了巨大贡献。从聚类来看，隶属于聚类＃0 的成员最多，有 5 个，分别是位列第 3、4、5、7、13，主题是实习教育；紧随其后的是聚类＃11、＃13，成员均为 3 个，前者位列第 12、14、19，主题是临床实践准备，此 3 篇文献关注教育实效与公信力，后者位列第 6、16、17，主题是宗教，此 3 篇文献关注宗教与灵性在社会工作的应用，推动了灵性社会工作的发展。从文献发表时间来看，2000 年之前，研究的主题涉及宗教与灵性社会工作、管理式医疗，以及社会转型带来的挑战；2001—2010 年期间，主要关注实习教育，开始讨论国际社会工作，并将技术与证据为本结合在一起为助人专业服务；2010 年之后，3 篇文献都关注社会工作教育质量。

① 计算公式为 sigma＝（centrality＋1）^burstness。

表 2.2.4　1998—2019 年 Sigma 值排名前 20 位的参考文献

序号	Sigma	作者	发表时间	参考文献	聚类
1	1004180	CSWE	2015	Educational Policy and Accreditation Standards	18
2	83802.2	CSWE	2008	Educational Policy and Accreditation Standards	10
3	181.8	Bogo M	2006	Field Instruction in Social work：A Review of the Research Literature	0
4	20.68	Jarman-Rohde L	1997	The Changing Context of Social Work Practice：Implications and Recommendations for Social Work Educators	0
5	14.69	Knight C	2001	The Process of Field Instruction：BSW and MSW Students' Views of Effective Field Supervision	0
6	12.25	Canda E R	1999	Spiritual Diversity in Social Work Practice：The Heart of Helping	13
7	11.99	Fortune AE	2001	Student Learning Processes in Field Education：Relationship of Learning Activities to Quality of Field Instruction，Satisfaction，and Performance among MSW Students	0
8	7.29	Kimberly S-G	1997	The Implications of Managed Care for Social Work Education	2
9	6.93	Bogo M	2002	Evaluating a Measure of Student Field Performance in Direct Service：Testing Reliability and Validity of Explicit Criteria	15
10	6.04	Scharlach A	2000	Educating Social Workers for an Aging Society：A Vision for the 21st Century	3
11	5.88	Healy L	2001	International Social Work：Professional Action in an Interdependent World	7
12	5.41	Narey M	2014	Making the Education of Social Workers Consistently Effective	11
13	5.26	Gelman CR	2004	Anxiety Experienced by Foundation-Year MSW Students Entering Field Placement：Implications for Admissions，Curriculum，and Field Education	0
14	5.05	Croisdale-Appleby D	2014	Revisioning Social Work Education	11
15	4.65	Berkman B	1996	The Emerging Health Care World：Implications for Social Work Practice and Education	16

续表

序号	Sigma	作者	发表时间	参考文献	聚类
16	4.45	Sheridan MJ	1994	Inclusion of Content on Religion and Spirituality in the Social Work Curriculum：A Study of Faculty Views	13
17	4.03	Sheridan MJ	1999	The Role of Religion and Spirituality in Social Work Education and Practice：A Survey of Student Views and Experiences	13
18	3.62	Schervish P	1997	Who We Are：A Second Look	2
19	3.48	Social Work Reform Board	2010	Building a Safe and Confident Future：One Year on	11
20	3.39	Gibbs L	2003	Evidence-Based Practice for the Helping Professions：A Practical Guide with Integrated Multimedia	14

注：为精简表格，作者均为第一作者。

（二）时间轴可视化分析

为清晰地了解专业演进的态势，CiteSpace 提供了时间轴视图。从图 2.2.2 看，图形呈现了 20 个最大的聚类，从＃0 到＃19，聚类成员数量自上而下降序排列，聚类标签采用对数似然比（Log-Likelihood Ratio，LLR）算法，[①] 依据施引文献关键词提取，其颜色深浅度对应聚类活跃的平均年份，颜色越淡，时间越近。具有红色内核的大型节点通常是被高频引用的突现节点，节点大小与共被引次数成正比。图谱中最左端的节点是里士满 1917 年出版的《社会诊断》一书，位于＃1，为社会工作成为一门专业奠定了基础。不同聚类的持续时间存在差异，颜色较深者为早期研究议题，如聚类＃2 管理式医疗、＃3 老龄化、＃5 专业社会化、＃9 专业伦理、＃13 宗教、＃16 临终关怀，其在图谱中留下的引用痕迹成为后续研究的知识基础。

时间轴视图中，拱桥最左端可见节点代表的是该聚类参考文献的发表时间，最右端的节点代表的是该聚类参考文献的最近发表时间。不同主题的聚类代表的是一个曾经发展过的领域，或正在发展的领域，其中规模大，主题不清晰的也可能是处于分化中的主题。拱桥代表的是节点间的关

① 软件默认有 TF＊IDF、LLR、MI 三种算法，可选择施引文献的标题（T）、关键词（K）与摘要（A）提取主题词。软件会提供主题词百分比的详细信息，所占篇幅过大，未提供。但从运行结果来看，选择标题（T），以 LLR 算法提取，聚类标签区分度最高。

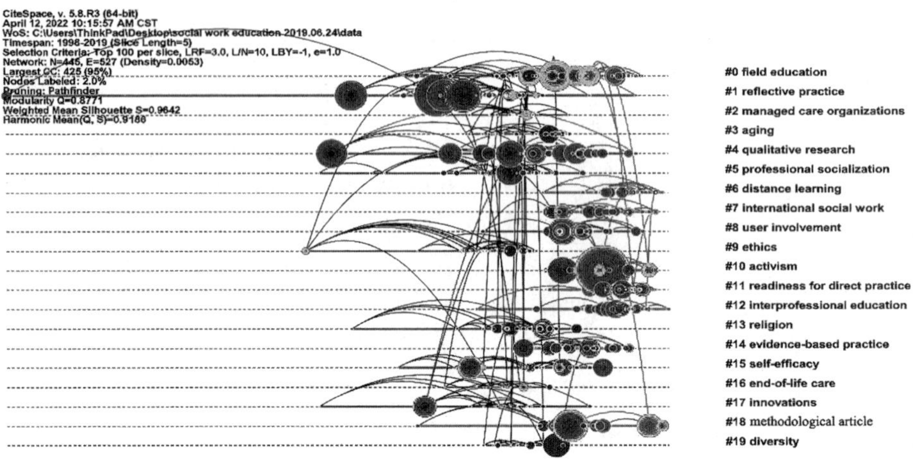

图 2.2.2　共被引网络时间轴视图（1998—2019 年）

系，其右侧节点越靠近线段右端，意味着该聚类的议题越新。按每 5 年纳入前 100 篇分析，经过参数筛选（剪枝），实际纳入分析的被引文献总数约为 445 篇（节点）。由进程报告（process report）可知，20 大聚类共涉及引文 425 篇（表 2.2.5 中的“规模”），覆盖率大约 93.4%。图 2.2.2 显示的 19 大聚类（见表 2.2.5）中聚类＃1 轮廓值最低，为 0.901，聚类＃12、＃13、＃14 最高，均为 1，聚类内部同质性较强。仅选择部分主题的聚类分析，并对其施引文献与参考文献的信息深入挖掘。

表 2.2.5　1998—2019 年聚类规模排名前 20 位的基本信息

聚类	规模	轮廓值	年份均值	起点	终点	主题
0	33	0.979	2000	1978	2014	实习教育（field education）
1	27	0.901	1987	1917	2013	反思性实践（reflective practice）
2	25	0.982	1995	1984	1997	管理式医疗（managed care）
3	24	0.99	1995	1987	2003	老龄化（aging）
4	24	0.979	1999	1967	2013	质性研究（qualitative research ）
5	22	0.988	1991	1965	2005	专业社会化（professional socialization）
6	22	0.929	2011	1999	2017	远程教育（distance learning）
7	22	0.97	2007	2000	2016	国际社会工作（international social work）
8	22	0.948	2004	1990	2014	使用者参与（user involvement）
9	22	0.93	1990	1963	1998	伦理（ethics）
10	21	0.919	2006	2000	2016	激进主义（activism）
11	21	0.971	2010	2000	2016	临床实践准备（readiness for direct practice）

续表

聚类	规模	轮廓值	年份均值	起点	终点	主题
12	20	1	2009	1989	2018	跨专业教育（interprofessional education）
13	20	1	1994	1970	2004	宗教（religion）
14	18	1	2006	1996	2012	循证实践（evidence based practice）
15	18	0.996	1996	1977	2008	自我效能感（self efficacy ）
16	18	0.921	1993	1984	2000	临终关怀（end of life care）
17	17	0.96	1991	1965	2006	创新（innovations）
18	16	0.98	2003	1980	2017	方法论（methodological artile）
19	13	0.947	1995	1990	2002	多样性（diversity）

注：起点与终点分别对应聚类中文献发表的最早、最晚时间。年份平均值指聚类内所有文献发表时间的平均值。但轮廓值为1，并不意味着聚类结构为最优，可能表示聚类主题高度相同，也可能是引用的文献高度雷同。

1. 涨潮期：2011—2019年

21世纪第2个10年共有#12跨专业教育、#6远程教育、#18方法论、#7国际社会工作、#10激进主义、#11临床实践准备、#0实习教育、#8使用者参与、#1反思性实践、#4质性研究、#14循证实践11个聚类，时间由近及远。从聚类特征来看，涉及：边界调整，从国内到国际，从专业内部到跨专业合作、从线下教学到远程教学；模式转型。从技术性到反思性、从经验权威为本到证据为本；能力评估，从课堂模拟到临床实践、从课堂实训到机构实习、从单向服务输出到使用者参与；方法采借，从定量到定性，倡导定量与定性研究并举。各种理念积聚，产生思潮激荡。

（1）聚类#0——实习教育。#0是最大的聚类，主题标签为实习教育，覆盖了33篇参考文献，共被引次数为629次，时间跨度从1978—2014年。聚类轮廓值为0.979，具有很高的同质性。在其时间线上有大大小小的重要节点，部分节点重叠。如图2.2.3所示，自上而下为#0、#1、#2三个聚类；#0中自左向右五个较大的节点主题分别是，贾曼-罗德等人的《社会工作实践不断变化的背景：对社会工作教育者的影响和建议》（1997）、安妮·E·福琼（Anne E. Fortune）的《现场教育中的学生学习过程：学习活动与MSW学生的现场教学质量，满意度和表现的关系》（2001）、博戈《社会工作实习教育：一个文献回顾》（2006）、《通过实习教育提高社会工作能力》（2010），以及韦恩等人发表的《实习教育：作为社会工作教育的特色教学法》(2010),其中3篇是博戈撰写或参与的。而中介中心性高于0.1的有8篇文献,其节点上有紫色外圈(彩图),中心度最高的是博戈《社会工作实习教育:一个文献回顾》(2006),为0.79,意味着此文献的发表在社会工作教育从课堂教学向实习教育的转型中发挥了重要的作用。

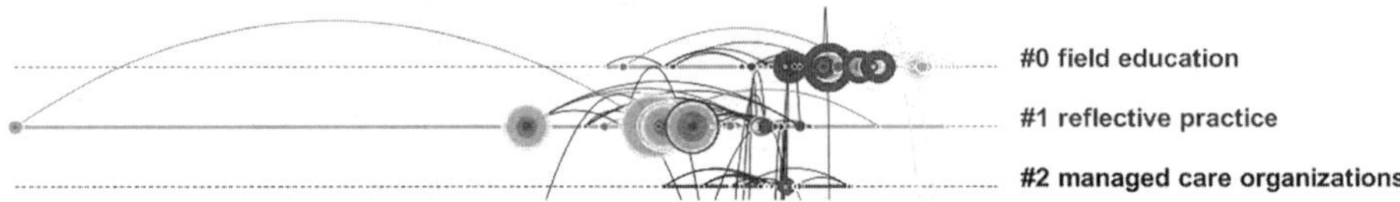

图 2.2.3 聚类#0、#1与#2的关键节点时间轴视图

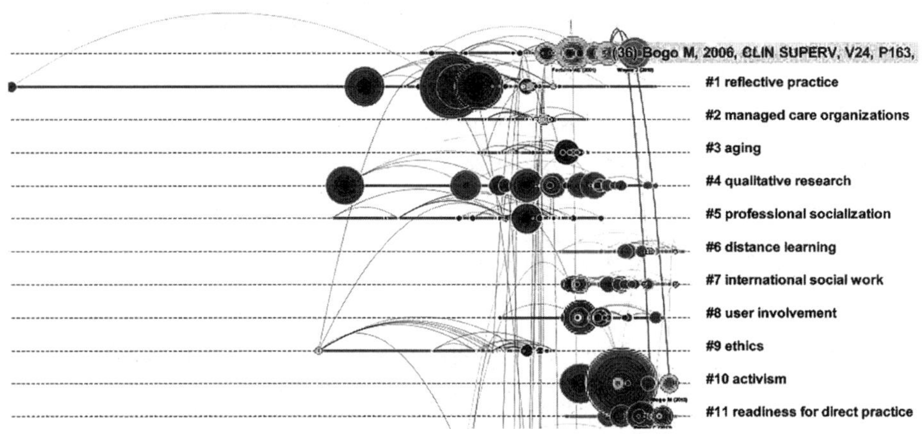

图 2.2.4 聚类#0的关键节点共被引轨迹视图

(2)聚类#1——反思性实践。#1拥有87个成员,时间跨度为1917—2013年,其标签显示为反思性实践,即施引文献主要来自反思性实践。文献引用横跨96年,起点为1917年由里士满发表的《社会诊断》一书,这是社会工作专业化的开端(表2.2.6)。

表 2.2.6 聚类#1共被引频次>30的参考文献

频次	突现值	中心度	Sigma	作者	时间	参考文献	半衰期
165	3.33	0.06	1.21	Schon D	1983	The Reflective Practitioner: How Professionals Think in Action	28.5
116	—	0.04	1	Freire P	1970	Pedagogyof the Oppressed	43.5
110	5.48	0.12	1.82	Schon D	1987	EducatingThe Reflective Practitioner: Toward a New Design for Teaching and Learning in the Professions	22.5

续表

频次	突现值	中心度	Sigma	作者	时间	参考文献	半衰期
100	7.14	0.02	1.13	Kolb D A	1984	Experiential Learning	29.5
41	10.1	0.03	1.29	Eraut M	1994	Developing Professional Knowledge and Competence	12.5
37	—	0	1	Richmond M	1917	Social Diagnosis	95.5

（3）聚类＃14、＃18——循证实践。循证实践形成两个聚类，分别是＃14与＃18，前者持续时间为1996—2012年，后者持续时间为1980—2017年，形成两波共被引浪潮。前者标签为循证实践，后者为方法论，追踪文献可以发现，两者都围绕证据为本形成共被引网络。

追踪聚类＃14的成员构成可以发现，中心度高于0.1的有3篇文献（表2.2.7），三个节点的在结构中的地位近似。大卫·L·萨克特（David L. Sackett）是循证医学的三大创始人之一，其与同事合著的《循证医学：如何实践与传授》一书，半衰期达到了10.5年，是艾琳·甘布里尔（Eileen Gambrill）引用的重要参考文献，后者首次将证据为本全面引入社会工作领域。托尼亚·爱德蒙（Tonya Edmond）等人试图将循证实践整合进社会工作实习教育中，认为其是一个有用的实践理念，但时间成本是阻碍使用的最大障碍。伦纳德·E·吉布斯（Leonard E. Gibbs）则结合多媒体技术为助人专业（如社会工作、护理、医学等）使用循证实践理念提供了指南。

表2.2.7　聚类＃14中心度＞0.1的参考文献

频次	突现值	中心度	Sigma	作者	时间	参考文献	半衰期
48	5.95	0.14	2.19	Edmondet al.	2006	Integrating Evidence-Based Practice and Social Work Field Education	7.5
22	10.34	0.13	3.39	Gibbs LE	2003	Evidence-Based Practice for the Helping Professions：A Practical Guide with Integrated Multimedia	6.5
44	6.22	0.1	1.82	Sackettet al.	2000	Evidence Based Medicine：How to Practice and Teach EBM	10.5

追踪聚类＃18的成员构成可以发现，中心度高于0.1的有4篇文献（表2.2.8），前三个节点的在结构中的地位近似，均大于0.2。排在第1、

2 位的分别来自美国社会工作教育协会与美国社会工作者联合会。前者于 2008 年版本中就开始转而支持证据为本，后者开始时就强调采用与实践相关的研究发现的重要性。马修·O·霍华德（Matthew O. Howard）等人思考的是如何在教学中传授循证实践，提出了以下执行步骤：传授循证实践的价值；指导学生如何选择循证实践；教导学生循证理论与政策；指导如何开展循证实践；适应循证实践；评估实践；指导学生在实践生涯中实时使用循证方法的技能；界定实践问题；固定相关证据；批判性地评估证据（Howard et al.，2003）。吉布斯与甘布里尔的文章《循证实践：对异议的反驳》是对循证实践质疑者的回应，围绕对 EBP 本质的无知、对专业标准的误解、诉诸传统或道德的理由等类型逐一反驳（Gibbs & Gambrill，2002）。明确这些障碍，有助于我们更好地推动社会工作教育从经验权威为本向证据为本的转型。

表 2.2.8　聚类＃18 中心度＞0.1 的参考文献

频次	突现值	中心度	Sigma	作者	时间	参考文献	半衰期
154	59.18	0.26	1004180	CSWE	2015	Educational Policy and Accreditation Standards	2.5
24		0.25	1	NASW	2017	Code of Ethic	0.5
88	5.28	0.24	3.16	Howardet al.	2003	Teaching Evidence-Based Practice：Toward a New Paradigm for Social Work Education	8.5
55	6.58	0.17	2.86	Gibbs& Gambrill	2002	Evidence-Based Practice：Counterarguments to Objections	9.5

2. 平静期：2001—2010 年

21 世纪前 10 年共有＃15 自我效能感、＃17 创新、＃5 专业社会化、＃13 宗教、＃3 老龄化、＃19 多样性、＃16 临终关怀 7 个聚类，结束时间从近到远。从聚类特征来看，自我效能感、专业社会化、（文化）多样性与临床关怀在中国社会工作教育中是一个相对比较新的议题，老龄化则是社会工作教育面临的时代挑战。

表 2.2.9　聚类＃15 中心度＞0.1 的参考文献

频次	突现值	中心度	Sigma	作者	时间	参考文献	半衰期
21	6.36	0.36	6.93	Bogo et al.	2002	Evaluating a Measure of Student Field Performance in Direct Service: Testing Reliability and Validity of Explicit Criteria	7.5
4	—	0.33	1	Gutiérrez LM	1990	Working With Women of Color: An Empowerment Perspective	11.5
69	—	0.33	1	Cohen J	1988	Statistical Power Analysis for the Behavioral Sciences	25.5
21	6.36	0.13	2.19	Bandura A	1997	Self-efficacy: The Exercise of Control	11.5

追踪聚类＃15 的成员构成可以发现（表 2.2.9），中心度最高的是博戈等人的《评估学生在直接服务中的现场表现的衡量标准：标准的信度和效度》一文，短期内被急遽引用，讨论的是直接服务中现场行为的评估，将能力概括为以下几类：专业技能、过程评估技能（assessment skills）、介入技能、结果评估技能（evaluation skills）与沟通技能等（Bogo et al.，2002）。古铁雷斯引入优势视角，认为社会工作者应该通过赋权增能消除非白人女性心理上的无力感与生活上的困难，其持续引用的半衰期达到11.5 年。阿尔伯特·班杜拉（Albert Bandura）的《自我效能感训练》在谷歌学术上的被引次数接近 10.2 万次，其持续引用的半衰期也达到 11.5 年，属于社会工作教育的知识基础。相关研究集中在两个主题：一是通过学生的自我效能测量评估社会工作教育的效果（Holden et al.，1999；2002），二是研究能力的教学中学生的自我效能感测量（Montcalm，1999）。科恩的《行为科学的统计功效分析》是本聚类中中心度位列第 3 的文献，其讨论的统计功效（Statistical power）是指在统计检验中拒绝零假设后正确的可能性，是检验社会工作教育与研究效果的一个重要工具（Kainz et al.，2018；Dunleavy，2020）。

表 2.2.10 聚类♯5 中心度>0.1 的参考文献

频次	突现值	中心度	Sigma	作者	时间	参考文献	半衰期
12	6.01	0.17	2.6	Aviram &Katan	1991	Professional Preferences of Social Workers：Prestige Scales of Populations，Services and Methods in Social Work	13.5
4	—	0.12	1	Wyers NL	1991	Policy-Practice in Social Work：Models and Issues	10.5

聚类♯5 的主题是专业社会化，强调的是通过社会工作教育将社会工作的专业认同，以及其所包括的价值与态度内化进学生的认知与行为的过程（Weiss，Gal & CnaanZ，2004）。乌里·阿维拉姆（Uri Aviram）与约瑟夫·凯特（Joseph Katan）在《社会工作者的专业偏好：社会工作中人口，服务和方法的声望量表》一文中指出，社会工作学生及毕业生，更偏好为中产阶层提供咨询与治疗的私人服务而不是传统的为穷人服务，应通过社会工作教育改变学生的偏好，推动社会工作回到社会照顾的职能上（Aviram & Katan，1991）。诺曼·L·怀尔斯（Norman L. Wyers）将政策实践（policy-practice）定义为一种直接社会工作实践模式，可以加强社会工作专业人员的能力，保证其能够为有需要的人履行提供政策知情服务的百年承诺。基于社会工作者角色，形成五个模型：作为政策专家、作为外部环境变革者、作为内部环境的变革者、作为政策的中转者、作为政策本身（Wyers，1991）。在中国，《社会政策概论》被视为专业基础课程，但是否达到前述目标需要实践的检验。

表 2.2.11 聚类♯19 中心度>0.1 的参考文献

频次	突现值	中心度	Sigma	作者	时间	参考文献	半衰期
4	—	0.16	1	Castex M.	1994	Providing Services to Hispanic/Latino Populations：Profiles in Diversity	4.5
4	—	0.15	1	Latting JK	1990	Identifying the "Isms"：Enabling Social Work Students to Confront Their Biases	8.5

聚类♯19 的主题是（文化）多样性，指用来说明个人或群体生命中独一无二特征的人类差异，已经成为美国社会工作教育协会与美国社会工作

者联盟的关注焦点，前者要求所有项目的课程都要包括多样性的内容（Kohli，Huber & Faul，2010）。面对其他文化背景的族裔，格拉谢拉·M·卡斯特（Graciela M. Castex）为社会工作者提供了一份具有文化敏感性的行动指南。简·坎坦布·拉廷（Jean Kantambu Latting）为社会工作提出了一个关于文化敏感性实践的教学模式——识别“主义”（Isms），提供了四种减少偏见的方法：劝诫、提供信息、群体间接触、发展复杂性的认知（Latting，1990）。两篇文献的影响力集中在20世纪90年代。

表2.2.12　聚类#16中心度>0.1的参考文献

频次	突现值	中心度	Sigma	作者	时间	参考文献	半衰期
11	6.59	0.26	4.65	Berkman B	1996	The Emerging Health Care World：Implications for Social Work Practice and Education	3.5
4	—	0.15	1	Sornanti M	1994	Fieldwork Instruction in Oncology Social Work：Supervisory Issues	5.5
4	—	0.14	1	Kadushin & Egan	1997	Educating Students for a Changing Health Care Environment：An Examination of Health Care Practice Course Content	3.5

聚类#16的主题是临终关怀，与老年人的健康照顾密切相关。芭芭拉·伯克曼（Barbara Berkman）以健康照顾时代来临为背景，探讨其对社会工作实践与教育的意义，指出依据健康照顾环境的变化而开展动态培训的必要性。其中心度为0.26，构成该聚类的一个重要节点，其短时间内被引也较多（图2.2.5）。玛丽·索尔南蒂（Mary Sorrnanti）通过对督导的调查发现，在医疗场景下，社会工作实习学生存在躯体反应、无法与同伴同步，以及反移情等问题，认为医务社会工作应为学生适应医疗场景提供支持。而戈尔迪·卡杜申（Goldie Kadushin）和玛西亚·伊根（Marcia Egan）则直面日益变化的健康照顾环境，对健康照顾实践课程的教学内容进行评估，建议优先关注管理式医疗、去机构化等议题。

3. 退潮期：1990—2000年

20世纪90年代的研究成果已经较少能够引起当下研究者的兴趣，本阶段仅有聚类#2、聚类#9位列其20位，可以说是进入退潮期。但学界

图 2.2.5 聚类＃16 的关键节点共被引轨迹视图

对管理式医疗与专业伦理的关注说明其仍是社会工作教育中需要高度重视的议题。对于中国社会工作教育而言，由于实践发展滞后，西方国家的退潮期可能刚好是我们的涨潮期。因此，关注相关议题可以为实践提供理论指导。

聚类＃2 的标签为“管理式医疗”（表 2.2.13），通常是指通过各种措施检查和控制案主照顾的财务和临床方面的系统，其最终目标是控制成本，同时最大限度地提高质量（Strom-Gottfried，1997）。自 20 世纪 80 年代中期以来，管理式医疗就成为解决美国医疗保健系统经济危机的方法之一。到了 20 世纪 90 年代后期，医学、护理学都已对此作出了积极回应，但社会工作专业的反应仍然迟钝。基于此，斯特罗姆-戈特弗里德提出，社会工作教育者应当考虑如何修改课程大纲以适应这一转变（Strom-Gottfried，1997）。科科拉与范迪维尔则为精神健康实践者提供了管理式医疗的驾驭技能训练指南。结果测量是与改善个体和群体健康的目标实现相关的社会项目效果的系统与实证观察，目的是支持行为测量与管理，推动结果研究，爱德华·J·马伦（Edward J. Mullen）将其视为健康政策与实践的一个社会工作框架（Mullen，2008）。戈尔达·爱丁堡（Golda Edinburg）与琼·科特勒（Joan Cottler）的文章是收录在《社会工作百科全书》上的专业术语条目，梳理了管理式医疗的历史沿革，由美国社会工作联合会于 1995 年出版。玛格丽特·吉伯曼（Margaret Gibelman）与菲利普·H·舍维什（Philip H. Schervish）的专著《我们是谁：再回首》，主要是讨论社会工作人才队伍的特征及其建设的问题。

表 2.2.13 聚类＃2 中心度＞0.1 的参考文献

频次	突现值	中心度	Sigma	作者	时间	参考文献	半衰期
8	5.04	0.48	7.29	Strom-Gottfried K	1997	The Implications of Managed Care for Social Work Education	2.5

续表

频次	突现值	中心度	Sigma	作者	时间	参考文献	半衰期
5	—	0.23	1	Corcoran &Vandive	1996	Maneuvering the Maze of Managed Care：Skills for Mental Health Practitioners	3.5
4	—	0.18	1	Mullen EJ	1997	Outcomes Measurement in the Human Services：Cross-Cutting Issues and Methods	2.5
20	8.94	0.15	3.62	Schervish P	1997	Who We Are:A Second Look	5.5
4	—	0.12	1	Edinburg &Cottler	1995	Managed Care	5.5

聚类＃9 的标签为（专业）伦理（表 2.2.14），有两篇中心度＞0.1 的参考文献（表 2.2.9）。芭芭拉・K・瓦利（Barbara K. Varley）探讨的是如何将专业的价值与规则内化进社会工作者的社会化过程，认为成功的社会化表现为具备平等权利、助人服务、案主第一（心理动力学思维）与普遍主义四种价值（Varley，1963）。基于社会工作伦理要求，伯尼・S・纽曼（Bernie S. Newman）建议将同性恋议题纳入课程教学中，改变学生对此的消极态度。

表 2.2.14　聚类＃9 中心度＞0.1 的参考文献

频次	突现值	中心度	Sigma	作者	时间	参考文献	半衰期
4	—	0.22	1	Varley BK	1963	Socialization in Social Work Education	35.5
4	—	0.13	1	Newman BS	1989	Including Curriculum Content on Lesbian and Gay Issues	9.5

二、共现与合作网络分析

（一）关键词共现网络可视化分析

共现网络的节点包括术语、关键词、来源与类型，此处仅选择关键词。通过分析施引文献关键词的共现网络可以发现研究的热点（图 2.2.6）。执行初始条件后，生成节点 314 个、连线 825 条。

1. 基于频次分析

表 2.2.15 列出了前 30 位的排序信息。前 3 位是研究的检索条件，频次高是自然结果，故不再分析。其中第 4、25 号关注的是学生，从文献来

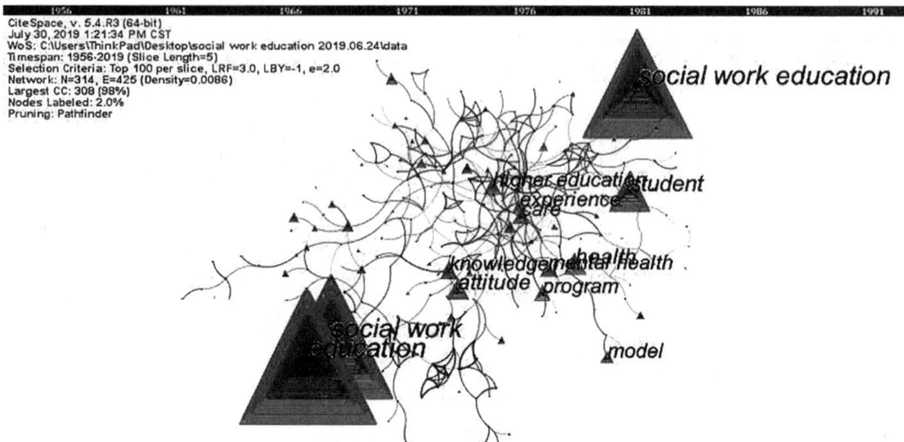

图 2.2.6　关键词共现网络

看主要关注学生对专业、实习教育、课堂教学模式、特殊人群等的态度，与 5 号相关联；6、7、8、29 号关注的是健康照顾，主要与老年群体相关；20、21 号关注的是妇女与儿童两个群体，其他基本上都与社会工作的教学、实践、服务及内容相关，涉及知识准备、项目执行、课程设计、教学模式等。

表 2.2.15　基于频次的关键词共现排序前 30 位

序号	频次	关键词	序号	频次	关键词	序号	频次	关键词
1	1313	education	11	208	model	21	135	children
2	1203	social work	12	197	experience	22	134	challenge
3	1052	social work education	13	195	higher education	23	131	outcom
4	481	student	14	180	service	24	130	diversity
5	285	attitude	15	168	curriculum	25	124	social work student
6	277	health	16	163	impact	26	120	field education
7	234	care	17	153	perspective	27	119	competence
8	212	mental health	18	153	social work practice	28	115	perception
9	212	program	19	145	intervention	29	113	health care
10	210	knowledge	20	144	women	30	112	stress

2. 基于中心度的分析

通过中心度可以识别不同时间点或时间段的研究热点，表 2.2.16 按时间列举出了中心度大于 0.1 的关键词。结果显示，中心度最高的是“美国”，达到0.37，是HIV、癌症、健康教育、黑人学生、科学、信度、流行性等节点的中心；排在第2位的是“科学”，1993年开始受到广泛关注，是知识、出版物、流行性与美国四个节点的中心；排在第3位的是“类型”，达到0.22，是课程、学习、指导、策略、社会工作硕士等节点的中

表2.2.16　基于中心度（>0.1）的关键词共现排序

年份	频次	中心度	关键词	年份	频次	中心度	关键词
2002	4	0.17	BSW	1996	4	0.12	case management
	7	0.13	instruction		7	0.11	HIV
	47	0.11	MSW student	1994	78	0.21	empowerment
	30	0.11	satisfaction		67	0.2	skill
	4	0.1	controlled trial		3	0.18	mother
2001	5	0.1	direct practice interest		4	0.13	employment
2000	2	0.19	black student		2	0.13	welfare reform
	2	0.1	interdisciplinary practice		46	0.11	prevention
1999	2	0.18	retention	1993	52	0.29	science
	7	0.14	death		113	0.2	health care
	2	0.11	research curriculum		81	0.18	adolescent
1998	54	0.37	united states		2	0.16	scientific imperative
	6	0.22	style	1992	6	0.19	social support
	23	0.18	prevalence		210	0.16	knowledge
	8	0.16	lesbian		65	0.12	quality
	2	0.15	MSW		7	0.11	life
	3	0.14	professional		17	0.1	need
1997	2	0.13	resource		6	0.1	gay men
	6	0.12	advance directive	1991	3	0.19	publication
	2	0.1	ethnography		144	0.17	women
1996	2	0.19	human immunodeficiency virus（HIV）		63	0.17	faculty
	195	0.15	higher education		153	0.16	perspective
	4	0.13	age		5	0.16	journal
	66	0.12	burnout		100	0.12	issue
	7	0.12	college student	—	—	—	—

注：此表格显示关键词收录记录最早时间为1991年，而2002年后的尚未形成结构中心。年份表示首次共现记录出现时间。

心；排在第 4 位的是“增能”，达到 0.21，是黑人、疾病、母亲、政治、民族志、社会支持等节点的中心；而排在第 5 位的是“技巧”，达到 0.20，与福利改革、评估、行为、机构等相关。除“类型”外，其他使用相应关键词的施引文献最新都到了 2019 年。因此，这些关键词及其关联的节点内容仍是当下研究的热点。

从年份来看，1991 年，研究开始关注成果出版、妇女等，但前者共现次数少；1992 年，社会支持开始成为研究的中心；1993 年，除对科学性的追求外，健康照顾与青少年研究开始成为新的增长点；1994 年，则以增能为代表；1996 年，个案管理开始流行；1999 年，开始讨论社会工作者的职业流动性，与职业倦怠、长期照顾等存在共现关系；2000 年，黑人学生（主要指非裔美国人）与跨专业实践成为增长点；2001 年，直接实践兴趣开始引起关注；而自 2002 年起，社会工作本科生、硕士研究生成为关注点，主要涉及实践指导，以及学生的满意度。

3. 基于突现强度的分析

从共现突现强度看（表 2.2.17），除去社会工作教育外，排在第 1 位的是证据为本的实践，强度为 13.4，其开始时间为 2006 年，结束时间为 2011 年，而甘布里尔引入社会工作的最早时间为 1999 年；紧随其后的为精神治疗、老年学、新自由主义与管理式医疗/照顾，其中新自由主义持续到当下，总体以私人执业为取向的心理咨询式的个体治疗为特征。其他持续到 2019 年的有同理心、大学、儿童保护、环境、挑战、权力、服务使用者与预防，最早开始时间为 2015 年。追踪文献可知，大学（university）此处是指教学单位，相关研究主要围绕教育活动的外部影响因素分析，如社区、市场（化）、（学术成果）影响因子等；而模拟（simulation）一词指模拟教学，与跨专业教学密切联系，于 2011—2015 年成为高共现强度的关键词，以 2014 年加拿大多伦多大学的博戈教授出版的《在评估与教学中使用模拟：客观结构化临床考试在社会工作的应用》一书为代表。而博士教育则于 2011—2014 年间成为反思的热点。

表 2.2.17　基于突现强度的关键词共现排序前 30 位

序号	频次	强度	关键词	开始	结束	序号	频次	强度	关键词	开始	结束
1	1052	19.36	social work education	2005	2007	16	22	9.03	future	1997	2008
2	110	13.4	evidence-based practice	2006	2011	17	70	8.86	assessment	2006	2007

续表

序号	频次	强度	关键词	开始	结束	序号	频次	强度	关键词	开始	结束
3	32	12.7	psychotherapy	2001	2010	18	22	8.7	therapy	1997	2010
4	27	12.67	gerontology	2005	2010	19	22	8.27	environment	2016	2019
5	33	10.78	neoliberalism	2016	2019	20	21	8.23	socialwork education	2011	2015
6	19	10.68	managed care	1996	2005	21	21	8.23	interdisciplinary	2011	2015
7	42	10.65	teaching	2006	2011	22	134	8.01	challenge	2017	2019
8	44	10.59	evaluation	2006	2012	23	20	7.94	power	2015	2019
9	28	10.37	client	1993	2010	24	47	7.94	doctoral education	2011	2014
10	105	10.36	spirituality	2004	2010	25	24	7.84	service user	2016	2019
11	94	9.91	religion	2004	2010	26	19	7.69	practice	1998	2010
12	29	9.47	empathy	2016	2019	27	23	7.63	simulation	2011	2015
13	33	9.39	university	2016	2019	28	46	7.63	prevention	2017	2019
14	17	9.19	need	1992	2005	29	20	7.6	substance abuse	2002	2010
15	28	9.15	child protection	2016	2019	30	18	7.58	placement	2013	2015

4. 基于 Sigma 值的分析

从 Sigma 值看（表 2.2.18），排在首位的仍是社会工作教育，与此相关的如实践、服务、能力、教学法等。其他关键词涉及以下明显主题：一是健康照顾，为主要特征，涉及健康照顾、管理式医疗/照顾、预防、抑郁症、艾滋病、生命（临终关怀）、同性恋、精神治疗；二是灵性社会工作，如灵性、宗教；三是证据为本。

表 2.2.18　基于 Sigma 值关键词共现排序前 30 位

序号	Sigma	关键词	序号	Sigma	关键词	序号	Sigma	关键词
1	7.74	social work education	11	1.16	practitioner	21	1.08	issue
2	1.38	client	12	1.15	socialwork	22	1.08	religion
3	1.37	service	13	1.14	depression	23	1.08	psychotherapy
4	1.29	women	14	1.12	challenge	24	1.08	decision making
5	1.29	health care	15	1.12	spirituality	25	1.07	strategy

续表

序号	Sigma	关键词	序号	Sigma	关键词	序号	Sigma	关键词
6	1.25	managed care	16	1.1	competence	26	1.07	abuse
7	1.2	prevention	17	1.1	practice	27	1.07	future
8	1.19	AIDS	18	1.08	pedagogy	28	1.07	self
9	1.17	need	19	1.08	life	29	1.06	gay
10	1.16	behavior	20	1.08	evidence-based practice	30	1.05	therapy

注：关键词 AIDS 指艾滋病，软件提取时仅显示 AID，为避免误解，由笔者加上。

5. 基于主题的分析

主题分析是通过名词短语（noun phrase）共现获得，提取名词短语可以挖掘当前研究关注的热点。表 2.2.19 中列出突现强度位于前 10 的名词短语，可概括为五类主题：一是专业实践，包括社会工作实践与证据为本实践；二是社会服务，包括健康照顾、药物滥用；三是科学研究，包括社会工作研究与在线调查；四是专业建设，包括专业发展与专业认同；五是国际化，包括国际社会工作与中国香港地区。其他突现强度较高的名词短语还涉及社会媒体（新媒体）、南非、远程教育、家庭暴力等。

表 2.2.19 名词短语共现前 10 位

序号	频次	突现强度	中心度	sigma	名词短语	序号	频次	突现强度	中心度	sigma	名词短语
1	75	47.75	0	1	social-work-practice	6	43	14.44	0	1	online-survey
2	41	26.02	0	1.05	health-care	7	40	13.42	0	1.01	professional-identity
3	52	20.54	0	1	social-work-research	8	110	13.32	0.01	1.07	evidence-based practice
4	49	17.22	0	1	professional-development	9	24	12.46	0	1	substance-abuse
5	42	16.58	0	1	international-social-work	10	33	11.07	0	1.01	Hong-Kong

总体而言，关键词共现网络中的节点，主要与社会工作的教学、实践、研究、服务及内容相关，涉及知识准备、项目执行、课程设计、教学模式、服务对象、专业认同等。研究关注的焦点开始从国内转向国际；从控制转向照顾；从经验权威为本转向证据为本。关注的具体问题有模拟教

学与博士阶段培养，宗教及灵性在社会工作中的应用，关注特殊群体（艾滋病患者、同性恋、儿童）与特殊问题（药物滥用）。

（二）合作网络的可视化分析

合作网络的节点类型包括作者、机构、国家/地区，执行初始条件后，不同类型节点的节点数与连线数有差异。

1. 作者合作网络

执行初始条件后，生成节点 631 个，连线 344 条。从频次看（见表 2.2.20），来自加拿大多伦多大学的博戈位于第一位，合作频次达到 36 次，参与分析的文献中首次合作时间为 2006 年。其为多伦多大学社会工作系的领军人物，形成了以他为核心的学术团队（图 2.2.7）。主要贡献有：倡导"证据为本＋客观结构化临床考试＋标准化案主"的模拟教学；基于生态系统框架（ecosystem frame）提出了"理论—实践环"（The Integration of Theory and Practice Loop，ITP Loop）模式；建构了元能力（Meta-competence）与过程性能力（procedural competencies）的整体能力框架；领导团队设计了多种类型的专业能力测评表格等（臧其胜，2018）。贝丝·R·克里斯普（Beth R. Crisp）与吉尔·曼索普（Jill Manthorpe）两者均为英格兰社会工作学位质量评估团队成员，前者来自澳大利亚迪肯大学（Deakin University），后者来自伦敦国王学院（King's College London），与其他成员一起，围绕英国社会工作新学位有许多合作成果。从图 2 中可以发现，作为任务团队，成员是平等关系，缺乏明显的核心。大卫·R·霍奇（David R. Hodge）来自美国华盛顿大学社会工作系，主要研究领域为灵性社会工作；利兹·贝多（Liz Beddoe）来自新西兰奥克兰大学社会工作系，主要贡献在于社会工作督导研究，倡导反思性实践者，特别关注风险社会中的社会工作。两者虽然合作次数较多，但都未形成明显的团队网络。总体而言，西方社会工作教育研究者合作网络也不多见。

表 2.2.20　作者合作频次前 10 位

序号	频次	年份	作者	序号	频次	年份	作者
1	36	2006	Marion Bogo	6	17	2008	Mel Gray
2	20	2006	Beth R. Crisp	7	17	2007	Jo Moriarty
3	19	2006	David R. Hodge	8	16	1956	[Anonymous]
4	18	2008	Jill Manthorpe	9	15	2008	Shereen Hussein
5	18	2011	Liz Beddoe	10	13	2005	Julie Birkenmaier

注：由于不同文献中同一作者存在简写，合作次数可能低于实际次数。如 Marion Bogo 有简写为 M. Bogo，为 6 次，首次合作时间为 1992 年，故实际合作次数为 42 次。由于该节点无法查找合并，故保留原始数据。而 Beth R. Crisp 则与 Beth Crisp 合并为一个节点。

从作者合作网络构图（图 2.2.7）来看，左图属于星型；中图属于网状（比例被放大）；右图属于树型。星型合作网络管理方便，执行效率高，但特别依赖中心节点。一旦领军人物博戈教授退休或离职，原有合作网络由于缺少新的核心而可能迅速瓦解。网状合作网络联系紧密，其连线相对较粗，说明合作程度高；但此网络本身属于任务小组，任务完成就有可能被解散，所以合作关系是任务驱动型的。树型合作网络特别依赖根节点，可以区分为三个子网络，位于中间的五角星为来自北爱尔兰贝尔法斯特女王大学（Queens university Belfast）的安妮·坎贝尔（Anne Campell）（低于阈值未显示），主要从事信息技术在社会工作教育中的应用研究，如与他人合作发表了《使社会工作教育应用程序（App）化：为社会工作教育与实践开发信息化应用的过程》（Campbell and McColgan，2016）。其一人连接了三个子网络，发挥着重要的桥梁作用，如与乔治·威尔森（George Wilsson）合作发表了《发展社会工作教育：学术视角》（Wilson and Campbell，2012），其他几个标识为五角星的也同样发挥着桥梁作用。但坎贝尔一旦退出此网络，那么三个子网络将会断开。而且，从节点大小来看，坎贝尔只能算是信息交换的使者而非学术核心。因而，此网络整体上是脆弱的。

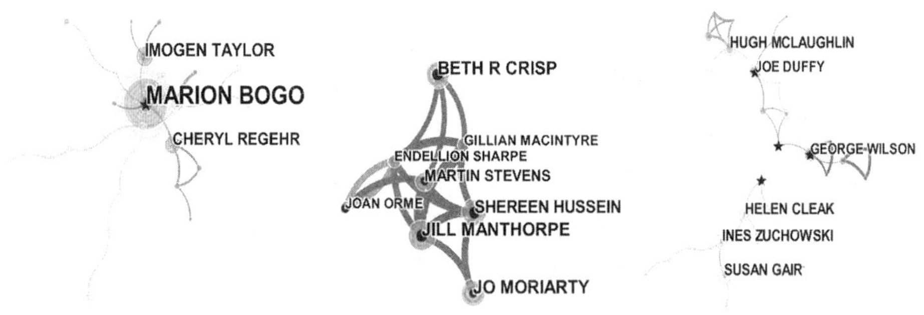

图 2.2.7 作者合作网络

基于关键词（K）快速聚类后（图 2.2.8），共生成 368 个聚类，其中最大的两个聚类是＃0 社会工作教育、＃3 社会工作。＃0 聚类有 19 个成员，核心是加拿大多伦多大学的博戈教授，合作 36 次；而＃3 聚类有 10 个成员，核心是菲·麦舒娜（Faye Mishna），合作 8 次，同时也是沟通两个聚类的关键作者，具有桥梁作用，追踪引用历史及个人信息可知，其同样来自加拿大多伦多大学，以研究网络欺凌（cyber bullying）见长，在社会工作教育领域以推动网络咨询（cyber counseling）为特色，多篇文章与博戈有合作。

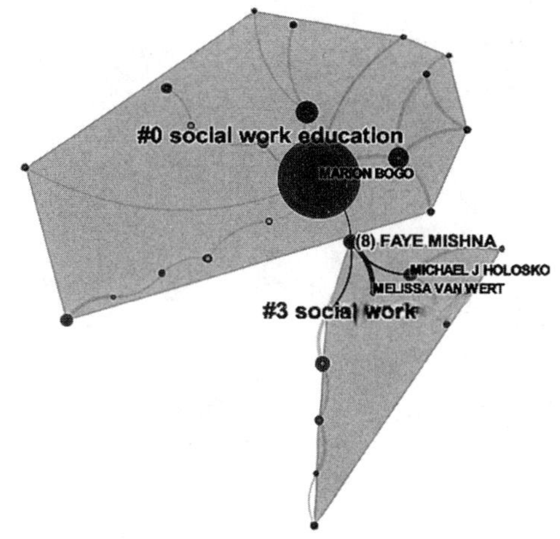

图 2.2.8　作者合作网络聚类

2. 机构合作网络

执行初始条件后，生成节点 262 个，连线 443 条。在机构合作网络中（表 2.2.21），前 10 位均为高校，8 所来自美国，2 所来自加拿大。可以发现加拿大多伦多大学社会工作系与业界合作居领先地位。

表 2.2.21　机构合作频次前 10 位

序号	频次	年份	机构	国家	序号	频次	年份	机构	国家
1	117	1999	多伦多大学	加拿大	6	86	1998	纽约大学	美国
2	104	1998	马里兰大学	美国	7	74	2001	卡尔加里大学	加拿大
3	94	1999	北卡罗来纳大学	美国	8	70	1998	华盛顿大学	美国
4	93	1998	密歇根大学	美国	9	64	1998	圣路易斯华盛顿大学	美国
5	88	1997	亚利桑那州立大学	美国	10	63	1998	弗吉尼亚联邦大学	美国

从图 2.2.9 中可以看出不同机构间的合作关系，其中多个节点有紫色外圈，主要是在不同机构间发挥了桥梁作用，通常是该机构的某位作者与其他两所无直接合作关系机构的学者有合作；有红色内核的节点表示合作突现强度高，意味着短时间内与其他机构间的合作成果较多，如加拿大的卡尔加里大学（University of Calgary），但这种研究合作更多可能是个人层面的。

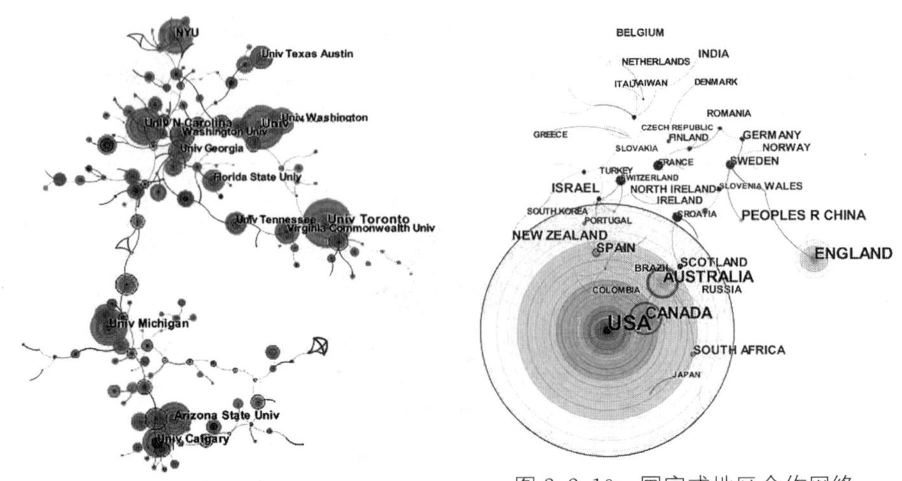

图 2.2.9　机构合作网络

图 2.2.10　国家或地区合作网络

3. 国家或地区合作网络

执行初始条件后，生成节点 87 个，连线 173 条，生成图 2.2.10 整体合作网络。在国家或地区合作网络中（表 2.2.22），左侧以合作频次为序，右侧表格以中心度为序。从合作频次来看，美国的最高，但中心度并不高；法国的中心度最高，达到 1，但合作网络频次太低。

表 2.2.22　国家或地区合作频次与中心度前 10 位

序号	频次	中心度	年度	国家	频次	中心度	年度	国家
1	3518	0.13	1966	USA	25	1	2011	France
2	666	0.04	1967	England	26	0.86	2001	Croatia
3	493	0.24	1972	Canada	17	0.81	2008	Switzerland
4	476	0.6	1992	Australia	78	0.67	1997	Sweden
5	174	0	2001	Peoples R China	476	0.6	1992	Australia
6	164	0.08	1998	Israel	94	0.58	1996	Scotland
7	136	0.32	2006	Spain	3	0.43	2013	Serbia
8	112	0	1997	New Zealand	18	0.41	2008	Slovenia
9	107	0.21	1997	South Africa	24	0.38	2008	Portugal
10	94	0.58	1996	Scotland	8	0.36	2009	Egypt

注：英国作者的文献以地区为统计单位，包括英格兰（England）、苏格兰（Scotland）、威尔士（Wales）、北爱尔兰（North Ireland），因此英格兰的数据不包括其他地区；中国数据不包括港澳台地区。

由表可见，两张表中都出现的是澳大利亚与苏格兰（图 2.2.12 中五角星位置），前者合作频次高，中心度也高（图 2.2.11），是国家合作网络中的重要一极；后者则是澳大利亚合作网络与克罗地亚合作网络的桥梁，具有重要的沟通作用（图 2.2.12）。而中国、新西兰虽参与合作的频次高，但并未成为中心。

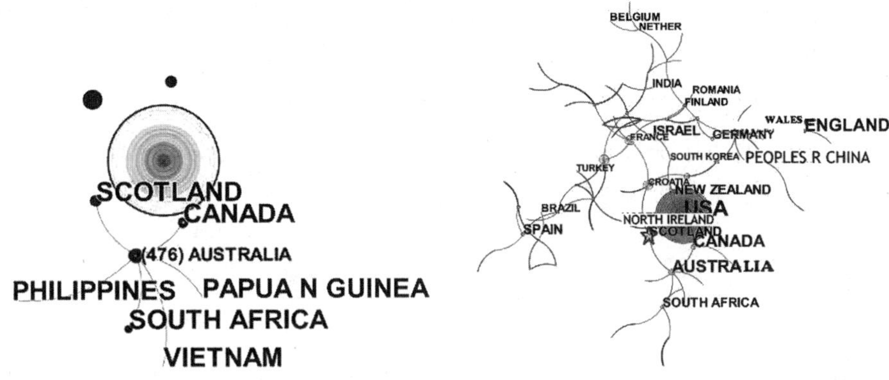

图 2.2.11　澳大利亚为中心的合作网络　　图 2.2.12　苏格兰为中心的合作网络

总体而言，无论是作者、机构，还是国家/地区，社会工作教育领域内的合作网络偏少，合作关系也较为脆弱。国家/地区间的合作主要是通过作者的国籍或所属地区呈现的。相对而言，博戈教授领导的团队可视为一个较好的合作网络，但其缺少学术梯队的局限性也很明显。

第三节　中国社会工作教育研究的历史景观

自 1988 年重建社会工作专业以来，中国社会工作教育的发展已经走过 30 年，关于中国社会工作发展史的回顾已有众多文献（彭华民，2017a），但对于研究的前沿、热点与趋势更多是基于研究者自身的文献积累，较少应用新的文献研究方法。目前已有学者基于中国社会科学引文索引数据库（CSSCI），应用文献计量学，回顾了中国社会工作研究的现状、热点与趋势，指出社会工作的发展受政策影响，学术共同体尚未建成（王晔安等，2018）。但主要分析了共现与合作网络，未深入分析参考文献的共被引关系，其聚类 modularity Q 值超过 0.4—0.8 的最佳取值范围，因而结论值得商榷。另外，从下载的数据来看，英文著作的出版年份大多缺失，部分中文文献的信息也不完整，如年份、作者等，直接导致文献网络的不完整，需要人工补全。选择参考文献，将降低论著与普通期刊文献历史作用缺失的风险。由于 CSSCI 数据库与社会工作教育直接相关的文献太少，故仍以“社会工作”为主题检索，以便尽可能覆盖文献。

一、共被引网络分析

（一）文献共被引网络的聚类分析

执行可视化命令后，结果显示（见图 2.3.1 左上角）：参与分析的有效施引文献记录为 956 条（共 988 条），有效参考文献记录为 10411 条（共 10411 条）；节点有 443 个，连线有 1812 条，网络密度为 0.0185。以关键词为依据，快速聚类后，共有 40 个聚类，总体模块度（Modularity Q）为 0.6374，聚类间区分度良好；平均轮廓值（Mean Sihlouette）为 0.5375，中等，但主要聚类多数高于 0.7，内部一致性好，网络无须进一步裁剪。

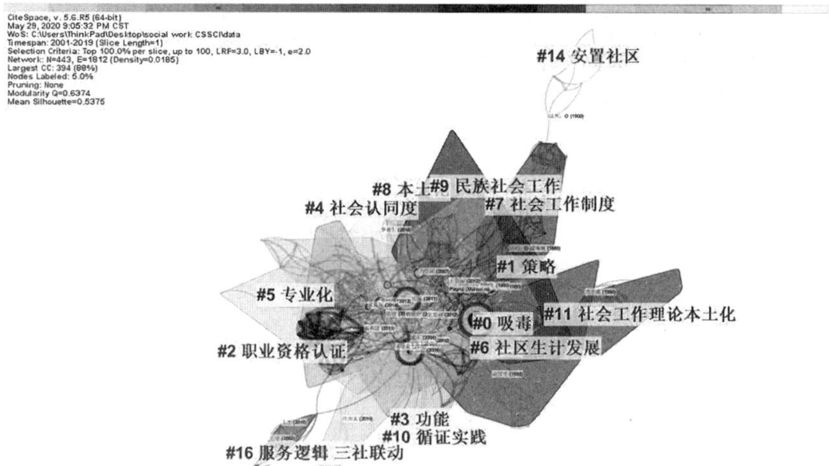

图 2.3.1　1998—2019 年中国社会工作研究文献共被引网络聚类图谱

1. 基于频次的分析

从图 2.3.1 可以发现，♯3、♯4 各有 3 份文献，其标签分别为功能与社会认同度，仍然是以争取专业的合法性为目标；♯1 有 2 份，均为来自王思斌主编的社会工作教材，与西方国家相比，中国的社会工作类教材承担着建立标准的功能。♯0 有 1 份，为李迎生主编的《社会工作概论》教材，发挥着与前者类似的作用。而 10 份文献中王思斌 1 人就涉及 6 份，可以发现其在中国社会专业发展中的重要地位。从期刊来源来看，发表在《中国社会科学》上的有 2 篇，在《社会学研究》上有 3 篇，前者代表中国人文社会科学学术期刊的顶峰，后者则是社会学领域的权威，其学术传播力不言而喻。另在《社会科学战线》《河北学刊》上各 1 篇。

表 2.3.1　1998—2019 年高共被引前 10 位文献

序号	频次	题名	来源	聚类
1	76	王思斌，1999，《社会工作概论》	高等教育出版社	1
2	58	王思斌，2001，《中国社会工作的嵌入性发展》	社会科学战线	4
3	53	王思斌、阮曾媛琪，2009，和谐社会建设背景下中国社会工作的发展	中国社会科学	3
4	39	王思斌，2004，《社会工作导论》	北京大学出版社	1
5	30	朱健刚、陈安娜，2013，嵌入中的专业社会工作与街区权力关系——对一个政府购买服务项目的个案分析	社会学研究	4
6	23	王思斌，2013，走向承认：中国专业社会工作的发展方向	河北学刊	3
7	19	张和清、杨锡聪、古学斌，2008，优势视角下的农村社会工作——以能力建设和资产建立为核心的农村社会工作实践模式	社会学研究	4
8	18	古学斌、张和清、杨锡聪，2007，专业限制与文化识盲：农村社会工作实践中的文化问题	社会学研究	9
9	17	李迎生，2010，《社会工作概论》	中国人民大学出版社	0
10	17	王思斌，1995，中国社会工作的经验与发展	中国社会科学	3

2. 基于中介中心性的分析

从中心度来看，王思斌于 1999 年主编的《社会工作概论》（第 1 版）教材达到 0.2，为最高，远超过 0.1 的分界线，具有结构转型的作用，标志着社会工作的课程教学进入规范化道路，发挥着标准引领的作用。而在达到 0.1 节点的 9 份文献中，有 4 份文献为教材，其中何雪松的《社会工作理论》是内地较早的一本专门阐述西方社会工作理论的教材。从论文来看，王思斌、阮曾媛琪的《和谐社会建设背景下中国社会工作的发展》的中心度最高，其揭示出中国社会工作发展面临的制度约束与结构性张力，而《中国社会工作的嵌入性发展》则为中国社会工作发展指明了方向。另有 2 篇文献涉及张和清教授，是其深耕社区工作以及农村社会工作的代表作。从理论来看，增权/赋权/增能的引入推动了中国社会工作教育与实践的转向。

表 2.3.2　1998—2019 年高中介中心性前 10 位文献

序号	中心度	题名	来源	聚类
1	0.2	王思斌，1999，《社会工作概论》	高等教育出版社	1
2	0.18	王思斌、阮曾媛琪，2009，和谐社会建设背景下中国社会工作的发展	中国社会科学	3
3	0.15	王思斌，2004，《社会工作导论》	北京大学出版社	1
4	0.15	李迎生，2010，《社会工作概论》	中国人民大学出版社	0
5	0.14	张和清，2011，社会转型与社区为本的社会工作	思想战线	2
6	0.13	古学斌、张和清、杨锡聪，2007，专业限制与文化识盲：农村社会工作实践中的文化问题	社会学研究	9
7	0.13	陈树强，2003，增权：社会工作理论与实践的新视角	社会学研究	0
8	0.11	王思斌，2011，中国社会工作的嵌入性发展	社会科学战线	4
9	0.1	何雪松，2007，《社会工作理论》	上海人民出版社	1
10	0.09	王思斌，2001，试论我国社会工作的本土化	浙江学刊	1

3. 基于突现强度的分析

从表 2.3.3 可以发现，高突现性的文献以 1995 年王思斌在《中国社会科学》上发表的《中国社会工作的经验与发展》为起点，开始于 2001 年，结束于 2007 年，持续了 7 年，指出专业及教育发展是体制改革推动的必然结果。从时间段看，2001—2014 年的引用主要集中在编写与翻译的教材上，以李迎生主编的《社会工作概论》为截止点；2013—2015 年集中在民族社会工作文献的引用上；2015—2019 年的引用主要集中在专业认同与专业参与方面。从突现强度来看，排在前 3 位的是《社会工作导论》《社会工作概论》与《嵌入中的专业社会工作与街区权力关系——对一个政府购买服务项目的个案分析》，2 本教材，1 篇论文。论文涉及的主题是政府购买服务及专业如何获得政府认同，其发表时间为 2013 年，而 2012 年民政部、财政部出台了《关于政府购买社会工作服务的指导意见》。从半衰期（结束一开始＋1）来看，除王思斌主编的教材《社会工作概论》持续 11 年，涉及三个版本，另一篇文章《中国社会工作的经验与发展》持续 7 年外，其他时间都较为短暂。

表 2.3.3　1998—2019 年高突现性前 16 位文献

参考文献	时间	强度	开始	结束	2001—2019
王思斌，中国社会工作的经验与发展	1995	3.1858	2001	2007	
王思斌，《社会工作概论》	1999	7.3262	2003	2013	
王思斌，《社会工作导论》	2004	8.0678	2005	2009	
徐震，《当代社会工作》	1996	3.1551	2006	2007	
何雪松，《社会工作理论》	2007	4.644	2010	2013	
Malcolm Payne，《现代社会工作理论》	2005	3.0266	2011	2013	
徐永祥，社会工作是现代社会管理与公共服务的重要手段	2007	3.4526	2013	2015	
王旭辉、柴玲、包智明，中国民族社会工作发展路径："边界跨越"与"文化敏感"	2012	3.0184	2013	2015	
王思斌，民族社会工作：发展与文化的视角	2012	3.4135	2013	2017	
李迎生，《社会工作概论》	2010	3.3089	2013	2014	
任国英、焦开山，论民族社会工作的基本意涵、价值理念和实务体系	2012	3.9264	2014	2015	
王思斌，走向承认：中国专业社会工作的发展方向	2013	4.8581	2015	2019	
文军、吴越菲，灾害社会工作的实践及反思——以云南鲁甸地震灾区社工整合服务为例	2015	4.3099	2016	2017	
李迎生、徐向文，社会工作助力精准扶贫：功能定位与实践探索	2016	3.9116	2017	2019	

续表

参考文献	时间	强度	开始	结束	2001—2019
朱健刚、陈安娜，嵌入中的专业社会工作与街区权力关系——对一个政府购买服务项目的个案分析	2013	5.3048	2017	2019	
郭伟和，后专业化时代的社会工作及其借鉴意义	2014	4.0699	2017	2019	

注：具有引用突现强度的全部文献共计 16 篇，故全部列出；实际参与分析的 CSSCI 文献自 2001 年才出现，故起点为 2001 年；每个方块代表 1 年，最高区块（红色）代表引用突现期。

4. 基于 Sigma 的分析

从表 2.3.4 可以看出，既具有空间性（结构性），又具有时间性（突现性）的高 Sigma 值的文献中位于前四位，以及第 7、10 位的均为教材，占据 3/5，反映出中国社会工作发展中的“教育先行”特征；而王思斌的《走向承认：中国专业社会工作的发展方向》与徐永祥的《社会工作是现代社会管理与公共服务的重要手段》，从本质上来讲，都是在为社会工作的发展谋求合法性。第 6、9 位为 2 篇论文，前者发表在《社会学研究》，后者发表在《中国社会科学》上，都为实证研究，也反映出中国社会工作的发展已经从教材建设、理论引入转向了实践应用。

表 2.3.4　1998—2019 年高中介中心性和突现性前 10 位文献

Sigma	题名	来源	聚类
3.91	王思斌，1999，《社会工作概论》	高等教育出版社	1
3.05	王思斌，2004，《社会工作导论》	北京大学出版社	1
1.58	李迎生，2010，《社会工作概论》	中国人民大学出版社	0
1.56	何雪松，2007，《社会工作理论》	世纪出版集团·上海人民出版社	1
1.46	王思斌，2013，走向承认：中国专业社会工作的发展方向	河北学刊	3
1.28	朱健刚、陈安娜，2013，嵌入中的专业社会工作与街区权力关系——对一个政府购买服务项目的个案分析	社会学研究	4
1.19	Malcolm Payne，2005，《现代社会工作理论》	华东理工大学出版社	0

续表

Sigma	题名	来源	聚类
1.13	徐永祥，2007，社会工作是现代社会管理与公共服务的重要手段	河北学刊	3
1.06	文军、吴越菲，2015，灾害社会工作的实践及反思——以云南鲁甸地震灾区社工整合服务为例	中国社会科学	3
1.05	徐震，1999，《当代社会工作》	（台北）五南图书出版公司	1

（二）时间轴可视化分析

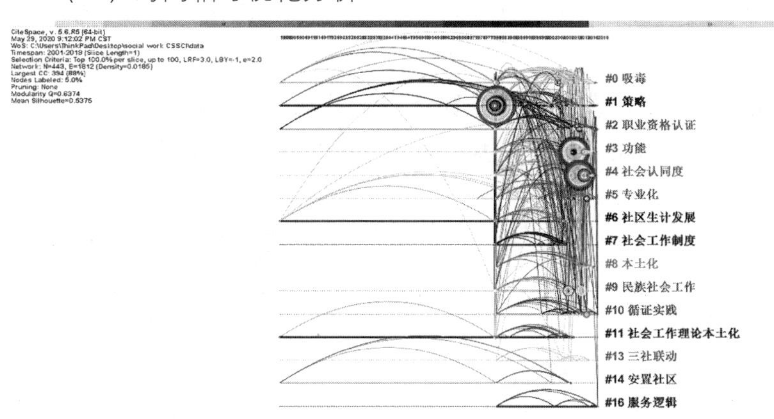

图 2.3.2　1998—2019 年中国社会工作研究文献共被引网络时间轴视图

由于部分文献的时间不明确，故出现时间特别早的文献，但不影响整体分析。从时间轴视图可以发现由于中国社会工作自 1988 年以来发展时间较短，没有特别明显的阶段区分，故活跃与沉默也是相对的。处于沉默期的主题也可能会随着时间的变化而被重新激活或包装。以题名为计算对象时，最新版软件选择的是从英文题名中提取；而从关键词中提取时，为中文。经比较，两者大部分接近，但从运行结果来看，选择关键词（K），以 LLR 算法提取，聚类标签区分度更好，故此处选择的是施引文献的关键词。从标签来看，中国社会工作面临的主要问题或趋势基本呈现，如制度建设（＃7）；专业化（＃5）、职业化（＃2）、本土化（＃8、＃11）；社会认同度（＃4），涉及专业发展建设的过程。而社区生计发展（＃6）、三社联动（＃13）、安置社区（＃14），涉及社区发展、社区治理与灾后集中安置。

1. 活跃聚类

＃0 标签为吸毒。仍是持续关注的话题。吸毒或药品滥用是一个持续很久的话题，如何预防及介入是学术研究的重要内容。聚类中的施引文献涉及青少年、艾滋病感染者等对象，以及吸毒者的社会排斥问题等研究。

＃2 标签为职业资格认证。仍是持续关注的话题。职业资格认证已经公布高级社会工作师考试标准，社会工作者也成为人力资源与社会保障部认定的一门职业，每年的报考人数、参加培训人数、民政部门的支持力度逐年提升，学界关注热情自然上升。但如何促成职业资格认证向执业资格认证还需进一步思考。

＃3 标签为功能。仍是持续关注的话题。其最大的节点是王思斌与阮曾媛琪在 2009 年发表在《中国社会科学》上的文章《和谐社会建设背景下中国社会工作的发展》（图 2.3.3），从结构功能、制度遗产及发展需求的角度分析了我国社会工作发展的进程和特点，并从经济、政治、社会因素与专业社会工作互动的角度探讨其发展方向（王思斌、阮曾媛琪，2009）。

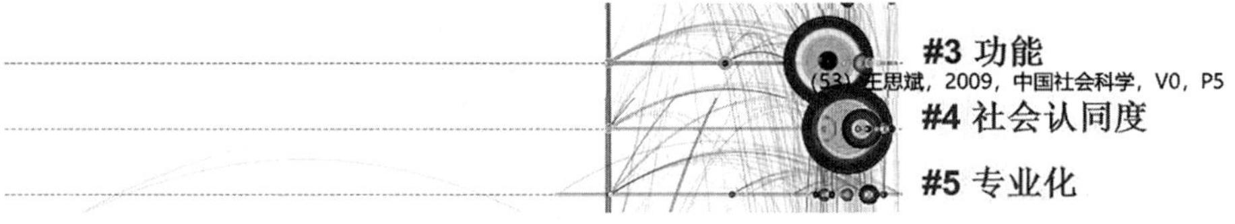

图 2.3.3　聚类＃3 的关键节点时间轴视图

＃4 标签为社会认同度。仍是持续关注的话题。其最大的节点是王思斌于 2011 年发表的《中国社会工作的嵌入性发展》（图 2.3.4），指出专业社会工作必须用自己令人满意的成绩去获得认同与许可（王思斌，2011），尤其是政府、社会服务领域的负责人的认同与许可，它在结构意义上的解释引起了学界广泛的讨论。而位于其上的较大节点是朱健刚、陈安娜发表在《社会学研究》上的《嵌入中的专业社会工作与街区权力关系——对一个政府购买服务项目的个案分析》（图 2.3.5），指出表面光鲜的社会工作在街区权力体系中趋向式微，失去影响，需要改变现状。前者为主动展示以获认同，后者需策略性地嵌入以获认同。

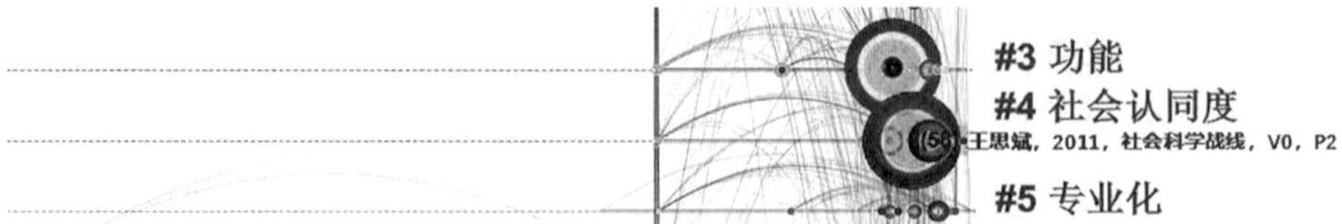

图 2.3.4　聚类＃4 的关键节点共被引轨迹视图 1

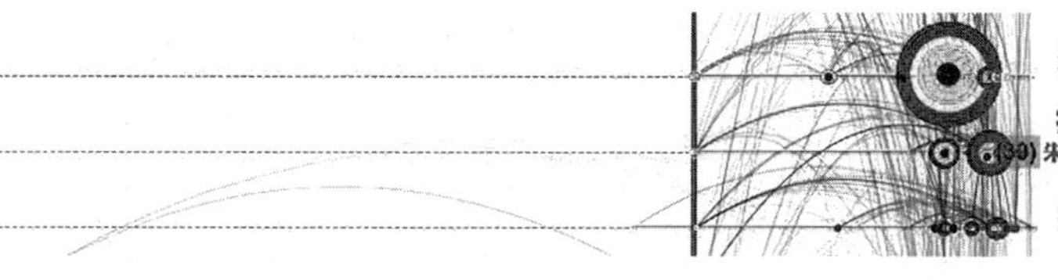

图 2.3.5　聚类#4 的关键节点共被引轨迹视图 2

#5 标签为专业化。仍是持续关注的话题。中国社会工作的专业化进程仍未完成，其内容及实现策略仍处于争议之中。因而，在完成专业化之前，学术研究会持续关注也是题中之义。以郭伟和的《后专业化时代的社会工作及其借鉴意义》一文为代表。

#8 标签为本土化。仍是持续关注的话题。以陆德泉（2017）《社会发展视角探索社会工作的本土化策略——以南非建构发展性社会工作体系的路径为例》，引用覆盖了此聚类中的 6 篇文献，属于研究前沿。相对于#11 针对的是社会工作理论，#8 更多强调的是实践策略。

#9 标签为民族社会工作。近期关注已较少，其与尊重文化多样性存在密切的联系。如何运用社会工作的专业方法，结合民族地区的实际，开展个体治疗、倡导社会变革仍需思考。其代表性文献为古学斌、张和清、杨锡聪 2007 年在《社会学研究》上发表的《专业限制与文化识盲：农村社会工作实践中的文化问题》，共被引轨迹涉及#0、#1、#2、#4、#8（图 2.3.6），揭示出西方的社会工作专业扎根于中国本土的艰巨性。该节点有紫色外圈（彩图），意味着代表一种结构转型与范式跃迁，主要是社会工作跨越了理论与实践的鸿沟，走向了行动研究。

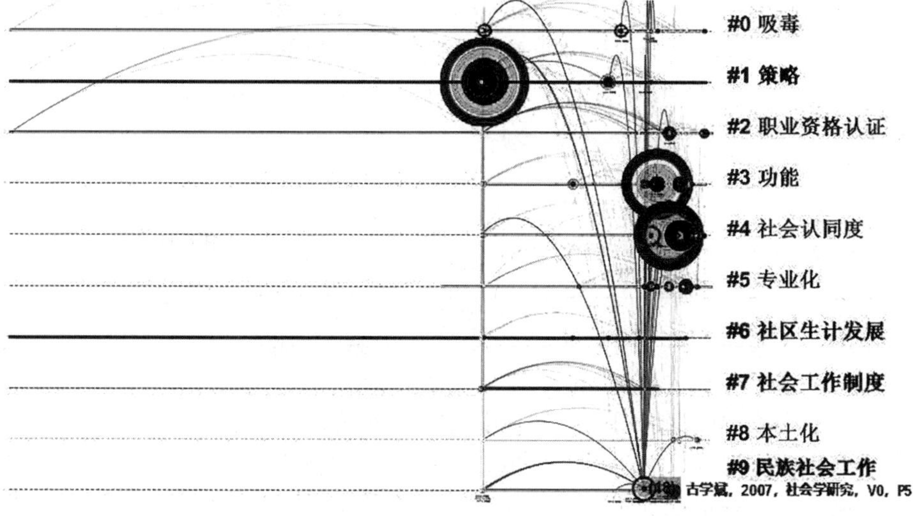

图 2.3.6　聚类#9 的关键节点共被引轨迹视图

＃10 标签为循证实践。循证实践是当下比较流行的话语体系，部分高校及学者正努力推进，但如何实现循证，如何培养出具有循证思维的教师与学生仍缺乏理论化、体系化的思考。而文军、何威的《从“反理论”到理论自觉：重构社会工作理论与实践的关系》则为循证实践研究提供了重要的知识基础。

＃13 标签为“三社联动”。社区、社会组织和社工队伍的“三社联动”自实践中提出后就受到学界的广泛关注，不同时期基于不同理论其界定的模型也就有所差异，近期关注已经减少。以 2010 年叶南客、陈金城发表的《我国“三社联动”的模式选择与策略研究》文章为代表（图 2.3.7），该文是目前公开发表文献中最早使用“三社联动”概念的论文。

图 2.3.7　聚类＃13 的关键节点共被引轨迹视图

＃16 标签为服务逻辑，指向医务社会工作。以卢玮 2019 年的论文《医务社会工作多重服务逻辑的合法性路径研究——以深圳市儿童医院为例》为代表，其引用覆盖了此聚类中的 5 篇文献。最近几年医务社会工作发展迅速，这是一个新兴的领域。2011 年开始，上海市医学会医务社会工作学专科分会、上海医院协会医院社会工作与志愿服务工作委员会相继成立。而在 2020 年新冠疫情暴发后，对医务社会工作者的需求显得更为迫切。

2. 沉默聚类

＃1 标签为策略。其中最大的节点是王思斌主编的教材《社会工作概论》（图 2.3.8），由于原始数据缺少出版年份，故默认为 1980 年，实际时间为 1999 年，涉及多个版本。生成了紫色外圈，代表范式的跃迁或结构的转型。

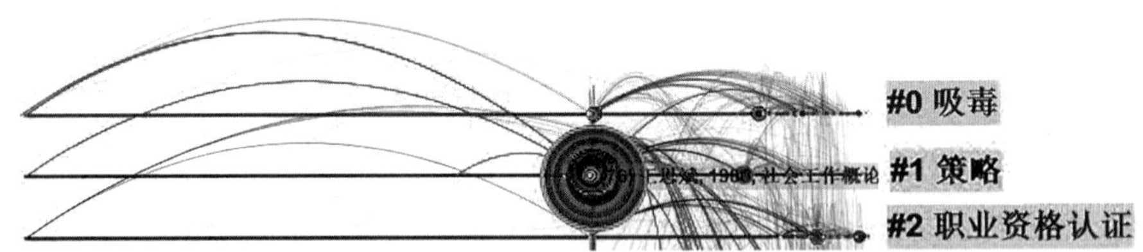

图 2.3.8　聚类＃1 的关键节点共被引轨迹视图

＃14 标签为安置社区，主要涉及灾后安置，其事件背景为 2008 年 5 月汶川地震。以顾东辉于 2008 年发表的《都江堰市灾后安置点的居民需要：城北馨居祥园的案例》一文为代表。＃6 标签为社区生计发展。社区生计发展作为重要研究主题，多用于发展中国家的社区发展研究，引入的是詹姆斯·米奇利（James Midgley）的发展型社会政策理论框架。＃7 标签为社会工作制度，＃11 标签为社会工作理论本土化，两个聚类主要围绕社会工作的专业建设而展开。以上这些主题，或缘于实践的需要，如教材编制；或缘于新的理论引入，如发展型社会政策；或缘于重大事件发生，如汶川地震，学界迅速聚焦其上，形成引用研究的热点与前沿，但总体可持续性较差。

二、共现与合作网络分析

（一）关键词共现网络的可视化分析

以关键词为节点，按照初始条件执行可视化分析后，生成节点 392 个，连线 795 条（图 2.3.9），实际参与记录数为 3722 条。

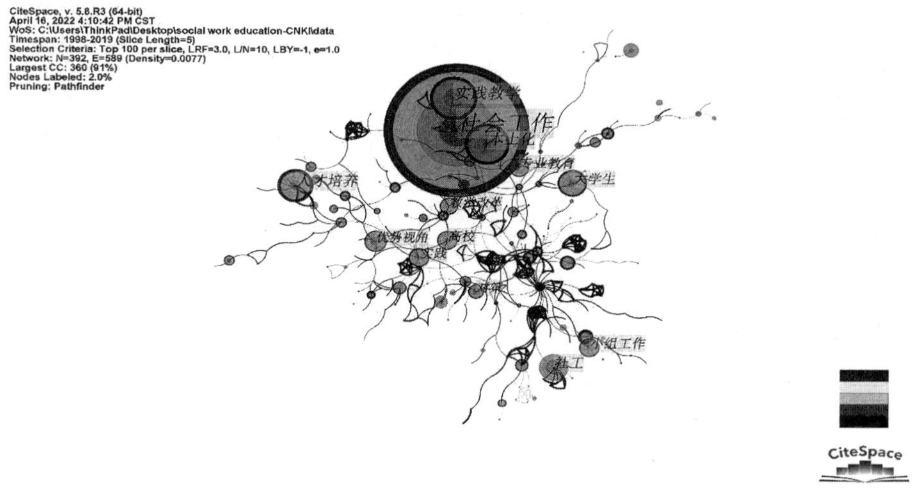

图 2.3.9　关键词共现网络

1. 基于频次的分析

从表 2.3.5 中可以发现，频次最高的是社会工作，与检索条件有关；实践教学其次，可见其作为社会工作的特色教学法受到学者的广泛关注。从推动力量来看，作为中国最早举办社会工作教育机构与课程，开启社会工作专业培训的部门——民政部，其共现频次排在前 30 位，符合其社会工作教育的“开拓者”的角色（左芙蓉、刘继同，2012），而教育部却未见身影。从承办载体来看，涉及普通高校与高职院校，而高职教育在早期承担着社会工作者培养的重要职责。从发展方向来看，学者的研究焦点已经从职业化与专业化转向了本土化。从专业性质来看，社会工作被视为一项“社会事业”。从人才培养看，涉及实践教学、教学模式、实习、社工服务、培养模式、课程设置等。从专业方法来看，小组工作与社区工作开始上升为主要关注点，引入优势视角，并关注专业伦理及其带来的困境。从服务对象看，涉及大学生、留守儿童。

表 2.3.5　基于频次前 30 位关键词共现排序

序号	频次	关键词	序号	频次	关键词	序号	频次	关键词
1	1459	社会工作	11	44	教学改革	21	33	实习
2	124	实践教学	12	44	优势视角	22	33	社工服务
3	107	本土化	13	43	对策	23	29	培养模式
4	92	人才培养	14	41	伦理困境	24	29	社区
5	73	社工	15	41	困境	25	29	社会事业
6	62	大学生	16	40	教学模式	26	28	课程设置
7	56	实践	17	37	职业化	27	28	问题
8	53	小组工作	18	37	专业化	28	28	民政部
9	49	高校	19	36	教育	29	27	留守儿童
10	49	专业教育	20	34	高职院校	30	27	专业认同

2. 基于中心度的分析

按照时间划分，关键词的中心度如果大于 0.1，在彩色图谱中节点会生成紫色外圈，能够反映专业教育的发展阶段（时间性）与结构特征（空间性），通常是范式变迁或结构转型的重要指示器。从中心度来看（表 2.3.6），最高的是 1998 年的社工教育（0.58），其次是 2000 年的课程设置（0.48），第三位是 2008 年的服务学习（0.46），第四位则是 1998 年的社会事业与 2008 年的行动研究，均为 0.35，而 2005 年的社会服务（0.34）则紧随其后。从中可以发现，服务学习、行动研究、社会服务均指向实践教学。从时间来看，大致可以区分为四个阶段。第一阶段：20 世纪 90 年代，主要任务是“搭台子”，解决专业性质、服务对象、组织架构等问题。在此期间，1991 年，民政部牵头成立了中国社会工作者协会；1994 年，教育部牵头成立了中国社会工作教育协会，形成社会工作教育发展的双驱机制。第二阶段，2000—2005 年，主要任务是“搭班子”，推动社会工作的专业化，加强课堂教学改革，倡导社区服务，并拓展至社会服务。第三阶段，2006 年—2010 年。2006 年 10 月，中共中央提出要“建设一支宏大的社会工作人才队伍”。2007 年，民政部提出建立适度普惠型福利制度，覆盖了儿童、老年人、残疾人等特殊群体，2008 年，启动国家级社会工作职业考试；2008 年，国务院教育部正式批准设立社会工作专业硕士学位。此阶段主要任务是响应建设政策号召，在能力培养中引入优势视角，在实践教学中引入行动研究与服务学习等，在服务中由社区服务拓展至社会服务，较多关注留守儿童。

表 2.3.6　基于中心度＞0.1 的关键词共现排序

时间	中心度	频次	关键词	时间	中心度	频次	关键词	时间	中心度	频次	关键词
2018	0.13	2	基层治理	2008	0.11	27	留守儿童	2000	0.23	33	实习
	0.12	2	医院		0.1	6	优势		0.21	19	教学方法
	0.12	2	思考	2006	0.11	14	和谐社会		0.15	14	社区服务
	0.11	2	优抚工作	2005	0.34	19	社会服务		0.1	3	能力培养
2014	0.14	9	民族地区	2004	0.2	29	社区	1998	0.58	22	社工教育
	0.11	23	社会治理		0.15	41	困境		0.35	29	社会事业
2013	0.22	17	社会组织		0.1	44	教学改革		0.3	1459	社会工作
2008	0.46	23	服务学习	2000	0.48	28	课程设置		0.27	12	案主
	0.35	17	行动研究		0.26	37	专业化		0.19	7	民政系统
	0.23	56	实践		0.26	7	资源		0.16	33	社工服务

3. 基于突现强度的分析

表 2.3.7 显示，排在第一位的是社会工作教育，属于检索条件，故没有特别意义。而后续的和谐社会、社区治理、精准扶贫能够反映出政策对社会工作教育的直接影响。可以体现出香港地区在中国内地社会工作教育中的重要地位。2004 年 9 月，党的十六届四中全会正式提出了“构建社会主义和谐社会”的概念，而概念的突现时间起点为 2003 年，意味着政策正式出台前已经有学术研究的铺垫。2012 年，党的十八大首次将“社区治理”一词写入党的纲领性文件，次年就成为研究的起点。2013 年 11 月，党的十八届三中全会要求“创新社会治理体制”，同年，社会治理也成为研究的热点。2013 年 11 月，习近平总书记在湖南省十八洞村考察扶贫工作时首次提出“精准扶贫”的重要思想，[①] 当年就成为研究的热点。同年，民政部首次提出“三社联动”，立即成为社会工作教育研究的热点。而“灾后”特指 2008 年汶川大地震，其重建也获得了社会工作学界的广泛关注与介入。2008 年，国家级社会工作职业考试正式启动；同年，社会工作专业硕士学位（MSW）获得国务院教育部的正式批准。因此，专业角色成为关注的热点也就是题中之义。2007 年民政部提出建立面向特殊人群的适度普

① 参见《「百年党史」习近平首次提出“精准扶贫”的重要思想》。https://baijiahao.baidu.com/s?id=1715666909693117058&wfr=spider&for=pc。

惠型社会政策，次年特殊人群成为社会工作教育研究的对象。从时间起点看，社会工作教育关注的热点与政策或重大事件的发生存在紧密的联系，体现专业教育对政策或重大事件的响应非常及时。

我国香港地区高校在中国内地社会工作教育中具有重要的历史地位，自20世纪80年代就已经开始持续至今，时间上早于社会工作本科专业开办前，通过联合培养或独立培养、直接指导、兼职督导等形式持续影响着内地社会工作教育的发展，后期内地开始直接向欧美国家学习，更是丰富了中国社会工作教育的内容与形式。此处突现开始时间受制于数据库而只能出现在1998年，并持续到2007年。在2007年之前，有不少内地学者正是在香港地区高校攻读或获得了博士学位，并成为今天专业建设的中坚力量。

从时间起点看，共有四个重要时间节点。一是1998年，也是CSSCI数据库收录的最早时间，关键词涉及社工教育、香港、职业化、民政系统、案主；二是2003年，关键词包括和谐社会、实习基地、探索、实习；三是2008年，关键词涉及灾后、专业角色、特殊人群、实践、介入、毕业生、启示、继续教育、问题；四是2013年，关键词涉及社区治理、精准扶贫、“三社联动”、社会治理、专业人才、社工机构、困境、教学模式、社会管理、反思、社会组织、流动儿童。从不同时间点的关键词可以发现，每个时间节点都包含着重要的时代主题，或重大的历史事件。如关于和谐社会建设的时代主题、汶川大地震的历史事件、建设适度普惠型社会福利制度的社会政策。它们既是社会工作教育发展的约束条件，又是其前进的行动指南。

从时间终点看，也有四个重要时间节点。一是2007年，其关键词包括实习基地、社工教育、香港、民政系统，主要是完成从有到好，从一开始就重视实习基地的建设；二是2012年，其关键词包括灾后、专业角色、特殊人群、介入、毕业生、继续教育、和谐社会、探索、实习、职业化、案主；三是2017年，其关键词包括“三社联动”、专业人才、困境、教学模式、社会管理、反思、社会组织、实践、启示、问题；四是2019年，这是数据库收录的最近文献发表时间，其关键词包括社区治理、精准扶贫、社会治理、社工机构、流动儿童。从不同时间点的关键词可以知晓正在出现的热点与已经结束的讨论，突现持续时间越长，意味着生命力越强，其中职业化从1998年开始到2012年结束，共持续了15年。

表 2.3.7　基于突现强度前 30 位的关键词共现排序

序号	关键词	突现强度	开始	结束	1998—2019 年
1	社工教育	7.3	1998	2007	
2	和谐社会	7	2003	2012	
3	社区治理	6.98	2013	2019	
4	精准扶贫	6.61	2013	2019	
5	三社联动	6.07	2013	2017	
6	灾后	6.03	2008	2012	
7	专业角色	5.43	2008	2012	
8	特殊人群	5.34	2008	2012	
9	香港	5.22	1998	2007	
10	职业化	5.21	1998	2012	
11	社会治理	4.83	2013	2019	
12	专业人才	4.52	2013	2017	
13	社工机构	4.44	2013	2019	
14	困境	4.1	2013	2017	
15	实践	3.97	2008	2017	
16	教学模式	3.93	2013	2017	
17	民政系统	3.91	1998	2007	

续表

序号	关键词	突现强度	开始	结束	1998—2019 年
18	社会管理	3.88	2013	2017	
19	介入	3.87	2008	2012	
20	反思	3.86	2013	2017	
21	毕业生	3.79	2008	2012	
22	启示	3.66	2008	2017	
23	继续教育	3.66	2008	2012	
24	实习基地	3.64	2003	2007	
25	案主	3.56	1998	2012	
26	探索	3.54	2003	2012	
27	实习	3.49	2003	2012	
28	社会组织	3.49	2013	2017	
29	问题	3.46	2008	2017	
30	流动儿童	3.43	2013	2019	

注 1：最右侧区块显示的是在 1998—2019 年间突现可视化图示，1 区块代表 1 年。最高区块（红色）的长度取决于突现的起点（第 1 个最高区块）与终点（最后 1 个红色区块）。中等高度区块（浅蓝）起点为发表时间，若与突现起点相同，则为最高区块（红色）起点。整个区块起点为 1998 年，终点为 2019 年。

4. 基于 Sigma 值的分析

Sigma 值既体现时间性，又体现空间性，与突现强度、中心度存在函数关系。值越大，意味着在特定时间与特定空间中，该节点越重要。最高值来自关键词“社工教育”（表 2.3.8），属于检索带来的内生性问题，此处主要是看其他关键词值的大小。从社会政策背景看，有和谐社会、精准扶贫、社会治理、社区治理等，社会工作教育对此作出了积极的回应。从专业建设主体看，涉及民政系统与香港（高校），两者为内地社会工作教育的专业化、职业化提供了巨大的支持。从专业发展方向看，涉及职业化与本土化。从专业教育对象看，涉及毕业生、大学生。从专业教育内容看，涉及实践、实习、（伦理）困境、实习基地、人才培养、专业角色、实践教学等，涉及专业化。从服务传递要素看，涉及社会组织、社工、特殊人群、流动儿童等。

表 2.3.8　基于 Sigma 值关键词共现排序前 30 位

序号	Sigma	关键词	序号	Sigma	关键词	序号	Sigma	关键词
1	28.21	社工教育	11	1.55	职业化	21	1.06	培养
2	2.36	案主	12	1.35	香港	22	1.05	专业角色
3	2.27	实践	13	1.25	启示	23	1.04	毕业生
4	2.07	实习	14	1.22	问题	24	1.03	流动儿童
5	2.07	和谐社会	15	1.21	社区治理	25	1	社会工作
6	2.03	社会组织	16	1.2	介入	26	1	实践教学
7	1.99	民政系统	17	1.2	探索	27	1	本土化
8	1.75	困境	18	1.13	实习基地	28	1	人才培养
9	1.68	社会治理	19	1.1	特殊人群	29	1	社工
10	1.58	精准扶贫	20	1.07	反思	30	1	大学生

（二）合作网络的可视化分析

1. 学者合作网络

执行初始化条件后，生成节点 694 个，连线 271 条。根据作者的发文频次可以大致了解其所处的学术网络。从作者发文频次来看（表 2.3.9），北京大学的刘继同排在第一位，发文频次为 29 篇，最早发文时间为 2002 年，但这篇仅为一篇短小的会议综述，刊登于《社会学研究》第 2 期，介绍了社会工作与社会学专业的关系、课程设置、师资队伍建设、本土性研究等核心议题；非第一作者与他人合作或译文等有 7 篇，会议综述 1 篇。紧随其后的是刘斌志，共发文 27 篇，与他人合作有 2 篇，最早发文时间为 2004 年，题名《论专业社会工作在重庆大发展中的作用》，发表在《社会工作》第 11 期，讨论的是社会工作如何在服务地方中发挥作用的议题。排在第 3 位的是徐选国，其中有 6 篇文章是第二作者，关注专业适应、服务传递、专业实习等，属于与他人合作较多的学者。以关键词为标签聚类后可以发现，仅徐选国所在的网络生成聚类♯0，标签为“主体性”，成员有15人（图2.3.10）。

表2.3.9　作者合作频次前10位

序号	频次	年份	作者	序号	频次	年份	作者
1	29	2002	刘继同	6	13	2004	王思斌
2	27	2004	刘斌志	7	13	2014	李树文
3	21	2008	徐选国	8	12	2009	顾江霞
4	19	2008	袁光亮	9	12	2008	刘玉兰
5	19	2011	刘芳	10	11	2007	古学斌

注：频次指发表文章数量，包括与他人合作的非第一作者文献；年份指文章最早发表时间。

通过可视化，生成不足10个4人以上规模的作者合作网络，图2.3.10列出几个主要的合作网络（成员数大于7）。通过追踪文献发表的单位，以及笔者所掌握的信息，可以发现不同成员结成的网络关系主要是基于学缘（如师生关系、校友关系）、业缘（如同一工作单位、同一学术圈）与亲缘（如夫妻），未能发现完全基于学术承继形成具有梯队的网络。从图谱中也可以发现相互之间的连接非常脆弱，单线连接较多，而相互引用的网络可能是因为这些作者出现在同一篇文章中（同一颜色线条）。网络中缺少核心人物，知名学者通常习惯以独立作者发表文献，表现为以孤立的点散落在共现网络中。如果出现在网络中，也常常处于被连接的边缘位置。

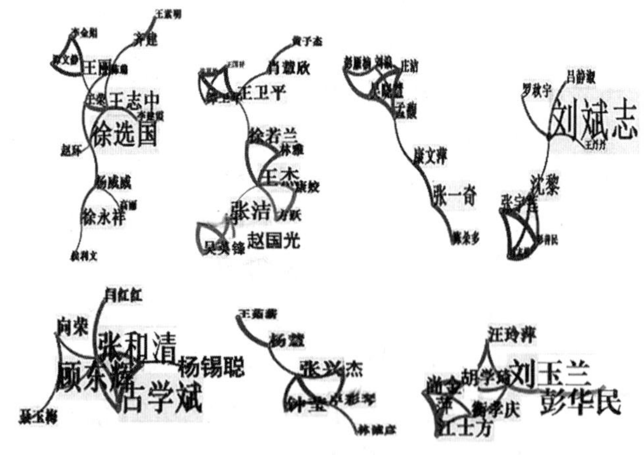

图2.3.10　作者合作网络聚类图谱

2. 机构合作网络

执行初始条件后，生成节点 579 个，连线 79 条。由于软件未能实现节点的有效合并，所以即便来自同一所学校，也可能因为提供的是不同学院、部门或系室，甚至因期刊作者信息格式不同，而生成不同的节点，如北京大学就涉及 10 个节点，分布在社会学系与公共卫生学院。表 2.3.10 统一以学校为单位进行合并。节点越大，表示该机构间合作发文数量越多。机构合作网络聚类图谱仍基于知网提供的单位来源生成，其机构合作网络关系仅供参考。

表 2.3.10 显示，华东理工大学居于首位，其拥有《华东理工大学学报（社会科学版）》期刊宣传主阵地。从地区分布来看，北京拥有 3 席，广东、重庆各有 2 席，江苏、上海、湖南各有 1 席。从机构类型来看，形成了普通高校与高职院校并举的发展路线。其中，华东理工大学是首批获得社会工作学二级学科博士学位授予权的高校，在中国社会工作专业建设中发挥着行业先锋的作用，而长沙民政职业技术学院是由民政部打造的社会工作早期发展的一个重要阵地，其社会工作专业是全国示范性高职院校重点建设专业。

表 2.3.10　机构合作频次前 10 位

序号	频次	年份	机构	省份	序号	频次	年份	机构	省份
1	113	1999	华东理工大学	上海	6	34	2003	南京大学	江苏
2	50	2002	长沙民政职业技术学院	湖南	7	30	2003	重庆城市管理职业学院	重庆
3	48	1998	中国青年政治学院	北京	8	28	2006	华南农业大学	广东
4	43	2004	重庆师范大学	重庆	9	28	2005	中山大学	广东
5	40	1998	北京大学	北京	10	27	2000	中华女子学院	北京

注：频次指发文数量，包括单独发文与合作发文。

从图 2.3.11 来看，1998—2019 年期间，华东理工大学社会工作专业，尽管合作频次最高，却未能成为整体合作网的一个重要节点，而是孤悬最大合作网络之外。其可能的原因是合作机构分散，作者早期合作信息未能纳入分析，或同质性强（同一单位内部合作），不能满足软件的筛选条件。而本图中，香港理工大学是一个重要的节点，也反映出其为推动内地高校社会工作专业发展发挥了重要作用。它连接了中国青年政治学院、中山大学、四川农业大学，中山大学又连接了广东商学院、云南大学、复旦大学与上海师范大学。但此网络只是反映学者的科研合作，不能反映项目或业务合作（如师资培训、课程设置、实习督导等）。

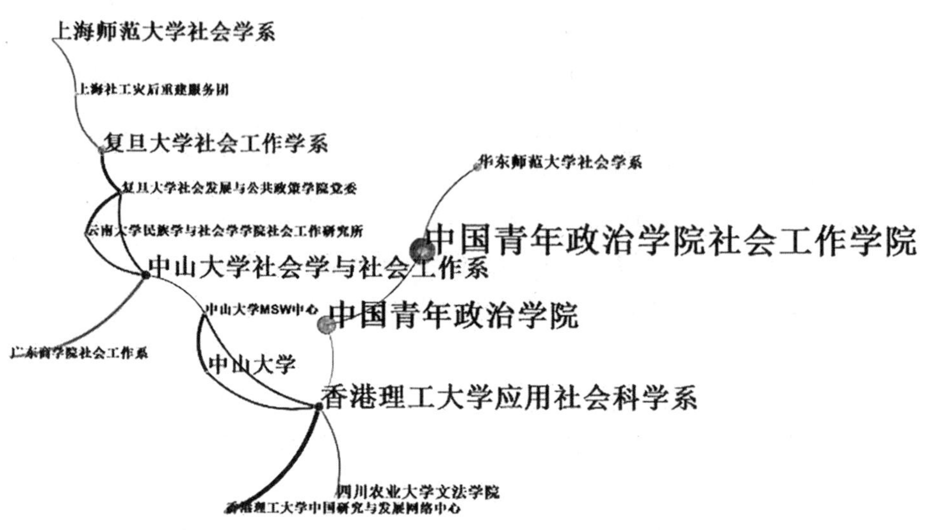

图 2.3.11　机构合作网络聚类图谱

总体而言，中国社会工作教育的合作研究网络仍然缺乏，且缺少核心人物；合作的形式重于内容，更多是基于学缘与业缘；在人人要求创新的话语体系下，研究者也会有意无意地忽视前人的成果，使得理论方法等研究缺乏承继、延展或互补。

第四节　中西社会工作教育研究的比较分析

一、社会工作教育研究的中西比较

从共被引关系看，无论是理论还是方法，创新主要来自西方学者。中国社会工作教育研究主要以引进西方的理论与方法为主，创新明显不足。学者在文献中涉及的创新性概念，很少是本土创造，不少是跨学科引入。由于概念创新未能建立在基础理论研究之上，无法形成逻辑体系，许多概念只是昙花一现，或只能是自娱自乐缺少对话，或后期疏于理论建构，以致无法形成学术研究的知识网络。如果只是将西方的理论与方法嵌入、修剪、重组，或仅仅是跨学科的引入而不重构，无论是中国学者，还是西方学者，都无资格宣称其为创新的理论与方法。中国社会工作教育进展较快的工作是翻译、解读国外学者的成果，它丰富了社会工作的知识库存，但更多属于知识整理工作，旨在整理、传承知识，西方经典专著翻译与教材编纂是最具有代表性的工作。从共被引关系的中介中心性分析中可以发现，学者较多引用了教材的观点或材料，英文原始文献未能在知识图谱中占据一席之地，而本土化的理论、方法仍旧非常缺乏。目前更多研究集中在理论与方法的应用创新，停留在创新的低级阶段，甚至可能属于伪创新。它是以西方学者的理论、方法作为分析自己研究的框架或工具以解释中国的社会现象，如反思性实践、灵性社会工作、优势视角等，面临本土化的问题。因此，我们需要大力鼓励理论方法创新与学术探索争鸣，但反对伪创新，也反对那种以自己的倾向、偏好压制他人创新的行为。社会工作研究与教育、实践是西方社会工作发展中的三个重要议题，西方社会工作教育中特别关注质性研究方法。然而中国社会工作教育相对重视的是定量研究，实际训练其实也不足。在能够检索到的高校培养方案中，将质性研究纳入计划的高校比较少见，部分高校纳入培养计划，也只是作为选修课程充数，导致学生在采集案史后缺乏质性分析的专业能力，难以成为研究者。在西方学者的研究中，行业协会建立的标准，在共被引频次、突现强度、中介中心性等指标上基本上都是处于最高行列，但在中国多数是教材。对于中国而言，前期的行业标准较少，教材本身就成为标准，与“教育先行”的专业发展举措，以及外文原始文献获取不易存在一定的关联；在民政部颁布一系列的标准后，在学术研究中尚未获得学界的广泛引用，也尚未在实践教学中普及，存在一种潜在的认同问题。

从共现网络来看，中外议题存在发展阶段、覆盖范围与介入程度的差异。中国社会工作教育部分议题能够与国际接轨。学生专业能力的培养、实习/实践教育是中西方社会工作教育共同关注的重点；儿童保护、服务使用者参与等为中西方共同关注的热点。但由于制度、文化，以及发展阶段不同，中西方的议题产生的时间并不同步，某些议题也并不必然出现。中国社会工作教育研究仍在为社会工作的专业化、职业化与本土化而努力，而西方关注的时间是 20 世纪初至 50 年代末期；中国社会工作教育研究的重心仍是人才队伍建设，而西方早已转移到健康照顾、临终关怀等具体服务；中国虽提升了儿童保护的力度，但主要聚焦于传统的弱势群体，西方则于 20 世纪 90 年代就已开始关注同性恋群体；中国社会工作教育当前关注的热点有伦理困境、社会工作督导、社会工作者、服务对象、流动儿童、本土化、精准扶贫，西方当前关注的热点有新自由主义、同理心、大学、儿童保护、环境、挑战、权力、服务使用者与预防；西方社会工作教育于 21 世纪初已开始从知识为本转向能力为本，从权威为本转向证据为本的实践，而在中国才刚刚起步，尚未形成热点；中国目前仍重点讨论社会工作专业硕士如何培养，而西方已开始对社会工作博士教育进行反思，并在 2011—2014 年成为热点。从发展路径看，西方的社会工作教育受新自由主义、公共管理主义冲击较大，从注重社会变革转向了回报更直接、分工更精细的个体治疗；而中国的社会工作教育则密切响应政策倡导，如和谐社会、社区治理、社会治理、精准扶贫等，以政府为主导，社会工作教育则以参与社会变革为主。

从合作网络来看，中西方国家都较为松散，聚类难以清晰概括学者的研究旨趣，理论与方法等缺乏研究承继、延展与互补。在作者合作上，西方社会工作教育界虽可以识别出 3 个网络，但仅加拿大多伦多大学努力打造了以博戈教授为核心的相对稳定的合作网络，总体而言仍然严重不足；在中国虽形成了一个较多的分散型的合作网络，但在理论、方法上缺少核心成员与承继阶梯，更多是基于学缘、业缘与亲缘的松散合作，甚至可能只是学术产业链上的分工合作。在机构合作上，美国、加拿大的高校合作较多，而博戈教授所在的加拿大多伦多大学是北美地区居于领先地位的中心；在中国，1998—2019 年期间，知识图谱只能呈现出香港理工大学与中山大学在网络中的重要性，而且节点多以单线方式连接。在国家/地区合作中，美国、澳大利亚与苏格兰等均是子网络的中心，中国则处于边缘地位，这与中国学者英文文献发表相对较少相关。要实现理论的承继、延展或互补，就需要通过制度对合作关系的建立与维系加以保障，特别是要在研究、教育与实践三个子系统间建立有效的工作量转换机制，改革鼓励团队合作却又只计算为负责人成果，以及重即时量化绩效轻长期服务实效的考核机制，保证“走出去”与“请进来”能够落到实处。

二、社会工作教育发展的内部张力

解读与比较社会工作教育的中外知识图谱，追踪相关研究网络聚类及节点的文本内容，可以发现社会工作教育的发展存在多重内部张力，主要涉及专业使命、课堂教学、能力评估与社会服务四个层面。

（一）专业使命层面：个体治疗抑或社会变革

社会工作教育面向个体治疗还是社会变革？内在的张力来自如何跨越个体与社会的鸿沟。二战结束后，随着人口爆炸与石油危机的爆发，原有的税收征缴与财政分配体系岌岌可危，福利国家共识崩溃，主张国家干预的凯恩斯主义开始让位于强调市场法则优先的新自由主义。基于生存的考量，西方社会工作开始从变革社会的专业使命逐渐走向以私人执业为特征的心理咨询式的个体治疗，成为对专业使命失去忠诚的天使。与之有所差异的是，中国社会工作教育重视社区社会工作，积极参与政府主导的社会变革，如精准扶贫、社区治理、乡村振兴，以及当下的共同富裕，但在个体治疗方面落后于心理学专业，也未能在两者之间建立有效的转换机制。个体与社会是不可分离的，不存在没有个体的社会，也不存在没有社会的个体。因而，在社会工作教育培养方案的设计中，个体治疗与社会变革应是双向驱动。需要思考的问题是，社会变革何时引领社会工作教育，社会工作教育何时驱动社会变革？

（二）课堂教学层面：何为能力，如何测量，如何提高

1. 知识为基与能力为本

社会工作教育的首要目标是培养合格的、对公众负责的社会工作者，但对什么样的社会工作者才是合格的并未能达成共识。内部的张力主要来自能力的评价标准，能力是什么？如何测量？是对记忆还是对行为的测评，或兼而有之？传统教学高度依赖笔试，能力的评价也就成为一种记忆的评价，缺少过程评价与行为评价，以致出现高分低能者，无法实现对公众负责的专业培养目标。针对这样的困境，西方社会工作教育关注的焦点在20世纪初开始从知识为本转向能力为本，表现为从结果输出转向过程评价，从成绩为本到能力为本。在中国社会工作教育研究的知识图谱中，学者们已经开始关注能力培养（2000年），但由于发表在CSSCI期刊中的社会工作教育文章偏少，无法生成可以识别出清晰的结构转型或范式跃迁。从高校来看，尽管社会工作教育界重视能力培养，但真正以能力建设为核心设计专业培养方案的高校并不多见。如何推动社会工作教育关注的焦点从知识为本能力为本转向需要进一步思考。

2. 课堂教学与实习教育

课堂教学特指以课堂/实验室为阵地的教学，包括理论教学与课内实践或实训教学；实习教育是为实现教育目标，在督导指导下，学生在现场为案主等对象直接提供服务的教学活动。其内部的张力在于谁有资格评价学生能力，以何种标准评价学生能力。能力评价光谱的两端对应两类学校：一类是缺乏实践资源的高校，不得不依赖课堂教学，其评价更多依赖教师的经验与笔试成绩，导致能力评价信度与效度均存在问题；一类是资源禀赋较好的高校，偏好以实习教育取代课堂教学，几乎将能力评估的权利全部让渡给机构。实习教育作为特色教学法，是跨越理论与实践鸿沟的桥梁，为学生将理论有效应用于实践提供了重要的保证。但课堂教学同样是社会工作教育的重要策略，两者不可相互替代。然而，现实中偏重一端的现象比较常见。在课堂实训教学中，学生被置于模拟或虚拟情境中，环

境是可控的；在机构实习教育中学生被置于真实情境中，环境是多变的。要充分发挥各自的优势，进而建立统一的评价标准。

3. 技术规制与反思生成

面对大数据、区域链、深度学习与人工智能等先进技术，我们是拥抱技术还是远离技术？我们应当坚持反思生成还是反思制造？其内部张力来自技术是增强反思还是侵蚀反思。作为教学模式，技术性与反思性两条路径并无正确与错误之分，技术与反思都是增权赋能的教学方式，只存在在特定时间与特定空间内是否适合、孰重孰轻的问题。作为后发国家的中国，要实现对社会工作教育的先发国家的弯道超车，就必须正视班级教学规模偏大、实践资源有限、反思性环境缺乏的现实问题。要实现弯道超车，提高教学实效，就必须拥抱技术，促进反思。当下理想的做法是，在规制技术的前提下，融入反思性实践，避免陷入“技术霸权”或“反思制造”的两个极端中。

（三）能力评估层面：是否需要标准，标准由谁制定，谁有资格制定

1. 标准化与多样性

社会工作要实现专业化、职业化，就必须走标准化之路。里士满于1917年出版的专著《社会诊断》，标志专业化社会工作的诞生。弗莱克斯纳的报告——《美国和加拿大的医学教育》，其卓越之处正在于为医学教育设定了教育标准。而《社会诊断》作为社会工作专业化的里程碑，其撰写的出发点也是标准化（Reisch，1998）。其策略是通过引入医学教育经验，用自然科学的方法规范与改造社会工作教育与实务的过程。在中国，民政部牵头专家及团队，围绕社会工作服务已经制定了多项标准。然而，文化是多元的，价值是多元的，社会问题也是多样的，导致教学、实践与服务评估难以量化。因而，统一的标准并不能有效应对多样性的需求，在标准化与多样性自然存在张力，如何消除张力是研究需要回答的问题。而在资格认证上，社会工作专业毕业生却不能天然获得助理社工师资格的现状应当改变，这是人为设定了职业考试标准高于专业教育标准。目前，师范专业的教师资格已经重新获得直接认定的权利，① 而社会工作专业尚未提上议事日程。

① 《教育部关于推进师范生免试认定中小学教师资格改革的通知》，2022－01－14，http://www.moe.gov.cn/srcsite/A10/s7011/202201/t20220121_595602.html。

2. 专业自治与管理主义

在标准制定上，美国社会工作教育的专业标准——《教育政策与认证标准》，由美国社会工作教育协会制定并颁布，部分标准来自美国社会工作者联合会，也成为国际社会工作的专业指南。在中国，目前有民政部直属主管的中国社会工作联合会，原中国社会工作协会，1991 年成立，1992 年加入国际社会工作者联合会；另有中国社会工作教育协会（1994 年成立）、中国社会工作学会（2015 年成立）两个国家一级学术团体，均在民政部注册并接受监督管理，而在标准的制定与发布上主要由民政部牵头负责，专家或专业团队参与。在社会工作专业评估与机构评估指标设计上，更多是服从量化的管理主义，社会工作被简化为管理主义的工具（Madhu，2011）。前者涉及论文、课题数量、对口就业率、实验室面积等指标，后者如社会服务的次数、持续的时间、服务对象的人数、服务项目的覆盖范围与投入程度等指标。然而，由于约束条件的多变性，服务效果的难以测量性、时间的滞后性，无论是教学、实习还是服务效果的评估成本通常都是巨大的。在实现专业自治与满足管理目标之间获得平衡将能够有效降低社会成本。

（四）社会服务层面：由谁提供服务，提供什么样的服务

1. 领办机构与适应分工

在社会工作专业发展初期，社会工作专业机构缺少专业人士举办，高校教师承担起领办专业机构的责任，成为专业社会工作服务提供的开路先锋。其内部的张力主要来自教师的注意力分配无法平衡，表现为角色冲突。从社会分工来看，教师主要承担教育者、研究者角色，两个角色相对容易协调，但当其开始承担实践者角色时，角色间的时间与资源的分配与再分配就难以平衡。教师领办机构，为学生实习提供了一个环境能够获得较好控制，教育目标更易实现的机会，推动了专业社会工作服务的发展。但在高校现行的考核机制下，教师很难分心直接承担一线工作；同时，两者的评价体系不同，无法实现有效转换，特别是在服务领域的工作量很少能够获得教育领域的认同，教师面临“跨域实践困境”（王思斌，2013）。从社会分工的角度看，教师领办机构只应作为当下处境下的权宜之计。

2. 社会控制与人文关怀

“关怀”（care）、“控制”（control）和“治愈”（cure）是社会工作的三大传统基石，分别追求的是“美（美学）”、“善（伦理）”、“真（科

学）”（Howe，1994）。在控制与治愈的双重视角下形成的社会工作，在单一干预过程中同时包含了审查与治疗，“社会工作形成并完全沉浸在现代性的关键项目中——为人类带来纪律和秩序、进步和改善”（Howe，1996：81）；关怀或照顾则代表一种人文取向，控制与其相互矛盾但又彼此共存（何国良，2021）；治愈是照顾的一部分，但要以案主能够接受的方式开展，扎根于彼此的关心、尊重与支持，而不是角色的专业性、医疗的科学性与技术性（Bishop & Scudder，2002：7）。

社会控制概念来自美国社会学家爱德华·A·罗斯（Edward A. Ross），案主被视为“招之即来，挥之即去”的客体，它是个案社会工作过程中无法避免但却有价值的方面，是构建未来社会秩序的一个重要工具（罗斯，1989；Taylor，1958）。西方国家社会工作者离开公共服务部门进入私人领域的现象加剧了私有化与社会控制的倾向（Gilbert，1998）。治愈是“生病”的对立面，案主被视为存在疾病的患者，社会工作者的主要任务就是以科学为本，识别症状，寻找病理，驱逐疾病，恢复功能（Poindexter，2003）。为满足社会工作对科学性与合法性的专业偏好，20世纪20—30年代，社会工作以医学（精神分析学）与心理科学为师，从原初的照顾角色转向了“阻止”或“治愈”角色，从生态导向路径转向社会治疗路径，“治愈”功能成为实践的主调（Rubin，Johnson & DeWeaver，1986；Morris，1978）。20世纪60年代晚期，以精神疗法为基础的社会工作方法效力受到第一次质疑（Howe，1994）；20世纪80年代，治愈功能再次受到挑战，学者转向“实践研究”以证明社会工作的效力（何国良，2021）；20世纪90年代，施佩希特（Harry Specht）与考特尼仍在怀疑精神治疗法的效果，并强烈反对将其作为社会工作实践的主要模式（Specht & Courtney，1995：4）。关怀或照顾是处于多元福利提供主体——国家、市场、家庭，以及志愿部门——交汇处的一项活动和一系列关系（Daly and Lewis，2000），案主被视为有情感的“他者”，社会工作者关心他们体验的质量，通过“关怀”与案主建立专业的信任关系，试图保证案主的生活是美好的、公正的与有效的（Howe，1994）。社会工作是社会照顾领域的核心专业，社会照顾是社会工作的传统工作与就业的主要领域（Rubin，Johnson & DeWeaver，1986）。对于中国社会工作教育而言，为迎接照顾社会的到来，我们需要培养出一支能够承担照顾责任的专业人才队伍。

3. 经验至上与证据为本

传统的社会工作教育开始时依赖于学徒制，确立了师傅的权威地位，学徒显性知识的获得主要来自师傅的“传帮带”，而隐性知识的获得主要来自个人的领悟能力；后升级为学院制，确立了教师或专家的权威地位，学生知识的获得主要来自作为知识积累载体的教材，以及教师或专家的经验。在进入实习场所后，其知识的获得主要来自个体的体验与督导的指导，但其经验或知识的积累可能是碎片化的，无法应对复杂多变的介入场景，课堂知识难以提供全面有效的支持，也无法获得全面有效的验证。只有专业技能与科学证据相结合，并考虑到案主的独特性，社会工作服务才能取得最佳的效果，这正是循证社会工作的理念。从社会工作教育的角度出发，教育者需要告知学生如何识别最佳证据，提供学生应用循证理念于实践的具体方法，指导其结合案主的具体情况，为案主自决提供最优的建议或意见。

三、小结

社会工作教育内在的张力并不局限于上述分类，扩大文献纳入的时间段、筛选与剪枝参数等可以有更多的发现，特别是可以将断裂的网络或结构通过早期的文献加以联结。一个国家的制度与文化不可能给予所有助人专业以相同条件的发展，也不会在专业发展的所有阶段给予平等待遇，社会工作教育范式的转型或跃迁还需要专业的自身努力。

对照施耐德的科学学科演化四阶段模型：概念化、工具开发、应用创新与知识整理，社会工作已经初步确立了其作为一个科学学科的地位（臧其胜，2020）。但在中国这一地位并不牢固，对其地位的认定仍存在分歧，主流观点仍是将其视为社会学一级学科下的应用社会学，在二级学科目录中尚无其独立位置，以致在申请项目时只能选择应用社会学，或相关联的福利社会学，与其蓬勃发展的态势极不相称。未来是悬置争议，还是谋求学科独立，有待学界进一步讨论，可行的方案可能是升级其在社会学学科下的位置到二级学科。而社会工作教育的质量是社会工作科学学科地位能够确立的重要保证，因此必须推动社会工作教育改革，改变其令人无法信任的状态。

第三章　社会工作教育的研究设计与结构安排

第一节　研究设计：研究思路与分析框架

一、术语地图

（一）概念：前置性设定

在学术研究中，体系、框架、理论、路径、模式、模型、范式等概念混用较多，为便于理解，本书统一设置。若涉及引用的文献，将根据语境调整其概念表述。由相关研究可知，体系是由一组相互关联与相互作用的系统构成的整体，是系统的系统，指代具有内在秩序的知识集合。分析框架（analytic framework）是一种通过筛选复杂现象之基本要素以使客观现实系统化的智识手段。分析框架，如同一个显微镜，为研究所调查的现象提供了具有透镜功能的概念（Gilbert & Terrell，2003：78）。框架的要素属于那些被用于作出抉择之知识过程的社会建构（Gilbert & Terrell，2003：83）。与此类似，埃莉诺·奥斯特罗姆（Elinor Ostrom）认为，框架提供了一个元理论语言，并能够帮助人们确定任何相关理论需要包括的普遍性要素，而现实的差异源于这些变量相互结合或相互作用的方式。理论能够使分析者在特定框架的组成要素与某些类型的问题间建立关联，并可对这些要素提出广泛的研究假设。因此，理论侧重于框架的某些部分，并做出对于分析师诊断现象、解释进程和预测结果所必需的具体假设。模型则是对一组有限的参数和变量做出精确的假设（Elinor，2005：28）。与既有理论相比，模型比理论范围要狭窄，在假设上要更为精细（萨巴蒂尔，2004：7）。同一模式有不同模型，同一模型又可能有不同的工作流程。用模型描述系统的因果关系或相互关系的过程属于建模，模型经建模获得的是模式。模型不同，建模的依据不同，模式也不同。类似同素异形体，成分相同，结构不同，性质也就不同，即模式相同，但因要素的组合方式不同，模型也会不同。当模型或模式成为公认的范例，就成为库恩所言的范式。范式本质上是一种理论体系，为科学家提供了研究的纲领。未获得业界公认时，研究者的理论体系则不能称之为一种范式。理论依据不同，路径发展的方向也就可能不同。马尔科姆・佩恩（Malcolm Payne）认为，在社会工作领域，理论可能包括三重含义：模型、视角与解释性理论。模型以结构化形式对实务中发生的事情进行普遍性的描述，提取了活动的某些原则和模式，使实务得以具有一贯性。视角表述的是对世界的价值观或看法，而解释性理论说明为什么一个行动能够导致或引起某些特定结果，并辨识在什么环境条件下会如此。一个视角或理论必须能够提供一个具有明确指导性的模型（佩恩，2008：6）。其概念界定为研究提供了借鉴意义，但主要适用于实务领域，而本书重点关注的是教育。基于此，本书概念间的逻辑关系统一为：体系➡框架➡理论➡路径➡模式➡模型➡……➡范式。但如此设定，只是出于本研究的需要，并不意味着适用于所有领域，使用时需要注意评价维度或应用领域的统一，否则不可比较，如研究、教育与实践各个子系统皆可能有自己的框架、理论、路径等。同时，也要注意不同领域中概念间是否具有对应的单向层级或种属关系。

（二）类型：连续性光谱

2014 年 7 月，国际社会工作者联合会和国际社会工作教育联盟在墨尔本大会上通过了社会工作专业新的全球定义：作为一个以实践为本的专业及学科，社会工作推动社会改变和发展、社会凝聚、赋权和解放人民。其核心包括社会正义、人的权利、集体责任和尊重差异等原则。基于社会工作、社会科学、人文和本土知识的理论，社会工作推动个人和组织参与应对人生挑战和增进人类福祉①。国内较为统一的定义为：社会工作是以利他主义为指导，以科学的知识为基础，运用科学的方法进行的助人服务活动（王思斌，2006：12）。

社会工作教育是培养社会工作专业人才的制度化的教育和培训活动（王思斌、阮曾媛琪、史柏年，2014：6）。广义的教育可区分为两个维度：一是行政管理维度；一是服务传递维度。前者涉及教育政策与教育治理。后者侧重于教学，相对研究与实践而言，涉及三个世界（真实世界、模拟世界与虚拟世界）②、三个系统（研究、教育/教学与实践）、两条路径（课

① IFSW & IASSW，2014，“Global Definition of the Social Work Profession.” https://www.ifsw.org/what-is-social-work/global-definition-of-social-work/。

② 真实世界指由真实案主参与的教育环境，如实习教育，或邀请真实案主参与的课堂教学；模拟世界与虚拟世界不同的地方在于，前者处于仿真阶段，以人为表演主体，如学生、志愿者等参与的角色表演，或经过专业培训的标准化案主表演；后者处于数字化阶段，以虚拟人为表演主体，是借助信息虚拟技术与传感设备打造的教育环境。

堂教学与机构实习）、两类模式（技术性实践与反思性实践）、若干模型及策略。其组合纷繁复杂，但任何二分法或三分法都不足以代表现实，更为合理的理解是将现实置于理想类型的连续性光谱中。本书讨论的社会工作教育集中在由教育行政部门批准、承认的承担教育培养责任的专业院系开展的、制度化的专业教育活动，包括与之相关联的研究、实践活动。

世界是社会工作教育的场景，既包括自然环境，也包括社会环境，是不同行动者共享的存在，是构成框架的基本要素。对于社会工作的教育子系统而言，真实世界指由真实案主参与的教育环境，如实习教育，或邀请真实案主参与的课堂教学。模拟世界与虚拟世界不同的地方在于，前者处于仿真阶段，以人为表演主体，如学生、志愿者等参与的角色表演，或经过专业培训的标准化案主表演；后者处于数字化阶段，以虚拟人为表演主体，是借助信息虚拟技术与传感设备打造的教育环境。在不同的世界里，研究、教育与实践各自关注的侧重点会有所不同。

系统是复合体，是由相互作用相互依赖的若干组成部分结合而成的，具有特定功能的有机整体，并作为子系统而从属于更大的系统（钱学森、许国志、王寿云，2011）。在广义的社会工作教育中，研究、教育与实践构成三个相互联系的子系统，对应研究者、教育者与实践者，子系统间存在转换或交易，其共同的目标是提高学生的专业能力，对公众负责。相对研究与实践而言的教育，特指教学系统，包括教师、学生、课程与教学条件等空间要素，以及教学目标、教学内容、教学方法等过程性要素，为狭义。广义的社会工作教育则包括教育政策等宏观因素。

路径代表方向，指向的是社会工作专业的教学环境，无论是机构实习还是课堂教学都同等重要，而虚拟现实代表一种新的可能路径。在面对实习资源有限、专业伦理风险增大的情况下，回归课堂，增强专业理论的基础教育，以能力为本，输出合格的社会工作者就成为当下的较优选择。在教育与评估的路径上，生态系统框架认为课堂教学与实习教育同等重要，即使隐晦地认为传统的教室不是学生可以获得体验的地方，这也是一个很大的错误。一切都取决于体验的质量（Dewey，1986）。而在避免伦理风险、突破时空限制、重复考核等方面，课堂教学比实习教育更具优势。

模式指向的是教育的理念，反思性实践与技术性实践各自代表一种发展的可能，但它们是协同关系，而非替代关系。在不同的教育制度环境下，技术性实践与反思性实践的侧重程度不同，本书追随的是在技术性逻辑的框架中增加反思与批判元素的教育教学模式。

模型选择了一组有限的参数与变量，是分别来自研究、教育与实践三个子系统的证据、表演与服务三个参数。理论预设是：研究、教育与实践是完整的存在交换的互惠系统；标准化是社会工作专业化、职业化的核心表征与必由路径；实践即为表演。相对于既有模式，秉持整体观的“证据—表演—服务”三位一体的生态系统模式积极回应了社会工作教育重建的需要，能够更好地嵌入当下的社会工作教育，能够更好地推进研究、教育与实践的融合，有助于社会工作教育区域、校际的均衡发展。

（三）要素：稳健性支点

要素是维持系统、模式及模型的支点，不同要素的组合可以构成不同模型。形塑社会工作教育行动舞台，保证社会工作教育模型稳健性与可持续性发展的核心要素主要包括以下几项。

1. 语言：等级化证据

社会工作教育与研究、实践长期处于分离状态，不能实现资源的共享，其最重要的原因是缺乏共同的语言，陷入“公说公有理，婆说婆有理”的困境。突破困境的路径就是实现“不同系统，同一语言”，而证据就是研究、教育与实践三个子系统共通的语言，这是子系统得以联合的基础。证据是分等级的，不同等级的证据其效力不同；同一等级的证据之间也可能因理论预设存在差异而产生冲突。在服务中，我们需要整合最佳的证据、社会工作者的临床技能，以及案主的具体情况、价值观及其意愿后做出最优的决策。

2. 策略：标准化案主

标准化案主是经过训练，能恒定、逼真地表现真实案主心理社会特征和情感反应，配合案史采集与技能测量等临床过程培训与考核工作，扮演案主、教师和评估者等多重角色的行动者（臧其胜，2013）。它既是一种教学方式，又是一种评估工具：作为教学方式，它是一门艺术；作为评估工具，它是一门技术。从社会工作教育的视角来看，理论与实践的脱节根源在于真实的案主是变化的（臧其胜，2014b），以致无法将真实的案主用于教育与评估的环节中。突破的关键就在于控制案主的变化，换句话说，将案主标准化。

3. 实践：社会化表演

实践即表演，是真实的；表演即实践，是模拟的。社会表演若在真实场景中培训社工，那么与学生社工实习相同，将面临伦理风险与时空的限制等，一方面受训的社工彼此间可能既是同事，又是追逐“自我提升”的竞争对手（赵小平、王乐实，2013），让他们在同一时空下接受培训存在伦理风险；另一方面，若为现场指导，表演无法重复，一旦失败有可能带来极大的风险。而若在模拟场景中培训社工，那么标准化案主就是值得其选择的教育与评估的模式，因为它可以避免伦理风险与时空限制等。就这一点而言，社会表演学更适合于标准化案主的培训。社会表演学可以指导标准化案主如何呈现真实案主失败的表演；可以指导标准化案主如何识别学生社工失败的表演；可以指导如何培训合格的社工；可以指导学生社工如何有效地与案主沟通；可以为学生社工提供改善案主境遇的表演而需介入的技巧。同时，标准化案主也可用于提高与评估社会表演培训的效果，提高与评估社会表演培训师的能力。

学生社工既非演员，也非观众，而是考生，他必须将虚拟视为真实，运用专业的技能参与互动，标准化案主则必须能够识别出学生社工专业技能的不足之处。标准化案主与学生社工共同创设了现场剧本，表演一半是虚拟，一半是真实。因而，标准化案主与剧本角色之间还必须保持一定的间距，同时也要与演员的角色保持一定的距离。它强调“与剧本对话”，同伙伴合作，反思是贯穿剧本设计、表演、评估全部过程的中轴，同时成为其培育的对象（臧其胜，2012）。就这一点而言，标准化案主的教育与评估模式还同德国戏剧大师布莱希特的表演体系所倡导的间离（陌生化）与反思存在一致之处。

作为标准化病人的培训之母，佩杰·华莱士（Peggy Wallace）将其工作的指导原则定位于俄国戏剧大师斯坦尼斯拉夫斯基的表演体系，强调更自然的、更真实的表演（Wallace，2007：44）。但从标准化案主扮演的角色来看，它不仅仅是演员，还是评估者、指导者。因此，他必须在表演的同时能够作为观察者冷静审慎地评估学生社工的专业表现，能够在表演结束后迅速地完成相关的反馈表格，并能够给予学生社工以颇有成效的现场指导，甚至会重演某一情节。标准化案主既要完成表演者的角色，又要履行观察者的角色；既要嵌入，又需间离；既要遵循剧本，又要能动应变，这会导致理想范本与自我呈现的冲突，导致多重角色共现的冲突，如何平衡，需要一定的社会表演技能。

从学科角度而言，应用标准化案主的目的是提高与评估社会工作学生的专业技能，以便学生步入职业殿堂后能更好地实现社会工作的“助人自助”之宗旨；应用社会表演学的目的则是帮助人识别虚假表演，改善社会表演的能力（孙惠柱，2009：54）。可以说，将社会表演应用于标准化案主的培训的目的也就是提高与评估社会工作学生的社会表演能力，一方面提高自身的社会表演的能力，另一方面也可以识别出案主的虚假表演或错误表演。基于此，社会表演是培训标准化案主的工具，也可成为社会工作者的一项新技能。

4. 技术：区块链平台

区块链技术具有自主、去中心化、透明化、时序数据、集体维护、可编程和安全可信等特点，可以提供不可篡改、不可伪造、可以溯源追踪的证据；大数据具有规模性、快速性、多样性与价值性（孟小峰、慈祥，2013），但不等于证据；“证据—表演—服务”（EPS）三位一体的社会工作临床技能教育与评估的生态系统模式则重视证据的采集、分级、转化，以及研究、教育与科研三个子系统间的价值交易。因此，大数据挖掘、区块链技术与EPS生态系统模式相结合将能更好地满足社会工作教育从知识为本向能力为本，从经验权威为本向证据为本转型的需要，可以为学习者提供动态的文凭证书及证明，保证了社会工作教育的开放与公信；但其去中心化、反体制、透明化，以及基于数学建立信任等特性，对未来的教育治理、个人隐私、网络安全、技术规制等提出了极大的挑战。

在技术的支持下，社会工作教育可以“在灵活的时间参数范围内，促进、测量、记录和验证已知的、明确声明的和一致同意的学习结果”（Spady，1977：10；Scott，1982）。在正式的学校教育中，我们可以基于区块链技术重建社会工作实验室，完成此组“基于数据的、自适应的、行为导向的整合过程”，这符合能力为本的学习或教育的实践理念。

二、研究思路

本书讨论的社会工作教育面向的对象是普通高等学校及其学生，不包括职业教育、机构培训等。讨论的问题包含两个层面，一是宏观环境，包括各级各类教育政策；二是微观环境，主要涉及研究、教育（含教学与管理）与实践。实践的边界止于学生的实习教育，不讨论专业人员提供的专业服务。本书的研究从教学需要出发，然后扩展到学生实践，再回溯到理论研究。因而，本书的思路是在“教中做，做中教”，或者说是“在行动中研究，在研究中行动”的反复锤炼过程中形成的。首要解决的问题是教和学的冲突，这并非一开始就有清晰的逻辑。从常人方法学的观点来看，当下的研究思路更准确点说是写作思路，是对既往行动的反思与说明。如同实验报告一样，先做实验，后有报告，报告只是对实验的反思与说明。

思考的原始出发点是如何实现“所教即所学，所学即所得”。从视角优先级来看，处于第一位的是教师，第二位才是学生。对于教学而言，教师工作要以学生为中心，但从整个教育管理的体系而言，“铁打的营盘流水的兵”，教师才是中心。既有的实践管理与学术研究多强调以学生为中心，但没有好的老师，以学生为中心只是一句空话。没有好的教师，只会毁掉教育。而要实现“所教即所学”，就必须清晰回答应当教什么、如何教。转向学生视角，就应当清晰回答应当学什么，如何学。共同的目标则是提升学生的专业能力，为社会提供合格的专业人才，对公众负责。但教与学的环境并非是纯粹的自然环境，同时受社会环境影响。在此处境下，不得不进一步思考制度等因素如何影响社会工作教育者、实践者与研究者面临的激励及其相应行为。这也是本书既包括微观的教学场景，又包括宏观的教育管理的原因。简言之，实践的思路是从微观到宏观，而写作的思路则从宏观到微观。

基于此，本书从文献梳理开始，绘制社会工作教育研究的知识图谱，了解研究的热点、前沿与知识基础，指出社会工作教育面临的发展困境，提出突破的思路与方向。在此指导下，以能力建设为研究出发点，以社会—生态系统为分析框架，考察专业发展的环境约束，关注行动情景，引入并整合多学科理论，建构概念指标体系，选择模式与建立模型，设计剧本，培训标准化案主，在悬置影响后聚焦多元主体参与的“研究—教育—实践”的行动舞台，关注研究者、教育者与实践者的互动，秉承“在行动中研究，在研究中行动”的理念，通过模拟教学反复实验，试图提炼出具有可操作性的教育模型，重构中国社会工作教育体系，进而实现社会工作专业的自主治理（图 3.1.1）。

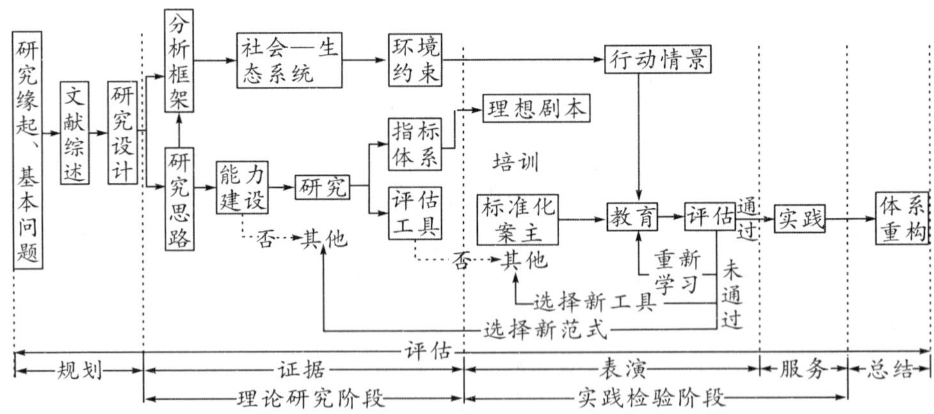

图 3.1.1 研究思路

三、分析框架

框架是元理论语言，为相关理论提供了具有普遍性的要素。奥斯特罗姆夫妇及其同事推动的制度分析与发展（Institutional Analysis and Development，IAD）框架为社会工作教育研究提供了结构性方法与普遍性要素（图 3.1.2）。基本功能是帮助研究者分析行动者在特定的行动情景下，如何依据外部变量的相互作用，生成特定的激励和互动模式，进而导致特定的产出，并对产出做出客观的评估（王亚华，2017）。框架将行动舞台作为分析焦点，制度通过对行动舞台的型构（Frame）从而对行动和结果产生影响（李文钊，2016）。所谓行动舞台（Action Arena）是指个体行动者相互作用、交换商品和服务、解决问题、相互支配或斗争的社会空间，它主要包括行动情境（Action Situation）和行动者。行动情境的内部特征通过七组变量来刻画：（1）行动者；（2）职位；（3）潜在产出；（4）行动—潜在产出的链接；（5）行动者实施的控制；（6）相关信息；（7）给定产出的净成本与收益（王亚华，2017）。在行动的舞台上，行动者受特定的行动情景变量影响。而这些行动情景又由自然物质条件、经济社会属性与通用制度规则三个外部变量决定。

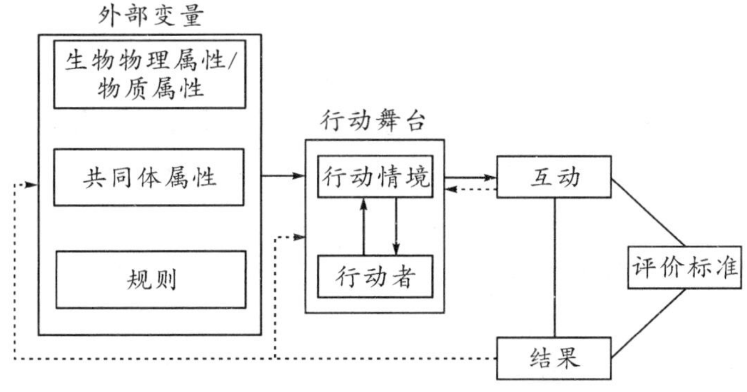

图 3.1.2 制度分析与发展框架

资料来源：Ostrom（2005：15）；李文钊（2016）。

在制度分析与发展框架（Institutional Analysis and Development，IAD）的基础上，奥斯特罗姆吸收自然科学的要素，创立了社会—生态系统（social-ecological systems）框架（图 3.1.3），旨在提供一个框架，用以指导资源管理什么时候依赖于治理的自发过程，什么时候依赖于外部产生的规则（奥斯特罗姆，2015：4），可以帮助学者、官员和市民理解对分析与资源管理有关的各种上理论十分重要的潜在变量集及其子变量（奥斯特罗姆，2011：214）。其一级变量包括三个层级。第一层级包括社会、经济、政治设置；相关的生态系统。第二层级包括资源系统、资源单位、治理系统与行动者①，共同构成特定的制度结构。资源单位为资源系统的组成部分，治理系统为行动者定义和设定规则，与资源系统共同构成自主治理良性运行的条件。第三层级包括行动情景、互动和产出，可继续分层。行动情景影响激励结构，与行动者构成行动舞台，是分析焦点。

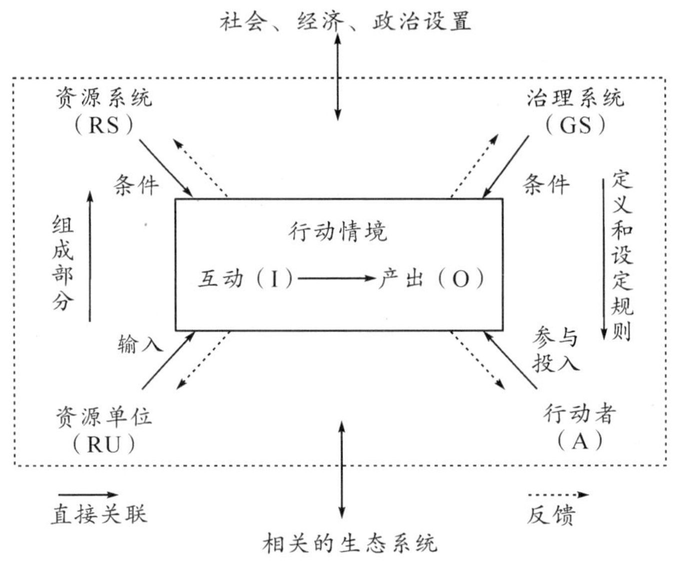

图 3.1.3　社会—生态系统的分析框架

资料来源：Mcginnis & Ostrom（2014）；李文钊（2016）。

制度分析与发展框架是从制度的视角分析，关注自然资源系统，也关注公共产品，特别重视具体的行动舞台，可以了解影响社会工作教育的宏观政策与环境因素，也可以了解研究—教育—实践的微观互动。而社会—生态系统是对制度分析与发展框架中的生物物理属性/物质属性的进一步扩展。从社会—生态系统视角出发，有助于更好地理解行动者与行动情境间的相互作用模式及产出。可以分析三个一般性问题：一是对一个给定的治理和资源系统使用规则可能产生的交互和结果方式的检查，包括资源将怎样被过度使用，在治理系统时可能遇到哪类冲突，是否某类特定的资源系统可能会崩溃；二是特定背景下的特定资源问题，即在存在或不存在外部强加的规则或融资条件下，在不同的治理安排、使用方式和结果中，什么是可能的内在发展；三是对于来自外部和内部的干扰，由行动者、资源系统、资源单位和治理系统组成的某一特定结构有多么稳固和多大的可持

① 框架的初期版本是“使用者”，新的版本采用了“行动者”。正文中若涉及“使用者”，均修改为“行动者”。

续性（奥斯特罗姆，2015：39—40）。

尽管学科间的方法和术语的界限可谓泾渭分明，但力图建立统一分类核心变量的社会—生态系统框架仍然为社会工作教育提供了一个更为契合的研究、分析、诊断和规范的概念框架。置于社会工作教育领域（图3.1.4），以社会工作教育资源作为分析的单位，土地、资本、劳动力、技术与数据是其基本的生产要素。以高校为载体，以社会工作教育为行动情景，教育者、学习者与管理者等行动者在此情境中相互作用，目的是输出合格的专业社会工作者。其生存与发展同样受制于社会、经济、政治设置与相关的生态系统，而教育资源系统、教育资源单位、教育治理系统、行动者则是影响社会工作教育行动情境的四个子系统，组合成为社会工作教育的特定制度结构。

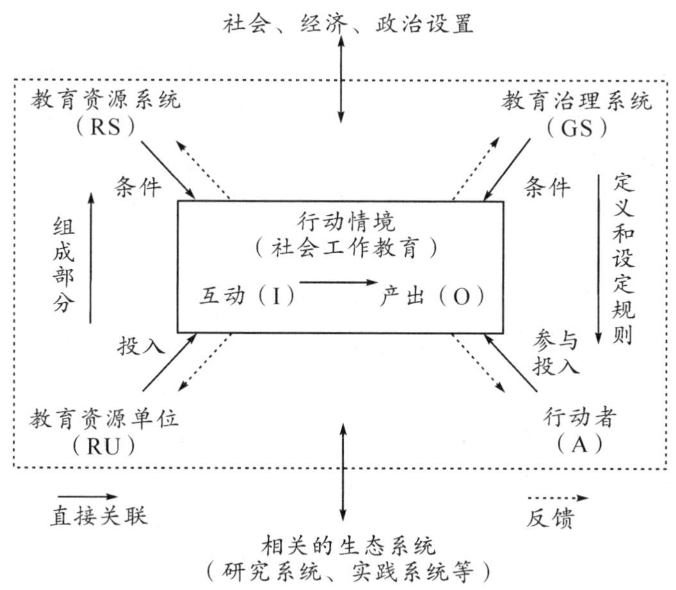

图 3.1.4　社会工作教育的社会—生态系统多层分析框架

20 世纪上半叶，蒋旨昂就已对社会工作专业发展所需的机构、课程、教员、经费、研究场所等进行了全面而周详的考量。他提出，要实现社会服务的目标，就要把握社会行政的四个关键要素，即机构、经费、人员和报告（岳永逸、熊诗维，2022）。置于社会—生态解释框架中，机构对应的是教育治理系统，关注组织框架建设；经费对应教育资源单位与教育资源系统，关注的是经费的筹集；人员对应行动者，关注的是专业人才的培养；报告可以纳入行动情景中，主要是教育与动员民众积极参与社会工作。由此可见，蒋旨昂的理念在本质上也体现了社会—生态系统思想。但当代社会工作教育者更多关心的是以师生为主体的行动舞台，聚焦于行动情景对行动者的激励问题，归属于教育的微观深描，而忽视社会工作教育制度的稳健性与可持续性的宏观叙事。为推动社会工作教育的发展，我们需要思考以下问题：社会工作教育作为一项公共服务是支离破碎的抑或浑然一体的？能否扛起专业发展的大旗？维持社会工作教育资源产生可持续性结果的规则是什么？不同的约束条件与要素组合中，什么是社会工作教育可能的内在发展，或社会工作教育能否实现自主治理？社会工作教育是否需要一个外部强加的制度以推动其发展？或者说，社会工作教育什么时候依赖于专业共同体治理的自发过程，什么时候依赖于外部产生的规则？面对来自外部和内部的干扰，社会工作教育的特定制度结构的稳健性和可持续性如何？

四、研究方法

本书引入社会—生态系统解释框架，坚持将宏观与微观、理想与现实、理论与实证、研究与行动相结合，选择全景视角与过程视角，秉持制度设计“向前看”的理念。在资料收集上，涉及文献整理、问卷调查、专题访谈、参与观察、课堂实验等；在资料处理上，涉及定量与定性混合分析，如文献计量法、内容分析法等。

具体而言，本书以可视化的文献计量方法识别社会工作教育研究的热点、前沿与知识基础，运用比较的方法揭示中外社会工作教育发展面临的异同，以及中国社会工作教育发展蕴含的内部张力；以社会—生态系统框架解释社会工作教育承受的宏观政策型构与微观要素配置，梳理政策或重大事件的历史沿革，绘制社会工作教育发展过程中从知识为本向能力为本、从经验权威为本向证据为本的焦点转移轨迹。据此提出开放性、标准化与公信力相统一的行动纲领，通过政策文本解读确立以责任、质量与科学为原则设计的培养方案。针对社会工作临床技能教育策略，提出十四项评估指标，构建量表并应用于社会工作教育策略的比较筛选中。在此基础上，本书将理论、方法、工具和实务整合在社会工作教育生态系统中，构建跨越虚拟和现实的社会工作教育行动框架。以行动框架作为实务展开的结构，本书为社会工作教育课堂教学提供了理想设计中的行动指南和现实约束下的实践范本，切实践行“在行动中研究，在研究中行动”之理念。

第二节　结构安排：章节设置与内容逻辑

一、章节设置

在结构安排上，研究坚持理论与实务相结合，在溯源理论的基础上构建模型，并指导实务活动设计，强调“在研究中行动，在行动中研究”。主要分为四部分，第一部分包括导论、文献回顾与研究设计三章；第二部分包括宏观的环境分析（第四章）与行动纲领建构（第五章）；第三部分为具体建构，包括第六、第七、第八章；第四部分审视模型应用的现实困境，提出治理策略并展望未来（第九章）。具体章节安排如下：

第一章　社会工作教育的研究缘起与基本问题。主要介绍研究的背景、对象、需要解决的问题，以及研究的目的及意义。

第二章　社会工作教育的研究脉络与知识图谱。主要介绍中西方社会工作教育研究的历史（1998—2019 年），为中国社会工作教育的研究提供知识背景，界定实践场域，指引发展方向。采用 CiteSpace 文献计量软件，挖掘社会工作研究的前沿、热点与知识基础，关键词共现网络与作者、机构、国家/地区的合作网络，了解中西方社会工作教育的发展历史，指出社会工作教育中的理论创新、承继与合作不足，强调研究、教育与实践的三位一体，提出并回应社会工作教育面临的多重困境，并反思中国的社会工作专业发展。

第三章　社会工作教育的研究设计与结构安排。主要介绍研究思路与分析框架，统一概念术语，并引入社会—生态系统解释框架，不仅关注宏观的制度环境，也关注微观的行动舞台及情境，试图寻找到增强社会工作教育制度稳健性与可持续性的治理之道。

第四章　社会工作教育的情境约束与焦点转移。主要介绍以高校为平台的社会工作教育发展中面临的社会、经济与政治环境设置与相关的生态系统的约束，探讨在何种治理体系中谁从教育资源系统中获取教育资源单位以增强社会工作教育特定制度结构的稳健性与可持续性，同时指出社会工作教育面临知识为本向能力为本、经验权威为本向证据为本的焦点转移。这是本书开始此议题研究时面临的现状和思考的起点，是行动纲领与培养方案需要正视的处境。

第五章　社会工作教育的行动纲领与培养方案。主要介绍社会工作教育的行动纲领，指出保持开放性、实现标准化与提高公信力的社会工作教育是社会工作专业生存与发展的重要保证，是社会工作教育制度稳健性与可持续性的重要支持。基于此，引入区块链技术，倡导标准化案主教育策略，认为社会工作教育必须拥抱先进的科学技术与适合国情的教育理念。同时，以某高校培养方案为例，描述了其设计理念，并对照行业、学校、教育主管部门专业评估的指标进行反思，指出专业要生存与发展必须积极参与到专业锦标赛中。

第六章　社会工作教育的理论基础与行动框架。主要介绍社会工作教育体系建构的理论基础与实践的行动框架。前者包括生态系统理论、行动研究理论、社会表演理论与体验学习理念；后者确立了“证据—表演—服务”三位一体的模型，并据此展开其行动框架。以能力建设为共享目标，以证据为共享语言，以标准化案主为共享策略则是联合两者的共享法则，响应了知识为本向能力为本、经验权威为本向证据为本的焦点转移趋势。

第七章　社会工作教育的实践路径与教学模式。主要介绍同一理论基础与行动框架指导下的教育实践路径与教学模式存在的分歧，设计出社会工作教育临床技能教育策略的评估指标，确立了课堂教学与机构实习并重的实践路径，以及在技术规制的基础上增加反思与批判元素的教学模式。

第八章　社会工作教育的行动指南与实践范本。主要介绍以回归课堂为实践路径，坚持在技术规制的基础上增加反思与批判元素的教学模式的指导，结合课堂教学的经验教训总结，按照场景篇、证据篇、表演篇、服务篇、评估篇、范本篇的结构安排，试图为后续研究者提供可操作的流程与范本。

第九章　社会工作教育的实践审视与未来展望。主要介绍重构的社会工作教育模式及模型未来面临的应用困境，在总结经验教训的基础上，提出治理策略，并展望未来的应用场景及实践可能。

二、内容逻辑

从章节设置来看，主体部分为第四章到第八章。第四章为现状篇，第五章到第七章为理论篇，第八章是实务篇，而第九章是未来篇。第四章描述社会工作教育实现自主治理所面临的情境约束，并指出从知识为本向能力为本、从经验权威为本向证据为本转移的两大趋势；第五章开放、标准与公信的行动纲领是对情境约束的突破与焦点转移的回应，培养方案则是现实的选择；第六章在行动纲领指引下构建社会工作教育的理论基础与行动框架，引入标准化案主的教育策略，选择生态系统模式，确立证据—表演—服务三位一体的模型。强调以开放的态度整合多种理论，以标准化作为提高公信力的重要策略。第七章是在既有的模式与模型中，选择回归课堂的实践路径，以及在规制技术的前提下增加反思与批判元素的教学模式。第八章是悬置约束条件，以行动纲领为指引，以培养方案为规范，遵循社会工作教育的理论，展开行动框架，以课堂为实践教学的重要场景，调和技术性实践与反思性实践教学模式，全景式呈现社会工作教育的研究、教育与实践的实施过程，其内容安排被细分为场景篇、证据篇、表演篇、服务篇、评估篇与范本篇。

从内容安排来看，采用社会—生态系统分析框架，遵循先宏观后微观，先理论后实践，先结构后行动的叙事逻辑。在宏观叙事中，制度是最重要的变量，政策是核心要素，包括政府主管部门、行业协会、高校各自的规章制度，还涉及第三方评估，直接影响到资源的生产、分配、交换与消费；在微观叙事中，行动是最重要的变量，能力是核心要素，主要指学生的能力建设，但也涉及教师、管理人员等的能力建设。在结构分析中，关注社会工作教育过程中反复涉及的规则与资源，考察其对行动的约束；而在行动执行中，关注教育的治理结构，在正视结构制约的同时，积极索引与整合本地的教育资源，寻求突破困境的方法。在理论采借中，既包括教育治理领域，也包括专业教学领域，在研究、教育与实践三类情境中，聚焦社会工作教育行动情境，并提出教育的生态系统模式与“证据—表演—服务”三位一体的教育模型；在实践探索中，强调回归课堂教学，坚持在规制技术的前提下增加反思与批判元素的教学模式，并提供了详细的行动指南与实践范本。

第四章　社会工作教育的情境约束与焦点转移

第一节　情境约束：政策型构与要素配置

一、政策型构

教育政策构成了一个特定的场域，涉及社会、经济与政治设置，型构了社会工作专业的发展，影响其教育的条件、主体、内容、机制、过程，以及结果等，为社会工作教育的发展设定了合法性的边界。型构/框定（framing）的概念可追溯至欧文·戈夫曼（Erving Goffman），是指用一个概念型构/框定形塑与建构行动者对社会现实解读的行为和过程（Goffman，1986）。对社会工作教育而言，教育政策提供了一个理解专业发展的分类图式。涉及以下几个问题：第一是教育经费政策问题，回答"谁出钱，出多少，为什么要出钱"；第二是课程政策问题，回答教育应当教授什么的问题；第三是教育对象问题，回答向谁教授的问题；第四是教育者问题，回答由谁任教及管理学校系统；第五是教育行政权力问题，回答"谁来制定政策并由谁来负责这套教学系统的运行"（柯伯恩，1990：443）。第一个问题涉及经济设置。政府财政是高校专业发展的重要资金来源，但其始终处于约束预算与满足来自教育日益增长的需要的困境之中，无法满足不同高校的差异化需要。而以学校为单位的管理，使得资金及其他资源的再分配更是千差万别。不同层级的高校，同一高校以及学院内的不同优先级的专业，在经费的获取途径上千差万别。第二个与第三个问题受到社会需要与职业认同的影响。社会需要影响专业培养方案的课程选择与模块设置，职业认同影响学生生源的选择，两者甚至可能影响专业的存在与否。第四个与第五个问题可归为政治设置，涉及权力的分配，关系到专业发展的自主性问题。

美国社会工作教育协会未来任务小组（CSWE Futures Task Force），通过对影响社会工作专业未来趋势的进程的环境扫描，制定场景规划（scenario planning），分析人口趋势、经济不平等、财政削减与技术增长等带来的影响（CSWE Futures Task Force，2018）①。但其框架相对粗糙，主要反映的是宏观因素，未关注微观互动，而社会—生态系统的解释框架，则既可以了解影响社会工作教育的宏观政策及环境因素，也可以了解研究—教育—实践的微观互动。

环境变量是模式稳健性与可持续性的保证。稳健性着重于对扰动的适应性，是指不管其他组成部分的行为或环境如何变化，模式始终能够保持某些理想的系统特征（波蒂特、詹森、奥斯特罗姆，2011：92），即稳健性度越高，抗干扰能力越强；可持续性指模式在各种假设条件下都能持续运行下去（钮学兴，2012），主要包括同一假设条件下时间上的连续性与不同假设条件下空间上的连续性（可复制性）。要保证社会工作教育体系的稳健性与可持续性，就必须识别出潜在影响体系行动状况结构的普遍性变量、治理系统之间产生的相互作用、资源使用者和资源系统的状况，以及在资源的可持续管理方面的结果，而社会—生态系统为之提供了当下用于诊断的最好框架。

依据社会—生态系统框架，社会工作教育处于社会、经济与政治设置，以及相关生态系统构成的制度环境中。表 4.1.1 是以某普通高校为参照系的基线调查，描述的是 21 世纪初社会工作教育发展所处的制度环境，其变量在社会—生态系统二级变量的基础上进行了适当调整。相对而言，传统的 985、211 与新近的“双一流”涵盖的高校在社会结构中处于更为有利的位置。

表 4.1.1　社会工作教育的制度设置

代码	变量	现状描述	代码	变量	现状描述
社会、经济与政治设置（S）					
S1	经济发展	有限（教学经费）	S5	市场	激励逐步增强，但利他动机受到削弱；项目制；锦标赛制
S2	人口趋势	偏大（班级规模）	S6	中介组织	多（如媒体、社会组织）

① CSWE Futures Task Force 2018，Envisioning the Future of Social Work. https://www.cswe.org/.

续表

代码	变量	现状描述	代码	变量	现状描述
S3	政治稳定性	较高（政策连续性）	S7	技术	实验室、新媒体应用较少；大数据、人工智能、深度学习与区块链应用更少甚至无
S4	其他治理体系	党政部门（宣传、教育；校内的宣传、教务、团委、学工等）			
相关生态系统（ECO）					
ECO1	研究系统	学术研究转化率低	ECO3	就业系统	多地出现黄牌；影响专业资源分配（时间、经费、专业设置等）
ECO2	实践系统	实践基地数量增多，但专业支持度低	ECO4	焦点 SES 的流入和流出	缺少制度化机制

资料来源：作者整理。

社会工作专业的发展是政治经济制度、文化系统和特定的社会综合作用的产物，呈现“教育在前，实务在后”的特征，其历史变迁反映政策赋予社会工作专业的机遇与挑战。社会工作专业的发展离不开社会工作教育的进步；反之，社会工作的教育发展也必须以专业实践和专业制度作为重要基础（熊跃根，2005）。从国家层面看，党和政府在社会工作教育的发展过程中发挥着决定性作用，“党的领导是社会工作事业繁荣发展的根本保证”（李迎生，2021），表现为政策制定、国家及地方领导人的重视。从政策制定的主体可以发现，民政部是社会工作专业发展的主要推动者。引入专业的社会工作教育，培养民政干部队伍，正是其突破工作性质和职责不清晰两大困境的重要策略（王婴，2018）。民政工作被视为“有中国特色的社会工作”（雷杰琼，1983），[①] 民政院校首先开启社会工作教育的探索。1987 年，民政部举办了社会工作教育发展论证会，史称“马甸会议”，重新确认了社会工作专业的学科地位。1986 年，原国家教委批准了北京大学，1987 年批准了中国人民大学、吉林大学开办“社会工作与管理”本科

① 1983 年，雷洁琼教授在为民政部进行的干部培训中指出“民政工作是有中国特色的社会工作”，民政院校开始了发展社会工作教育的探索。

专业，皆于1988年招生；同年，郑州大学“社会工作与管理”专业专科招生（刘继同，2012）。既有研究显示，院校能否开设社会工作专业主要受制于院校性质（是否公办）、招收本科生的历史时间以及是否有社会学专业，社会服务需求的影响并不显著。因此，院校能力与审批政策是强约束，社会服务需求则是弱约束（付双乐，2020）。

1987年12月，国家教育委员会发布《普通高等学校本科专业目录》（〔87〕教高一字022号），社会学类下设社会学、人口学、社会工作与管理、社会心理学四个专业，后两者作为“试办”专业列入。1993年，国家教育委员会发布新的目录，社会工作与管理专业试办通过，社会工作专业获得正式承认，专业发展跨越关键的一步。2011年，国务院学位委员会和教育部印发《学位授予和人才培养学科目录》，社会工作被定位为社会学一级学科下的七大学科方向之一（冯仕政，2019）。2022年，国务院学位委员会印发新版《研究生教育学科专业目录》，社会工作被提升为和社会学学术学位并列的专业学位①。但社会工作和社会学之间的学科分类关系并未提及，也未论及本科生教育中两者的关系。因而，从学科分类体系看，社会工作仍从属于社会学。其关系是否改变，最终可能需要看《中华人民共和国学科分类与代码国家标准》是否修改。现行标准直接导致了课题申报时在二级学科分类中无法填写“社会工作”，只能用“应用社会学”或“其他”替代，无法反映社会工作的现实地位。1997年，高等学校社会学学科教学指导委员会（简称“教指委”）确立了社会工作本科专业的10门主干课程，专业课程建设问题基本落地，社会工作专业有了权威的、制度化的课程框架（王思斌、阮曾媛琪、史柏年，2014：24）。专业教育的外形体系已经形成，但还没有形成规范的培养体系和公认的培养模式，培养规格不太明确，对社会工作知识的专业性认同度低（彭华民，2017；刘梦，2017）。

自2006年《中共中央关于构建社会主义和谐社会若干重大问题的决定》提出“造就一支结构合理、素质优良的社会工作人才队伍”以来，中国社会工作开始快速走向专业化、职业化，与社会工作相关的政策在此期间也密集出台，总体采取了“试点—铺开”的强制性推进战略（葛道顺，2015）。2014年社会工作服务机构和社会工作者的概念进入《社会救助暂

① 《国务院学位委员会 教育部关于印发〈研究生教育学科专业目录（2022年）〉〈研究生教育学科专业目录管理办法〉的通知》，2022－09－14，http://www.moe.gov.cn/srcsite/A22/moe_833/202209/t20220914_660828.html。

行办法》，首次进入法律，随后进入《反家庭暴力法》，先后有150多项政策法规对发展社会工作、发挥社会工作作用提出了明确要求①。2015年修订的《中华人民共和国职业分类大典》中，社会工作者被列入“专业技术人员”大类，2021年再次纳入《国家职业资格目录》②，社会工作作为一门职业获得了合法性地位。2015年“社会工作”一词首次写进政府工作报告，后连续四年写入政府工作报告中。2020年习近平总书记面对新冠疫情，提出“要发挥社会工作的专业优势，支持广大社工、义工和志愿者开展心理疏导、情绪支持、保障支持等服务”。在顶层设计的政策持续加持下，社会工作职业体系逐步完善，人才队伍日益壮大，专业作用梯级增强。

2016年12月，在全国高校思想政治工作会议上，习近平总书记强调，“要坚持把立德树人作为中心环节，把思想政治工作贯穿教育教学全过程”；2017年，课程思政开始从地方实践探索上升为全国性行动（贺武华、王凌敦，2021）。社会工作在总体上是党政主导的社会治理体制的构成部分（王思斌，2022），必须满足国家治理的需要。为回应“高校培养什么样的人、如何培养人以及为谁培养人”这个根本问题，在课程设计上，社会工作不能仅局限于从西方舶来的专业价值观训练，还应嵌入中国特色社会主义价值观的教育，立德树人理应成为中国社会工作教育能力培养中的必选项；在社会服务中，不能仅局限于个体治疗技能训练，还应包括社会改革能力学习。从社会工作与高校思想政治教育的关系来看，它们在理论基础、工作对象、价值取向、目标原则等方面具有内在契合性（成洪波，2014）。相对于思想政治教育，社会工作已经成为一项专业化和职业化的制度安排，具有更高的专业性与科学性，可以借助专业的方法将中国特色社会主义价值观内化为服务接受者乃至全体社会成员的行为品质，同时也有助于改进思想政治教育的方法与效果。因而，思想政治教育需要嵌入社会工作中，而社会工作同样也可嵌入思想政治教育中，最终满足政治设置的需要。

提高质量是教育改革发展的核心任务，而能否促进人的全面发展、适

---

① 李芳，2019，《奋进在专业化职业化发展征途上——新中国成立70周年社会工作发展成就巡礼》，《中国社会报》，A01版，2019－09－24，http://epaper.shehuiwang.cn/epaper/zgshb/2019/09/24/A01/story/375892.shtml。

② 《聚焦丨最新公示！社会工作者再次被列入〈国家职业资格目录〉》，2021－01－12，https://www.sohu.com/a/444143731_825958。

应社会需要成为衡量教育质量的根本标准[①]。专业要实现从“质量意识”、“质量革命”到“质量中国”的本科教育理念的转变[②]。2011 年，《关于加强社会工作专业人才队伍建设的意见》指出，要大力发展社会工作专业教育。加强社会工作学科专业体系建设，制定科学的专业设置标准，完善社会工作专业教学规范；建立健全社会工作专业人才评价制度。就社会工作教育而言，就是要培养出全面发展、适应社会需要的专业社会工作者。而要实现高质量发展，需要采取“两极突破—中间支撑”的策略，即说通上层，强化基层，中间支撑（王思斌，2022)。上层指政府部门，基层指一线社会工作者，中坚力量主要来自资深社会工作研究者、教育者和实务工作者，他们是推动社会工作教育高质量发展的重要主体。综合而言，随着政府利好政策的不断推出，社会工作的制度不断完善，职业地位迅速提升，社会认同逐步提高，教育培训开始受到重视，实践机会也显著增加。但良好的环境并非天然形成的，而是需要社会工作教育者与实务工作者的持续争取。

国家层面的推动离不开学校层面的支持，初期的扩张同样离不开学校的支持。作为专业设置调整的决策者，高校会综合考虑自身条件、利益追求以及发展策略，乃至领导的偏好，决定是否开设。1985 年以来教育改革中引入市场机制，扩大了高校办学自主权，提高了学校领导开办专业的积极性；而高等教育的质量革命又使得学校通过撤销合并专业而提高排名。不同高校间，社会工作专业面临的最大问题是教育经费不足。在专业恢复重建和发展过程中，政府只提供了建立社会工作学科专业的行政合法性，包括极为有限的办学经费和最基本的办学条件，更多依赖于通过寻求学校学院领导的关心、为政府部门“打工”获得资源（王思斌、阮曾媛琪、史柏年，2014：37)。对专业发展而言，其支出主要涉及三块：一是教师参加会议与学习培训的费用；二是学生参加社会实践的费用；三是引入兼职人员的费用。受制于各高校以及所在学院的财政状况，不同学校间的差距很大。经费有限的高校，教师参会常被视为一种可以施与也可以剥夺的“恩赐”，而学习培训更是不在考虑之中。相对而言，学生参加社会实践的费用有一定保障，但边界并不清晰，通常是以学院为单位，由教学院长在

① 《国家中长期教育改革和发展规划纲要（2010－2020 年）》，2010－07－29，http://www.moe.gov.cn/jyb_xwfb/s6052/moe_838/201008/t20100802_93704.html。

② 《吴岩司长在高等学校专业设置与教学指导委员会第一次全体会议上的讲话》，2019－06－20，http://fzgh.nchu.edu.cn/zcfg/content_56603。

专业间平衡或倾斜；而且，经费所能支持的活动半径、持续时间有限，难以获得更好的效果。对于社会工作专业而言，如果能够获得机构中一线工作人员的亲自授课，将能够显著地提升教育的效果。而现实情况是一线工作人员非常愿意参与，但学校却不能提供制度与经费支持，即便只是给以最低限度的志愿者补助。而经费充足的学校，教师参会、学习有专项经费，学生甚至能够获得长时间境外交流学习的机会，兼职师资也非常充足，甚至可以引入学科带头人或专业领军人才等。在课程政策上，专业的培养计划需要服务于学校的总体发展战略，也受制于专业的师资力量与教学资源。在课程计划上，专业对课程的设置具有较高的自主权力，但会受到总学分与总课时的限制，如果必修的校本课程或通识课程过多，则会挤占专业课程的时间，影响课程课时的安排。为满足学生的需要，有高校允许学生有 3 次甚至更多次的转专业机会，而时间是第一学年入学，第一、二学期结束前。而此时开设的多为作为知识基础的前修性课程，专业必修课程最多开设 1—2 门，专业与职业认同根本无法强化，专业净转出率也就逐年上升。在教育对象的选择上，虽不存在西方国家中的种族、性别歧视等问题，但却存在招生地域的差异，隐藏的是对专业的歧视。部分高校为保证某些专业的优势地位，其招生名额更多配给至基础教育质量高的地区，而弱势专业的招生专业名额则可能更多被分配至基础教育质量弱的地区。以教育发达地区某高校社会工作专业为例，其招生计划为 40 人，来自省内的生源从 2008 年的 25 人，降至 2018 年的 13 人，同一学院的另一专业则全部为省内招生。而专业考核中通常有英语四六级、计算机一二级通过率等与基础教育质量存在较多关联的指标，两者通过率存在明显差异，使得专业评估处于不利地位。在专业招生上，缺乏吸引学生报名的激励机制，也无吸引教师及其他主体参与建设的激励机制，反而因增加了学生重新选择专业的机会，导致学生流失率越来越高。近两年政府购买社会工作服务增加迅速，激励了不同主体参与社会工作项目申请及运营的积极性，社会组织大量涌现，而社会工作机构的发展也多是项目驱动的结果。部分主体并非基于利他主义的情怀，而是以营利为目的，变相地将非营利项目转变成为个人谋利的项目。在锦标赛机制的驱使下，很多社会工作服务成为数字与文本的游戏。在技术应用上，社会工作教育还主要停留在幻灯片（PPT）的使用上，实验室的使用率不高，更缺乏后期处理课内实践教学产生的音视频及其他数据的动力；新媒体的使用更为少见；其发布的内容也主要是学院及专业信息，更新率较低，也未成为沟通研究、教育、实践与管理的平台。至于时下流行的大数据、深度学习、人工智能与区块链技术更不是普通教师所能掌握的，导致教师们不得不重复做许多简单枯燥的工作。

从相关生态系统来看，影响社会工作教育的主要有研究系统、实践系统与就业系统，以及焦点社会生态系统（SES）的流入和流出。研究系统为社会工作教育提供理论支持，实践系统可为社会工作教育提供理论检验的真实场景，就业系统直接影响教育关注的焦点与发展的方向，而焦点SES的流入和流出指向社会生态系统聚焦的情境——社会工作教育，其与行动者共同构成行动舞台，关注的是资源的流入与流出。目前的整体状况并不理想，实践未能激起研究的关注；研究的成果无法应用到教育；教育无法为学生跨入实践提供能力证明；以就业为取向导致教育的评价机制发生扭曲，黄牌记录的产生也就不会奇怪。而麦可思发布的《2019年中国大学生就业报告（就业蓝皮书）》指出，社会工作专业不对口率排在倒数第一（赵鹿鸣、郭晓静，2019）①，对社会工作教育的专业形象及其公信力提出了极大的挑战。在资源的流入与流出上，教育与研究、实践未能形成有效的互惠机制。

由此可见，教育的宏观与微观政策都或多或少地型构着社会工作专业的发展。宏观政策利好消息很多，但微观的配套政策却远远不足。同时，社会科学原子化的科研特征也导致专业成员内部因学术科研的压力而难以形成共识。社会工作教育虽然不断与社会政治经济环境互动和被界定，但也不是完全处于消极与被动的位置，社会工作教育体系本身也在不同程度上形塑社会工作的内容与功能，它透过社会工作教育的过程，建立社会工作对社会现况的批判，从而改变社会工作的界限（赵维生，2008：16）。未来需要增强专业与社会、经济、政治设置的匹配度，增强教育与研究、实践、就业等相关系统的协同度，改变学无所用的专业性“悬空”与进无可进的职业性“排斥”的困境（葛道顺，2015）。

二、要素配置

对于市场而言，土地、资本、劳动力、技术与数据是最基本的生产要素，② 作为资源单位，政府组织是社会工作教育资源系统的一部分，教育的发展同样需要具备基本的生产要素。教育的生产要素通常不会完备，任

---

① 赵鹿鸣、郭晓静，2019，《工作最不对口专业排行榜，谁是第一》，网易数读，2019－09－27，https://c.m.163.com/news/a/EQ3I0CC1000181IU.html?spss=newsapp&from=singlemessage。

② 《中共中央 国务院关于构建更加完善的要素市场化配置体制机制的意见》，2020－03－30，https://www.gov.cn/gongbao/content/2020/content_5503537.htm。

何时候都可能面临要素稀缺与能力有限的束缚。而如何将与社会工作教育相关的生产要素，在恰当的时间恰当的地点进行生产、分配、交换与消费，从而满足不同行动主体及利益相关者需要是专业发展中不得不面对的挑战。

表 4.1.2　社会工作教育的要素配置

代码	变量	现状描述	代码	变量	现状描述
	资源系统（RS）			治理系统（GS）	
RS1	部门/领域	社会工作教育资源（土地、资本、劳动力、技术、数据）	GS1	政府组织	政府（中央及地方）
RS2	系统边界的清晰度	低	GS2	非政府组织	高校、社区、社会组织、企业等
RS3	资源系统的大小	较小（实践资源）	GS3	网络结构	松散
RS4	人工建造的设施	专业性弱（实验室）	GS4	产权制度	不太清晰
RS5	系统的生产力	低（资源再生）	GS5	操作规则	有
RS6	平衡性	弱（供需）	GS6	集体选择规则	有（如校本方案、特色模块）
RS7	系统动态的可预测性	弱（不稳定）	GS7	宪法规则	无
RS8	存储特性	有	GS8	监控和制裁流程	弱
RS9	位置	分散			
	资源单位(RU)			行动者（A）	
RU1	资源单位流动性	学生流动较强（转专业）；其他较弱	A1	相关行动者数量	资源使用者（学生）规模适度；生产者相对较少
RU2	增长或更替率	低（如实践场所），无再生能力	A2	社会经济属性	资源使用者具有同质性；生产者具有异质性
RU3	资源单位之间的交互	少	A3	使用历史	较少（如实习基地）

续表

代码	变量	现状描述	代码	变量	现状描述
RU4	经济价值	无（不因为学生顺利毕业而获得什么）	A4	位置	使用者集中；生产者分散。距离资源的远近影响使用的意愿
RU5	数量	少	A5	领导力/企业家精神	领导力弱（行业协会；高校系主任等）
RU6	独特的标记	（教学资源）自然资源有限；人工较多（如课件）	A6	规范（信任—互惠）/社会资本	弱（与生产者间未能建立良好的信任互惠关系；资源汲取依赖个体社会资本）
RU7	空间与时间分布	不平衡（专业间、高校间）	A7	SES知识/心理模型	较少
			A8	对资源的依赖	高
			A9	使用的技术	多媒体、互联网等

资料来源：作者整理。

对于社会工作教育资源系统而言，实验室/实习基地就是土地，师资生源就是劳动力，教育经费是其资本，现代教辅工具使用的是技术，而教育过程中流动的正是数据。从土地要素来看，高校教学空间的稀缺似乎成为一种普遍的现象，作为人造基础设施，部分高校实验室的面积、地址、资金都需要不断争取。社会工作教育协会在《关于社会工作专业评估指标体系的说明》中指出，在校学生规模100人以下，不低于80平米；学生101至200人，不低于150平米；学生200人以上，不低于180平米，这为社会工作专业申请实验室提供了依据。即便社会工作实验室的建设已经积累了相当多的经验，但至今仍"缺乏统一的伦理标准与技术标准"（臧其胜，2008）。实习基地则提供了外展的空间，然而不同高校的资源秉赋不同，其实习基地的数量及质量差异较大。部分高校流于形式，未能在教学与实践间建立良好的互动关系。从劳动力要素来看，各高校师资质量存在差异，许多高校仍然缺乏社会工作专业背景的教师，也很少有机会参加专业培训，专业教育的质量更多依赖教师自身的修养与继续学习。从资本要素来看，教育经费通常由学校以学院为单位打包下发，分配则由学院层级统筹分配，相对固定，但经费的指向性不明，导致资源系统边界缺乏清晰度；而一般高校的社会工作专业也缺乏从外部引入资金的能力。因而，开源节流的空间较小。在这种情况下，学生实践、师资培训的经费支持力度就会偏小。从技术要素来看，实验室的硬件越来越先进，但真正能够有效利用的教师却很少，投入的工作量偏大，导致应用的动力不足。面对大数据、学习分析、人工智能、区块链等技术的发展，如何为社会工作教育所使用，有赖于教师科学素养的提高。一方面，教师的操作应用能力有待增强；另一方面，需要合理核算教师的工作量以激发其使用的动力。从数据要素来看，数字革命正在产生大量的数据，社会工作者如何生产、分配、交换与消费数据，以便解决社会最困难的问题，已经成为一个现实的话题。2017 年《教育部关于数字教育资源公共服务体系建设与应用的指导意见》指出，"数字教育资源公共服务是实现基于信息技术的教育教学模式和教育服务的必备条件，是新时代推进教育现代化的必然要求，是更好解决教育发展不平衡不充分问题的现实选择，正逐步成为教育基本公共服务的重要内容"（教育部，2017）①。社会工作亟须一个数字教育资源公共服务平台以满足研究、教育与实践需要。

资源系统设定了行动状态的初始条件，规模总体偏小。社会工作教育资源系统的边界并不清晰，同一资源无法排斥其他学科或专业的使用。实习基地也并非只接受社会工作专业学生从事社会工作服务，导致资源可及性的不可预测；部分高校的社会工作实验室在管理体制上接受校院双重管理，与学院办公室处于相同级别，理论上全校所有其他专业都可申请使用，资源使用不具有排他性。人工建造的设施，如实验室，专业性弱，或技术性太强，师生无法操作。在编制有限的情况下，很少配置专门的实验员，因而无法满足模拟实践教学的要求。同时，在课程设计中，实验室只是被视为外部条件或课程展开的舞台，而未能被视为课程本身的一部分。既有的资源系统缺乏资源再生或资源汲取的能力，而部分资源分布的位置分散，无法存储备用或调剂使用，如实习机会，通常是可遇而不可求，导致资源供需的不平衡。而解决我国高等教育资源稀缺问题的根本动力来源于政府、市场、学术三种力量互为支撑、相互制衡关系的创新发展（康宁，2019）。

资源单位是资源系统的组成部分。社会工作教育者、研究者与实践者参与会议、分享资源（如课件、案例、工作经验）的积极性较高，因而学

---

① 教育部，2017，《教育部关于数字教育资源公共服务体系建设与应用的指导意见》，2017－12－21，http://www.moe.gov.cn/srcsite/A16/s3342/201802/t20180209_327174.html。

习资源（数据）的流动性较强，但资源的规模小而分散。其他资源新增或更替率也不高，资源消耗完毕即需重新购买，不像草、鱼、森林等自然资源具有再生能力。因此，学生申请转专业将直接导致生源萎缩，资源耗竭。不同高校资源分布在时间与空间上也不均衡，教育者不得不建立广泛的社会网络，以保证教育教学的稳定性与可持续性。高校对资源的使用追求的主要是社会价值而非经济价值，学生顺利毕业并不能带给专业及学校以直接的经济收益，难以激活市场主体参与的积极性与主动性。受制于成本与风险，深入现场的行动研究是难以实现的理想，因而目前社会工作教育使用的资源也几乎都是人造物，而非自然形成，其缺乏独特的标记。

治理系统为行动者定义和设定规则，框定行动者对规则的理解与资源获得的合法边界，排除了非法获得者，增强了资源的使用能力。在教育治理系统中，政府、社会团体（工青妇等）、高校、社会组织等形成多个治理中心，但其网络结构是松散的，围绕社会工作教育的投入也是有限的，缺乏联合的动机与一致行动的能力。教育的行政权力主要是由高校内部的教务部门掌握，招生计划中的地区配额以及招生规模也由教务部门制定政策并负责运行，专业无法通过制度化的渠道施加影响，更不可能实现自治。同时，专业能否获得发展，还与学校的发展战略相关，其最坏的结果就是专业被撤销，如中山大学社会工作本科专业。中山大学与香港大学在1986—1989年的3年合作计划，是中国社会工作教育与研究重建的正式发端；其在国际水准框架下全面系统地举办专业本科教育和师资培训，在国内社会工作专业重建历史中，被喻为“黄埔一期”（陈予欢，2007；陈社英，2020）。尽管有几十年的历史积淀，有良好的专业发展基础，有社会舆论的广泛支持，但也无法改变其历史终结的命运。社会工作教育资源的产权属性通常缺少清晰的定义，很多时候行动者也缺乏产权保护意识，特别是教师在教学过程中形成的资源，类似的使用他人课件上课的搭便车行为就难以阻止。而实习基地等实践教学资源很少是社会工作专业独立拥有的资源，无法排斥其他专业的使用。在社会工作机构发展不成熟的情况下，也很难要求实习基地按照社会工作专业实践教学标准作出相应的改变。虽有相关的法律法规与行业标准作为操作规则，① 限制资源获取的范围，保证资源的合理使用；也存在类似集体选择的规则，如通过打造校本

① 操作规则，指设置日常活动中直接涉及资源使用的规则；集体选择规则，指设定怎样改变操作规则的规则；宪法规则，指设定怎样改变集体选择规则和谁占有集体选择层面的关键位置的规则（奥斯特罗姆，2015：23）。

方案或跨专业特色模块突破资源使用的边界，但其他层级规则尚未明确建立（奥斯特罗姆，2015：23）。资源的使用过程缺乏有效的监督，制裁破坏资源使用规则的机制也不完善。

行动者按照治理系统设定的规则行动，影响着资源系统的长期可持续性（奥斯特罗姆，2015：36）。从资源系统中获取资源单位的资源使用者规模适度，如学生人数40—80人为主（1—2个班），社会经济属性同质性强；但资源的生产者相对较少，异质性强，如能够提供专业实践的基地或机构、能够提供专业督导的社会工作者的数量非常有限，且小而分散，组织实践教学的风险增大，高校与基地间未能建立持久的信任与互惠。实习基地很多时候仅仅限于挂牌而很少使用。普通高校（教师）较少关注关于社会工作教育的社会—生态系统的相关知识，无力或者无心于专业支持体系的建立；系室主任也就孤掌难鸣，在社会工作教育治理体系中缺乏领导力，其资源的汲取也主要依赖个体社会资本，而不是制度化的共识及渠道。在社会工作专业重建的过程中，一些知名的社会学家、社会工作学家依靠个人的社会资本在资源的汲取中发挥了不可替代的积极作用，而一些学者型官员则发挥了重要的沟通与支持作用，同时离不开境外社会工作学者的大力支持（王思斌、阮曾媛琪、史柏年，2014：35—37）。与社会学专业相比，社会工作学科的专家稀少且缺乏推动政府设置与学科专业相关的政策议程的能力，支持社会工作专业发展的学者型官员或学校领导也是可遇而不可求，这种情况下社会工作专业师生的积极参与、无私奉献就显得至关重要。

表4.1.3　社会工作教育的互动与评估

代码	变量	现状描述	代码	变量	现状描述
	互动（I）			结果（O）	
I1	收割水平	低	O1	社会绩效评估标准（效率、公平、问责等）	不充分
I2	信息共享	同一系统较高；跨系统较低。	O2	生态绩效指标（收割过度、复原力、服务多样性、可持续性等）	复原力弱；可持续性差
I3	审议过程	不充分	O3	对其他SES的外部性	不明显
I4	冲突	较少			
I5	投资活动	政府购买服务增加			

续表

代码	变量	现状描述	代码	变量	现状描述
I6	游说活动	较少			
I7	自组织活动	较少			
I8	网络活动	弱			
I9	监管活动	弱			
I10	评估活动	弱			

资料来源：作者整理。

社会工作教育运行的过程正是多元主体围绕生产要素形成联合、支配与交易关系的互动过程。对同一资源，不同主体的利用程度不同，若过度使用就会导致收割水平升高，如不同专业、学科或课程围绕同一专项经费的竞争，或学校为排名上升而压缩专业。从目前情况来看，由于教育资源并非自然资源，可重复利用度高，在学生规模不大的情况下不会出现明显的过度收割现象。目前最大的挑战是，许多学校以培养优势学科为导向，直接影响了其他专业的资源获取，导致强者愈强弱者愈弱的马太效应出现。而信息在同一系统内部共享程度较高，如高校、机构，但跨系统共享程度较低，未能实现研究、教育、实践，以及管理间信息的有效交换，资源如何使用更是缺乏规范的审议。尽管学科间、专业间使用同一资源可能会存在冲突，但若能错开时间也可相安无事。社会工作教育的顺利开展需要经费支持，校内实践经费相对固定，而政府购买社会工作专业服务持续增加，意味着社会工作实践教学的间接投资增加。无论是校内还是校外，许多资源需要社会工作教育者积极游说才能获得；而支持型社会组织的发展使得社会工作教育资源获取不再局限于学校、政府的支持。当资源稀缺情况尚未严重时，为保证社会工作教育的可持续性，乃至专业的生存发展时，自组织活动也就会发生，从而将灾难扼杀在萌芽中。然而网络活动、监督活动与评估活动的形式主义较为严重，如实践教学基地的设立、教学检查、审核式评估等，总体执行情况明显偏弱。

在社会工作教育的结果评估上，专业评估几乎都是通过，但社会工作教育在服务传递的效率、资源使用的公平性上的实际表现并不尽如人意，而问责机制并不健全，使得社会工作教育处于一种自我良好的局面。部分地区选择第三方评估，如某机构出具的红黄牌警告，但其结论令人怀疑，很多时候带来专业发展的困惑。整个系统也是比较脆弱，面临逆境时的复原能力差，甚至直接解体（专业停办）；资源获得缺乏可持续性，如失去政策支持，特别是学校支持，实践教学就难以维系，质量更无法保证。这就要求我们对其他系统的外部性，以正外部性为主，如医院系统，可在医患关系处理、临终关怀上为其带来比较积极的效果。

通过对制度设置与要素配置的诊断，可以发现社会工作教育改革面临的机遇与挑战。机遇方面：政策支持力度提升，服务购买、社会工作机构数量迅速增加，实践教学资源日益丰富。挑战方面：治理体系协同不足，行动者联合行动的意愿不强，支持网络结构松散，资源汲取能力有限，研究、教育与实践系统间互惠机制缺失。总体而言，保证社会工作教育发展的稳健性与可持续性的条件并不完备。借鉴供应链管理的思维方式，整个教育供应链系统需要进行计划、协调、操作、控制和优化，学生、教职工与学校需要协同工作，以便满足需要（O'Brien & Deans，1996）。要能够在正确的时间（Right Time），以正确的价格（Right Price），按照正确的数量（Right Quantity）和正确的条件（Right Condition），为正确的顾客（Right Customer）将正确的产品（Right Product）送到正确的地点（Right Place）——即“7R”，并使总成本最小（Swamidass，2000：684），这也是教育治理需要实现的目标。从社会工作教育角度而言，正确的顾客可理解为案主，正确的产品指专业社会工作者（毕业生），正确的时间指毕业之日，正确的价格指职业薪酬，正确的数量指毕业生规模，正确的质量以证书为证明，正确的条件指身心健康状态，正确的地点指社会工作服务机构及其他专业对口从业部门。也就是说，我们要能够在学生毕业时，以符合职业期许的薪酬，按照社会需要的数量，为满足案主的需要，将身心健康的毕业生输送到社会工作服务机构及其他从业部门。对于使用者而言，他们将能够获得合格甚至优质的劳动力产品。而这一切依赖于整个系统的制度设置与要素配置的优化组合，改革势在必行。

第二节　焦点转移：能力为本与证据为本

社会工作的内容和界限并不是独立于时空及社会条件而存在的（赵维生，2008：16）。但大致可以肯定的是所有专业教育的形式都分享着共同的目标：使学生做好为他人提供可实现的、负责任的服务（Cooke，et al.，2006），显然社会工作教育尚未能很好地实现其目标。为改变地位低下的尴尬处境，消除传统社会服务供给不能满足公众需要的缺陷，西方社会工作教育开启能力建设，完成焦点转移，表现为两个转向：一是培养体系从知识为本转向能力为本。2008 年，美国社会工作教育协会提出建立

“能力为本的课程体系”，并将实习教育（field education）视为社会工作领域的“特色教学法”（signature pedagogy）（CSWE，2008[①]；Shulman，2005；Wayne，Raskin & Bogo，2010；Craig & Fromm，2014），在制度上使得“能力路径的课程建设成为社会工作的使命”（Galambos & Greene，2006）。二是实践理念从权威为本转向证据为本。前者宣称专家拥有唯一的知识与技巧；后者强调助人过程的透明、证据的可获得、案主参与决策（Gambrill，1999），可以回应日益增长的外部伦理压力的需要（Howard et al.，2003），可以提高社会工作学院与社会工作机构的合法性与生存能力（Soydan，2007）。换句话说，对公众的责任是建立能力为本训练的驱动力（Carraccio et al.，2002），也是转向证据为本实践理念的驱动力。

一、从知识为本到能力为本

（一）从弗莱克斯纳迷思到能力建设

1910年，弗莱克斯纳发布了《美国与加拿大的医学教育：致卡耐基教学促进基金会的报告》（简称《弗莱克斯纳报告1号》），对医学教育提出了激进的改革措施；1915年，弗莱克斯纳在美国慈善与矫正会议上提出“社会工作是一门专业吗”的质疑，两次事件成为医学教育与社会工作教育各自领域知识发展与教育发展史上的“关键节点”，制造了“弗莱克斯纳的迷思”（Austin，1983；Schrewe，2013）。此后，医学与社会工作都加快了专业建设的步伐，但后者的发展明显滞后于前者。因而，回顾医学教育的历史进程有助于社会工作教育与实践拥抱可以更深入地理解人类行为的学习方法与更有效的服务案主的方法（Simpson et al.，2007）。

《弗莱克斯纳报告1号》的假设是：良好的医学教育是决定医疗实践质量、医疗人力配给、健康服务行为，以及最终决定人的健康状态这一事件流的开端，因而他坚持标准化所有医学院的质量使之成为最好的学校（Boelen，2002），其改革的核心策略是标准化，而其独一无二的贡献在于将医学教育的改革视为公共健康措施加以推动（Beck，2004）。当然，报告并非完美无缺，它对基础科学的过度强调并未带来临床照顾质量的卓越发展。到了20世纪80年代，已经形成医疗技术过度扩张，专科细化、卫生服务企业化、医生通识教育缺失的局面（Tauber，1992；张新军，

① CSWE，2008 Educational Policy and Accreditation Standards. 2016－09－20，http://www.cswe.org/File.aspx?id=41861.

2015）。作为回应，有学者提出医学院的“社会责任”，强调医学院的义务是引导教育、研究与服务活动去满足授权他们提供服务的社区、地区或国家所关心的最优健康的关切（Boelen，2002）。时隔百年，到了 2010 年，卡耐基教学促进基金会发布了《培养医生：对医学院与住院医师规范培养的改革呼吁》（业内简称《弗莱克斯纳报告 2 号》）。该报告倡导具有普适性的关于课程、教学法与评估的原则，如提出任何层次的教学法都应强调能力，评估必须超越学生已知与能够知道的，并提出纲领性改革的四条建议：标准化学习结果与个性化学习过程；整合理论知识与临床体验、角色及责任；培养探究与改进的习惯；明确关注专业认同的形成（Cooke et al.，2010：213—216）。可以发现，新报告内容发生转向，由强调输入的标准化转向强调输出的标准化；由对知识内容与结构的强调转向能力为本。新报告还发现，一些创新早已悄然实施，例如大部分医学院的规范化培训项目在教学与评估中采用了网络学习资源、模拟与标准化病人；清晰界定了能力与学习目标（Cooke et al.，2010：3；张新军，2015）。洞观自《弗莱克斯纳报告 1 号》以后的医学百年历史，可以发现医学教育范式在自我的连续审查中已经转向能力为本（Carraccio et al.，2002），而其核心策略仍是标准化（Rangel et al.，2016），特别是输出的标准化。

在社会工作教育领域，杰拉尔·德·M·格罗斯（Gerald M. Gross）很早就提出“能力目标”（competence-focused）的课程建设模式，包括能力界定、能力发展与能力检验三个阶段。认为，能力界定侧重于阐明行为的有效性；能力发展侧重于工具策略；能力检验侧重于生成性与总结性评估程序（Gross，1981）。这一定义反映了社会工作教育早期关于“能力”的理解，但引入了动态视角，是后来“美国社会工作教育政策和认证标准的变化的风向标”（许斌，2020）。在当下，基于能力路径的社会工作实践反映在专业的绝大多数重要国际文献里，能力路径的课程建设成为社会工作的使命（Galambos & Greene，2006）。目前能力路径在社会工作研究中的应用主要包括四个主要领域：作为社会工作者在实践中的工具，探索主观幸福感，在结构层面上解决社会不平等问题，以及作为评估社会实践的一种方式（Kjellberg & Jansson，2022）。

从学术与制度的路径考察，可以发现中国社会工作发展的核心策略也是标准化（臧其胜，2014a）。自 2014 年开始，民政部已陆续出台了《儿童社会工作服务指南》《社会工作服务项目绩效评估指南》《老年人社会工作服务指南》《社区社会工作服务指南》《青少年社会工作服务指南》《社会工作督导指南》等标准。然而，服务指南的设计无论多么精巧都需要通过

“人”来传递，服务的品质最终是由社会工作者的能力加以保证的（臧其胜，2016；臧其胜，2014a）。学生能够积极主动地去突破既有的限制，从而“建立自己的文化和生存空间”，而传统的社会工作教育“在课程传授的过程中亦过分强调老师的专业和专家的角色，忽视学习者的能动性及能力”，需要引入“能力建设”（古学斌，2011）。基于此，社会工作者的能力建设应成为中国社会工作教育当下及未来的使命。

（二）能力指标体系

能力（competence）是成人教育研究文献的关键概念，也是许多行为科学理论的核心（Holden et al.，2002），在社会工作教育中同样有着悠久的历史。早在20世纪70年代中期，美国的社会工作教育者就提出将基于知识的课堂教学与基于行为的实践教学整合在一个基于能力的框架中（Bogo，et al. 2014：19）。2002年，美国教育部评估了能力为本的教育倡议，开始在所有类型教育中全面使用“能力”概念。前者被称为能力为本教育的“旧”实践，以改善行为导向的技能为目标；后者被称为能力概念的“新”使用，开始转向综合知识、技能与态度的发展路径（Mulder et al.，2009）。在本书中，技能一词包括技巧与能力的双重含义，类似于英文中的skill与competence的两词。使用最为广泛的是后者，代表一种综合能力。在专业教育的语境下，社会工作的技巧就是一种能力，能力也是一种技巧（Cournoyer，2010：7）。社会工作专业学生需要的不是停留在书本上的理论技能，而是深入现场的临床技能。临床，原以诊治必临病床，故名，后泛指医生为病人诊断和治疗疾病。临床技能则意指诊断与治疗技能。社会工作的临床技能特指面对真实情境时的介入技能（臧其胜，2013）。社会工作教育的目标就是在理论与实践中架起桥梁，在学生进入实习现场前尽可能将其专业技能提高到或接近临床水平，增强学生对组织和执行实现既定目标所需行动的能力的自我效能感（Holden et al.，2002），避免因能力不足带来的专业伦理问题。

1. 能力维度

要加强社会工作者的能力建设，我们首先要清晰地界定能力。罗纳德·M·爱泼斯坦（Ronald M. Epstein）与爱德华·M·汉德特（Edward M. Hundert）认为，（医学）专业能力是日常实践中习惯性、明智地运用沟通、知识、技术技能、临床推理、情绪、价值观和反思，进而为被服务的个人和社区谋利。能力建立在基本临床技能、科学知识和道德发展的基础上，处于特定的情境（如临床环境与时间使用）中并依赖思维习惯，包括认知、技术、整合、关系、情感/道德功能（Epstein & Hundert，2002）。与此类似，社会工作能力（competence）被定义为是有目的、有意识地将社会工作知识、价值与技巧整合与应用到实践情境中的能力（ability）与提升人类和共同体福祉的专业行为（CSWE，2015：6①），专业实践的核心是对能力的承诺（Fischer，1973）。对能力的精准评估也就成为所有专业学科关心的一个生死攸关的话题（Bogo et al.，2014：1），不同学科背景的学者为此提供了可测量的不同维度。

医学领域提出了一个比较流行的用于能力评估的金字塔模型（图4.2.1），包括"知（knows）""知道如何做（knows how）""展示如何做（shows how）"与"做（does）"四个递增的能力层次，分别对应知识（knowledge）、能力（competence）、表演（performance）与行动（action）四个方面（Miller，1990）。

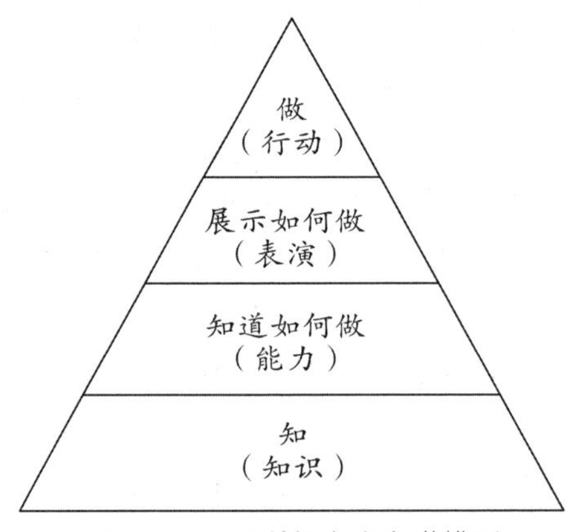

图 4.2.1 医学能力金字塔模型

资料来源：Miller（1990）。

心理学领域建构了一个为专业广泛认可的立体模型（图4.2.2），包括基础性能力、功能性能力，与专业发展层次构成三个维度（Rodolfa et al.，2005）。基础性能力包括：反思性实践与自我评估、科学知识方法与关系、伦理和法律标准与政策议题、个人和文化多样性与跨学科体系；功能性能力包括：过程评估（assessment）/诊治/概念化、介入、咨询、研究/结果评估（evalation）、督导/教学、管理；专业发展层次包括：博士教育、博士实习、博士后/督导、实习/会员资格、持续能力。作为社会工作理论与方法的重要知识来源，心理学的分类具有非常重要的参考价值。

① CSWE 2015，Educational Policy and Accreditation Standards. Retrieved from（2016－9－20）：https://www.cswe.org/getattachment/Accreditation/Accreditation－Process/2015－EPAS/2015EPAS_Web_FINAL.pdf.aspx.

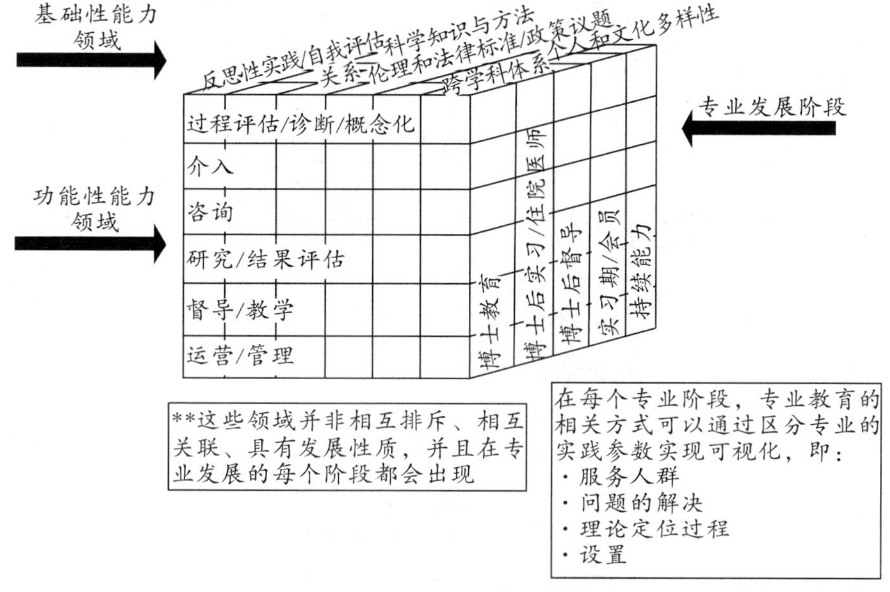

图 4.2.2　心理学能力立体模型

资料来源：Rodolfa et al.（2005）。

在职业教育领域，格雷厄姆·奇瑟姆（Graham Cheetham）与杰夫·奇弗斯（Geoff Chivers）总结出以下几个影响专业能力发展的模型，包括英国职业标准模型、工作能力模型、行为/个人能力模型、反思性实践者路径。还涉及能力概念的区分及关联，包括元能力、核心技能（类似于元能力，被视为所有职业有效执行的基础）、伦理与价值（常常被忽视）。在此基础上，提出适用不同领域的专业能力整合模型（a holistic model）（图4.2.3），包括四个核心能力要素：知识/认知能力、功能性能力、个人/行为能力、价值/伦理能力（Cheetham & Chivers，1996）。该模型具有通用性，能够满足不同专业对能力维度及水平的差异化需求。

在社会工作领域，知识、技巧、态度或价值被美国社会工作教育协会与众多学者视为构成社会工作能力的基本要素（CSWE，2015；Cournoyer，2011：7；Bogo et al.，2011）。《教育政策与认证标准》将能力定义为“由知识、价值观和技能组成的可衡量的实践行为”（Bogo et al.，2014：3）。其中专业知识可以分为五种主要知识形式：理论、经验、程序、实践智慧和个人知识（Hudson，1997）。迈克尔·埃劳特（Michael Eraut）将专业知识区分为质量受到控制的编纂性知识（codified knowledge）或命题性知识（prepositional knowledge）、作为认知资源的个体性知识（personal knowledge）与过程性知识（process knowledge），还

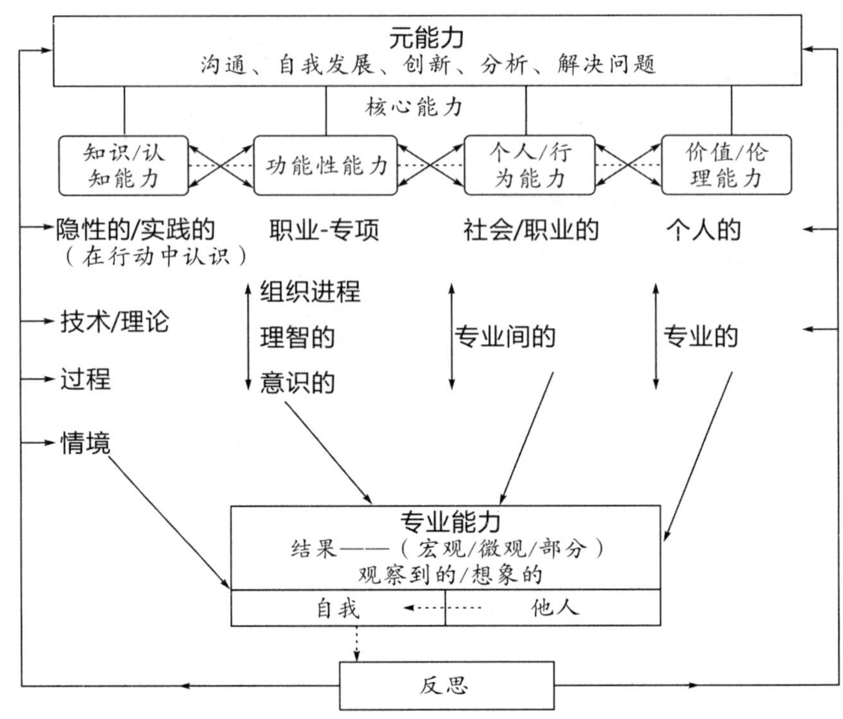

图 4.2.3　专业能力的整合模型

资料来源：Cheetham & Chivers（1996）。

讨论了个体性知识中隐性知识（tacit knowledge）的类型及其对专业实践的作用（Eraut，2000；Eraut，2003：103）。价值则发挥引导行为的作用（Perlman，1976）。许多社会工作学院与专业机构也提出了各种能力指标。对照美国社会工作教育协会的能力类型，美国前 50 位的社会工作学院在其专业使命中提及较多的能力（10 次及以上）有：影响实践的情境（领导力）、政策实践（政策与实践）、人的权利（社会、经济正义）、多样性（文化多样性）、伦理原则（伦理或价值驱动）、参与/过程评估/干预/结果评估（参与、优势视角、问题解决法）；出现频次较少的有：专业社会工作者（倡导能力）、批判性反思、证据为本、人类行为（概念框架）（Holosko et al.，2015）。其中，括号内为各学院专业使命中出现频次较高的词。但这些指标的文化适用性受到质疑（Yip，2004）。

基于前人的定义，巴里・R・库尔诺亚（Barry R. Cournoyer）指出，社会工作技能是一整套受到限制的离散的认知和行为操作与下列因素的和谐统一，具体包括：基于研究的知识；社会工作的价值、伦理与义务；成功的基本要素或“核心条件”；专业性；特定的实践阶段或进程背景下的合法的社会工作目的（Cournoyer，2010：7）。根据学习目标，库尔诺亚将社会工作技能分为以下十类：应用专业技巧于社会工作实践中；在专业背景与实践过程中批判性地思考；在专业实践中科学寻找、发现、评估与应用相关知识；对文化保持敏锐并以令人尊敬的方式融入多样性与接受他人；在道德抉择与专业实践中应用社会工作核心价值、伦理与相关的法律义务；在与个体、家庭、群体、组织、社区与高校开展工作时展示口头与写作的技巧；倡导人权与社会正义，并积极从事提升社会福祉的政策实践；准备、开始、探索、过程评估（assess）、签约、工作、结果评估（evaluate）与结案；评估（含过程与结果评估）应用社会工作技能的程度；借助社会工作技能学习公文包（portfolio）整合（integrate）、综合（Synthesize）与规划职业生涯学习（Cournoyer，2010：xv）。这一学习目标切合美国社会工作教育委员会（Council on Social Work Education，CSWE）的《教育政策与认证标准》（Educational Policy and Accreditation Standards，EPAS）。而美国加州社会工作教育中心经过20多年的发展定义了儿童社会工作的六项能力：多文化和族群敏感做法；核心儿童福利技能；社会工作技能和方法；人类发展和行为；工作场所管理；儿童福利管理、规划和评估，并进一步描述每个元素技能，包括使用实证文献和批判性思维。原初的能力已根据《教育政策与认证标准》框架重新调整，并描述了公共儿童福利专业实践的高级能力和实践行为指标。（Bogo et al.，2014：4）

罗伯特·L·巴克（Robert L. Barker）在《社会工作词典》（第5版）中认为社工的技能应包括：熟练的沟通；评估问题与案主的可工作性；匹配资源与需要；挖掘资源与改变社会结构（Cournoyer，2010：7）。蒙特·米勒（Monte Miller）设计了一份评估学生社工临床技能的清单，可以归为五类：一是执业形象；二是沟通技巧；三是临床问题；四是临床感受；五是综合评估，可归类为沟通技能。除此之外，案史采集、日志书写、档案管理、信息挖掘、方案设计、项目管理等也应是社会工作者临床技能的组成部分，可归类为技术技能（臧其胜，2013）。美国社会工作者联盟（National Association of Social Worker，NASW）与社会工作理事会联盟（Association of Social Work Boards，ASWB）还专门制定了社会工作实践中的技术标准，指出需要掌握预算、过程评估、案主记录保存、报销等技术工具（NASW & ASWB，2005）。而具有较大影响的是加拿大多伦多大学社会工作学院的博戈等人发展的包括元能力（Meta-competence）与过程性能力（procedural competencies）的整体能力（Holistic Competence）视角（Bogo et al.，2011）。元能力指与程序或操作性行为和技能在秩序和本质上不同的更高层次的总体能力与素质（Cheetham & Chivers，1996；1998），包括学生的认知、批判与自我反思的能力，在四个领域可以识别：作为专家的学习与成长；实践的概念化；组织中的行为；关系行为或自我的有意识使用。过程性能力是在助人服务的不同阶段执行和使用程序的能力，如在直接实践中形成合作关系的能力，应用在三个领域：评估、介入与专业沟通（Bogo et al.，2006；Bogo et al.，2011；Bogo et al.，2013）。除此之外，为了能够深入检查研究的质量和强度（效果），培养分析结果的研究技能非常重要（Zlotnik，2007）。

在能力界定上，中国学者基本上是采用要素论，维度本身就构成定义。一类沿用西方学者的定义，认为能力由知识、价值与技巧构成（周宏等，2009；刘斌志，2013；尹广文，2015）；也有学者基于本土研究将其区分为共有价值伦理、理论知识和实务技巧三个层面，筛选出24项能力指标（雷杰、黄婉怡，2017）。另一类强调具体实践技能，如服务管理与事务性能力（李林风，2005；蔡屹、何雪松，2012）、沟通能力与技术能力（臧其胜，2013）。在理论构建上，有学者试图构建以基础能力为根本目标的社会工作理论，将能力结构化为"基础能力"与"实用能力"（张威、陈曦明，2021）。但其将基础能力作为对话机制的定位，使得概念含混不清，无法为教育者提供清晰的指南，而其不可视、不可测的特征意味着无法成为社会工作教育的能力建设内容。对基础能力进行现象学还原，或许更重要的是要求实践者具备类型化与建立主题关联（topical relevance）、动机关联（motivational relevance）与解释关联（interpretative relevance）的能力（Schutz，1970），这是一个无限索引的过程。通过类型化与关联，系统间的对话与循环或许可以成为可能。中国《社会工作者国家职业标准》将社会工作者的职业技能分为四级，涉及职业道德与基础知识；接案、收集资料与预估、制订计划、实施计划、评估与结案、辅导、咨询与倡导；项目开发与管理、督导；计划、组织、管理、评估、研究与培训等。不同等级的要求有所差异。《社会工作者职业水平评价暂行规定》则将社会工作者分为三级：助理社会工作师、社会工作师与高级社会工作师，其对职业技能的界定与国家职业标准相对一致。除价值理念与知识体系外，中国社会工作协会制定的行业标准规定，社会工作者在从事社会服务过程中，应能够独立接案，有效开展社会工作的小组活动和社区活动，对提供的专业服务质量和效果进行评估，能够整合、运用相关社会服务资源，拓展服务领域，影响社会政策（中国社会工作协会，2007）。而从社会工作服务机构的招聘要求来看，涉及的能力有：专业价值理念、专业的工作方法、社会交往能力、文书写作能力、办公软件操作能力、资源整合能力、组织管理能力、活动策划能力、分析判断能力、方言及外语要求。其中，专业价值理念、专业的工作方法是机构在专业性方面的基本要求，人际交往、办公软件操作能力是机构需要的基础性工作能力。至于文书写作、策划能力、资源整合等涉及项目的设计、申请与管理，在当下机构生存主要依赖项目资金的情况下，机构对此类能力的要求越来越高。我国香港地区社会工作服务机构在评核社会工作者的表现过程时，通常会考虑以下几方面：专业态度及操守、专业知识及技能、批判思考、客观分析及创意思维、机构掌握及行政处理能力、语文及记录能力、工作交代及责任，以及人事关系等（陈荣亮，2008：204）。

综上所述，关于社会工作的专业能力，不同学者、不同专业机构，以及不同服务领域的侧重点有所不同，但“将能力分解为最小的可观察行为单元，创建无休止的嵌套能力列表，使学习者和教师都感到沮丧”的简化主义也受到学者的批评（Frank，et al.，2010：643）。但类型化的好处在于可以减轻人类记忆与执行的负担，并为人类的行动提供参考的坐标。可以说，类型化是人类不得不戴上的镣铐。与其争执不休，不如就此悬置。基于此，本书将社会工作的能力区分为基础性能力、扩展性能力与过程性能力。基础性能力是指满足专业资格基本要求的自主性能力，如指向个体的知识储备、价值操守、情境认知能力、学习能力、写作能力与批判反思能力；扩展性能力指维护人类社会生产与再生产的能力，如面向社会的知识评估能力、政策倡导能力、社会照顾能力①；过程性能力则是在基础性能力与扩展性能力基础上延伸出来，在实务工作中需要经常使用的通用能力，包括沟通技能与技术技能，跨越微观与宏观领域。沟通技能是专业要求，英国的社会工作学位最新政策就特别强调沟通技能的发展以及高等教育机构评估对学生实践安全与从业准备程度的需要（Moss et al.，2007）；而技术能力主要涉及行政管理、财务管理、信息检索、智慧照顾、项目的设计、申请及运营，也包括对沟通技术的支持。

2. 能力培养

在能力培养的路径上，美国社会工作教育协会将实习教育视为特色教学法。从其发展的历史进程来看，可分为学徒法、学院法、治疗与成长

① 人类从出生到死亡是处于被照顾—照顾—被照顾的生命周期中，独立与依赖都是人的本质特征，照顾能力应该是保证个体家庭，以及人口生产与再生产的基础性能力。我们需要以照顾为核心，重构社会工作教育的框架体系与教学内容。

法、关联法、成人教学法，而当下的实习指导通常是与课程作业同步进行的（Caspi & Reid，2002：32—35）。然而实习教育面临许多挑战，最主要的是“高质量的实习点很难保障与维持”（Balestrery，2016）。同时，实习教育也并非唯一的教学法，课堂教学与此同等重要（Boitel & Fromm，2014）。詹姆斯·H·塔夫茨（James H. Tufts）就认为社会工作教育应该由在高等学校中的专业学院而不是由机构或文凭项目提供（Tufts，1923；转引自 Dunlap，1993）。循证社会工作的倡导者甘布里尔也认为，社会工作教育提供了知识、价值观、技能和职业伦理的独特组合，而这种结合是无法通过其他学位课程或在职培训获得的（Gambrill，1999）。在能力培养的工具上，弗兰克·克拉克（Frank Clark）总结了大多数项目共享的工具，包括：以绩效（performance）术语定义学习；以结果陈述作为行为目标；以参考标准评估；以多种手段展示能力；个性化学习；小班化学习；使用模拟；使用教育技术；互换学生—教师角色，以及个性化咨询系统（Gross，1981）。而为了更好地加强实习教育与课堂教学的联系，博戈与马里恩·瓦伊达（Elaine Vayda）基于生态系统框架（ecosystem frame）提出了“理论—实践环（The Integration of Theory and Practice Loop，ITP Loop）”模式（Bogo & Vayda，1989；Vayda & Bogo，1991）。

3. 能力评估

在能力的评估上，社会工作教育可以借助一系列技术推动。针对跨学科团队的培训，M·乔安娜·梅勒（M. Joanna Mellor）等人分析了个案研究、标准化病人、词汇表、跨学科角色扮演、DISC 公文包与作为教育者的培训者等一系列的技术（Mellor et al.，2002）。纳丁·J·卡斯洛（Nadine J. Kaslow）等人列举了近二十种评估工具，包括 360°评估、自评、客观结构化临床考试（Objective Structured Clinical Examination，OSCE）、结构化口试、模拟/角色扮演、标准化案主/病人、笔试等（Kaslow et al.，2009）。针对课堂教学，克里斯普与帕姆·格林·利斯特（Pam Green Lister）总结出课程作业、关键事件分析、随笔、考试、日记、档案、表演、建议书、工作进程报告、自我评估与标准化测量工具等（Crisp & Lister，2002）。加里·霍尔登（Gary Holden）等人则发展出自我效能评估量表，以评价学生对组织与使用自己能力的信心（Holden et al.，2002）。这些既是评估的工具，也是教育培训的工具，效力有高有低，甚至没有。在加拿大与美国，标准化案主受到广泛重视（Bogo et al.，2014）。这一技术可以溯源至医学临床技能教育中的标准化病人（Barrows，1993）。基于俄国戏剧大师斯坦尼斯拉夫斯基的表演理论，佩杰·华莱士（Peggy Wallace）为其建立了培训体系（Wallace，2007：44；华莱士，2015：40），20世纪70年代被托尼·沃特林（Tony Whatling）与埃里卡·沃达克（Erica Wodak）引入社会工作领域（Whatling & Wodak，1979）。同一时期，医学教育率先发展出客观结构化临床考试（Objective Structured Clinical Examination，OSCE），又称为“临床多站考试（Multiplestation Clininal Examination）”，由罗纳德·M·哈登（Ronald M. Harden）于1979年首次提出，它使用演员和编排的场景评估专业行为表现（Hodges，2003）。后被引入社会工作教育领域，发展成为一个脚本经过仔细设计的、标准的、模拟的访谈（Lu et al.，2011），可以观察、监测、评估教学过程及参与者的行为表现。目前培训与评估社会工作者的临床技能的策略是采用“证据为本”＋“标准化案主”＋“客观结构化临床考试”的组合形式（臧其胜，2016）。在基于证据评估的复杂过程中，作为一种培训社工的方法，标准化案主的教育策略是充满希望的（Forgey et al.，2013）。应用客观结构化临床考试则需要满足以下三条标准：是否有效，是否可信，是否实用（Harden & Gleeson，1979）。目前一些评估还使用了计算机辅助技术，通常是基于问题学习法模拟相关场景对学生进行考核（Rendas，Pinto，& Gamboa，1999；Neumann，2009），虽然风险较小，但无法提供真人参与的现实感（Badger & MacNeil，2002）。在评估策略上，中国社会工作教育学界引入标准化案主策略，应用社会工作客观结构化临床评估（SW-OSCE）与临床能力行为清单（臧其胜，2013；刘华丽、薄艾、卢又华，2015）。能力是存在等级差异的，因此，在能力的评估上应区分最低要求与最高要求，或者说应确立社会工作能力的弱标准与强标准。这需要为基础性能力、扩展性能力与过程性能力覆盖的广度与掌握的程度提供分级标准，以便在实践教学中可使用据此设计的专用量表评分。当然，能力教育与评估的策略有很多，并非所有都适用于中国社会工作。

为推动中国社会工作由“非专业行为”转变为“专业行为”（刘继同，2012），我国香港地区学者以能力建设为教学法核心理念培养内地师资（古学斌等，2007：前言）。同时，专家学者们围绕社会工作者能力建设也展开了讨论（Xiong & Wang，2007；童敏，2008；古学斌，2011）。在理论研究上，学者勾勒出能力建设的行动研究路径（费梅苹，2007；费梅苹，2012），开具了行动处方（Ku et al.，2005），建议课程体系建设标准化（Yan & Tsang，2005；Law & Gu，2008）。在实践教学中，引入证据为本的实践理念等（何雪松，2004；杨文登，2014；张昱、彭少峰，

2015）与反思性实践（郭伟和等，2012），构建能力建设模型与能力为本的实践学习模式（Ku et al.，2005；蔡屹，2016），整编教学案例集（王思斌，2016），建立实习基地，推动高校教师领办社会工作服务机构（王思斌，2013；史柏年，2013）。

总体而言，西方社会工作教育引入生态系统框架，在研究上已完成从知识为本向能力为本，从经验权威为本向证据为本的转变。在实践中，能力指标体系建设已经比较完善，经历了单项技能到核心能力再到综合能力的演变，可操作化程度比较高，不同组织或高校设计了数量众多的能力评估量表，已经应用于不同等级的教育层次，获得比较好的效果。但能力为本、证据为本的实践理念本身仍受质疑，评估指标也未达成共识，如能力如何测量与评价、谁有资格评价、证据如何获取、谁有能力承担证据转化的责任等。从网上可获取的教学视频中可以发现，活动设计主要集中在个案访谈环节，未能检索到小组活动场景，缺少对情境与关系的模拟；集中在单一站点，未能发展出成熟的多站临床技能评估；未能建立健全与证据、剧本、标准化案主相关的数据库。对于中国社会工作教育而言，需要在控制西方的教育制度与文化背景的影响后，提出适用于中国的模型、模式或体系。国内研究虽然已经取得了一定的成绩，但重视社会组织孵化，轻视专业教育建设，重视服务购买，轻视课堂教学的现象仍然比较普遍。教育者更多关注的是案主增能与服务评估，而非社会工作学生的专业能力提升，使得未来的服务成为无源之水，无本之木。在专业能力测量指标与可操作的维度上探讨不够深入，缺少体现中国制度与文化情境的本土化指标。在教育与评估工具的研究上，内容比较丰富，但缺乏体系，碎片化问题比较严重，很多时候研究者自己也放弃了坚持，而对他人的研究又常常是不屑一顾，导致教育模式无法达成共识。在教育与评估需要的实习资源上，尽管已经有较大改善，但与教育目标仍然存在较大差距，理论与实践的鸿沟依然横亘在课堂与现场之间而无法跨越。因而，建构一个适合中国制度与文化情境的社会工作临床技能教育与评估模式就成为社会工作教育研究的首要任务。

二、从权威为本到证据为本

循证医学是证据为本教育理念的理论来源，源于 20 世纪 90 年代加拿大多伦多的麦克马斯特大学（McMaster University），该校同时诞生了标准化病人、基于问题的学习等教育与实践的策略或理念。有以下三大创始人：第一位是英国内科医生和流行病学家阿奇博尔德·L·科克伦

（Archiebald L. Cochrane），坚持临床医学应是临床实践证据总结；第二位是美国耶鲁大学内科学与流行病学教授，也是现代临床流行病学开山祖之一的阿尔万·R·费恩斯坦（Alvan R. Feinstein），首次展示医学实践何以可能研究，界定了定量临床推论的原则；第三位是主编《循证医学：如何实践与传授 EBM》（1997）一书的美国专家大卫·L·萨克特（avid L. Sackett），推动了对质量评估的医学教育改革，但其将托马斯·C·查尔莫斯（Thomas C. Chalmers）视为最重要的贡献者，后者的随机实验与元分析构成了医学教育范式转型的基础，对循证工具的发展起到了关键性的作用（Evidence-Based Medicine Working Group，1992；Guyatt，Cook，& Haynes 2004；Smith & Rennie，2014）。

"循证医学"一词，由现为加拿大皇家科学院院士、麦克马斯特大学教授的戈登·H·盖亚特（Gordon H. Guyatt）于 1991 年在萨克特主编的《美国内科医师学会杂志俱乐部》杂志上首次提出。1992 年以循证医学工作团队（共 31 位作者，盖亚特为第一作者）的名义在《美国医学会杂志》上发表《循证医学：医学实践教学的新路径》，正式引入循证医学概念，它要求医生具备充分检索文献以及应用证据的正式规则评估临床文献的技能（Evidence-Based Medicine Working Group，1992）。1996 年萨克特等人以更为正式的形式将循证医学定义为"认真、明确和明智地使用当前的最佳证据来决定个体病人的护理"（Sackett，1996）。包括五个步骤：一是将信息需求转化为可回答的问题；二是以最高的效率追踪回答问题的最佳研究证据；三是批判性地评价该研究证据的有效性和有用性；四是通过考虑临床专业知识、客户期望、价值观和情况的决策策略将该评估的结果应用于临床实践；五是评价绩效（Sackett et al.，1998：3）。

1972 年，科克伦出版了开创性著作《效能和效率：对健康服务的随机反思》，批评当时权威为本的医学实践中所使用的许多方法其效果缺少证据证明，并且所造成的伤害在事实上比所获得的改善要多（马凤芝，2013），其作品成为科克伦协作（Cochrane Collaboration）的灵感来源，该协作在促进循证医学方面发挥了核心作用（Smith & Rennie，2014）。1992 年，基于库恩的范式理论，盖亚特等人总结出医学教学的前范式（former paradigm）与新范式的不同特征（表 4.2.1），正式开启了从经验权威为本向证据为本的范式转型的历史进程（Evidence-Based Medicine Working Group，1992）。

表 4.2.1　前范式与新范式的特征

序号	前范式（经验权威为本）	新范式（证据为本）
1	临床经验中的非系统观察是建立和维持关于患者预后（病情可能后果的预测）、诊断检查价值和治疗效果知识的有效方法	临床经验和临床直觉的发展（特别是在诊断方面）是成为一名称职的医生的关键和必要的部分
2	对疾病基本机制和病理生理原理的研究和理解，是临床实践的充分指南	研究和理解疾病的基本机制是必要的，但对临床实践的指导是不足的
3	完整的传统医学培训和常识相结合，足以支持人们评估新的测试和治疗	理解某些证据规则对于正确解释因果关系、预后、诊断测试和治疗策略的文献是必要的
4	专业知识和临床经验是为临床实践制定有效指南的充分基础	医生的实践是基于对基本证据理解的，其能提供卓越的患者护理

资料来源：Evidence-Based Medicine Working Group（1992）。

注：表格由作者制作。

对比两类范式，前范式高度重视传统科学权威的价值，坚持标准方法，重视基础理论；后者不太看重权威的价值，但也不否认。其基本信念是，医生可以获得对证据进行独立评估的技能，从而能够评估专家提供的意见的可信度。但仅凭证据进行决策存在局限性，病人的价值观及其现实处境会影响最终的决策。因此，当下循证医学的要求是将最佳的研究证据、临床专业知识与病人的独一无二的价值观与处境结合起来（Straus et al.，2018：18），标志着循证医学的哲学基础已经从单一的证据转向多元的知识维度整合。

基于证据为本，医学教育形成三种主要类型的教学模式：角色模拟循证实践；将证据编织进临床教学中；针对循证实践中特定技能的训练（Straus et al.，2018：281）。类型 1 中，学习者视证据为良好照顾的一部分；在实例中教学（即做中学）——行动重于言语；学习者观察教师将证据整合进决策时如何使用判断力。类型 2 中，学习者视证据为良好临床学习的一部分；将证据编织进教学中——伴随其他知识；学习者观察教师将证据与其他知识进行整合时如何使用判断力。类型 3 中，学习者学习如何理解证据与如何巧妙地使用它；通过训练教学——学习者在发展过程中会得到明确的指导；学习者观察教师在执行循证医学五步骤①时如何使用判断力。从三种类型的特征中可以发现，区分模式的关键是证据的性质是什么，或我们对待证据的态度。如果证据是良好照顾的构成要素，则证据需嵌入行动；如果证据是良好学习的构成要素，则证据需织入教学；如果证据是良好技能的构成要素，则证据就是一种需要理解与掌握的工具。对于社会工作而言，若证据代表良好服务，则证据应嵌入实践；若证据代表良好学习，则证据应织入教学；若证据代表良好技能，则证据应纳入训练。而需要思考的问题是，由谁生产出相应高质量的证据，如何使用证据，证据如何有效转化为行动？

20世纪90年代以前，经验临床实践（Empirical Clinical Practice，ECP）模型在评估实践者专业性与打造社会工作知识基础中占据主导地位。其实践的重要特征是，寻找案主问题的特殊原因，收集“客观”的数据以解释这些原因，问题成为实体，案主成为虚无，导致研究者与实践者的角色分离。然而作为主流路径的经验临床实践是虚弱的，它在经验的有效性、测量的信度与效度，以及责任与伦理等方面都存在问题，需要寻找新的路径（Witkin，1991）。1999年，甘布里尔将循证医学中的证据为本理念首次引入社会工作领域，与经验社会工作实践相比，循证实践描述了一个利用外部研究成果的独一无二的流程，更关注伦理主题，如知情同意，关注案主价值与期待（Gambrill，2003）。根据实践与知识的关系，他将知识的获得区分为“基于权威”与“基于证据”的两大路径，将社会工作实践区分为“基于权威的实践”与“循证实践”两大类（Gambrill，1999）。在回顾了循证医学、循证护理和循证社会工作之后，简·F·吉尔贡（Jane F. Gilgun）认为，循证实践在社会工作中有四大“基石”，包括：研究与理论；实践智慧；个人经验中学到的东西（如假设、价值、偏见与世界观）；案主带进实践情境的信息（Gilgun，2005）。循证实践是呈现社会工作的科学性与专业性的重要策略，它的出现替代了以他人的意见、权威的宣示、未曾反思的直觉、先辈经验及流行观念为依归的权威为本的实践（何雪松，2004）。它能够更好地满足实践者的道德义务；与“应用适当的基于研究的知识与先进技术”的社会工作教育高校理念保持了一致；也回应了社会工作实践者承受的日益增长的外部压力的需要（Howard，

① 步骤1，将信息需求转化为可回答的问题；步骤2，追踪回答问题的最佳证据；步骤3，批判性地评估该证据的有效性、影响性和适用性；步骤4，将批判性评估与临床专业知识以及患者独特的生物学特征、价值观和环境相结合；步骤5，评估前述步骤的效能与效率并在下次改进（Straus et al.，2018：22）。

McMillen, & Pollio, 2003)。

循证社会工作的初期定义与循证医学相似，后期则凸显了专业特质。2008年，牛津大学出版社出版的《社会工作大百科全书》正式收录循证社会工作的概念，将其界定为一种教育与实践范式，包括一系列旨在帮助实践者与管理人员识别、选择与执行对案主进行有效干预的特定步骤（杨文登，2014）。伴随着哲学基础的转变，出现整合了知识、研究与价值的多维度证据为本实践（Multidimensional Evidence-Based Practice）（Petr，2008：19—37）。因此，循证社会工作可以被简单定义为社会工作领域中将最佳的研究证据、社会工作者的专业技能与案主的价值、偏好、处境及其社会—人口学特征结合起来的教育与实践范式。

但证据为本的实践理念在执行中也面临挑战（Ogbonnaya，Martin，& Walsh，2018）：一是个体层面，包括缺乏评估研究的能力；缺乏使用循证实践的培训；受服务对象人数、政策变化与财政约束，无力在可获得的证据与实践情境间建立关联；持消极态度；在机构中缺乏资源。二是组织层面，包括组织缺乏相应的文化；机构负责人的态度不积极；改革缺乏财政支持。哈鲁克·索丹（Haluk Soydan）也列出与此类似的障碍：实践者的时间与资源有限；培训不足；无法获得同行评价的研究期刊；缺少使用循证实践的反馈与激励；潜藏在效率与效能研究实验背后的设计逻辑与假设；缺少相关的群体；担忧治疗过程失去控制与中断；支持证据转化的基础设施不足（ソイダン，2014）。可见，若不能正视能力、财力、时间与文化等的约束，循证实践理念的推广及应用会异常艰难。对于社会工作教育而言，学生缺乏研究能力的训练、教师态度消极，以及实习现场过于复杂，构成循证实践应用的障碍。对于中国社会工作教育而言，证据为本尚处于理念的推广中，但对日渐功利化的学界而言，如果技术复杂，证据难以获得，时间成本高，研究成果发表困难，其转变的动力同样难以被激活。遗憾的是，短期内改革现行评估体制并不现实。

尽管存在多重限制，但美国社会工作教育委员会早在2001年版的《教育政策与认证标准》中就提出将“基于经验的知识，包括证据为本的介入”应用于所有被许可的社会工作硕士与博士的项目中（Drsko & Grady，2012：13）。2015年，其直接要求社会工作专业学生与实践者接受循证实践训练（Ogbonnaya，Martin，& Walsh，2018）。位于美国圣·路易斯州的华盛顿大学是第一所引入循证实践作为教学法原则指引社会工作专业教育的高校，通过教学改革发现，循证实践可以提高社会工作者服务提供的质量，增强社会工作专业的公信力（Howard，McMillen，& Pollio，

2003）。因而，在教育培训中，我们需要循证实践，而不是习惯做法（佩第，2013：1）。循证医学的发展得益于文献呈现标准与分析技术的普及、科克伦协作网（Cochrane Collaboration）、坎贝尔协作网（Campbell Collaboration）及系统评价的诞生、循证医学教材的出版，以及新近的数据库技术的发展。对于社会工作教育而言，规范文献呈现标准，增强系统评价能力，组织编撰通用教材，积极拥抱现代技术，同样是推动从经验权威为本向证据为本转变的重要抓手。

第五章　社会工作教育的行动纲领与培养方案

开放是专业持续发展的保证，标准是专业品质维系的支柱，公信是专业教育形象的标识。致力于保持开放性、推动标准化与提高公信力的社会工作教育是社会工作专业生存与发展的重要保证，是社会工作教育制度可持续性与稳健性的重要支持。开放性来自知识采借与技术嵌入的支持，标准化是社会工作专业化、职业化的核心表征与必由路径，公信力代表专业形象与社会责任。提高公信力是目标，是“一体”，保持开放性，实现标准化是策略，是“两翼”；学生专业能力培养是落脚点，是“躯干”。在行动纲领指引下，以责任、质量和科学为原则而设计的社会工作专业培养方案则是实现目标与完成任务的重要工具。

第一节　行动纲领：开放、标准和公信

一、开放性：知识采借与技术嵌入

开放是专业持续发展的保证，而知识采借与技术嵌入是两条重要的途径。埃德温·J·托马斯（Edwin J. Thomas）认为社会工作的知识基础至少有以下来源：基础、应用、本土的研究贡献；科学、应用技术、社会创新、实践的技术；价值观与意识形态；合法性政策；实践经验（Fischer，1981）。在社会工作教育的发展历史中，教育学提供了通用的范式，此处不再详细论述。医学的影响主要集中在教育范式或模式，如模拟教学、问题教学法、循证实践、客观结构化临床考试等；心理学的影响更多集中在教育内容，包括知识、价值与技能，尤其对个案社会工作的影响较大；而作为辅助工具的现代技术在社会工作教育的发展中始终在场。

（一）知识采借

社会工作的知识基础通常包括理论性（或者理论）、事实性（包括研究）与实践的/实际的/个人的三类相互交织的知识（Trevithick，2008）。社会工作教育的知识来源可概括为七类：一是社会科学，主要是心理学、社会学与社会政策；二是法律；三是微观心理学，主要提供实践技能；四

是同源专业领域，如医学、护理学、教育学与心理学，以及跨专业或合作中的技能；五是医学伦理与哲学，主要提供专业伦理；六是教学研究评价与研究方法；七是关于批判性思考与批判性反思的技能（Payne，2015）。概括而言，知识采借主要有两大方向，一是理论，涉及哲学基础、教育范式与实务理论；二是方法，指统计方法，涉及定量研究与质性研究，服务于教学与实践评估。前者主要来自医学、护理学、心理学、社会学等同源专业领域；后者主要来自统计学，近年来质性研究获得了国际社会工作教育学界的更多关注。需要思考的问题是，理论与方法是否值得引入，如果引入，它是促进还是阻碍社会工作的专业化、职业化、本地化进程，以及是提高还是降低社会工作的公信力。本书主要考察医学教育、心理学与统计方法三大来源。

在寻求专业认同与提高专业公信力的过程中，医学教育是社会工作教育知识采借的重要来源（Gitterman，2014）。同为健康助人专业，社会工作的专业化与职业化程度远远落后于医学。究其原因，相对于社会工作，医学在教育上的改革为其专业化与职业化进程提供了更为坚实的基础。两者在专业价值取向上存在冲突，表现在五个方面：（1）追求救死扶伤还是生活质量；（2）治疗目标上的病人自治；（3）对待客观与主观数据的态度；（4）对病人情感问题的反应；（5）对跨学科团队角色的差异性视角（Roberts，1989），但医学教育的成功仍可以成为社会工作教育借鉴的范本，并形成了社会工作教育的医疗模式。事实上，社会工作教育的先驱们早已开始向医学学习。社会工作的先驱，与弗莱克斯纳关系密切的里士满，就深受医学理论的影响（朴炳铉，2012：91），为提高专业化程度，1912年，在名为“医疗及社会协作”的论文中，里士满谈到了社会工作职业与医学专门职业相类似的观点，倡导积极加强社会工作与医学的联系，试图引入医学教育模式，该论述对后来形成社会工作专门职业产生了巨大的影响（Flanklin，1986；Black，1991；童敏，2009；朴炳铉，2012：95—98）。1905年，医务社会工作以在医疗服务中引入社会工作服务的形式出现，其理念则成为里士满“诊断模式”的思想来源（Richmond，1917：35）。1917年，里士满以医学模式为范本，借鉴了医学的主要理念系统，整合了研究、诊断与治疗的医学术语，倡导个体治疗，出版《社会诊断》一书，确立了社会工作的专业地位。而《社会诊断》与《什么是个案社会工作》，以及诊断学派与功能学派领导者工作的天才之处在于：将传统的慈善调查定义为诊断，建立了与医学专业和科学方法的联系（Reisch，1998）。诊断与治疗都深受医学疾病概念的影响，诊治是确认疾病事件的首要机制，而治疗关注一系列特征，将疾病状态视为脱离人体的实体，工作努力的方向就是更可靠地识别新的疾病状态，并找出其各种特点和适当的治疗方法（Weick，1983）。到了20世纪20年代，现代精神病理学逐渐成为社会工作专业化理论和方法的基础（童敏，2009）。20世纪60年代，受存在主义现象学影响而展开的临床精神病学探索，则为社会工作者理解精神障碍以及探究精神障碍者的意义世界开启了新窗口（杨锃，2020）。20世纪80年代，社会工作实践开始从疾病/医疗导向转为健康导向范式，如卡雷尔·B·杰曼（Carel B. Germain）和亚历克斯·吉特曼（Alex Gitterman）、艾伦·平卡斯（Allen Pincus）和安妮·米纳汉（Anne Minahan）将健康范式带入实践，这是社会工作原则与价值观的自然反映（Weick，1983）。当下社会工作教育中关于模拟教学、标准化案主、客观结构化临床考试（OSCE）、问题为本、证据为本等教育教学范式、模式、理念或方法主要来自医学教育（Linsk & Tunney，1997），我们使用时并没有跌入"社会工作医学化"的陷阱中，也没有出现"社会医学化"风险。我们学习的是教育的理念与方法，而教育的理念与方法是由不同学科所共享的，那种拒绝借鉴，甚至据此反对借鉴、阻止他人借鉴，以及阻止公开发表学术成果的行为反而是一种更加危险的行为。

心理学是社会工作教育知识采借的另一重要来源，它为社会工作专业提供了更多的知识基础与实践方法。1917年，里士满在题为"社会工作者的任务"的国际会议报告中确立了个案工作的心理学基础（Robinson，1930）。20世纪20年代后期，西格蒙德·弗洛伊德（Sigmund Freud）为社会工作专业提高专业公信力与地位提供了一个新的机会，其思想及引发的精神分析运动极大地影响了诊治路径的发展（Gitterman，2014），其开创的精神分析学以及其他相关的心理学理论逐渐成为社会工作第一个系统化的理论基础（童敏，2009）。1930年，弗吉尼亚·P·罗宾逊（Virginia P. Robinson）在《个案工作中变化的心理学》一书中详细论述了心理学对个案工作的影响，建议社会工作者以心理学为基础开展工作，而不是将责任转嫁给精神病学专家、心理学家等（Robinson，1930）。1937年，戈登·汉密尔顿（Gordon Hamilton）发表《个案社会工作的基本概念》一文，在解释概念的同时，宣告个案社会工作的心理—社会治疗学派诞生（Hamilton，1937）。1941年，赫伯特·H·阿普特卡（Herbert H. Aptekar）出版了同名著作（Aptekar，1941）。1937年，玛格丽特·贾曼·哈古德（Margaret Jarman Hagood）以《心理学对个案工作的贡献》为题分析了心理学对个案工作的贡献（图5.1.1），如概念术语、原则指引，以及技术工具（Hagood，1937）。直到1964年，弗洛伦斯·霍利斯（Florence Hollis）还将个案工作视为一种心理治疗法，在心理—社会间建立了方法论的联系，认为诊治路径既要关注心理，也要关注社会，它们均为人之为人的维度（Hollis，1964：17—19）。这种心理社会疗法（psychosocial therapy）是以心理动力学（psychodynamic theory）为主要理论基础，秉持新弗洛伊德起源论。随后，诊治路径成为个案社会工作的心理—社会路径，又被称之为（生物）医疗模式（Weick，1986）。而美国心理学会的《精神障碍诊断和统计手册》（Diagnostic and Statistical Manual of Mental Disorders）标准，是广为接受的精神疾病分类标准，对社会工作专业的发展有巨大影响，但也充满争议（Frazer et al.，2009），通常颁布后2—3年就开始在社会工作领域形成引用爆发期。

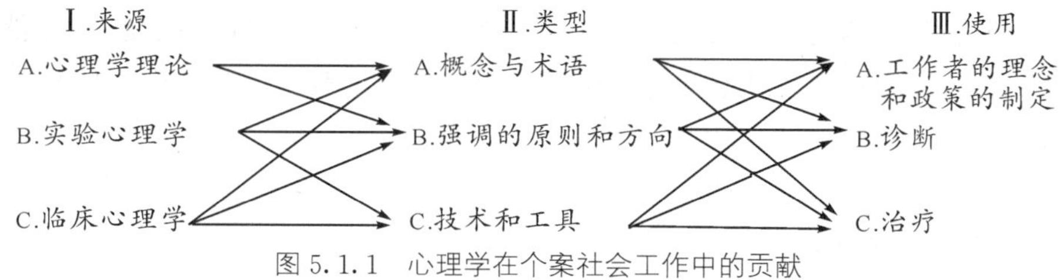

图5.1.1　心理学在个案社会工作中的贡献

资料来源：Hagood（1937）。

统计方法是社会工作作为科学学科的重要支撑，是增强研究子系统，践行循证实践的重要抓手，通过实证研究的方法可以提升社会工作教育的效能，进而提升其公信力。里士满正是以研究方法科学化为起点开启社会工作专业化。1995年美国社会工作与研究协会（Society for Social Work and Research，SSWR）成立，推动了社会工作研究的转型，彼时定量研究占据主导地位，定量研究被视为形塑社会工作科学性的重要方法（Guo，2015），但质性研究也已有很强的影响力，同一时期出现了诸多与质性研究相关的著作（Shaw & Gould，2002：32）。扎根理论、主题分析法受到广泛关注，弗吉尼亚·布劳恩（Virginia Braun）与维多利亚·克拉克（Victoria Clarke）合作的《在心理学中使用主题分析》（Braun & Clarke，2006）、理查德·E·博亚特兹（Richard E. Boyatzis）的《定性信息的转化：主题分析和编码发展》两篇文章被广泛引用。总体而言，社会工作的定量研究没有失去霸权的危险；社会工作的定性研究正在蓬勃发展；所有社会工作研究人员都希望该专业的知识库在其边界之外受到尊重和影响（Padgett，2016：4）。在中国的社会工作教育中，受社会学影响，定量研究早已受到关注。21世纪初，学者开始重视质性研究（石丹理、韩晓燕、邓敏如，2005），基于质性研究的论文写作开始提上议事日程（张霖、吴世友、Fraser，2018），也有倡导服务于循证实践的系统评价方法（拜争刚等，2017），但尚未形成普及之势，研究的首要目的也是服务于实务，而非课堂教学。我们需要加强社会工作的质性方法研究，不只是方法的理论探讨，更重要的是将质性研究的技术应用于案史采集、日志书写、档案管理、信息挖掘、方案设计、项目管理等，让社会工作的技术技能也走向标准化（臧其胜，2013）。在师资配备上，具备定量研究基础的师资逐渐增多，而具备质性研究能力的师资严重缺乏；在课程设置上，一般会开设社会调查理论与方法、社会统计学、SPSS 或 Stata 软件应用等类似课程。

知识的采借只是解决了借鉴的渠道问题，而从知识采借到最终被社会工作者使用并非一蹴而就的任务，中间还存在知识转化的环节，通常会经历知识应用、技术转移、价值实现、合法性解释与经验整合五个阶段（Fischer，1981）。将理论研究的成果有效地整合进教育、实践还需要技术的支持。

（二）技术嵌入

现代技术的发展已经从静态到动态、从实时到分时、从线下到线上、从模拟实录到虚拟仿真（VR），能够实现行为记录、过程监测与结果溯源，可以实现工作流程的标准化，减轻重复的工作量。它不仅是教育者，也是研究者与实践者的需要。2013 年 4 月，在汉诺威工业博览会上，德国提出工业 4.0 战略，认为人类已经历以机械化为标志的第一次工业革命，以电气化为标志的第二次工业革命和以自动化为标志的第三次工业革命，将迎来以信息物理融合系统为基础，以生产高度数字化、网络化、智能化为标志的第四次工业革命（孙莉莉、刘春芝，2017）。而早在 20 世纪 70 年代丹尼尔·贝尔（Daniel Bell）就在《后工业社会的来临》中预言创造新的“智能技术”是后工业社会的主要标志（贝尔，1997：14）。科学技术的发展日新月异，其对社会工作教育的影响也是潜移默化的。社会工作者正在利用新技术加强各级实践以改善人类状况，并参与技术工具和服务的使用和调整，以确保方法符合专业价值观和承诺（CSWE Futures Task Force，2018）①。

需要是行动的出发点，社会工作教育对技术的需求是什么？广义的社

① CSWE Futures Task Force 2018，Envisioning the Future of Social Work. https://www.cswe.org/.

会工作教育包括研究、教育与实践三个子系统，相应的，社会工作教育需要获得研究技术、教育技术与实践技术，而尤以教育技术发展最为迅速。录音技术不迟于1925年就开始应用于访谈与专业能力评估中（Kogan，1950），视听技术于20世纪50年代开始应用于社会工作培训，但初期素材主要来自其他专业（Shorkey & Uebel，2014），20世纪70年代有精神科医生运用视频回放技术传播精神治疗方法（Patricia，2006）。通过视频再现技术，学生可以在与视频的自我对质（self-confrontation）中收到直接的反馈，而有潜在困难的学生也可以看到他的成长和发展在随着时间推移，这将增强其在随后的实习工作中的自信（Zastrow & Navarre，1979：193）。威廉·A·布里安（William A. Burian）则直接将实验室视为社会工作课程设计中的重要维度，倡导将视频媒介整合进课程设计中（Burian，1974）。自动化时代诞生的重要工具——计算机，在20世纪70年代首次出现在社会工作期刊的论文标题中，主要应用于咨询服务中，但存在泄露隐私与不道德使用计算机的风险（Abels，1972）。相应地，计算机应用于专业任务时的问责与保密就被作为重要问题提出（Boyd Jr et al.，1978）。在医学教育领域已经开始运用计算机模拟传授诊断评估策略，社会工作教育随之也开始引入（Smith，Parmar，& Paget，1980）。计算机技术的持续爆炸式发展推动了交互式视频技术的发展，可以满足学生个性化学习进度需要，有助于增强知识从理论到实践的转化（Reinoehl and Shapir，1986），方便学生观察、描述、分析和测试自己的所思所学（Maypole，1991）。到20世纪80年代末，录音机、录像机、计算机、传真机、电子邮件与互联网已经成为社会工作教育工具目录的一部分（Cnaan，1989）。20世纪90年代，美国提出“信息高速公路”计划，率先普及互联网，教育信息化的概念也随之诞生，而“多媒体”技术与“信息高速公路”计划共同构成工业化时代向信息时代转变的两个重要杠杆。20世纪90年代晚期，基于计算机视频、网络技术与多媒体项目的远程教育技术开始扩张，基于互联网的技术快速应用到社会工作教育领域（Shorkey & Uebel，2014），社会工作教育进入数字化时代。

社会工作领域早期教育技术历史侧重于分析和发展有效的沟通技能，以及通过评估过程记录等提高学生的能力，大量采用录音录像技术回溯与反思学习过程。20世纪70年代和80年代重点是改善学生的学习和行为，大量采用多媒体方式进行内容演示和模拟实际社会工作实践。互联网时代使得学生重返早期注重自主学习的教学，基于计算机与网络的内容分享技术使得地理分散的学生也能够完成学习（Shorkey & Uebel，2014）。21世纪初，为避免技术应用带来的伦理问题，对技术的应用开始规制。2005年，美国社会工作者联合会（NASW）与社会工作委员会协会（ASWB）联合出版了《技术和社会工作实践标准》，① 2015年美国社会工作委员会协会的国际技术工作小组颁布《技术和社会工作实践的示范监管标准》(model regulatory standards for technology and social work practice)②；2017年，《技术和社会工作实践标准》为包括美国社会工作者联合会、美国社会工作教育协会、临床社会工作协会（CSWA）等组织共同接受③。

社会工作网络服务的第一次系统性使用是在教育机构。美国科罗拉多州立大学的迈克尔·麦克默里大学（Michael McMurray，Colorado State University）是第一家，其成效也最显著，而南卡罗来纳大学的社会工作网则是一个长期运行且管理良好的典范（Marson，1997）。信息和通信技术（ICT）在连接、创造获取机会和鼓励重新思考社会工作实践的新机会方面具有变革性，特定技术的潜在整合，包括游戏、游戏化、移动技术、社交媒体、机器人技术、量化自我（The Quantified Self，QS）④ 和可穿戴技术，代表着实践收益的巨大潜力（Berzin，Singer，& Chan，2015；Swan，2013）。社会工作教育从传统的纸笔交流记录模式走向了互联网时代，角色扮演也可通过视频会议从线下搬到线上（Fitch et al.，2016）；通过语音聊天室（chatbox），社会工作者与服务使用者建立了工作关系，社会工作服务也从线下扩展到线上（van de Luitgaarden & van der Tier，2016）。计算机模拟也早已出现，被视为虚拟现实平台的先驱，需要参与者回应，模拟的结果是重新编程的，不像在虚拟现实中那样实时确定，可以是离线的单机版，也可是在线的网络版；虚拟现实是一种全身实时体验，包括使用耳机和感官手套等电子设备，可以被视为增加了更复杂的功能级别和参与者界面的计算机模拟（Huttar & BrintzenhofeSzoc，2019）。与远程学习不同的是，参加虚拟学习的同学会在虚拟世界中形成一个学习

---

① https://www.labswe.org/assets/Docs/NASW _ ASWB _ Stds _ for _ Tech _ and _ SW _ Practice.pdf.

② Association of Social Work Boards 2015，Model Regulatory Standards for Technology and Social Work Practice. https://www.aswb.org/wp－content/uploads/2015/03/ASWB－Model－Regulatory－Standards－for－Technology－and－Social－Work－Practice.pdf.

③ NASW，ASWB，CSWE，& CSWA 2017，Standards for technology in social work practice. rhttps://www.socialworkers.org/includes/newIncludes/homepage/PRA－BRO－33617.TechStandards _ FINAL _ POSTING.pdf.

④ 以个体或群体的身份参与任何生物、物理、行为或环境信息自我跟踪的个体（Swan，2013），与可穿戴技术相关，通过传感器收集个体或群体的数据以监测个人或群体的整体状况。

共同体，越来越多的软件可以指导学生通过虚拟剧本与情境来学习（Madoc-Jones & Parrott，2005）。作为虚拟世界模拟平台，第二人生（Second Life）① 可以让学生自主选择资源以及他们感兴趣的文化社区，并在一个结构化也是自我导向的课程设计框架中教育自己，提高自己的敏感性（Anstadt et al.，2016）。

数字革命正在产生大量的社会、心理和组织数据，社会工作者可以利用这些数据来解决社会最困难的问题。这些数据的来源包括：数字化的社会服务、教育和健康管理数据；开放的数据网站；社交媒体帖子；网络搜索；移动定位设备和传感器（Coulton et al.，2015）。它们有助于阐明社会问题并推荐和提供有效解决方案，技术创新使得实时管理和分析此类数字资产成为可能（Coulton et al.，2015）。而数据科学则是一种研究工具，与统计学、工程学、数学等学科存在关联，它允许探索和定量分析各种可用的数据，包括结构化和非结构化数据，以便发展理解、提取知识和制定可操作的结果。它设置了六项关键活动：数据探索和准备，包括清理数据并对其进行进一步分析；数据表示和转换；计算数据；预测数据建模；数据可视化和呈现以及数据科学的科学。这项技术可以为社会工作的专业绩效的改善提供有力的支持（Cariceo，Nair，& Lytton 2018）。20 世纪 90 年代后期，社会工作与政策的研究者开始分析来自社会服务机构的行政记录并将其应用于科学与实践。在此基础上，社会工作领域在数据基础管理、记录关联方法、数据清洗与协同，以及大数据的统计分析基础上建立了一个知识与技能的核心（Coulton et al.，2015）。

以物联网、大数据、游戏化与移动技术为代表的数字化环境为社会工作教育的发展提供了机遇，也带来了挑战。物联网（The Internet of Thing，IoT）将实现万物互联，可以确保社会工作交流机制生成的记录和报告比以往更加全面，因为客户、社会工作者、服务和有形物品都由互联设备跟踪。大数据（big data）是一个混合概念，既代表大量和复杂的信息集，也代表应用数字工具识别和建模嵌入此类数据中的趋势的过程。社会工作者所做的工作要求对数据的熟悉程度不断提升，从将信息记录到专有系统的行为，到分析产出集合的能力。作为一项技术手段，它能为社会工作者提供一个更为客观的人类行为数据与干预场景的关系图谱。在符合伦理准则前提下，社会工作使用大数据的新方法，通过微观和系统层面的干预，能够有效回应长期存在的不平等和贫困等传统挑战；通过关注潜在的

---

①　参见 https://secondlife.com/。

“数字鸿沟”，并将技术整合到从参与到评估的所有实践中，可以确保通过技术降低结构性不平等问题（CSWE Futures Task Force，2018）。游戏化（Gamification）在广义上是指将游戏设计元素应用于现有流程和服务，以吸引和激励个人。如在非游戏环境中，如学习场景和行为改变，可以借鉴游戏设计技术、游戏思维和游戏机制（如集成积分、徽章、奖励和惩罚的竞争系统）。这为社会工作者提供了一个新的治疗技术。当下的游戏更多是对真实世界中的模拟，案主是真实的人；游戏化则是借助计算机在虚拟世界中的仿真，案主是虚拟人。而移动技术（Mobile Technologies）瓦解了传统的时间与空间的障碍，创造了连续即时感（Goldkind & Wolf，2014；Berzin，Singer，& Chan，2015）。但收集数据的边界应止于何处尚未形成统一的解决方案，个体的隐私面临被泄露的风险。

新近三大技术的趋同可能会迫使高等教育发生激进的变革。第一个是学习分析，它在许多高校的课程教学与管理中变得日益重要。学生在线活动生成的大数据使得学生成功的行为能得到分析，并能为可能失败的学生提供早期的干预。但对潜在数据的挖掘使其在道德上是敏感的并存在争议。第二个是人工智能（AI），其产生的历史相对久远，但用于训练机器学习系统的海量数据集的到来，已经将其在复杂情况下做出判断的能力转化为与人类专家竞争的能力。第三个是区块链技术，虽然较新，但潜在的颠覆性很强，具有前途广泛的多种应用，包括对一系列学生的教育和职业活动及成就进行独立、安全的认证（Williams，2019）。

区块链概念由化名中本聪（Satoshi Nakamoto）的学者或团体于 2008 年在密码学邮件组发表的奠基性论文《比特币：一种点对点电子现金系统》中首次提出（Nakamoto，2008），是一种基于点对点的（peer to peer，P2P）组网技术、数学、密码学以及时间戳技术的电子现金系统的构架理念（杨现民、李新、吴焕庆、赵可云，2017）。可追溯至 1976 年惠特菲尔德·迪夫勒（Whitfield Diffle）和马丁·E·赫尔曼（Martin E. Hellman）提出的密钥交换算法，以及 1991 年斯图尔特·哈伯（Stuart Haber）与 W·斯科特·斯托内塔（W. Scott Stornetta）提出的建立一个文件时间戳无法被篡改的系统的理念（Diffie & Hellman，1976；Haber & Stornetta，1991；郭昭君，2019）。2009 年 1 月 4 日，比特币区块链的第一个区块（称为创世区块）诞生，由创始人中本聪持有，一周后完成向他人发送的第一次交易。2010 年 5 月产生第一个与实物交换的公允汇率。区块链技术正从以可编程数字加密货币体系为主要特征的区块链 1.0 模式、以可编程金融系统为主要特征的区块链 2.0 模式，向以可编程社会为主要特征的区块链 3.0 模式发展（Swan，2015：ix；袁勇、王飞跃，2016）。目前主流模式仍是 2.0，但以价值为交换媒介的 3.0 模式已有长足发展。

区块链是一项分布式账簿技术，关键特性之一是分布式区块链网络中有多少节点能够维持共识，具有自主、去中心化、透明化、时序数据、集体维护、可编程和安全可信等特点（Nakamoto，2008；袁勇、王飞跃，2016；Grech & Camilleri，2017：8；李青、张鑫，2017；Chen et al.，2018）。它是行动者共同参与信息记录、储存与验证的技术。具体表现为：数据储存在每个计算机节点，为高冗余度的分布式系统结构，不会因为某个节点的数据丢失而消失，形成去权威、去中心化的体系，避免了中心机构失灵带来的负面影响；节点间的信任与共识是基于算法而非中心机构许可、认证、仲裁或信誉保证；所有人都拥有公钥（public key），一种与其他使用者共享的密码，但不可借此篡改数据，即便是原始作者，保证了数据的真实性、开放性、完整性与透明性；时间戳为区块数据提供了存在性证明（proof of existence），形成时序数据，为数据库的不可篡改、不可伪造与可溯源提供了保证，也使得通过区块数据和时间戳重现历史成为可能；数据的使用需要授权，采用非对称密码学原理，是多私钥的，节点上的使用者只能通过公私钥与数字签名进行访问与维护，保证了数据的私密性，可防止未授权的拷贝，具有很高的安全性。

区块链技术挑战的不仅仅是我们的习惯，也包括我们的思维方式。首先，区块链具有反体制倾向；其次，区块链依赖着去中心化（技术上和比喻上）但并不必然意味着民主，有时甚至意味着拆散公共部门；最后，通过技术调节作为社会行为关键要素的信任（与不信任）① （Bartolomé et al.，2017）。当信任不再依赖复杂的第三方许可、认证、仲裁或信誉保证，而是依赖于可信任的底层技术时，人们将会重塑对信任的理解，教育的治理结构必将发生重大变化，而知识治理或许是继科层治理、市场治理与网络治理之后的最佳范式选项（李青、张鑫，2017；张海柱，2015）。

塞浦路斯的尼科西亚大学是世界上第一所通过比特币区块链认证学术证书的高等教育机构（2014 年），也是第一所接受比特币支付学费的大学（2019 年）②。2016 年 2 月，索尼环球教育宣布开发了一种新的区块链存储

---

① Audrey Watters 2016，"The Ideology of the Blockchain (for Education)." 2016－04－14. http://hackeducation.com/2016/04/14/blockchain－ideology。

② 参见 https://digitalcurrency.unic.ac.cy/。

学术记录①。2016年6月麻省理工学院（MIT）媒体实验室为机构在教育项目中实现区块链提供了称之为区块链证书（Blockcerts）的平台和数字学术认证开源标准，② 可以用于创建、发行、查看和验证基于区块链的证书，包括四个基本要素：机构（发行或创建数字证书者）、证书（包含学生技能、成就或特征的广泛描述）、验证者（不需要依赖于“分发者”的人，通常是雇主，验证内容包括：证书没有被更改，证书是由特定机构颁发的，证书对应于特定的个人）、钱包（学生用于存储证书，可通过授权与他人分享）。2016年9月，由中央财经大学发起，世纪互联与微软共同参与研发的中国首个校园区块链项目落地，旨在利用区块链技术帮助学生记录相关证明文件，形成一条可长时间有效、不可篡改、不可伪造、去中心化的信用链条。2018年3月，一群来自牛津大学的学者宣布创办世界上第一所区块链大学——沃尔夫（Woolf）大学，它构建了一个软件平台，使得任何学者都可以发布自己的认证学位并教授它（Sharples & Domingue，2016；Bartolomé et al.，2017；Grech & Camilleri，2017：68；李青、张鑫，2017；郭昭君，2019）。2018年7月，Disciplina③ 推出了内部测试版，打造了用于教育与招聘的首个可验证、低收费、可盈利、基于权益证明的个人学历和专业成就区块链平台，可以为平台上的每个用户都生成一个积分系统，方便学生证明自己的教育记录，能够打造一个最优化的教育路径，由学校机构（公立与私立、线上与线下等）、辅导老师、学生与招聘方构成生态系统，其中TeachMePlease是教育领域里首个基于Disciplina区块链平台的项目（Kuvshinov et al.，2018）。总体而言，区块链技术目前应用范围还不够广泛，主要是提供面向普通大众或求职者的资质证明（Wendler，Jutta，& Welpe，2018）。在社会工作教育领域，如何应用区块链技术讨论较少，更多集中在意义的描述上。

从中国的政策实践来看，2016年9月，教育部印发了《关于推进高等教育学分认定和转换工作的意见》，提出建立个人学习账号和学分累计制度，试图实现各类高等学校之间学分转换，进而畅通继续教育、终身学习通道。2016年10月，工信部颁布的《中国区块链技术和应用发展白皮书》指出：“区块链系统的透明化、数据不可篡改等特征，完全适用于学生征信管理、升学就业、学术、资质证明、产学合作等方面，对教育就业的健

---

① 参见 https://www.sony.net/SonyInfo/News/Press/201602/16－0222E/index.html。

② 参见 http://www.blockcerts.org/。

③ 参见 https://disciplina.io/index－ch.html。

康发展具有重要的价值。”这意味着区块链技术可为专业教育建立集安全性、分布式、透明化于一体的学分认定和转换体系提供支持。

区块链技术具有自主、去中心化、透明化、时序数据、集体维护、可编程和安全可信等特点，可以提供不可篡改、不可伪造、可以溯源追踪的证据；大数据具有规模性、快速性、多样性与价值性（孟小峰、慈祥，2013），但不等于证据；“证据—表演—服务”三位一体的社会工作临床技能教育与评估的生态系统模式则重视证据的采集、分级、转化，以及研究、教育与科研三个子系统间的价值交易。因此，大数据挖掘、区块链技术与 EPS 生态系统模式相结合将能更好地满足社会工作教育从知识为本向能力为本，从经验权威为本向证据为本转型的需要，可以为学习者提供动态的文凭证书及证明，保证了社会工作教育的开放与公信；但其去中心化、反体制、透明化，以及基于数学建立信任等特性，对未来的教育治理、个人隐私、网络安全、技术规制等提出了极大的挑战。

区块链技术在带来数字化教育机会的同时，也可能增加颠覆教育的潜在可能。在教育领域，区块链技术将颠覆“资格授予、许可和认证、学生记录管理、知识产权管理和支付”的传统方式，目前才处于初级阶段（Wendler，Jutta，& Welpe，2018）。区块链可以使流程更加民主、安全、透明和高效。然而，监管、控制、隐私和安全问题也可能会阻碍用户充分认识到它的潜力（Karajovic et al.，2017）。安德烈·O·J·郭（Andrei O. J. Kwok）与霍斯特·特赖比尔迈尔（Horst Treiblmaier）则从宏观与微观两个层面概括了影响区块链技术在教育中应用的因素，宏观因素包括：教育的未来、使用中的技术、信任和变革、教育影响、技术挑战、教学风格，以及隐私和安全；微观因素包括：个人、机构与教学（Kwok & Treiblmaier，2022）。在社会工作以及其他助人专业临床技能教育与评估中，除硬件要求外，区块链技术的应用主要面临以下问题的挑战。

第一，学习认证非常复杂。互联网的出现使得学习超越了时间与空间的限制，学习呈现渠道多样化（正式教育与非正式教育）与过程个性化，使得学习认证变得非常复杂（Bartolomé，Bellver，Castañeda & Adell，2017）。区块链技术是多主体、多节点共同参与与维护的分布式账簿，能够突破时间与空间限制的技术，但建立一个打通正式教育与非正式教育的区块链平台涉及许多技术无法控制的政策性问题，如教育体制、职业体系、财政政策等。

第二，可能会显著破坏现存的评估体系。区块链技术为学生的活动与成绩提供了自动安全的文凭机制，但其反体制与去中心化特征改变了学校在学位授予上近乎垄断的地位，意味着信任是基于外部审计而非学校声誉（Williams，2018；Rooksby & Dimitrov，2017）。在区块链技术思路下，传统的基于中心权威的证书许可、认证体系需要显著改变或彻底更换，这种成本是巨大的，因而转型是不易而缓慢的（Karafiloski & Mishev，2017）。

第三，成绩无法通过算法生成。区块链技术是基于数学算法建立信任的，但在教育领域，评分是自由裁量的，类型间的边界则是可塑的，缺少一个正式的算法来计算（Rooksby & Dimitrov，2017）。如果没有人为干预，部分学习活动（如教学与实践反思的过程）是无法通过预先程序化的智能合约（预先设定触发条件的自动化脚本代码）评估的（Chen et al.，2018）。

第四，教育记录一旦生成无法修改。若有违规违法或失败的记录，即便有合法的理由（Chen et al.，2018），个体也无法享有被遗忘的权利，使得部分个体始终带着“原罪”行走在市场之上。尽管理论上控制51%以上的节点即可修改，但发生的概率很小，因而缺少去除原始污点与修饰形象的机会；而若通过技术统一对文本（数据）的解读又将使人类陷入“反乌托邦”陷阱中，同时也侵蚀了区块链去中心化的优势。

第五，隐私的边界难以界定。对于涉及学生的教育过程是否可以公开是存在争议的问题。在以证据—表演—服务为模型的生态系统模式中，表演环节涉及大量的模拟教学，如个案访谈、小组活动，学生存在表演失败的风险。按照平台设计理念，无论成功与失败其相关数据（视频、评价、报告等）都要记录在区块链平台中，这样的记录有可能给学生带来负面影响。那么教育过程中的学生行为表现是否属于学生的隐私？谁有权力公开？公开的边界由谁决定？是否违背伦理准则？然而，选择性地公开又会重新带来信任问题。

第六，区块链仅是一个存在性证明。记录或证据只有获得共识才能添加进区块中，但不能保证记录中的数据是有效的、权威的或有用的（Sharples & Domingue，2016），也不能保证起点、过程与结果是正义的。因此，区块链技术本身是无法验证合法授权的“假”证书，如大学颁发的“假”的真文凭。

第七，陷入事本主义与数目字管理。区块链技术的应用会陷入事事皆留痕迹的事本主义与数目字管理，使得教育者、学习者等成为行动的傀儡，难以发挥主观能动性。以部分高校采用的毕业论文（设计）管理系统为例，其强制性的时间节点与严格烦琐的审查程序引发了教师的大量吐槽，与因材施教的理论不符，还严重占用教学、科研与实践时间，而时间是教学过程中最重要的变量。如果智能化不足，记账与验证占用时间过多（如填写表格、上传资料、在线评估等），那么教师或学生提高其自身能力的时间就会减少，未来需要降低共享成本。同时，各种技术规则与逻辑将规训教学行为，重塑教育政策，一旦技术发生异化，人将成为一架机器，被迫陷入福柯式的全景敞视境地。

区块链技术的发展目前处于初级阶段，离可编程社会为主要特征的3.0模式还有相当长的距离，在教育领域的应用也主要是关注教育结果的验证，尚未能很好地实现教育过程的审计，未能清晰界定教育知识产权，也无法为师生的隐私提供绝对安全的保证。另外，区块链技术具有去中心化、反体制特征，但其平台在技术标准上应是统一的，需要政府、市场介入，其衍生出来的联盟链和私有链①技术就是一种“中心化”的技术，而以学校为节点、分散式的自下而上建设，其建设及未来改造的成本都是巨大的，也是不现实的。因而，路径依赖短时间内还无法突破，传统的评估体系暂时也无法瓦解，未来的技术需要进一步完善。

在技术重塑教育的过程中，技术很可能代替我们对教育的观察和思考，演变为教育变革的阻力（陈晓珊、戚万学，2021）。技术公司的主动嵌入带来的消极影响不容忽视，最大的问题是技术规制了专业，而不是专业规制了技术。受成本影响，技术公司聘请的专家有限，有限的专家其知识本身也是有限的，在其指导下的专业介入模式及其流程本身值得商榷。一旦进入市场被广泛使用则容易形成路径依赖，导致“误识”的产生。因此，“教育技术的革新并不必然等同于教育的进步”（陈晓珊、戚万学，2021）。社会工作教育的发展始终应是专业理念引导技术嵌入，而非技术规制专业发展。换句话说，不应当是科技公司开发的管理平台规训专业发展，而是专业理念规范管理平台发展。否则路径依赖一旦形成，纠错的成本也将是巨大的。同时，对于社会工作教育者及相关利益者而言，由于思维方式的差异、技术发展的不成熟，也很难理解区块链技术对社会工作教育本身的影响。因而，若要实现跨界思考，引入并掌握技术工具，尚需提高社会工作教育者的数字素养。

万物互联时代的社会工作专业实践已不再局限于线下，也已出现在线

---

① 公有链、私有链与联盟链取决于权限开放的程度。举例来说，社会工作教育协会相当于公有链，只要有社会工作专业，大家都可以申请加入；联盟链相当于片区协会，只有片区的高校可申请加入；私有链则可指某一高校，自己的专业自己管理。联盟链本质上也是私有链。

上。在2020年上半年新冠病毒肆虐全球之际，专业教育与专业服务开始大规模转移到网络上。线上教育最关键的要素是教师的选择与培训，但无论是主动为之，还是被迫上架，教师、学生的素养都难以匹配，导致在线教育与实践效果良莠不齐，出现的失败已经损害了专业公信力。由此可见，在社会工作教育与实践中，与科学素养和技术能力相关的知识鸿沟仍然存在，我们需要检验社会工作教育对即将步入现场的社会工作学生在数字社会化方面的成效（Taylor，2017）。新近发展的数字化服务学习在一定程度上能够弥合专业知识与实践技能分离的鸿沟（陈虹霖、张莹，2021），但具体应用还需相关行动者（教师、学生，以及管理者等）具备更高的科学素养与实践智慧，如何评估也是随之需要解决的问题。遗憾的是，高校的数字化教育或信息教育与专业教育是分离的，无法为专业需要的特定能力提供支持。但即便是信息技术的基础教育，部分学生都不能很好掌握，最常见的就是办公软件不能熟练使用。在中国，专门探讨信息或数字技术在社会工作教育中使用及其成效评估的文献还非常有限，实验室使用也很少被纳入课程设计中。在实践中，不乏有豪华的实验室被降级用作传统多媒体教室的现象。直到2017年，中国社会工作教育协会秘书长史柏年教授仍在呼吁“社会工作亟须信息化技术来帮忙”（史柏年，2017）。目前各高校的实验室已经完成从无到有的转变，设备与技术集成的理念也越来越先进，如何使用，如何充分发挥其功能，如何激发使用的意愿，如何避免技术奴役教育等，应成为社会工作实验建设的下一阶段需要妥善处理的问题。2020年，中国社会工作教育协会社会工作实验教学专业委员会正式成立，但是否会重视以实验室为舞台的实训教学，能否为以实验室为舞台的实训教学提供有效的指导，能否突破实验室技术使用的困境，都需要拭目以待。

二、标准化：核心表征与必由路径

伴随开放的是多样性，社会工作教育走向开放必然会导致理论繁杂，概念重叠。“如何提高”与“如何评估”社会工作者临床技能？问题的背后其实隐藏着一个更为根本性的问题：何以可能提高，何以可能评估，其实质是要回答社会工作者临床技能的标准是什么。在开放中建立统一是标准化承担的使命。无标准，则无所谓提高；无标准，也无所谓评估。因此，从开放到标准是社会工作专业化、职业化必经的步骤，标准化也正是社会工作专业化、职业化的核心表征与必由路径。里士满在《社会诊断》一书中就曾开宗明义地指出：对个案社会工作初始步骤进行检测的主要目的就是能够进一步制定专业标准（Richmond，2018：36）。有鉴于此，以满足社会工作专业人才技能培养需要为原则，以高校社会工作专业师生为主体，吸纳机构一线工作人员，在中国社会工作教育现实处境下探讨“如何提高”与“如何评估”社会工作者临床技能，推动社会工作临床技能的标准化进程，有助于提高社会工作的专业化与职业化程度，提高社会认同与教育质量。

专业（profession）涉及长期培训和基于系统和科学知识体系的正式资格认证过程，并植根于法律边界的建立，被定义为一种有偿职业（a paid occupation）（Brekke，2014）。专业化（Specialization）是专业主义（professionalism）的先决条件，是工业化的进程的结果，而科学的威望、自治的需求、工作者对专业声望的渴望也是转向专业化的动力（Wilensky & Lebeaux，1958：285）。1915 年，在美国慈善与矫正会议上，与里士满关系密切的美国高等教育改革者弗莱克斯纳受邀做《社会工作是一门专业吗?》的专题报告，认为衡量某职业是否为一个专业，需要满足六项标准：一是本质上是具有宏大个人责任感的智力活动；二是专业知识的原始资料直接来自科学和学习；三是运用专业知识的原始资料达到实践的、明确的目标；四是通过教育传递技巧；五是趋向于自我组织；六是具有利他动机。但社会工作不具备必要的知识基础与可传授的专业技巧，未形成统一的教育体系，缺乏专业自主性，无法满足这些标准，因而还不能称之为一门专业（Flexner，2001）。这在一定程度上支持了里士满倡导的基于科学主义与专业主义的个体治疗路径，而劳拉·简·亚当斯（Laura Jane Addams），曾因争取妇女、黑人移居权利而获得 1931 年诺贝尔和平奖，倡导的社会改革的路径则遭遇挫折。作为回应，1917 年，里士满的《社会诊断》一书正式出版，成为社会工作早期实践的指南和理论基础。其基于医学模式，为社会工作提供了专业主义基础与合法性（熊跃根，2012）。1922 年，里士满出版《何为个案社会工作：一个介绍性描述》一书，进一步强化了个体治疗路径。1919 年，美国、加拿大两国的十七所社会工作学院联合成立“专业社会工作培训学院协会”，1927 年更名为“美国社会工作学院协会”（American Association of Schools of Social Work），制定了统一的专业培训与教育标准（Pottick，Edwards，& Lu，2019）①。它们

① Pottick，Kathleen J.，Richard L. Edwards，& Shuang Lu. 美国社会工作教育发展. 2013 年 09 月. https://www.pishu.com.cn/skwx_ps/literature/3896215.html. 来读网翻译. http://www.raduga.com.cn/skwx_eypt/LiteratureReading.aspx?ID=603391。

将社会工作的专业化问题提上议事日程，吹响了社会工作专业化的号角，揭示出社会工作教育中存在的非标准化、非规范化和非专业化的问题（王思斌，2006a：40）。

专业社会学有两条理论解释路径，一是“特质”路径（the“trait” approach)。最常提及的专业化职业（professional occupation）特征有：（1）基于理论知识的技能；（2）提供培训和教育；（3）测评成员的能力；（4）组织；（5）遵守专业行为准则；（6）利他服务（Johnson，1972：23)。沿此路径，哈罗德·L·威伦斯基（Harold L. Wilensky）揭示了成熟专业发展所经历的典型过程，即开始成为全职工作；倡导者开始关注技术的掌握、培训和实践标准，并设立培训学校；教育者和实务工作者推动建立更有效的组织，即专业协会；出现对垄断技术的法律保护；采用正式的行为守则（Johnson，1972：28；柴定红，2009：9)。任何职业的专业化都涉及若干典型的过程和效果，而专业工作的技术性程度、专业人士遵循专业规则的程度则是区分业余还是专业的标准（Wilensky & Lebeaux，1958：284)。从专业化的构成要素来看，亚历山大·M·卡尔-桑德斯（Alexander M. Carr-Saunders）根据专业技能和训练、最低报酬和薪资、专业协会，以及规范专业实践的伦理规范，共四大要素来界定专业化的水平（柴定红，2009：8)。二是功能主义路径。伯纳德·巴巴尔（Bernard Barber）根据四个基本属性定义专业行为：（1）有高度概括和系统的知识体系；（2）主要关注社区而不是个人利益；（3）通过工作社会化过程中内化的道德规范和由工作专家自己组织和运营的志愿协会实现的高度自律行为；（4）基于工作成就符号的奖励制度（金钱和荣誉），它的目的在于自身，而不是个人私利（Barber，1963；Johnson，1972：33)。总体而言，特质路径中专业要素的提炼是不充分的，不同学者间很难达成共识，不能反映专业的真实全景；而功能路径中各项功能呈现为一种静态的、模块化的状态，容易忽视结构的框定作用，无法有效反映专业内部动态、复杂、关联的现实状态，机械照搬并不能组建成功一个真正的专业。

加里·福特（Gary Ford）与诺曼·E·吉布斯（Norman E. Gibbs）构建了一个成熟专业的要素及关系体系，可以称之为关系路径。涉及八个方面：专业启蒙教育、资格认定、技能发展、证书、许可、专业发展、核心道德与专业化的社团，并论述了它们之间及其与专业实践的内在关系（Ford & Gibbs，1996)。该体系综合了过程视角与要素视角，既有静态的要素构成，又有动态的结构演变，如图 5.1.2 所示。其中，证书是一个专业管理的自发进程的产物，是能力的证明；许可是一个由行政管理的强制开展的产物，两者都是试图保持专业权威性与竞争力的机制，具有划定专业边界排斥他者进入的功能。资格认定是一个确保教育项目质量的机制，就社会工作教育而言，中西方有所不同。中国是由政府行政部门许可，西方主要是由行业协会许可。在英国，必须在接受过专业教育后才能获得相关资格；在中国，获得专业教育文凭后，仍然必须通过职业资格考试才能获得资格，两者资格许可的路径存在差异。

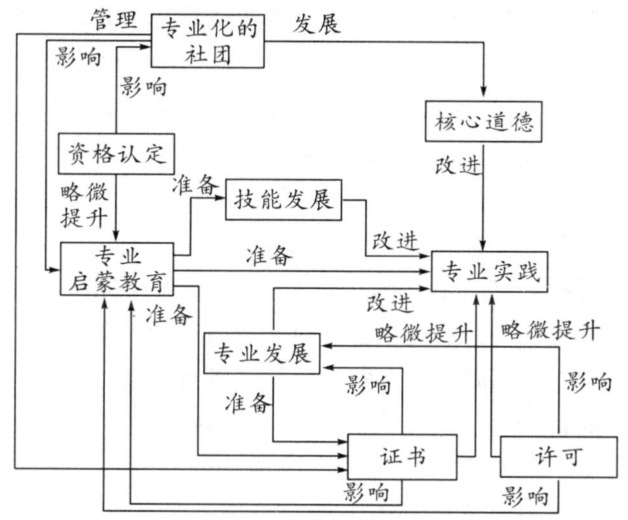

图 5.1.2　专业构成要素之间及与专业实践的相互关系

资料来源：Ford & Gibbs（1996）。

在社会工作教育领域，艾迪特·威士-高（Idit Weiss-Gal）与佩内洛普·韦尔伯恩（Penelope Welbourne）指出社会工作专业化的基础特征包括公众认可度、专业垄断性、专业自治权、知识基础、专业教育、专业组织、成文的伦理标准、职业声望和报酬（Weiss-Gal & Welbourne，2008）。资格认定、证书、许可都是专业垄断性、排他性与竞争性的象征，并与专业自治权相关联；专业化的社团则与专业组织相对应，可能承担资格认定、颁发证书、审批许可等职能；初始的专业教育与知识基础、专业教育是相关联的；两者都强调伦理道德对专业发展的核心地位，但前者未涉及影响专业的公众认可度、职业声望和报酬的社会指标，后者未涉及技能发展、专业发展的因素。厄内斯特·格林沃德（Ernest Greenwood）将构成专业的要素区分为五项：系统理论、权威、共同体（community）认可、伦理守则和专业文化（Greenwood，1957），认为社会工作已经是一门专业。但妮娜·托伦（Nina Toren）却认为社会工作只是一门“准专业”，因为构成的专业要素不全（Toren，1972：38—42）。与前述分类相比，格林沃德的分类主要聚焦专业化，缺少反映职业化特征的要素，如资格认定、许可等。从职业化的要素出发，应包括职业区隔、职业资格、职称体系、职业认证、职业保护和监管等（李迎生，2018）。20 世纪 90 年代，查尔斯·D·加文（Charles D. Garvin）和约翰·E·特罗曼（John E. Tropman）提出七项标准，即：知识体系、理论基础、大学训练、产生收入、对实践者的专业控制、对专业活动的内在道德或伦理控制、可测量或观察的结果。他们认为，社会工作既是专业也是非专业，它将要获得完全的专业地位（Garvin & Tropman，1992：457—464；顾东辉，2008：69），该标准突出了大学训练、结果考核的重要性，但缺少资格认证、社会评价维度。基于社会学视角，赵康提出了充分成熟专业的六条判断标准：一个正式的全日制职业；专业组织和伦理法规；深奥的知识体系和完善的教育培训机制；服务和社会利益定向（具有极大的社会和经济收益）；社区的高度支持和认可；高度自治（赵康，2000）。与前述标准相比较，此视角突出了“一个正式的全日职的职业”的存在以及“服务和社会利益定向”。前者已经获得学界的共同认可，而后者与“具有利他动机”存在内部的一致性。相比较而言，福特与吉布斯的框架体现了时间与空间、宏观与微观、结构与行动、共时性与历时性等的统一，但因其对象为软件工程专业，所以其他领域的学者关注较少。

自 1955 年美国社会工作者联合会将七个专业社会工作组织整合在一起，社会工作作为一门职业的形象就开始稳定下来（Brekke，2012），但它作为一门科学学科的形象始终是模糊不清的。在第二章中，本书依据施耐德建立的科学学科演化四阶段的简单模型，结合知识图谱的分析与文本的深度解读，得出了“社会工作已经初步确立了其作为一个科学学科的地位”的结论，但事实上是否已经成为一门科学学科并没有形成学界共识。与上述标准相对照，中国社会工作专业已经拥有部分要素，但专业化、职业化程度不高，专业权威性与社会认同度仍然较低，作为科学学科的地位并未在中国学界、业界、政界等相关主体间达成共识，甚至曾引发社会工作是否应该脱离社会学而独立的争议。

科学学科是学习和系统地生产新知识的组织体系，要成为科学学科需要具备以下几个特征：（1）特定的研究对象；（2）针对研究对象的累积的专业知识体系；（3）有效组织累积的专业知识的理论和概念；（4）使用适应研究对象的特定术语；（5）根据学科的具体研究要求使用研究方法；（6）具有以大学或学院，各自学术部门和相关专业组织教授的科目形式呈现的制度（Krishnan，2009）。科学学科可以区分为核心科学学科与整合型科学学科，前者的中心问题是建立一套理论和研究体系，不断明确其边界，旨在理解该学科定义为其知识核心的现象；后者的中心是整合不同方法解决“生活中的问题”（Brekke，2014）。可以发现，要成为一门科学学科，必须具备以下要素：研究对象、专业知识体系、理论和概念、专业术语、研究方法与课程。但与核心科学学科不同的是，社会工作的概念、理论及方法多采借于其他学科，目的是解决“生活中的问题”，故可视为整合型科学学科（Brekke，2014）。在此意义上，社会工作可以定性为一门科学学科。也有学者将社会工作视为跨学科的行动科学（Sommerfeld，2014）。

作为一个专业，无论发展到何种程度，都需要一支宏大的强有力的人才队伍。因此，社会工作专业需要正面回应如下问题：专业培养的对象何以可能是专业的？根据福特与吉布斯的专业发展框架，在共同体支持下，我们可以通过专业启蒙教育，包括专业教育与职业培训，发展社会工作专业技能，跨越课堂教学与现场准备，最终走向专业实践。

社会工作专业教育的发展大致可分为学徒式、技术理性式、行动反思式三个专业教育阶段（费梅苹，2002）。B·林奇（B. Lynch）与D·康沃尔（D. Cornwall）将实习科目与课程之间的关系区分为四个阶段：学徒式、学院式、成长或个案式、关联式（Ryan，Toohey，& Hughes，1996）。相类似的，大卫·罗伊斯（David Royse）等将社会工作实习发展历史划分为三个阶段：学徒模式、学院模式与关联模式（罗伊斯、多培尔、罗姆菲，2005：4—5）。乔纳森·里海（Jonathan Caspi）与威廉·J·里德（William J. Reid）则将社会工作实习指导的历史区分为以下五个阶段：（1）19世纪后半期，教与学采用学徒方法，主要的教学策略是展示和塑造作为机构社会工作者所需的技能、行为和态度；（2）20世纪早期开始的学院方法，以课堂为阵地，重点是关注实践者的认知发展，实习的目的是将知识应用到实践，不关注实习指南的发展；（3）20世纪20—30年代间的治疗与成长方法，关注的焦点是个体与专业的发展，无法区分督导的目标是治疗还是教育，后来基本上被抛弃；（4）20世纪40—60年代的关联方法，努力在课堂与现场间建立统一的指南与程序，试图提高实习教育的质量；（5）20世纪60年代至90年代成人教学法成为实习指导的原则，其倡导的程序包括，以学习者为导向的目标、建立平等的监督关系、重视和借鉴过去的经验，以及关注解决问题的紧迫挑战（而不是以主题为中心的学习）。当下的实习指导通常是与课程作业同步进行，是基于案例与活动，由督导直接提供的，一对一的实习指导（Caspi & Reid，2002：32—

35）。

相对而言，在专业规模日益扩大的情况下，学徒制已经难以胜任，其更多的是一种经验的模仿，服务的标准来自师傅的经验，有些技巧来自师傅的实践智慧，只可意会而难以言传，当下督导与实习学生的关系与此也有类似之处；学院方法重视课堂教学与学术训练，更多奉行的是技术理性的思路，批判与反思不足，实习教育只是能力训练的补充；关联方法虽然试图整合两者的优点，推动学界寻找一个连接学术与实习学习的明确路径，但到目前“未能在课堂与现场之间建立一种有效的联结”（Caspi & Reid，2002：34）。衡量专业化程度的标准不只是看拥有排他性技术能力的成功程度，还要看行动者遵守专业的行为准则的程度（Wilensky & Lebeaux，1958：285）。因而，在研究、教育与实践子系统间需要确立联合的动机，统一对话的语言，共享评估的策略，这是提高与评估社会工作临床技能的重要前提，需要突破现有专业教育策略。

从学科体系来看，社会工作的学科定位问题在中国至今尚未得到较好的解决（李迎生，2017）。根据《中华人民共和国学科分类与代码国家标准》，社会工作属于应用社会学；2011 年国务院学位委员会和教育部印发《学位授予和人才培养学科目录》，将社会工作晋升为社会学一级学科下的七大学科方向之一（冯仕政，2019），2022 年国务院学位委员会印发《研究生教育学科专业目录（2022 年）》，将社会工作专业学位安置在法学学科门类下，与社会学学术学位并列①。作为一门专业，社会工作目前已经拥有教学舞台、宣传阵地与服务机构。从科研成果来看，论文发表的数量与研究的质量都显著提升；从教育层次来看，目前全国开设社会工作本科专业的普通院校已经有 300 余所，专科院校有 80 所左右，②③ 社会工作专业硕士点已有 183 家，自主设立社会工作与社会政策博士点的院校有 22 家，其中有 5 个社会工作博士点，17 个社会工作博士研究方向（截至 2022 年 7 月）（马凤芝，2022）。2022 年《研究生教育学科专业目录（2022 年）》的印发，意味着社会工作专业博士学位已被正式授权设立（目前已允许部分高校自主设置社会工作博士学位点），自 2023 年下半年正式实施，

① 《国务院学位委员会 教育部关于印发〈研究生教育学科专业目录（2022 年）〉〈研究生教育学科专业目录管理办法〉的通知》，http://www.moe.gov.cn/srcsite/A22/moe_833/202209/t20220914_660828.html。

② 央视网.社会工作师你听说过吗？348 所高校开设了社工专业本科教育，2019－07－30，http://news.cctv.com/2019/07/30/ARTIgMIfuJbTPZ9LMsYzHS8m190730.shtml。

③ 根据马凤芝教授的回顾，截至 2022 年 7 月，开设社会工作专业的本科院校有 328 所，专科有 70 所。2019—2022 年间专业数量存在动态调整的情况。参见马凤芝（2022）。

这将成为社会工作教育史上的里程碑事件。从社会知名度来看，由于政府的推动、媒体的宣传，以及社会工作者为社会提供的服务，社会工作作为职业与专业的社会知名度逐渐提高，但社会工作的专业认同度与服务的社会认可度仍然比较低。问题的核心是，尽管我们的目标是指向“服务和社会利益”，但我们未能为专业设置清晰的具有排他性与竞争性的边界，无法提供凸显专业性的服务；学生的专业认同不足，仅仅将其作为职业，而未能将其视为事业，加上就业环境不佳，专业流失率很高。

社会工作专业化、职业化的发展始终处于政策情境的约束之下，体制的改革，特别是福利体制的改革，“是社会工作职业化发展的条件”（王思斌，2006b），也是社会工作专业化发展的条件，具体表现为各项政策、规章、制度、标准等的制定，以及会议的召开、地方短期政策的激励。这为社会工作专业的发展提供了良好的制度环境，扩大了社会支持与专业认同。表 5.1.1 为 2004 年以来与社会工作教育相关的重要政策与事件等。

表 5.1.1　社会工作专业发展重要事件与主要内容

时间	政策/通知/会议/标准/事件	发布者	主要内容
2004.06	社会工作者国家职业标准	劳动和社会保障部	建立国家职业标准
2006.07	助理社会工作师、社会工作师职业水平考试实施办法	民政部	组织成立专家委员会，负责编写考试大纲、命题
2006.09	社会工作者职业水平评价暂行规定	人事部 民政部	职业水平评价；职业能力
2006.10	中共中央关于构建社会主义和谐社会若干重大问题的决定	中共中央	建设宏大的社会工作人才队伍
2009.04	全国社会福利服务标准化技术委员会成立大会暨年会	民政部	推动社会福利服务标准化体系建设
2009.07	关于开展社会工作硕士专业学位教育试点工作的通知	国务院学位委员会	2009 年，批准 33 所院校试点，2010 年开始招生
2009.10	民政部关于促进民办社会工作机构发展的通知	民政部	逐步建立健全民办社工机构中社会工作人才的培养、评价、使用、流动、激励机制

续表

时间	政策/通知/会议/标准/事件	发布者	主要内容
2009.11	关于印发社会工作者继续教育办法的通知	民政部	社会工作者继续教育机构应当根据社会工作者继续教育要求，科学开发继续教育培训课程，合理设置培训内容，有效改进培训方式，提高继续教育培训质量
2010.06	国家中长期人才发展规划纲要（2010—2020年）	国务院	将社会工作专业人才提升为与党政人才、企业经营管理人才、专业技术人才、高技能人才和农村实用人才相并列的第六支主体人才
2011.07	中共中央、国务院关于加强和创新社会管理的意见	中共中央 国务院	发展社会工作专业服务机构，加强社会工作专业人才队伍建设
2011.02	社会工作专业评估方案	中国社会工作教育协会	专业评估标准
2011.11	关于加强社会工作专业人才队伍建设的意见	中央组织部、中央政法委、民政部等	大力发展社会工作专业教育；加强社会工作学科专业体系建设，制定科学的专业设置标准，完善社会工作专业教学规范；建立健全社会工作专业人才评价制度
2012.04	社会工作专业人才队伍建设中长期规划（2011—2020年）	民政部	实施社会工作服务标准化建设示范工程，通过加强标准化建设，建立和完善社会工作服务体系
2012.11	关于政府购买社会工作服务的指导意见	民政部 财政部	建立完善的社会工作服务标准体系；加快相关标准研制步伐，逐步建立科学合理、协调配套的社会工作管理服务标准体系
2012.12	社会工作者职业道德指引	民政部	明确社会工作者职业道德
2013.02	民政部关于遴选社会工作专业人才培训基地的通知	民政部	以提高职业能力和素质为主要目标

续表

时间	政策/通知/会议/标准/事件	发布者	主要内容
2013.11	成立全国社会工作标准化技术委员会	民政部社会工作司	加强社会工作标准化建设是社会工作事业现代化发展的内在要求
2014.12	儿童社会工作服务指南	民政部	规定儿童社会工作服务原则、服务的范围和类别、服务流程、服务技巧、督导、服务管理和人员要求等
2014.12	社会工作服务项目绩效评估指南	民政部	规定社会工作服务项目绩效评估目标、原则、主体、内容、方法和程序
2016.01	老年社会工作服务指南	民政部	规定老年社会工作的术语和定义、服务宗旨、服务内容、服务方法、服务流程、服务管理、人员要求和服务保障等
2016.12	社区社会工作服务指南	民政部	规定社区社会工作服务的总则、内容与要求、流程与方法、质量管理和服务保障要求
2017.05	中山大学社会工作专业本科停招	中山大学	社会工作专业发展危机
2017.08	养老服务标准体系建设指南	民政部	推动建立全国统一的养老服务质量标准和评价体系
2019.07	青少年社会工作服务指南	民政部	规定青少年社会工作服务的原则、内容、方法、流程和管理等
2021.03	社会工作督导指南	民政部	规定社会工作督导的目标、伦理、内容、主要过程、督导者配置和保障
2021.03	养老机构服务标准体系建设指南	民政部	规定养老机构服务标准体系建设的基本要求、构建原则、标准体系结构
2023.03	党和国家机构改革方案	中共中央 国务院	成立中央社会工作部，统筹推进党建引领基层治理和基层政权建设是其重要职责

资料来源：作者整理。

注：颁布时间与实施时间不一致的采用实施时间。

从表5.1.1可以看出，无论是职业水平评价与考试、学科建设与专业评估、继续教育与培训、政府购买服务，还是标准或指南制定，其目的都是提升社会工作者的能力以增进服务的专业性。其核心问题是标准的制定或规范的指引，本质是专业边界的确立问题。各种标准的出台正是回应了社会的需要，也与西方社会工作专业发展的历史经验相吻合。总体而言，社会工作相关政策的演进过程是社会工作专业化、职业化的过程，而专业化与职业化的过程正是社会工作的标准化过程。因而，标准化是专业化、职业化的核心表征与必由之路。但标准的本质应是共识与共享，而非标准本身；标准本身是相对稳定的，而非僵化不变的。目前从事社会工作服务，职业证书与行政许可尚非必要条件，因而职业化程度仍然很低。“某种职业之所以需要认证资格，源自于它对人类生活的重要性及其技术获得的非自然性”（王思斌，2006b）。

不同的专业或准专业都试图通过设置诊断、干预与治疗的知识进程将问题形塑进连续的审查过程中（Abbott，1995），这是一个专业确立自身边界排斥他者的自然进程。以社会工作的基本功能——照顾——为例，专业边界是一套指导方针、期望和规则，是社会照顾有效性的基石，它为社会照顾环境设定了道德和技术标准，为社会工作者等行动主体的安全、可接受和有效的行为设定了限制（Cooper，2012：11—14）。在特定领域中，专业需要拥有排他性的能力，这是“技术性的”，需要长期的规范的训练，意味着并非所有人都可从事对应的职业，这在不同专业的交叉领域可能会引发管辖权争议（jurisdictional disputes）（Wilensky & Lebeaux，1958：284）。管辖权既是一种文化，又是一种社会结构，代表着对实践或公共支付等的绝对垄断，以及对培训、招募和执业许可等的控制（Abbott，1988：59）。特瑞·约翰逊（Terry Johnson）论述了职业管辖权（occupational jurisdictions）问题，认为职业是国家的组成部分，是控制的一种形式，国家或专家可能会基于自身利益，通过设置专业标准，进而控制进入专业的资格（Johnson，1995：23；Freidson，2001：133－134）。在资质系统结构中，大学、专业协会与国家扮演着重要角色（Brint，1993），但市场也可以发挥同样的作用。马加利·萨尔法蒂·拉森（Magali Sarfatti Larson）将专业视为在市场上占支配（dominance）地位的组织（Abbott，1988：6）。为了维护市场垄断地位与获得更高的知识回报，传统的旧有职业试图控制市场，并在职业和社会等级中获得特权地位，对获得培训的机会施加结构性限制，从而实现排他性（Larson，2017：263）。艾略特·弗赖德森（Eliot Freidson）认为，真正专业精神的标志是支配或自治，而不是合议（collegiality）与信任（Abbott，1988：5）。从专业自治的路径看，专业人士希望能够自治和自我指导，只受与其任务相关的知识和技能的约束。他们可以接受建议或命令，但只能来自能力而不是政府职位，这被认为是对工作的有效授权（Freidson，1986：159）。由此可见，专业边界或资格可以通过政府、高校、市场授权，或以专业自治的方式确定，这回答了专业发展的合法性来源问题。

在中国，高校作为高等教育机构经由政府授权可以确定专业边界，但政府是多部门构成的一个复杂系统，学历学位与职业资格归由不同部门认证许可，专业边界与职业边界未能吻合，专业与职业发生分离，导致学历学位并不能直接等同于职业或执业资格。在中国，学历学位未能成为获得社会工作师职业或执业资格的必要条件。这是完成社区工作人员身份转换的现实需要，但却降低了学历学位的权威性，还导致社会工作人才队伍质量的良莠不齐。由市场授权，以客户为本，可能陷入实用主义，直接影响专业教育方案的规划，增加教育管理的成本；而市场鉴于人才投资、培养、识别成本，以及人才流动风险的考虑，最终还得将专业教育培训的权利让渡给高校，并以后者颁发的证书作为判断的依据。正如弗赖德森所言，“专业是指那些具有某种程度的高等教育的共同证书，并且是获得工作的先决条件的职业”（Freidson，1986：XII）。专业自治获得较多的青睐，但是要警惕其走向封闭而不是开放的风险。专业自治通常由专业协会负责，专家们很可能成为知识的垄断者与利益的守门人，他们“通过威胁开除成员资格和剥夺相关特权来约束其成员”（Freidson，1984），失去开放和包容，导致故步自封，从而背离社会工作的专业精神。简言之，专业边界，无论是由政府、学院、市场授权，还是由专业自治的方式界定，其核心并非管辖权而是从业者的能力问题。没有合格的社会工作者，边界再清晰，知识再垄断，也无法推动专业的发展。

专业（profession）与职业（occupation）的差异是程度上的，而不是种类上的（Barber，1963）；专业只是边界模糊不清的职业的一个子类（Eraut，2003：100）。专业的职业化意味着，专业团队需要努力控制其能力范围内的工作类型和标准；从业者与案主的关系将呈现新的形式；关于提供服务的可行方法和未来实践发展方向的决定将由更大的社团委托给有组织的专业协会和专业学校；该专业将在专业等级中占据一定的地位，受该职业的流行刻板印象和从业人员的经济回报的影响；某些道德义务将由从业者团体自行规定；相关专业领域能力范围的管辖权争议将会出现（Wilensky & Lebeaux，1958：283）。由此可见，专业需要获得认同，具有自治性，专业团队需要以能力为半径设置边界，控制工作类型的标准。如果与其他专业领域存在重叠，其管辖权争议也就不可避免。但职业如果不存在边界，进入无须特定的标准，包括法律标准与行业标准，那就意味着它无法成为一门需要长期培训与基于系统和科学知识体系的正式资格认证的专业，甚至有可能无法被视为一门职业。因此，专业化过程中管辖权的争议本质上是合法性问题，而合法性背后还隐藏着职业权力与专业资源的争夺。

拥有合法性只是专业发展的必要条件，而非充分条件。从长远来看，如果社会工作和其他职业之间在技术能力上不划定明确的领域，社会工作者走向专业化——建立正式培训计划、专业规范的学习和仪式化——就不会完全成功（Wilensky & Lebeaux，1958：287）。但目前社会工作所需技术的非自然性程度低，专业与非专业方法的界限并不明显，“社会工作”已经被泛化为“社会的”工作，似乎只要具备爱心即可从事社会工作；作为一项公共服务，由于其效果的滞后性与非货币化，市场竞争机制难以实现有效调节（民政部社会工作司，2011：98－99）。简言之，在职业的准入上，社会工作缺少排他性的边界与竞争性的机制。社会工作不只是心中有爱的职业，也是需要专业能力的职业。正如心理学家查尔斯·多拉德（Charles Dollard）所言，社会工作不得不与普遍存在的观念作斗争，即任何心中有爱的人都能胜任这项工作（Wilensky & Lebeaux，1958：288）。

面对社会工作的专业化与职业化的需要，以及社会工作者的能力建设需要，政策的回应是沿着标准化的逻辑前进，建立职业准入制度，通过制度化知识、价值、技能的广度与深度提高社会工作者专业能力的公信力。但政策本身提供的标准更多地是停留在宏观层面，微观的操作层面却鲜有规定，专业团体的作用应体现在对后者的回应上，然而中外存在显著差异。美国社会工作者联合会制定了一系列实践标准，涉及督导、工作场所安全、个案管理、技术应用、临床社会工作以及一些具体领域的服务标准等。而中国社会工作协会单独颁布的职业标准或者说倡议所知的仅有三项：《社会工作者应遵循的职业守则》《社会工作者应具备的职业道德》《社会工作者应具备的职业素质》，目前网络上已经不可考据。其他涉及操作层面的临床技能标准，多是高校团队或社会工作服务机构协助民政部门制定，缺乏专业的自治权。

社会工作服务最终都需要通过“人”来传递，社会工作者的能力关系到社会工作专业服务的品质与效能，也是获得共同体支持与认可，以及获得权威性的前提条件。社会工作的专业化和职业化的实现，只能由经过专业训练，具备专业知识、价值与技能，使用专业方法的人员担当社会工作者，“这不仅是因为社会工作自身特点的要求——以专门的科学的知识和技能助人，而且是保证社会工作真正成为一项职业，从而吸引高素质人才投身于化解各种社会问题伟大事业的前提”（民政部社会工作司，2011：99—100）。因而，政策设计中管理与服务标准化战略的最终指向应是“人”的能力建设。换句话说，如何提高与如何评估社会工作者的临床技能必然是政策推动的核心议题，而政策设计的逻辑是标准化。为了回应政策设计中管理与服务标准化战略的需要，社会工作者的临床技能的教育与评估也应相应地与之保持一致，即走向标准化。

沿着学术与制度的双重脉络，梳理社会工作专业化、职业化的中西方历史进程，分析中国社会工作发展的政策文本，可以发现社会工作专业的发展逻辑是沿着标准化推进专业化、职业化，取得了较为明显的学术成就与制度成效。可以说标准化是社会工作专业化、职业化的核心表征与必由路径。但标准化并非机械化、教条化，它是基于学界共识的动态标准，是引领和规范专业发展，厘清与确立专业边界的必要策略。因此，本书既反对忽视专业属性与制度环境约束，仅仅是为了标准化而标准化的做法，倡导分层次有重点地推进（赵怀娟、刘瑶，2019）；也反对过分夸大标准化负面效应而拒绝标准化的做法（张威，2017a；张威，2017b）。但完成标准化转向的路径何在？现行专业教育策略重于形式以致未能发现问题的根源，追求机构孵化而忽视课堂教学，导致在社会工作临床技能教育与评估上缺乏成效。突破困境的务实选择是回归基础教育，推动课程改革，沿着对技术进行规制——即在技术性逻辑的框架中增加反思元素的路径，建立社会工作临床技能指标体系，引入标准化案主的社会工作临床技能教育与评估的新策略（臧其胜，2012；臧其胜，2013），从而有效提高与评估社会工作者临床技能，推进社会工作的专业化、职业化与本土化，最终完成关于社会工作专业人才队伍建设的重大而紧迫的战略任务。

三、公信力：专业形象与社会责任

公信力（public trust/credibility）通常意味着在要求我们完成的任务以及相关的专业立场方面体现出可靠性和一致性（Izod & Lawson，2015）。它可以是来自自身的信用、资源、服务、能力等（Sullivan，1999），也可以是来自公众的信任；相对而言，体现双方互动关系的信任观更具合理性（梁东荣，2010）。公信力代表的是一种专业形象，包括专业社会形象与专业自我形象。在社会工作领域，专业社会形象是指公众对社会工作的综合认识和评价及其整套的要求和标准（许莉娅，2004）。专业自我形象是指社会工作专业群体的成员对所在群体的评价，包括对群体的社会声望、专业的社会价值、成员的个人和行为特征、职业机会以及专业化特征实现的判断，形塑群体的专业认同（Clearfield，1977）。从专业形象的语言描述变化来看，社会工作发展经历了三个特征明显的时期：一是道德型事业，社会工作基于道德理念提供服务；二是治疗型事业，社会工作基于人类行为识别提供服务；三是管理型事业，社会工作基于管理风险与客户优先提供服务（Gregory & Holloway，2005），其变化的过程正是专业重塑形象，提高科学性，增强公信力的过程。

自1988年北京大学设立社会工作与管理专业以来，中国社会工作专业的发展已经经过了30余年。十六届六中全会开启了社会工作高速发展的序幕，2023年社会工作第七次被写入政府工作报告，社会工作者职业资格报名考试人数大幅度攀升，“社工”角色已经走进普通群众的日常生活，专业的形象已经大为改善，专业的认同度提高，但“教育先行”的模式使得我们仍然“处于如何让社会大众认知、认同、接受作为专业的社会工作，如何向中国的实际社会工作注入专业元素的发展阶段”（许莉娅，2004），学生转换专业、就业与专业不匹配（何雪松、刘仕清，2020），以及社会工作者的非专业性行为引发的风险也在一定程度上降低了专业认同度。作为专业与职业，中国社会工作已经获得专业群体、政府部门、社会公众较高程度的承认，但更多是一种形式的承认，彻底完成向实质性承认的转向还需要较长时间（王思斌，2013）。承认不代表信任，因而，即使在社会工作得到中央层面承认的情况下，不少地方的社会工作仍裹足不前（王思斌，2013），更多的原因在于对社会工作服务效果的不信任，而社会服务效果又取决于社会工作者的专业能力。

对应实践、研究与教育三个子系统，社会工作的公信力涉及三大领域：一是实践的公信力，指向服务供给的效果；二是研究的公信力，指向理论研究与应用的信度与效度；三是教育的公信力，特指公众对教育组织实施社会工作人才培养的过程与结果的信任水平。因而，提高公信力主要是指提高服务的公信力、研究的公信力与教育的公信力。这构成一条公众承认的链条：一般性社会服务→社会工作专业服务→社会工作教育→社会工作研究，即当公众接受的社会工作专业服务比一般性的社会服务的体验更好，他更可能承认社会工作者及其接受的社会工作教育的专业性，对更为复杂的学术研究活动也更可能持高信任水平，从而形成良性循环。但服务的效果除通过接受者的直接反馈评估，也需要通过研究成果传播。在美国，同为助人专业的公共健康与护理通过实证研究展示了它们教育的效能而提升了公信力，但在社会工作领域还严重滞后（Caputo et al.，2015）。基于研究的目的，本书讨论的重点在于教育，而非专业认同、职业认同。认同专业或职业，意味着作为实践的社会工作获得了公众的信任，但并不意味着专业教育也获得了信任。对于社会工作教育的公信力讨论，也并非为了讨论公信力本身是什么，而是要讨论教育的过程与结果的公信力如何塑造。

社会工作面临的公信力危机由来已久，与此相关的术语有效力（effectiveness）、承认（recognition）、认同（identity），责任/问责（accountability）、新管理主义（new managerialism）、审计（audit）、高质量发展（high-quality development）等。这些术语评估的是服务效果，试图改进的是专业能力，最终提高的是社会工作专业的合法性（legitimacy）。社会工作实践者的效力是发展和提供最佳社会和健康政策、项目和实践的关键（Bogo，2015），能够改变公众生活，影响公信力。为了提高公信力，学者们从不同角度提出了自己的建议。1970 年，莱昂・莱辛格（Leon Lessinger）建议将商业管理实践引入教育事业管理中，指出问责原则是采用教育工程的关键，为了在结果方面对公众负责，学校管理人员必须采用某些管理程序，既激活绩效需求，又帮助他们提供绩效（Lessinger，1970：3，30－31；Yee，1972；DeVOE，1973）。其与西德尼・马兰（Sidney Marland）应是最早将责任引入教育领域的学者（Marland，1972①；Ornstein，1988）。1971 年，詹姆斯・R・里奇伯格（James R. Richburg）在美国社会研究委员会年会上（Annual Convention，National Council for the Social Studies）将“责任”一词引入教育领域（Richburg，1971②），后美国高等教育掀起了一场责任运动（accountability movement）。新管理主义具有计算机化金融系统、分散管理、委托预算、合同和个性化服务等特征，以“市场化国家”的新模式存在（Harris，1998；乔世东，2004）。在中国，“质量教育”与“高质量发展”近期频频出现在政府会议、学界论文、媒体报道中，社会工作的人才队伍建设似乎已从数量转向质量，从增量转向存量。对于社会工作实践者而言，坚持新管理主义原则，置社会工作于“可审计”中，尽管存在危险，但如果服务的改进与研究的方法相结合，在效率与效力上都将具有高度的建设性（Munro，2004）。对于社会工作研究者而言，发展

---

① https://eric.ed.gov/?id=EJ054310。

② https://eric.ed.gov/?id=ED058145。

与使用能够最大化公信力与责任度的方法，将提高社会工作者的接受度，也可为专业增加基于实证研究的深度与洞见（Beeman，1995）。对于社会工作教育者而言，主动展示自己的教育过程与结果，接受多元主体的监督与评价，有利于提升专业教育的公信力。

1915 年，弗莱克斯纳关于“社会工作不能称之为一门专门职业”的论断在社会工作专业引发了首次合法性危机，而后续的专业化、职业化与本土化，以及内部的改革皆可以说是在为专业生存的合法性而努力，但争议始终存在。20 世纪 60 年代晚期到 20 世纪 70 年代，控制不受约束的社会与改善个体体验质量方面的福利条款的效力受到质疑（Parton，1996：82）。20 世纪 70 年代后期，福利国家出现危机，而在针对福利国家的批评中，社会工作被置于最前沿。一是认为其因为使用了错误的理论与方法导致无效。20 世纪 70 年代，费希尔对社会工作专业服务的效力提出了质疑，认为精神治疗的传统面对犯罪与贫困问题时是无效的（Fischer，1973）。而菲利普·科里根（Philip Corrigan）与彼得·伦纳德（Peter Leonard）基于马克思主义的观点认为，当社会工作通过改变社会制度适应个体，而不是改变个体适应社会制度时才是有效的（Corrigan & Leonard，1978）。两个观点的侧重点不同，前者基于社会工作的个体治疗中精神治疗法的失败，认为沿此路径社会工作是无效的；后者倡导社会变革取向，认为沿此路径社会工作才是有效的。或如施佩希特与考特尼所批评的，因为社会工作抛弃了改革社会的专业使命，降格为“个体问题疗治教堂中的神父”（Specht & Courtney 1994：89），所以才无效的。二是认为社会工作侵入并破坏了道德结构导致无效。如未能将儿童从明显的暴力和危险的家庭中解救出来，却又盲目自信地夸大风险而将儿童从父母身边带走，这可能既无用，也无效（Parton，1996：83）。如电影《刮痧》中的美国社会工作者可以直接干预家庭生活，将孩子从父亲身边带走，需要法院判决后才能决定是否相聚。面对此类情况，限制社会工作者的权力，或者要求他们在获准执业之前先学会高效和胜任，就成了公众的一项需要（Vass，2004：1）。尽管社会工作者的形象受到挑战，但将信任与专业素养（professionalism）联系起来仍是一个流行的话题（Hunt，2017）。

从信任的媒介来看，教育组织者塑造公信力的途径可区分为四种：一是基于权力的行政许可；二是基于价格的市场竞争；三是基于关系的网络互惠；四是基于证据的知识验证。第一种是以政府及其相关部门（教育部门等）为主导，由法律法规提供保证，各类不同等级的教育与培训证书等文化资本是其证明，是一种权力信任；第二种是以市场为主导，由等价交换原则提供保证，工资待遇等经济资本是其证明，是一种契约信任；第三种是高校与政府、市场及相关利益者共同参与的网络，由互惠原则提供保证，社会资本是其证明，是一种关系信任；第四种则是以证据的生产者、传播者与使用者为主导，由算法提供保证，知识是其证明，是一种技术信任。前三种途径中，社会工作者的专业能力是由政府、市场或网络决定，由于信息不对称，都存在失灵的现象（王光艳、杨颉，2018），特别是造假作弊现象难以阻止。以在线学习大规模开放在线课程 MOOC 为例，其本是高校与政府、学习者、市场及相关利益者共同构成的远程教育的互惠关系网络，但由于身份识别困难，其无人监督的在线学习与考试相对于现场更容易欺诈（李凤英、何屹峰、齐宇歆，2017）；而在实际操作中，又由于存在利益交换，开设专业的学校与学习者易形成利益共谋，后者付费，前者发文凭，而教育的过程与质量却无人问津或无法问津，直接损害教育的公信力。即便接受高校全日制教育的学生，其培养质量也令人担忧，近年来的论文造假事件引发的舆论风波就是例证。同时，各种无法出具的证明层出不穷，增加了社会交易的成本，导致作为主体的社会工作者难以证明自身。

对社会组织或其他用人单位而言，在招聘时面临的最大困难就是无法知悉应聘者真正的专业能力。简历及各种证书构成的应聘者专业能力锻造的历史，证伪成本巨大，很多时候也无法证伪。在此处境下，如果能够掌握教育的过程，如教育行为记录、教育评价结果等，借助去中心的、分布式的评价对学习者的能力等级达成共识，而不是依赖复杂的第三方许可、认证、仲裁或信誉保证等，或许可以更为客观地评价社会工作教育，也可以更好地筛选出符合自身需要的人才。这就要求教育过程具备开放透明、可溯源、不可篡改、去权威化等特性，而第四种基于证据的知识验证的途径为此提供了一种新的选择。目前比较流行的教育质量第三方评估，如各种排行榜，从形式来看，符合第四种类型，但其依据的“证据”并不一定是证据，仍然可以篡改，而且存在竞价排名的可能，双方的公信力也就都异化成为可以交易的商品，导致“志愿失灵”（王光艳、杨颉，2018）。简言之，开放是公信力提升的必要前提，而可溯源与不可篡改则是公信力提升的重要保证。

公信力需要由所有利益相关者的共识保证，而不是由教育组织者单方展示，也不能依赖第三方认证，而应有一种去中心化的评价及信用体系。社会工作教育强调能力为本，包括知识、价值与技巧三个维度，其核心是专业能力的教育，提升公信力的一个重要切入点也就在于开放专业能力教育的过程，以便公众监督与评价。教育组织者作为信任的施加者，提供证据证明自己；而使用者则根据自己的使用体验给予主观评价或价值判断。由于教育过程的不透明性，当下的社会工作教育无法令人信任，社会工作教育必须走向开放、提高公信力。塑造公信力的途径中，基于权力的行政许可、基于价格的市场竞争、基于关系的网络互惠，存在失灵现象，无法阻止造假欺诈行为的发生。毋庸置疑的是，科学的证据将提高效力，增强专业的公信力（Cournoyer & Powers，2002；转引自 Howard，McMillen，& Pollio，2003）。随着大数据挖掘、学习分析、人工智能与区块链技术等技术的出现，基于证据的知识验证成为社会工作教育公信力塑造的新途径。可以发现，区块链技术是未来实现最佳实践的一个相对最优选择。

基于证据的知识验证依赖于新近发展的区块链技术，与传统的通过权力、契约、关系，由第三方、中介或中心权威提供保证而建立的信任不同，区块链技术是通过算法验证提供信任，可以在无须互相信任的分布式系统中实现基于去中心化信用的点对点交易、协调与协作（袁勇、王飞跃，2016）。目前该技术已在教育领域产生影响，可以生成完整的转换记录，减少学位欺诈（Chen et al.，2018），可以提供学习记录和学分银行服务，建立方便、可信的证书体系，降低求学、求职和人才雇佣的成本（李青、张鑫，2017），对能力为本的教育与评估，以及自决式学习有着重要意义。在技术的支持下，社会工作教育可以“在灵活的时间参数范围内，促进、测量、记录和验证已知的、明确声明的和一致同意的学习结果”。在正式的学校教育中，我们可以基于区块链技术建设社会工作实验室，完成“基于数据的、自适应的、行为导向的整合过程”。这符合能力为本的学习或教育实践理念，需要在能力与服务标准上事先达成共识，并成为智能合约的一部分，但要避免技术的异化。

第二节 培养方案：责任、质量和科学

一、培养方案的设计原则与核心

社会工作专业培养方案的设计应坚持责任、质量与科学的原则。社会工作教育的目的是培养出对社会负责的专业社会工作者，其培养方案的设计也就必须对公众负责。一方面，要能满足毕业生从事艰巨而复杂的现场工作的需求；另一方面，要能满足毕业生变革社会结构中不平等分配特权的期望（Cox et al.，2020）。但当下中国的社会工作教育尚未能很好地满

足社会的责任期待，许多毕业生在未能做好充分准备的情况下就已进入现场。可以说，既缺乏熟练开展个体治疗的专业能力，又缺乏强劲推动社会变革的专业能力。教育者是“守门员”，他们的责任是只允许那些证明自己已成为合格社会工作者的学生毕业（Feldstein，1972；Moore & Urwin，1990；Barlow & Coleman，2003）。毕业生的质量部分取决于培养方案（educational programs）以及这些方案在质量控制中承担的责任（Moore & Urwin，1990）。“守门员”就是依据培养方案控制毕业生质量的教育“品控员”，自19世纪晚期就已经成为社会工作教育的组成部分（Moore & Jenkins，2000：45）。而教育部提出的“质量教育”号召，也要求中国社会工作教育必须完成从数量向质量，从增量向存量的转型，最终实现高质量发展。科学性是社会工作争取科学学科地位的必然要求，也是社会工作专业培养方案必须坚持的原则。它理应尊重教育规律，正视面临的各种约束，以能力建设为目标，正确处理好理论、方法、工具与实务等专业课程间的关系，同时处理好专业课与公共课、必修课与选修课、课内实践与现场实习的关系，寻找出课程与资源的最佳配置。

课程是培养方案中的核心要素，是一个包含结构、内容和过程的，集成管理、思想和规划的系列文档（Grant，2018：97，116，134），不能停留在将课程框定为教材、科目、教学计划等实体性对象的肤浅认识上（李本友、王洪席，2011）。学生需要学什么，以及如何学，是社会工作教育的关键问题（Cox et al.，2020），而课程及培养方案决定了学生学什么，以及如何学。课程可能只是一份教学大纲，也可能是学生需要消费的产品，是师生互动的过程，或者是一种包含行动与反思的实践，它们与以自由主义教育者、科学课程制定者、发展/以人为本，以及社会改良主义者为代表的四种力量密切相关（Smith，1996）。课程性质的定位不同，决定了课程设计路径也不会相同。优秀的课程设计需要做到代表进步、维持平衡、连贯和完整、通用（currency）、弹性（Rao et al.，2005）。也有学者提出将学生视为共同创作者（co-creators）、共同制作人（co-producers）与共同设计师（co-designers），考察课程设计中学生积极参与的可行性与可能性，并根据师生在课程设计中控制程度的大小绘制出学生参与阶梯（Ladder of Student Participation）（Bovill & Bulley，2011）。学生参与阶梯共有四阶八层，其中最低阶为教师完全控制课程设计，最高阶为学生完全控制课程设计。中国学者提出课程设计要考虑课程定位、课程衔接和配合、专业认同、学生参与、能力培养、课程与现实结合等问题，并坚持以“学生为本”的设计理念（朱眉华，2004），偏重于如何教。从西方高等教育来看，课程发展经历了内容驱动（聚焦教什么），到目标驱动（聚焦于学习结果），再到进程驱动（聚焦如何学）三个阶段（Ross，2000：97，116，134）。本书所建构的生态系统教育模式，依托技术平台，以教师为中心，以能力为本，正视课程设计时所面临的问题、压力、竞争、冲突或约束，期望在理想状态下实现对内容、目标与进程的同时关注。

社会工作教育的课程设计面临以下相互交织与重叠的问题：使命的不确定导致课程内容的不确定；课程过载（overload）和为满足机构需要而不得不增加非正式课程；教育时间有限；通用能力与专业能力成为相对立的两端，前者被视为低水平，后者被视为高水平；课程存在技术化倾向；课程设计思路与实践流程逻辑是颠倒的，前者指将一般性知识应用到特殊场景，后者则要在特殊场景中匹配一般性知识（Coulshed，1988）。课程设计还会面临认识论、意识形态压力，受到政治或经济、职业（如就业需要）、社会或人文影响（如机会平等），以及学生公平的理念和特定的机构驱动因素（如教育管理机构的政策）的影响（Burgess，2007）。除上述因素外，区位资源秉赋、技术应用水平、学生的文化背景和社会经济地位、学生心智发展程度、师生互动水平、教师专业素养、课堂管理能力等，也是课程设计时需要考虑的因素。苏珊·图希（Susan Toohey）将课程设计路径提炼为传统的或基于学科的路径、基于行为或系统的路径、认知路径、体验的或与个人相关的路径（Burgess，2007）。费梅萍提出以技术性课程设置为逻辑框架，增加实用性模式和批判性模式的基本要素，形成社会工作教育反思性课程设置模式（费梅萍，2002）。而教学团队选择何种路径与以下因素密切相关：知识是如何被看待与被定义的，学习的进程，教师与学生的角色，学习的目标是如何表述的，内容是如何被选择与组织的，评估的作用与形式，所需资源与基础设施的类型（Burgess，2007）。

课程政策代表了关于社会工作传统应如何被忽视、加强或扩展的一系列妥协；它还代表理事会和社会工作学院应分别承担的责任的概念（Steiner，Briggs & Gross，1984）。1932 年，美国社会工作学院联合会（American Association of Schools of Social Work，AASSW）提出"最低课程（minimum curriculum）"标准，这是在竞争性课程之间、冲突性教育目标之间的妥协，如职业教育与专业教育的教育目标、所需课程之间。1944 年，他们提出"基础八课（basic eight）"，包括个案社会工作、小组社会工作、社区组织、公共福利、社会行政、社会研究、医疗信息（medical information）与精神疾病信息（psychiatric information），意味着学界在社会工作教育的核心课程上达成共识。其中医疗信息、精神疾病信息主要服务于与人类成长与行为相关的课程。1952 年，增加了社会服务、人类成长与行为、社会工作实践三个领域的学习，其声明代表了教育界在构成总课程的领域上达成了一致意见（Kendall，1953）。相对于 1962 年版之前的课程政策，1970 年美国社会工作教育协会发布的课程政策完成了将社会工作教育视为目的向将工作教育视为阶段（step）的转变，即社会工作教育的目标只是为学生达到熟练技能提供基础，而不是目的本身，并引发了课程政策对专业发展是“管制”（regulation）还是“自由”（freedom）的争议（Horowitz，1971；Katz，1971）。1992 年，美国社会工作教育协会发布《社会工作学士学位课程政策说明》（Curriculum Policy Statement for Baccalaureate Degree Programs in Social Work），强调课程设计的连贯性、先进性，并要求保持活力，满足多样性，提供的仍然是一个最低标准，未提供任何具体的课程设计①。此后关于课程政策的研究或讨论基本上集中于在内容上引入新的领域、新的主题等增补性工作。但不同国家社会工作教育的发展进度存在差异，其教育目的、发展路径受制度、文化等影响，在课程政策设计上存在竞争与冲突。因而，国际社会工作标准允许国家间存在差异，但建议至少覆盖四个主要领域：一是社会工作的专业领域，如社会结构与压迫、人类行为与社会环境、社会工作起源与目的、社会福利政策；二是社会工作专业人士的领域，如自我反思实践者的发展、个人价值观、生活经历和实践的互动；三是社会工作实践方法，如评估、关系建立与助人进程；四是社会工作专业范式，如人类的尊严与价值、能力建设与增能、倡导、建立优势、尊重文化多样性（Payne，2015）。忽视了任一领域，教育先行就可能不再是“教育引领”，而是“教育降维”（郑广怀，2020），社会工作教育就会从推动异化为阻碍社会工作专业化、职业化发展的技术工具。中国社会工作教育界已经就普通高等学校社会工作专业主干课程达成了共识，出版系列教材共有 8 本，包括《社会工作导论》《个案工作》《小组工作》《社区工作》《社会行政》《社会政策概论》《现代社会福利思想》《社会保障概论》，此前还将“社会学概论”“社会调查研究方法”与“社会心理学”列为专业主干课程（教育部高等教育司，2004）。最新的一次调整是以“人类行为与社会环境”课程替换了此前的“现代社会福利思想”课程，与美国社会工作教育界早期对“人类成长与行为”的重视具有一致性。

---

① 参见 https://www.misericordia.edu/uploaded/documents/academics/socialwork/swk_council_on_socialwork_education.pdf。

在课程内容上，基于不同的制度文化、专业背景与学术偏好，学者提出不同呼吁，如增加女性、少数民族、种族、法律、绿色、生态、跨文化、抗逆力、健康照顾、灾难管理、反家庭暴力等议题、视角或理念进入课程。美国的《社会工作学士学位课程政策说明》要求学士学位社会工作课程必须涵盖但不限于以下专业基础：社会工作价值观和伦理、多样性、社会和经济正义、风险人群、人类行为和社会环境、社会福利政策和服务、社会工作实践、研究和现场实践等内容①。这些内容不需要开设单独的课程讲授，但必须通过课堂体验和现场实践来掌握。然而，政策注意力是有限的，教学课时是相对固定的，资源禀赋存在国别或地区差异。以与健康照顾相关的管理式医疗为例，20 世纪 80 年代中期开始，它就成为解决美国医疗保健系统经济危机的方法之一。到了 20 世纪 90 年代后期，医学、护理学都对此作出了积极回应，但社会工作专业反应迟钝。基于此，斯特罗姆-戈特弗里德提出，社会工作教育者应当考虑如何修改课程大纲以适应这一转变（Strom-Gottfried，1997）。但万变不离其宗，无论增加何种视角，开设何种课程，社会工作的专业能力都是其核心。因而，课程内容的安排应围绕学生的基础性、扩展性与过程性能力进行针对性地设计。

设计新课程，开发新的教学工具，培训教师发展新的教学技能，并从根本上改变学习来培养学生是一项昂贵而耗时的工作（Barrows，1996）。因此，不同高校，基于自己的资源秉赋、成本效益平衡，以及时间、师资、特色定位、政策导向等考量，会在课程设计与培养方案编制中有所取舍。中国社会工作专业教育体系的外形已经形成，但还没有形成规范的培养体系和公认的培养模式，主要的问题是以实践为导向的社会工作教育如何有效实施尚未有清晰的答案（刘梦，2017；彭华民，2017b），而这具体体现在专业培养方案的设计上。

二、专业评估指标的约束与激励

任何一种培养方案的设计都不得不遵循不同层级主体的相关专业评价要求。专业评估要求是社会工作专业培养方案设计的行动指南，代表教育改革的重点与方向，满足其要求也是社会工作专业生存与发展的保证。它属于外部强加的规则，存在因不了解一线工作具体情境而无法适用的风

① Council on Social Work Education. Curriculum Policy Statement for Baccalaureate Degree Programs in Social Work Education. https://www.misericordia.edu/uploaded/documents/academics/socialwork/swk_council_on_socialwork_education.pdf。

险。因此，在讨论与分析社会工作专业培养方案前我们需要了解教育部、社会工作教育协会以及学校等层级对专业评估的要求。尽管评价指标对学校可能是一种约束，但对专业而言也可能是一种激励。原因在于，对于已开设的专业，尽管其处于弱势地位，但会因评估指标的要求而能够获得评估所要求保障的相应资源。

（一）普通高等学校本科教育教学审核评估指标体系

2004年教育部颁布了《普通高等学校本科教学工作水平评估方案》，2013年教育部颁布《普通高等学校本科教学工作审核评估方案》，正式推动审核评估，坚持“以评促建，以评促改，以评促管，评建结合，重在建设”的方针，凡参加普通高等学校本科教学工作水平评估获得“合格”及以上结论的高校均应参加审核评估。2018年，教育部高等学校教学指导委员会以专业类为单位，颁布《普通高等学校本科专业类教学质量国家标准》，明确各专业的培养目标、培养规格、课程体系、师资队伍、教学条件等要求，是设置专业、指导建设、评价质量的基本依据。2021年教育部印发《普通高等学校本科教育教学审核评估实施方案（2021—2025年）》，[①] 将评估对象细分为两大类：第一类审核评估重点考察建设世界一流大学所必备的质量保障能力及本科教育教学综合改革举措与成效：第二类审核评估适用于已参加上轮审核评估，或通过合格评估五年、首次参加审核评估的普通本科院校，重点考察高校本科人才培养目标定位、资源条件、培养过程、学生发展、教学成效等。以适用于第二类高校的评估指标体系为例，“办学方向与本科地位”统领所有指标，教学成效为输出结果，其他为教育资源、治理体系，以及参与互动的行动者。相较于2013年的审核评估范围，本轮审核评估指标量大面广，共7个一级指标，27个二级指标，若干个审核重点，包括必选与可选指标（表5.2.1）。指标定义清晰，可操作性更强，体现宏观与微观、动态与静态、刚性与弹性、数量与质量、定性与定量相结合。尽管对资金及资源有最低标准设置，但如何分配并不清晰；鼓励产学研一体化，但未明确系统间的交易机制；实践教学基地的建设依赖于学校及教师的社会资本，特别是无法为社会及市场带来直接回报的专业，其实习资源无法保障。

---

① 教育部，2021，《教育部关于印发〈普通高等学校本科教育教学审核评估实施方案（2021—2025年）〉的通知》，2021-01-21，http://www.moe.gov.cn/srcsite/A11/s7057/202102/t20210205_512709.html。

表 5.2.1　普通高等学校本科教育教学审核评估指标体系（第二类）

序号	一级指标	二级指标
1	办学方向与本科地位	党的领导、思政教育、本科地位
2	培养过程	培养方案、专业建设、实践教学、课堂教学、卓越培养、创新创业教育
3	教学资源与利用	设施条件、资源建设
4	教师队伍	师德师风、教学能力、教学投入、教学发展
5	学生发展	理想信念、学业成绩、综合素质、国际视野、支持服务
6	质量保障	达成度、适应度、保障度、有效度、满意度
7	教学成效	质量管理、质量改进、质量文化

资料来源：作者整理。

参照社会—生态系统解释框架，审核评估的一级指标与解释框架的一级变量大致对应如下："办学方向与本科地位"强调坚持党的全面领导、坚持社会主义办学方向、重视课程思政，可归于专业发展的政治设置，体现出教育本质上是一项政治活动①；"培养过程"与"质量保障"可归为教育治理系统，教学资源与利用可归于教育资源系统，"行动者"涉及教师、学生等，"教学成效"可归于产出，部分三级指标反映了资源单位的特征。在二、三级指标中，"课程思政"是强化政治在场，形塑专业价值训练的重要策略；重视教材教法教师；既重视课堂教学，又重视实践教学，升级实验室建设，同时以"卓越培养"、"双创"教育、"新文科"建设、"双一流"建设引导专业的发展；以结果（产出）为导向，强调产学研一体化，鼓励跨界合作，其导向作用非常明显。目前社会工作教育界已经启动"课程思政"建设，高校积极参与申报专业与课程建设的"双万"计划、启动虚拟仿真实验室建设、组织学生参加各类竞赛等。但目前存在为了竞赛而竞赛的异化现象，个别高校为获得竞赛优秀名次，提前一年开始准备，投入大量时间、人力与物力，甚至专门给予职称评审倾斜，以致出现无学术科研成果的"竞赛教授"。

审核评估核心是对学校人才培养目标与培养效果的实现状况进行评价，旨在推进人才培养多样化，强调尊重学校办学自主权，体现学校在人

① Button，Linda 2021，"Sociological and Political Issues That Affect Curriculum."In Button，Linda 2021. Curriculum Essentials：A Journey. Pressbooks. https://oer. pressbooks. pub/curriculumessentials/chapter/sociological-and-political-issues-that-affect-curriculum/。

才培养质量中的主体地位。[①] 相对以往的评估，审核评估坚持“以评促建，以评促改，以评促管，评建结合，重在建设”的方针，不会直接影响专业的生存，有时在一定程度上还改善了专业发展的现状，但部分指标的实现程度以及实现的可能性在专业之间存在较大差异。在高校排名竞争的锦标赛机制下，特别是“双一流”建设中，高校自评时常常采取“一刀切”的做法，其量化的指标往往成为高校内部专业撤并、筛选的依据。总体而言，审核评估重在条件的保障与过程的监督，而教育输出的效果测量虽有达成度、适应度、保障度、有效度与满意度五个指标，但其对学生质量的评估仍需依赖专业自身的人才培养与评估体系，以及用人单位的满意度。

除建立了适用于所有本科专业的教育教学审核评估指标体系，还有适用于研究生培养阶段的《社会工作硕士专业学位授权点专项评估指标体系》。以2018年版本为例，该专项评估主要是检查学位授权点研究生培养体系的完备性，包括师资队伍（专任教师、论文指导教师）、人才培养（培养目标、招生与就业、课程、专业实习、学位论文）和质量保证（办学条件、管理、学校支持）等。整个评估指标体系涉及制度建设、过程管理与结果评估，以及维持专业生存与发展所需的资源。这对同时开设社会工作本科专业的学校具有重要的借鉴意义与引导作用。

根据社会—生态系统解释框架，可以识别出指标体系中构成社会工作专业学位稳健运行与可持续发展的普遍性要素，包括：（1）制度设置，国务院学位办《社会工作硕士专业学位研究生指导性培养方案》为专业评估设置了约束条件，评估指标的设计应遵循此方案；在技术使用上，要求引入信息化平台，目前主要是新媒体技术应用的评价，如微信公众号的运营。（2）相关生态系统，为专业的生存与发展提供支持，如要有独立于教学系统以外的实习基地。（3）资源系统，是专业的生存与发展的保证，如社会工作专业实验室可以为课内实践教学提供重要的模拟环境与实践操作平台，也可以作为教学资源管理的中枢系统。（4）资源单位，是资源系统的构成要素，如设备、图书期刊等。（5）教育治理系统，约束着专业的发展定位与方向，如教育部教学指导委员会和中国社会工作教育协会决定了主干课程的选择。（6）行动者，涉及国务院、学校、机构或社会组织、教师、管理人员（教务人员、实验室技术人员）。同时，要求专任教师直接

① 教育部，2021，《教育部关于印发〈普通高等学校本科教育教学审核评估实施方案（2021—2025年）〉的通知》，2021—01—21，http://www.moe.gov.cn/srcsite/A11/s7057/202102/t20210205_512709.html。

参与福利机构或社会组织的服务的比例不低于60%。然而，指标是有限的，并不能全面反映社会工作专业维持稳健性与可持续发展的需要；指标也更多是静态的，不能反映系统间、资源单位间、行动者间，以及行动者与资源间复杂的互动关系。如实验室技术人员配备应是专职还是兼职、图书期刊是否应设置有年增长率与可替代率。但在就业指标上，为专业对口就业设置了相对合理的比例。这一评估指标是针对社会工作专业硕士研究生培养，但不少高校是本硕皆有。因而，对硕士研究生与本科生而言，专业以及学院、学校拥有的资源是共享的。带来的问题是，由于资源分配缺乏有效的机制，使用不具有排他性，故资源的可及性并不高。部分资源，如实习基地，常常流于形式。

（二）社会工作教育协会专业评估指标

专业评估则是以专业为对象，依据评估标准，利用可行的评估手段，通过定性与定量分析，对专业进行价值判断的过程。2010年，社会工作教育协会发布《社会工作本科专业评估指标体系》，包括6个一级指标（专业定位、师资队伍、教学条件、课程建设与教学改革、专业实习、学生培养质量）、17个二级指标、49个三级指标（范会芳，2018）。

依据社会—生态系统解释框架，在指标体系中，教学条件属于教育资源系统，由不同的教育资源单位构成，包括实验室、专业图书资料与教学经费等。其中教学经费又包括学校倾斜性经费与校外支持性经费投入，重视社会工作专业发展的学校能够为之提供校内专项教育经费以外的支持，但普通高校很少能获得来自校外经费的持续支持，目前较多的形式是学生举办较大规模活动时以冠名权寻求支持。社会捐赠者通常偏好以奖学金的形式颁发给学生个人，而支持专业发展难见即时社会效应，所以校外支持较少。从参与的行动者来看，包括社会（家庭、实习单位）、学校、教师（专业教师、实习主任、督导）与学生。从教育治理系统看，社会工作教育治理系统仍以科层制为主要特征，不同主体分工负责。

从指标构成看，教师、课程、实习与学生是支撑体系的核心概念，课堂教学与现场实习是培养学生专业技能的两条主要路径。从评估标准看，对现场实习有较多的过程控制措施，如实习活动记录，但实习过程监控并不理想，其课程考核成绩也就难以全面、真实地反映学生的能力水平。教师能力（包括教学、科研与社会服务）与学生专业技能评估仍是遵循结果导向。前者包括任务承担情况、教学成果奖励、教学评估水平、科研成果、社会政策影响力等，但教师能力并不必然与学生能力成正比。后者包括课程考核成绩、就业与毕业论文，缺少对过程监控的指标。社会工作专业学生的能力通常包括知识、价值观与技能/技巧，而从学生培养质量的评估指标看，其涉及专业价值观、专业技能与社会评价，两者并未能一一对应。学生培养质量的评估指标包含了知识（课程考核成绩）、价值（专业价值观）维度，技能可通过实习考查，但评估指标体系仅将课程考核成绩、就业与毕业论文纳入专业技能范畴，而且就业与专业的匹配度能否被视为能力的评价指标仍有待商榷。

从指标说明看，其评估功能限定于对基本办学资格的审核，而非专业排名，所以其指标也是最低要求，可以避免专业排名带来的“污名化”效应。相对教育部等国家部委颁布的评估指标，其权威性不足，对高校的约束力也就不强。尽管此评估是自我评估，目的也只是以评促建，通知也强调要实事求是，不弄虚作假，不搞形式主义，但部分数据的统计非常困难，真假也难以辨识。个别指标比较含糊，难以操作，如毕业生就业岗位与社会工作专业之相关度不低于25％。首先，何为专业相关度界定难以达成共识；其次，在2010年前后，即使原985、211院校其相关度也难保证，很多院校达到10％都非常困难。即便开始就业时与专业相关，但短时间内流动性太强。随着社会服务机构的迅速发展与政府购买服务的力度增大，最近几年情况才有较大改观。而实习督导教师的工作量可以说在许多学校是没有单独计算的，导致教师缺乏督导的积极性、主动性与能动性。

（三）高校专业综合评估指标

专业的发展除受制于宏观层面的政策，也受制于学校内部的政策。以某高校为例，日常工作中的专业综合评价方案（表5.2.2），包括生源情况（20分）、培养模式（20分）、教学资源（20分）、本科教学工程（10分）、培养效果（30分）与专业特色（10分）六个一级指标，所有指标均围绕教与学，非教学类科研成果无法计分。部分指标难以测量，如本专业与行业产业发展的适应性，与城市功能的匹配度。个别地方政府直接以就业率为标准调整专业，如安徽省在《深化高校学科专业结构改革服务产业创新发展实施方案（2022—2025年）》中提出“连续3年就业去向落实率低于60％的专业暂停招生”的指令①。这是对教育部2011年提出的“对就业率

① 《安徽省人民政府关于印发 深化高校学科专业结构改革服务产业创新发展实施方案（2022—2025年）的通知》，https://www.ah.gov.cn/public/1681/554151641.html。

连续两年低于60%的专业，调减招生计划直至停招”政策的呼应①。这种以就业为导向的专业设置理念进一步扩大了职业教育与专业教育在教育目标之间的裂隙，对专业教育的培养方案设计、课程设置、教材编撰都有可能产生不利的影响。

表5.2.2 普通本科竞争性专业综合评估指标（讨论稿）

一级指标	二级指标	主要观测点	指标说明
1. 生源情况（20分）	1.1 招生录取情况（70%）	1.1.1 近三年录取本专业学生第一志愿录取率	本专业第一志愿录取的学生除以该专业录取学生总数
	1.2 报到情况（30%）	1.2.1 近三年新生报到率	本专业报到生数除以该专业录取的省内外学生总数
2. 培养模式（20分）	2.1 培养方案（60%）	2.1.1 专业标准、培养方案各要素匹配度	本专业与行业产业发展的适应性，与城市功能的匹配度以及专业标准、培养目标、培养方案、培养要求、专业定位、课程设置等要素之间的匹配度
	2.2 培养模式改革创新（40%）	2.2.1 改革创新措施与效果	该专业人才培养模式改革创新的具体措施和实施效果
	各专业以已毕业的一届学生在校期间开设的所有专业基础课、专业必修课及授课教师为指标。3.1.1—3.2.3均以此表为基础		
3. 教学资源（20分）	3.1 专业师资基本情况（50%）	3.1.1 博士学位教师比例（10%）	专业教师中具有博士学位教师所占比例
		3.1.2 专业主干课教师学科背景符合度（30%）	从事本专业主干课教学工作的教师，其学历中本科、硕士、博士至少一个学历毕业于相关专业或学科
		3.1.3 高级职称教师为本专业本科生单独授课情况（30%）	专业课主要是指理论课，实践教学环节不计算在内；高级职称教师指具有副高级及以上职称的专业教师

① 教育部，2011，《教育部关于做好2012年全国普通高等学校毕业生就业工作的通知》，2011－11－10，http://www.moe.gov.cn/srcsite/A15/s3265/201111/t20111110_126852.html。

续表

一级指标	二级指标	主要观测点	指标说明
		3.1.4　具有行业或科研经历专任教师比例（30%）	具备下列情形之一者视为具有行业经历：①曾在相关行业工作或挂职一年及以上；②曾与相关行业合作或承担过省级以上的科学研究
	3.2　专业教师教研情况(20%)	3.2.1　近三年教师发表教研论文数量（20%）	教研论文是指以第一署名单位发表的与本专业教学研究相关的论文，不包括学术研究有关的论文
		3.2.2　近五年教师主持编写本专业教材情况（30%）	教师主编的公开出版的本专业教材
		3.2.3　近五年教师主持校级课程建设情况（50%）	校级课程建设包括双语、微课、慕课、精品课程培育、资源共享课、视频公开课等
	3.3　实验实践教学（30%）	3.3.1　近三年校外实习实践基地数量及各基地实习学生人次数占本专业在校生总数的比值（40%）	校外实习实践基地是指近三年有学生实习且签有协议的实习实践基地
		3.3.2　现有校外实习实践基地建设质量（60%）	校外实习实践基地建设质量主要依据基地层次和合作水平
4. 本科教学工程（10 分）	4.1　本科教学工程项目(100%)	4.1.1　近五年省级以上本科教学工程项目（60%）	省级以上本科教学工程项目包括重点专业、品牌专业一期建设工程、双语示范课程、综合改革试点专业、卓越人才培养计划、大学生校外实践教育基地、实验教学示范中心、虚拟仿真实验教学中心、精品视频公开课、精品资源共享课、规划教材、重点教材以及由该专业教师参与完成的省级以上教学成果奖等

续表

一级指标	二级指标	主要观测点	指标说明
		4.1.2　近十年省级以上其他类教学奖励（40%）	其他类教学成果奖：省级以上或国家一级学会的讲课、多媒体、课件、微课、慕课比赛项目
5. 培养效果（30分）	5.1　就业情况与培养质量(20%)	5.1.1　近三年就业率情况（60%）	近三年本专业毕业生初次就业率
		5.1.2　近10年来5名优秀校友简介（40%）	每人简介200字以内
	5.2　在校学生综合素质(60%)	5.2.1　近三年参加创新创业活动及参与科研项目学生人次数占本专业在校生总数的比值（30%）	创新创业活动指：国家、省、校三级“大学生创新创业训练计划”；科研项目指：学生作为课题组成员参加的国家、省部和市级纵向项目，以及学校科技处考核统计的横向项目
		5.2.2　近三年学生获省级及以上各类竞赛奖励情况（30%）	本专业学生为第一获奖人
		5.2.3　近三年学生发表学术论文及专利授权等情况（10%）	本专业学生为发表学术论文第一或第二作者；本专业学生为专利授权限额内成员
		5.2.4　近三年学生国际国内交流情况（10%）	本专业学生出国交流、省内外交流情况
		5.2.5　五名优秀在校生简介（20%）	本专业在校生。每人简介300字以内
	5.3　评价反馈(20%)	5.3.1　毕业生推荐度和满意度（50%）	本专业毕业生对母校的满意度和推荐度
		5.3.2　社会评价（50%）	用人单位的综合评价，同行评价，第三方评价
6. 专业特色（10分）	6.1　专业特色和效果（附加分）		在人才培养实践中培育和凝练出的专业特色及其效果说明（500字以内）

此后，为主动适应经济、社会的发展需求，以及学校的发展目标定位，该校围绕专业建设进一步强化顶层设计和科学规划，不断优化专业结

构的总体布局，全面提升专业建设水平，又制定了《专业结构优化方案》，将专业区分为重点发展专业、扶持发展专业和竞争发展专业。总体目标是通过精简专业数量、优化专业结构，调整专业布局，进一步合理配置学校资源，实现“发展规模适度、结构布局合理、建设层级清晰、目标定位明确、比较优势持续”的专业优化调整目标。遵循“确保重点专业、扶持新兴专业、优化竞争专业”的原则实现资源的优化配置。因此，需要精简的是竞争性专业，其专业综合评估指标如下（表 5.2.3）。

表 5.2.3 普通本科竞争性专业综合评估指标

一级指标	二级指标	主要观测点	指标说明
1. 社会评价（15 分）	1.1　全国专业等级、排名、第三方报告（15 分）	1.1.1　武书连专业排名（7 分）	根据校外公认专业排名、第三方报告等数据，考核专业是否符合社会需求和学校办学定位
		1.1.2　×省高校毕业生就业质量年度报告（近三年）（8 分）	×省教育厅发布的各学校毕业生就业质量年度报告
2. 生源质量（15 分）	2.1　招生录取情况（7 分）	2.1.1　近三年省内本专业学生录取分数贡献度（7 分）	本专业省内学生录取分数平均值与省控线的差值除以省控线乘 5 再乘以分值
	2.2　报到情况（4 分）	2.2.1　近三年新生报到率（4 分）	本专业报到生数除以该专业录取的省内外学生总数再乘以分值
	2.3　转专业率（4 分）	2.3.1　近三年本专业学生转出率（2 分）、转入率（2 分）	转出率为扣除本专业转出学生数除以该专业录取的学生总数乘 10 再乘以分值；转入率为转入学生数除以该专业录取的学生总数乘以 10 再乘以分值
3. 办学实力（35 分）	3.1　专业师资情况（20 分）	3.1.1　专业师资人数、学位、职称情况（20 分）	教授 0.8 分/人、副教授（或者博士）0.5 分/人、中职及以下 0.3 分/人

续表

一级指标	二级指标	主要观测点	指标说明
	3.2 专业教师教研情况（15分）	3.2.1 近三年教师主编本专业教材、主持教改课题、双语示范课、在线开放课程、发表教研论文等（8分）	本专业教师主编的公开出版的本专业教材0.5分/部（省级以上重点或规划教材1分/部）；省级以上教研项目（国家及省教育部门教改立项、国家及省教育科学规划课题、中国高教学会立项课题）1分/项；省级双语示范课0.5分/项、省在线开放课程1分/项；教研论文0.1分/篇
		3.2.2 近五年教师教学类获奖情况（7分）	教师获得省级以上教学成果奖（特等奖3分/项、一等奖2.5分/项、二等奖2分/项），校级教学成果（特等奖1分/项、一等奖0.8分/项、二等奖0.5分/项）；省级以上或国家一级学会的讲课、多媒体、课件、微课、慕课比赛项目1.5分/项，校级相关比赛二等奖及以上0.5分/项
4. 人才培养质量（35分）	4.1 就业情况（15分）	4.1.1 近三年初次协议就业率（7分）	近三年本专业毕业生初次协议平均就业率乘以分值
		4.1.2 近三年年终总就业率（8分）	近三年本专业本科毕业生平均年终总就业率乘以分值
	4.2 培养质量（20分）	4.2.1 近三年本专业学生考研录取率（3分）	近三年学生考研年平均录取率乘以1.5再乘以分值
		4.2.2 近三年本专业学生出国深造比率（3分）	近三年学生出国深造年平均录取率乘以1.5再乘以分值
		4.2.3 近三年本专业学生英语四级（外语专业相应专业级别）通过率（3分）	近三年学生英语四级（外语专业相应专业级别）年平均通过率乘以分值

续表

一级指标	二级指标	主要观测点	指标说明
		4.2.4　近三年学生获省级以上各类项目、竞赛奖励情况（11 分）	近三年本专业学生获学校组织的各种项目或竞赛获奖，参照《大学生学科技能科技创新创业竞赛组织管理办法》按等级计分

从观察点可以发现，其评价指标集中在教学与就业，学术研究没有任何指标，后续将国家社科每项计为 1 分，但省部级课题同样没有纳入。然而，该高校的定位是“有特色高水平教学研究型大学”。尽管国内武书连专业排名的科学性、权威性备受质疑，但该校仍直接将其作为主要观测点。因专业排名中学生项目、竞赛获奖指标严重薄弱，为推动教师积极指导学生参加全国性的竞赛，该校甚至将获奖作为职称评审破格条件。2019 年，该校一位讲师因指导学生在创业大赛中荣获金奖，直接获评教授。在这种情况下，教师科研成果丰富，但缺少教学、学生竞赛等奖项的专业处于极端不利地位。而后者并非每个专业都有同等获得的机会，如商学的学生竞赛项目就特别多。

从资源系统看，专业间存在资源竞争。该高校社会工作专业时有专任教师 8 人，除 1 人外（博士在读），均拥有博士学位，拥有 2 项国家社科、人均 1 项多省部级课题，出版多本专著与教辅，若干篇 CSSCI 论文，但由于缺少相应级别的教学成果（国家社科原方案不计分，后仅计 1 分；其他非教学科研成果均不计分），缺少学生参赛获奖成果，社会工作专业停招。所在学院为刚刚合并的经济管理类学院，有大量的经济类（商学）专业，尽管教师的科研成果并不突出，但学生竞赛成果较多。按照学校规定，每个学院必须裁减专业，最后除新获批的法学专业被保留外，原学院其他几个专业都被合并为行政管理专业。从治理体系看，专业设置存在偏好。就学校层面而言，教务处考核的是教学，人事处、人文社科处考核的是科研，然而专业开办、招生规模设置的权力集中在教务处。为在高校排名中获得优势地位，通过设置具有针对性的筛选指标，减少影响排名的专业，就成为其最易执行的选择。就学院层面而言，新任领导中以原商学类领导为主，偏好也比较明显。基于此个案，以及社会工作界所熟知的中山大学社会工作本科专业裁撤事件，政策对专业发展的影响之大由此可见。社会工作专业教师必须积极参与到教学成果申报与教学竞赛中，尽管现实中机会很少，特别是高级别的教学成果奖；从学生竞赛项目来看，社会工作专业也有充分施展专业特长的机会，社会工作界也正在努力打造自身具有影响力的竞赛项目，未来形势应该会有所改观。因此，作为学科、专业与职业，社会工作若要生存，无论是否合理，都不得不参与到专业锦标赛中。

对照该校所在省本科专业预警系统，可以发现其完全是以就业为导向。其指标包括各专业半年后非失业率、月收入、工作与专业相关度、就业现状满意度等①。据此计算出综合指数，并区分为绿牌、黄牌、红牌三种类型。红牌专业，综合指数≤90%，存在高失业风险；绿牌专业，综合指数>90%；黄牌专业是除红牌专业外综合指数最低的10个专业，存在较大潜在风险。而麦可思研究院公布的大学就业报告，同样是以就业为导向。但其所采集数据并非直接来自对各高校社会工作专业的问卷调查与访谈，其结论的权威性值得商榷。

三、专业培养方案的结构与内容

专业评估体系在事实上构建了一个专业生存与发展的关系场域，专业培养方案必须能够正确处理好不同层级、不同指标、不同课程间的关系，并将其安置到正确的位置。从设计原则来看，专业培养方案应避免课程设置上的时间、资源与内容竞争，减少职业教育与专业教育在目标上的冲突，坚持显性课程（explicit curriculum）与隐性课程（implicit curriculum）相统一（Cox et al.，2021），做到反映社会工作教育的理论与方法前沿，具有开放性（如引入新课程、新技术）、弹性、关联性（如学科间）、逻辑性（如前修与后修课程）、连贯性与完整性，保证通用性，满足多样性。

尽管不同高校的培养方案存在差异，但基本上都会包括公共/通识教育课程、专业必修课程、专业选修课程与实践课程，涉及理论、方法、工具与实务。社会工作教育大纲设计的目的是传授概念素材（conceptual material）与实践技能（Tolson & Kopp，1988），对应理论与实践两大模块。在结果导向与能力为本的实践理念指引下，实践的比重被不断提升。现以某高校社会工作专业的培养方案为例进行分析。以下内容为专业培养方案，包括十大部分。因为涉及的表格内容为方案本身，故下列表格不再编号。

① http://js.ifeng.com/news/detail_2014_04/03/2080624_1.shtml。

［一］培养目标

本专业培养具有扎实的社会工作理论知识，专业的价值伦理和良好的社会工作技能，能在民政、人力资源与社会保障、公共卫生等部门，在工会、共青团、妇联等人民团体，以及其他社会工作、公益慈善等机构，从事社会保障、社会政策研究、社会行政管理、社区发展与治理、专业社会工作服务等工作的高级专门人才。

［二］规格要求

本专业学生主要学习马克思主义基本原理，全面掌握社会学的基础理论和社会研究技巧，通晓社会工作的理论与实务，具备从事实际社会工作的资格和能力。毕业生应获得以下几方面的知识和能力：

1. 掌握马克思主义基本原理，树立社会工作的价值观，确立专业态度，具有敬业精神和社会责任感；

2. 比较全面地掌握人文社会科学基本知识与研究方法，同时具备必要的自然科学知识与基本素质；

3. 系统学习和掌握社会工作专业的基本理论知识、研究方法与社会工作基本技能，具备从事社会工作理论研究、社会工作与社会管理所需的基本知识与能力；

4. 熟练掌握和运用一门外语，并能够比较熟练地操作和使用计算机；

5. 具备健康的体魄和健全的心理素质，达到大学生健康体质标准。

［三］主干学科

社会学、心理学、公共管理学。

［四］学制和学习年限

学制为 4 年，最长修业年限为 8 年。

［五］学分与学位

在修业年限内，学生修满本专业教学计划规定的 169.5 学分，其中通识教育课程平台 42 学分、综合素质培养课程平台 7.5 学分、学科基础课程平台 40 学分、专业教育课程平台 80 学分方可申请毕业，符合学位授予要求者经申请可授予法学学士学位。

［六］专业核心课程

个案社会工作、小组社会工作、社区社会工作、社会工作行政。

［七］学位课程

社会工作概论、社会学概论、社会心理学、个案社会工作、小组社会工作、社区社会工作、社会工作行政、人类行为与社会环境、社会政策概论、社会保障概论。

培养方案的前面七项，普通高校间的差异不是太大，该高校的方案内容中规中矩。培养目标指出了需要掌握的能力（知识、价值与技能）、就业的方向，以及工作领域。培养方案的要求具有层级性，从哲学层面的马克思主义，到具体的人文社会科学，再到特定的专业；不仅强调公民素养，还强调外语计算机技术的学习，同时重视学生的心理生理健康，但缺乏自己的特色。主干学科、学位课程均遵循了教育部普通高等学校本科专业要求。学位课程均为必修，同时百分制成绩平均分必须达到70分。有所不同的是，学位课程对应的是教育部本科专业培养方案中认定的核心课程。该校社会工作专业则将核心课程缩减为四大方法，重点突出社会工作行政课程的重要性。

［八］课程设置

（一）通识教育课程平台（42学分）

1. 必修课（36）学分

课程代码	课程名称	学分	学时分配				考试课程	建议修读学期	备注
			总学时	讲授	实验	实践			
	形势与政策 Situation and Policy	2	32	32				2	
	思想道德修养与法律基础 Ideological and Moral Cultivation and Basic Law Education	3	48	32		16		1	
	马克思主义基本原理概论 Introduction to the Principle of Marxism	3	48	32		16		2	
	中国近现代史纲要 Outline of Modern Chinese History	2	32	28		4		1	
	毛泽东思想和中国特色社会主义理论体系概论 Introduction to Mao Zedong Thought & Theoretical System of Chinese Socialism	4	64	48		16	√	3	

续表

课程代码	课程名称	学分	学时分配				考试课程	建议修读学期	备注
			总学时	讲授	实验	实践			
	大学英语（一） College English Ⅰ	3	48	48			√	1	
	大学英语（二） College English Ⅱ	3	56	48		8	√	2	
	大学英语（三） College English Ⅲ	3	56	48		8	√	3	
	大学英语（四） College English Ⅳ	3	48	48			√	4	
	体育（一） Physical Education Ⅰ	1	36			36	√	1	
	体育（二） Physical Education Ⅱ	1	36			36	√	2	
	体育（三） Physical Education Ⅲ	1	36			36	√	3	
	体育（四） Physical Education Ⅳ	1	36			36	√	4	
	军事理论 Military Theory	2	36	36			√	5	网络教学
小计		32	612	400	0	212	10		
	军事训练 Military Training	2	2				√	1	
	毛泽东思想和中国特色社会主义理论体系概论社会实践 Practice of Mao Zedong Thought & Theoretical System of Chinese Socialism Ⅰ	2	3					3	暑期进行
小计		4	5				1		

2. 选修课（6）学分

课程代码	课程名称	学分	学时分配				考试课程	建议修读学期	备注
			总学时	讲授	实验	实践			
	在“公共选修课程目录”中选读。学生必须选修2学分艺术体育类课程。不得选修与本专业学科基础课程和专业课程相同或近似的课程	6	96					1—8	
小计		6							

在通识教育课程平台中，思想政治理论、大学英语、体育等课程占据主体，符合审核评估的要求。与专业相关的课程为“专业入门与专业伦理”，开始时为新生见面课，由该校从兄弟院校借鉴而来。初衷很好，但实际教学效果取决于任课教师的专业水平与课程的总体设计。“廉洁教育概论”则为该校特色课程。通识教育课程的开课时间多集中在第一、二学期，直接影响专业课的安排，对社会工作专业后期的见习、实习时间的安排也极为不利。而该校学生还可以有三次转专业机会（入校时、第一学期与第二学期各一次），如果第一学年没有专业课程，意味着失去通过教学的潜移默化过程强化专业认同的机会。出于专业生存的考虑，该校社会工作专业新的培养方案不得不在第一、二学期纳入多门专业基础课程，试图通过课堂教学增进学生对专业的了解，增强其专业认同。

（二）综合素质培养课程平台（7.5学分）

1. 必修课（5.5）学分

课程代码	课程名称	学分	学时分配				考试课程	建议修读学期	备注
			总学时	讲授	实验	实践			
	大学生心理素质教育 University Students Psychological Quality Education	1.5	32	16		16		2	

续表

课程代码	课程名称	学分	学时分配				考试课程	建议修读学期	备注
			总学时	讲授	实验	实践			
	大学生职业发展与创新创业教育（一）College Students' Career Development and Education on Innovation and EntrepreneurshipⅠ	1.5	32	16		16		3	
	大学生职业发展与创新创业教育（二）College Students' Career Development and Education on Innovation and EntrepreneurshipⅡ	1	18	12		6		6	
	廉洁教育概论 Overview of Probity Education	0.5	18	9		9		2	
	专业入门与专业伦理	1	16	16				1	
小计		5.5	116	69	0	47	0		

2. 选修课（2）学分

课程代码	课程名称	学分	学时分配				考试课程	建议修读学期	备注
			总学时	讲授	实验	实践			
	大学生创新创业教育实践 Practice for College Students' Innovation and Entrepreneurship Education	2							课外实施
小计	“选修课”至少选修学分	2					0		

在通识教育课程平台、综合与素质培养课程平台，以及学科基础课程平台（“大学计算机信息技术基础”必开）中由学校负责必须开设的课程学分高达53.5分，接近必修学分的1/3。部分课程与社会工作的专业课程在教学内容上有所重叠，如“大学生心理素质教育”，但无法免修。

（三）学科基础课程平台（40 学分）

1. 必修课（27）学分

课程代码	课程名称	学分	学时分配				考试课程	建议修读学期	备注
			总学时	讲授	实验	实践			
	大学计算机信息技术基础（I） The Fundamentals of Computer (I)	4	64	32	32		√	1	
	高等数学 C Advanced Mathematics C	4	64	64			√	1	
	普通心理学 General Psychology	3	48	48				1	
	社会学概论 An Introduction to Sociology	3	48	48			√	2	
	社会心理学 Social Psychology	3	48	48			√	2	
	社会调查研究方法 Social Research Method	3	48	30	18		√	3	
	社会统计学 Social Statistics	3	48	48			√	4	
	政治学原理 Principles of Political Science	2	32	32				5	
	管理学原理 Principles of Management	2	32	32				6	
小计		27	432	382	50	0	6		

2. 选修课（13）学分

课程代码	课程名称	学分	学时分配				考试课程	建议修读学期	备注
			总学时	讲授	实验	实践			
	人类学概论 An Introduction to Anthropology	3	48	48			√	2	
	西方社会学理论 Theory of Western Sociology	4	64	64			√	3	
	中国社会思想史 History of Chinese Social Ideology	2	32	32				3	

续表

课程代码	课程名称	学分	学时分配				考试课程	建议修读学期	备注
			总学时	讲授	实验	实践			
	社会统计软件 Software of Social Statistics	2	32	8	24			5	
	社会主义市场经济学 Science of Socialist Market Economy	2	32	32				6	
	西方哲学史 History of Western Philosophy	3	48	48				3	
	中国文化概论 An Introduction to Chinese Culture	3	48	48				4	
	行政管理学 Science of Administration Management	2	32	32				5	
	公共财政学 Science of Public Finance	2	32	32				6	
小计	“选修课”至少选修学分	13					2		

在学科基础平台中，必修课与选修课的设置需要体现社会学、心理学与公共管理三门主干学科的重要性，也要满足学生理论基础拓展、数据分析能力提高的需要。选修课除社会学、人类学相关课程，涵盖了哲学、思想、政治、经济、文化领域的课程，尽可能满足多元需要。其中公共财政学是作为社会工作行政、社会政策概论的关联课程而设置。公共财政理论关注税收、预算、经济稳定、资源使用与收入再分配等问题，而服务项目的设计如果脱离公共财政的约束则无法实现预期目标。作为社会福利的传递者，社会工作机构及其工作人员需要在财政约束下设计自己的行动方案。因此，开设此课程有其必要性。而由学校统一开设的“大学计算机信息技术基础”仍只是通用型，不能满足专业特定需求。

（四）专业教育课程平台（80学分）

1. 必修课（52）学分

课程代码	课程名称	学分	学时分配				考试课程	建议修读学期	备注
			总学时	讲授	实验	实践			
	社会工作概论 An Introduction to Social Work	3	48	48			√	2	
	个案社会工作 Social Casework	5	80	32	48		√	2	
	小组社会工作 Social Groupwork	5	80	32	48		√	3	
	人类行为与社会环境 Human Behaviour and Social Environment	3	48	32		16	√	4	
	社区社会工作 Community Social Work	5	80	48		32	√	4	
	社会工作行政 Adminstration of Social Work	5	80	32	48		√	4	
	社会政策概论 An Introduction to Social Policy	3	48	48			√	5	
	社会保障概论 An Introduction to Social Security	3	48	48			√	6	
小计		32	512	320	144	48	8		
	专业见习 Profession Probation	1	1					6	
	社会调查（一） Social Surveys I	1	1					3	
	社会调查（二） Social Surveys II	1	1					4	
	专业实习 Professional Practice	5	5					8	
	毕业论文 Graduation Thesis	12	16					8	
小计		20	24				0		

2. 选修课（28）学分

课程代码	课程名称	学分	学时分配				考试课程	建议修读学期	备注
			总学时	讲授	实验	实践			
	社会工作名著选读 Selected Readings of Social work Masterpieces	2	32	32				3	
	社会福利思想 Social Work Ideology	2	32	32			√	5	
	社会工作伦理 Social Work Ethics	2	32	32			√	6	
	农村社会工作 Study of Rural Social Work	2	32	32				5	
	社区服务与管理 Community Service and Management	2	32	24		8		6	
	当代中国社会问题研究 Study of Contemporary Chinese Social Problems	2	32	32				6	
	社团概论 An Introduction to Social Organization	2	32	32				7	
	非营利组织管理 Management of Nonprofit Organizations	2	32	24		8		7	
	社会工作实务 Social Work Practice	3	48	32	16		√	7	
	服务项目设计与管理 Design and Mangement of Service Projects	3	48	16	32			5	
	青少年社会工作 Social Work for Adolescents	2	32	24	8			4	
	老年社会工作 Social Work for the Elders	2	32	24	8			5	
	矫治社会工作 Correction Social Work	2	32	24		8		5	

续表

课程代码	课程名称	学分	学时分配				考试课程	建议修读学期	备注
			总学时	讲授	实验	实践			
	社会工作评估 Social Work Evaluation	3	48	16	32			6	
	西方社会工作理论 Theory of Western Social Work	2	32	32				4	
	西方社会工作研究 Study of Western Social Work	2	32	32				7	
	港台社会工作研究 Study of Hongkong and Taiwan Social Work	2	32	32				7	
	医务社会工作 Medical Social Work	2	32	24		8		5	
	学校社会工作 School Social Work	2	32	24	8			5	
	家庭社会工作 Family Social Work	2	32	24		8		6	
	戒毒社会工作 Social Work of Drug Treament	2	32	24		8		4	
	残障社会工作 Social Work for the Disabled	2	32	24		8		4	
	精神健康社会工作 Social Work of Mental Health	2	32	24		8		4	
	公关与礼仪 Pbulic Relations and Etiquette	2	32	24		8		7	
	影视文本与社会工作 Film and Television Text and Social Work	2	32	24		8		4	
	民政工作 Civil Affaris	2	32	24		8		4	
	法律基础与社会工作 Fundamentals of Law and Social Work	2	32	24		8		4	

续表

课程代码	课程名称	学分	学时分配				考试课程	建议修读学期	备注
			总学时	讲授	实验	实践			
	人力资源开发与管理 Human Resource Development and Management	2	32	24		8		7	
	心理咨询 Psychological Consultation	2	32	24		8		7	
	非常态心理学 Psychology Abnormal States	2	32	24		8		7	
	社会保障基金管理 Mangement of Social Security Funds	2	32	24		8		6	
小计	“选修课”非独立实践至少选修学分	28					3		

在专业教育平台中，该校开齐开足了10门学位基础课程，但由于教学资源的有限性，选修课其实只是教师的选择，而非学生的选择。其最大的特点是将社会工作行政提升至和个案社会工作、小组社会工作与社区社会工作同等重要的地位。四门课程采用2＋3或3＋2的理论＋实践的课时分配模式强化实践环节，远高于其他高校，但也使得选修课的选择余地变小。一方面是为了强化专业实践，另一方面也是为了突破政策约束，主要是非课程内的实践不会计算教师的工作量，导致教师指导学生参加社会实践的积极性与主动性不高。而将实践环节纳入课程内，组织时也可以在教室外，相对较好地提高了教师的积极性与主动性。选修课中，“社会福利思想”“社会工作伦理”其实是指定选修而非学生自由选择的，前者原为必修课，后因其已从核心课程中剔除，故降为选修课；“社会工作实务”“服务项目设计与管理”课程重在提高学生的沟通技能与技术技能，前者还服务于学生的助理社会工作师职业资格考试。

[九] 学期学时测算表

学期	学时统计			实践环节周数小计	考试门数小计
	必修课	选修课	小计		
一	356	0	356	2	5
二	446	64	510	0	7
三	316	112	428	4	6
四	340	48	388	1	6
五	116	144	260	0	3
六	98	224	322	1	2
七	0	160	160	0	1
八	0	0	0	21	0
合计	1672	752	2424	29	30

从学时测算表来看，必修课时（包括通识课程）随学期总体递减，选修课时则随学期总体递增，涉及部分课程的开设需要先完成前置课程的学习，使得开设学期较晚。学位课程都提前至第六学期完成。第七学期为学生提供更多的实践时间，第八学期有实习环节，原为 8 周，受制于学院的统一安排调整为 5 周。多数同学的实际实习时间都会超过 5 周，主要是实习机构一般要求实习期不短于 3 个月，并作为留用的条件。而为了照顾实践学分较少的学院，提高实践学分比例，学校将毕业论文统一提高为 12 学分（原为 8 学分）。相对于其他专业，该校社会工作专业在各个实践环节都很规范，无论是专业见习还是社会调查，都严格按照标准执行。见习为一周，统一集中安排，通常在街道、社区或社会机构参与日常工作；毕业实习学生可自行联系，也可由老师推荐安排，但必须与专业相关。然而，在论文撰写与专业实习上存在时间冲突与平衡的问题。

［十］学分分配表

类　别	学分及其占比						
	学分	必修课程学分	占比	选修课程学分	占比	实验（实践）学分	占比
通识教育课程	42.00	36.00	85.71%	6.00	14.29%	10.37	24.68%
综合素质培养课程	7.50	5.50	73.33%	2.00	26.67%	1.37	18.22%
学科基础课程	40.00	27.00	67.50%	13.00	32.50%	2.03	5.06%
专业教育课程	80.00	52.00	65.00%	28.00	35.00%	28.28	35.35%
合 计	169.50	120.50	71.09%	49.00	28.91%	42.04	24.80%

按照该校规定，四年制本科专业总学分控制在170分；五年制本科专业总学分控制在210分；人文社科类专业实践教学占总学分（学时）不低于20%；理工农医类专业实践教学比例占总学分（学时）比例不低于25%。因此，社会工作专业最终被控制在169.5分。相对于位于梯队前列的高校，总学分偏高。

可以发现，任何一份培养计划的制定都不是单纯的专业为本，而是受到各项政策、已有条件，以及教师利益的约束，其自由选择的空间实际上很小，主要集中在专业选修课上，而此学分也是受到严格限制的（28个学分）。以工作量计算为例，热门专业学生人数众多，仅毕业论文指导核算的工作量（每个学生计为15个课时），每两个学生就几乎等同于开设一门2个学分的课程（每学分对应每周1课时），而一次指导的学生可能达到10人。为了减少工作量方面的损失，该校社会工作专业通过增加课程、课时，将原本无偿的课外实践指导纳入课内实践学时等方法平衡，学生自主选择的机会较少。从师资力量来看，学历上已全部博士（生）化，但科班出生的近年来才引入1人。从实务来看，非科班出生的老师虽然主持或参与多个项目，但能将社会工作专业知识、价值与技能全程应用到实务活动中的机会却很少，多数情况下只是充当督导角色，同时也缺乏参加系统培训的机会。

新的培养计划指导原则体现的是能力为本，所以强调实践环节，要求增加实践课时及学分，符合社会工作教育的发展取向，但实践中却缺少相应的保障，如实践场所的联系都是依赖教师个人的社会资本，而缺乏制度化的校级机制。近几年，正式注册且能接纳学生实习的机构增加迅速，但并不足以满足教学的需要。一是接纳规模小。虽然名义上有很多实习基地，但规模都很小，一个基地安排 2 名学生都可能嫌多，远不如医学专业的教学医院的接纳能力。二是机构专业水平参差不齐。学校是希望机构发挥专业督导作用，但部分机构还停留在需要实习学生推动其专业化的水平。三是目标存在差异。学校是希望在真实情境下提升学生的专业能力，而机构更多的只是使用其劳动力。四是信息难以共享。如何跟踪学生的实习情况，不同高校采取了不同策略，有通过电子邮件、通信工具联系的，有教师定期巡访的，也有借助专业平台共享信息的，其成本也是递进增高。

社会工作专业培养方案的设计是相对理想的，在资源与能力的双重约束下，培养方案只能是次优选择。在不同的历史时期，还受到个体治疗抑或是社会变革取向、职业教育与专业教育导向等专业发展理念的影响。在实习教育资源及其质量无法获得保证时，我们需要考虑的是如何充分挖掘与利用现有资源，最大程度地提高学生的专业能力。而加强实验室建设，回归课堂实训教学是一个重要的策略。

该校的培养方案将社会工作行政课程提升至和个案、小组与社区社会工作三大传统方法课程同等重要的位置。增加了实践教学环节，希望以 2＋3 的理论＋实践模式强化学生的行政管理能力，从而满足社会的需要。而设置“法律基础与社会工作”“服务项目设计与管理”两门选修课程主要是希望对方法课程加以拓展。“法律基础与社会工作”强调法律法规学习的重要性，特别是与社会工作专业服务相关的法律法规的学习，包括各类政策、标准与指南等。法律很早就是社会工作教育的核心组成部分，也是英国从业者获得新社会工作学位的要求（Braye，Preston-Shoot，& Thorpe，2007）。但从中国社会工作专业教育的实际情况看，学生对相关法律法规、行业标准或指南知之甚少。就法律教学而言，一方面，专业教育对法律教育缺乏重视，教师未能在课堂上积极且有效地嵌入法律法规等知识的讲解与应用；另一方面，法律法规散见于不同的专业课程中，缺乏体系。行业标准或指南可视为专业的“法律法规”，可用于评估与提高学生的综合应用能力，但很少被教师置于课程教学内容中，现有的课程设计中也未纳入相关内容。“服务项目设计与管理”强调项目设计与管理的重要性，具有明确的职业需求导向。梳理社会工作服务机构招聘要求，可以发现掌握项目申报与管理、具备团队带领能力等的要求频频出现。但现有的社会工作专业教育中缺少相应的课程满足机构的此类需要，这与教师缺乏相应能力有关，也与无法有效引入机构资源提高学生的项目设计与管理能力有关。总体而言，该校的培养方案属于中规中矩型，现有的课程体系与教学设计仍有很大的改进空间。

从文献回顾可知，质性研究方法对于社会工作者非常重要，可以提供案史采集、资料分析的专业方法，但高校中能够熟练掌握质性研究方法的老师并不多见，目前较多的做法是在“社会调查研究方法”课程中作为一个知识点而不是需要熟练应用的方法加以传授，未来需要强化质性研究方法的教学。在学生进入实习前，可以通过此课程“评估学生直接实践的准备情况，以便在服务传递环境中安全地开启实践学习”（Department of Health，2002：3）。我们可以借鉴师范专业开设“教育技术学”的经验，专门设置“社会工作技术学”，将“社会工作行政”“服务项目设计与管理”“社会工作实验与管理”“社会统计软件”“大学计算机信息技术基础”等相关课程中的方法、技术及工具应用方面的教学内容整合在一起，作为前置课程培养学生的技术应用能力，涉及办公软件、平面设计、电子杂志设计、影视制作、项目管理、流程图制作/思维导图、统计软件等，为个案、小组、社区、社会工作行政等课程提供技术基础。这需要在学校要求与专业设置间平衡，如减少公共课时与增加专业课时的学分替换或减免，倡导公共课教师为适应专业教学需要进行针对性地调整，鼓励有条件的高校社会工作专业直接招聘具有跨界背景的师资满足需要。

与培养方案相关的是“课程标准（curriculum standards）”，不同学者对课程标准的理解不同。谢里·A·麦克·吉·班克斯（Cherry A. Mc Gee Banks）认为课程标准就是“内容标准（content standards）”，马克·S·塔克（Marc S. Tucker）与朱迪·B·科丁（Judy B. Codding）认为是“行为标准”（pefomance standards）（Vinson，1999），一般为业内共识的文本，其主要功能在于为教学提供清晰明确的指引。本书倡导以照顾为核心重构社会工作专业培养方案与课程体系，但重构的过程并不在于是否有独立的课程开设，而在于教材体系的变革、教学内容的重构、教学计划的调整、教学理念的创新等，其应渗透在所有科目与所有类型的教学中，涉及课程标准的修改。照顾是个体治疗与社会变革两大取向的交汇点，其性质定位不同，课程设计的出发点、课程内容的安排，以及行为标准的描述也不会相同。若将照顾视为权利，可以照顾者为中心设计福利制度，制定社会政策；若将照顾视为技术，可识别照顾行为，围绕照顾技能开发社会工作实务的通用过程；若将照顾视为商品，可围绕家政服务等讨论服务的购买与输送。培养方案的设计和专业课程的开发应全面反映照顾性质的多重维度。完整的架构需要政策的支持与后续的研究，此处不再赘述。

服务于具体课程的教学计划可称为教学大纲（course syllabi），是发展评估技术的关键要素，也是教师开展教学工作的重要依据。在中国，学校教育中既有教学计划，也有教学大纲的说法。每个教学大纲都会列出项目目标和教学目标，教师结合目标可制定评估标准并用于评估学生目标实现的程度（Swigonski et al.，2006）。一般包括以下要素：课程描述、学习目标、指定阅读材料和材料、测量维度（与专业协会或教育主管部门的评估维度一致）、课程作业、教师备注（annotated notes to the instructor）、评估标准（Williams，2018），以及重点难点、教材教法、教学工具、时间分配、任务安排、考试题型等。通常要求开课前提交至教务管理部门备案，并分发给学生，以便教学与管理活动参与者对授课过程进行监督。

总体而言，该校培养方案仍然屈从于传统的教育方法、现代的知识体系与现实的情境约束，并未能全面满足设计原则，只是次优选择。在教学活动中，不同的老师讲授不同的课程，或多门课程，通常以自上而下的方式传授，缺少横向联系与自下而上的互动。因此，优化培养方案、遵守课程设计原则并严格执行，就显得尤为必要。比较学校专业培养计划、协会或教育部专业评估指标体系、学位点专项评估指标体系、专业预警系统与大学就业报告等，可以发现前三者关注教育条件、教育过程与结果，最后两者单纯是以就业为导向，但由于发布者或委托发布者多为高校教育主管部门，因而反而更能直接影响高校专业的发展，引发专业自治与管理主义之间的冲突。这要求我们思考如何在研究、教育与实践三个领域建立起统一的科学评价指标。同时，专业合格并不意味着专业就可生存。在不符合国家、高校发展战略的情况下，即便教学质量再高，社会声誉再好，也可能被停办，中山大学社会工作本科专业的遭遇仍历历在目，甚至有高校为服务其他专业冲刺A＋的目标而将A－的学科撤销。如何在既有条件的约束下实现社会工作教育的专业目标与社会使命，建立科学的培养体系与评估指标，培养出一支高质量的对公众负责的专业人才队伍，需要社会工作教育者、研究者与实践者具备更严谨的理论思考与更务实的实践智慧。

第六章　社会工作教育的理论基础与行动框架

第一节　理论基础：系统、行动与表演

（一）理论基础

1. 生态系统理论

生态系统理论（ecosystem theory，ecological system theory）是社会工作教育中占主导地位的理论（Balestrery，2016），被视为一种改进案主系统社会功能的有效治疗策略，本身关注的是如何改善社会工作实践（Pardeck，1988；Pardeck，1996：1—27），但其框架同样适用于社会工作临床技能教育与评估模式的建构。里士满很早就注意到环境在人的社会功能维系中的作用。20 世纪 70 年代，卡雷尔・B・杰曼（Carel B. Germain）与安・哈特曼（Ann Hartman）基于"人在情境中"的视角为社会工作领域发展生态系统路径奠定了基础（Pardeck，1988）。生态系统框架强调动态整体观念，重视不同系统间的交换（transaction）（Germain & Gitterman，1980；Siporin，1980；Vayda & Bogo，1991），在一般系统理论与社会系统理论基础上增加了动态的与人本主义的维度（Siporin，1980），为社会工作者提供了从微观层面的个体介入到宏观层面的社会治疗的连续策略（Pardeck，1988）。

社会工作教育的生态系统包括研究、教育与实践三个子系统，分别以证据、表演与服务为支柱，构成"证据—表演—服务"的教育与评估模型[①]。其中，证据取自研究领域，表演适用教育领域，服务指向实践领域。研究、教育、实践代表三个不同子系统，相互分离又紧密结合，构成一个完整的系统（Soydan，2007）。子系统相互间同样存在物质、能量与信息的交换，其中最重要的交换内容是信息（证据）。它是研究者、教育者与

---

① 模式通常指一种方法论，模型则相对具体，选择不同的支柱则可形成不同的模型，但可能同属于一种模式，类似于金刚石与石墨这一对同素异形体。所以严格意义上讲，EPS 仅是生态系统模式的一种模型，而是不是最佳模型则依赖于实践的检验。这也是未直接称之为生态系统模式的原因。

服务者（实践者）所拥有的“共同语言”（Vayda & Bogo，1991），其传递有助于学生在理论与实践、理想与现实、虚拟与真实的两个世界中搭建桥梁，有助于他们将微观与宏观的知识、价值与技巧整合进他们的实践，也有助于促进研究、教育与实践三个系统的相互融合。如果三者之间缺乏有效的交换，那么理论与实践、理想与现实、虚拟与真实之间将发生断裂，也就无法保证培养出合格的社会工作者。

2. 行动研究理论

行动研究是一个构建对人类有价值的实用性知识的民主和参与的过程（Reason & Bradbury，2005；转引自古学斌，2013），最早是由社会心理学家库尔特·勒温（Kurt Lewin）于20世纪40年代中期提出，后受人类学方法影响，聚焦于特定情境与地方化解决方案，“看、思考与行动”是它的基本行动路线（Masters，1995；Stringer，2007：1—38；DePoy et al.，1999），计划、行动、观察与反思是解决问题的四个基本步骤（Zuber-Skerritt，1996：2）。相对于实证科学，它有助于实践者整合现存的理论与实践，并有助于从直接实践中生成新的知识（Chan & Tsang，2008）。但实践者如果缺乏在行动中的反思能力将无法获取新的知识，其专业实践能力也就难以提高（郭伟和，2014）。因而，行动研究内含反思性实践。在批判性行动研究模式中，主体正是反思性实践者（Zuber-Skerritt，1996：81），但实践者并非天生就具有批判性、反思性，特别是在中国的文化传统中。因而，在本模式中行动研究本身也是提高实践者的批判性与反思性能力的工具。

反思性实践与行动研究为教育界过去几十年间充满想象力的两个概念，行动研究理论是由唐纳德·A·舍恩（Donald A. Schön）提出，他通过观察实践者在行动中如何思考而扩展了美国教育家约翰·杜威（John Dewey）的“反思是一项进程或活动”的思想（Schön，1983；Leitch & Day，2000），为社会工作实践模拟提供了理论基础（Linsk & Tunney，1997）。20世纪80年代后半叶以来，教育界一直在讨论从“技术性实践”到“反思性实践”教学范式的转换（臧其胜，2012）。在舍恩等人的推动下，社会工作专业教育也开始沿着反思实践的思路发展专业知识和专业能力（郭伟和，2014）。

3. 社会表演理论

社会表演学作为学科是以行为作为研究对象，源于美国戏剧大师理查德·谢克纳（Richard Schechner）创立的人类表演学，研究的是人们在现实生活中如何表演，标准化案主同样关心人们在现实生活中如何表演。它一方面要受到其背后各种社会关系的制约，另一方面也常常会变成社会规范、榜样示范（孙惠柱，2009：69）。因而，理解人类表演学与社会表演学的理论及其积累的实践模式可以为标准化案主剧本的设计、社会工作实训教学的开展，以及标准化案主的培训提供参考。社会表演学是一门崭新的交叉学科，它重视个人表演的同时强调社会的规范；向社会展示的同时受制于社会；它的哲学起点既包括人的存在，也包括社会的规范（孙惠柱，2005）。人的存在是人类表演学的哲学起点，行为是人类表演学的研究对象，与社会实践、积极倡导有着密切的联系（谢克纳，2008）；谢克纳吸收的是人类学方法，而社会表演学更多吸收的是社会学方法（孙惠柱，2005）。人天生就是表演的动物，我们需要"把人当作有自觉意识的行动主体，研究人如何能动地表演——在规定的情境中实现贯穿动作"（孙惠柱，2009：66）。

社会表演学强调立足实践、着重分析，帮助设立各种社会角色的规范；社会工作是以实践为基础的专业和学科。社会表演学不仅重视历史的重现，更试图为人类的未来行动立法，改善人类社会表演的能力，坚持人的能动性；社会工作坚持优势视角，试图为案主"增能"。社会表演学强调社会规范与人的行动的互动关系，社会工作坚持"人在情境中"。社会表演学关注演员与观众、演员与角色之间关系的维系或重构，社会工作关注案主与社会支持之间"关系"的修补与重构，同时也强调案主与自我的内在关系的修补与重构。因而，社会表演学与社会工作具有互补的可能，而不只是为社会工作教育提供情感引导或表情肢体训练的戏剧表演的传统技巧。

4. 体验式学习

大卫·库伯（David Kolb）在杜威的经验学习理论以及其他学者的相关研究基础上提出了"体验式学习"（Experiential Learning）理论，建立了体验式学习圈（Experiential Learning Circle）模型，包括：获取具体经验；反思性观察；抽象并概念化；积极实践（Kolb，2015：44）。在原初意义上，指从生活经验中学习的一种特殊形式，经常与课堂教学和课堂学习进行对比（Kolb，2015：xviii），但目前已经扩展到课堂的模拟教学中。它是社会工作教育与实践的基础（Goldstein，2001）。在社会工作教育领域，有学者发展出"五步法体验式学习"：以积极体验开始，依次经过具体经验、反思性观察、抽样概念化，新增"总体整合"，作为单次循环的终点，每个环节对应的行动者角色不同（Cheung & Delavega，2014）。

杜威认为，进步主义教育哲学基本的统一在于实际体验和教育的过程之间有着密切和必要的联系，但体验与教育并不是直接等同（Dewey，1986）。问题为本的教学方法同样可追溯至杜威的经验学习理论。他认为给予学生一些问题去处理，若能够在处理的过程中唤起学生的思维，找出其中的关联，自然地便会达到学习的结果（Dewey，1944：154）。问题为本学习是弗莱克斯纳在20世纪初所倡导的教学改革理念，弗莱克斯纳后于《体育与大学医学预科综合专业教育报告》（General Professional Education of the Physical and college Preparation for Medicine，简称GPEP）中提出独立学习和问题解决之具体想法。20世纪50年代，美国凯斯西储大学（Case Western Reserve University）开始应用问题为本学习；20世纪60年代，加拿大麦克马斯特大学的霍华德·S·巴罗斯（Howard S. Barrows）与罗宾·谭布林（Robyn Tamblyn）率先推出问题为本学习法（PBL）流程，并广泛应用于医学教学中（Uden & Beaumont，2006：30；Neufeld & Barrows，1974）。自1980年起，问题为本学习法也开始被吸纳进社会工作的教学中，英国的布里斯托大学（University of Bristol）就是首家以问题为本学习改革社工培训课程的大学（庄明莲，2008：54）。

1967年美国学者罗伯特·西格蒙（Robert Sigmon）和威廉·拉姆齐（William Ramsey）提出服务学习（Service-Learning），作为一种教学法，服务学习2000年前后在美国社会工作教育领域开始流行起来（Schelbe et al.，2014）。其方法论来源主要有杜威的体验式学习与弗莱雷强调对话、反思与行动三位一体的反压迫教育学（Gerstenblatt & Gilbert，2014）。服务学习强调在社区与课堂间建立合作的关系（Lemieux & Allen，2008），本义是一种“互惠式学习”，即服务的提供者与服务的接受者都能够从活动中受益，目前代表一种更为广泛意义上的体验式教育（Furco，1996）。2006年彭华民教授将服务学习引入国内并依托社会工作专业推广（彭华民、陈学峰、高云霞，2009），随后其将多年实践主编为《服务学习：社工督导志愿服务新模式》一书，于2012年正式出版（彭华民，2012a）。

（二）概念解释

1. 模拟与标准化

在实践资源有限与实习存在伦理风险的情况下，实现“所学即所用”的有效途径是模拟。它是真实世界的一种操作模型，介于理论与实践中间，能够在一定程度上复制真实世界中随时间变化的行为，能够让学习者从他们自身的经验中理解真实世界的现象（Faherty，1983）。角色扮演仍是课内实践教学中常见的模拟，其重在“扮演”，而不是“角色”；是“学习”，而不是“治疗”（Ladousse，1987：11）。也有学者将同伴角色扮演（peer role-plays）与人体模拟（human simulation）视为两种不同的教学方法（Carter，et al.，2018；Tufford，Asakura，& Bogo，2018）。本书将两者视为标准化程度不同的模拟。

模拟技术广泛应用于医学、护理学、心理学、法学等健康照顾或助人专业，在社会工作教育中的应用也由来已久（Meinert，1972；Horejsi，1977；Gross，1981）。除此之外，在基于能力的项目中，促进教学的方法还有：据行为（performance）定义的学习；以行为（behavioral）目标表示的结果；基于标准的评估；展示能力的多种方法；个性化学习；小班化教学；使用教育技术；改变学生—教师角色，以及个性化咨询系统（Gross，1981）。模拟是一种技巧（technique），而不是一项技术（technology），它是以一个全面互动的形式产生或复制真实世界的诸多方面的设计体验（guided experiences）——本质上通常是拟真的——取代或放大真实的体验（Gaba，2004）。社会工作临床技能教育与评估模式强调对情境与关系的模拟，努力将一切能够获得的研究成果整合进课堂与课程实践。通过训练，我们可以突破时空的限制，模拟重现他人的事件史，尽管不可能全部（臧其胜，2013）。伴随着课程管理软件的出现，远程教学、计算机模拟与虚拟现实开始出现在社会工作课堂教学中（钟华，等，2021），而新冠疫情的暴发及持续使得线上教学成为常态化的配置。但模拟、虚拟与仿真在表述的侧重点上存在差异，模拟是再现真实世界中的事物，虚拟是再现真实世界不存在的事物；模拟是物理层面（表象）上的虚拟再现，仿真是数学层面（本质）上的虚拟再现（曹爽、王峰、赵峰臣，2013）。目前社会工作专业课内实践教学仍处于以模拟为主的阶段。

模拟是知识对实践的模拟，而非实践对知识的模拟。模拟并非必须的，因为案主可以是真实的，这种方法的关键特征不是模拟，而是表演的标准化（Beullens et al.，1996）。标准最初来自工业生产管理，是经公认的权威部门批推的一系列标准化工作成果，可以通过文件形式描述其必须达到的条件，或是规定基本单位或物理常数（桑德斯，1974：14）。标准化的目的在于为能在某一时期内运用语言、图样、模型以及其他表现手段做出统一的规范（盖拉德，1934；转引自郁建兴、秦上人，2015）。标准化的本质是共识与共享，是社会工作专业化、职业化的核心表征与必由路径（臧其胜，2014a）。社会工作服务已经走向标准化，作为前置环节的社会工作教育更应走向标准化。

从社会工作教育的视角来看，理论与实践的脱节根源在于真实的案主是变化的（臧其胜，2014b），以致无法将真实的案主用于教育与评估的环节中。突破的关键就在于控制案主的变化，换句话说，将案主标准化。这就可以在一个可控制的环境中有效避免专业伦理风险，可以突破时空限制重复表演，能够以同样的标准考核不同的学生或重复考核同一个学生（臧其胜，2014b；臧其胜，2016）。这不仅有助于评估的公平性、可比性与客观性，也有助于推动社会工作的专业化与职业化。在实践中，它可以通过培训标准化案主应用于教育与评估环节而实现。标准化案主承担演员、指导者与评估者多重角色，可以来自处于真实处境或有过相似体验的案主，也可以来自能够模拟处境的志愿者、业余或专业演员等。

2. 实践与社会表演

表演是一种行为（谢克纳，2008），可定义为“特定参与者在特定场合以任何方式影响任何其他参与者的所有活动”（Goffman，1959：15－16）。社会表演是在“舞台和摄影机镜头以外的表演，是日常生活中自觉不自觉控制自己的行动和表情给予看的人某种预期印象的行为”（孙惠柱，2009：5）。社会工作是以实践为基础的职业，而“实践的实质性可以由维度更多的表演概念所取代”，无论是个人还是集体，社会表演都可以系统地类推为剧场表演（亚历山大，2015a）。循此逻辑，社会工作者的实践也可视为社会表演（臧其胜，2016）。为了让自己的介入取得预期的专业效果，社工“必须提供可信的表演来引导自己的行动和姿态指向的对象，使其认为自己对动机和解释的描述是合理的”（Scott & Lyman，1986；Garfinkel，1967；转引自亚历山大，2015a）。可以说，社会工作者的实践是一场以课堂或现场为舞台的社会表演。

社会表演学更多吸收的是社会学的方法，与社会工作具有互补的可能。应用社会表演学，可以帮助社会工作者识别虚假表演，改善社会表演的能力（臧其胜，2013；孙惠柱，2009：54），而不只是为社会工作教育提供戏剧表演的传统技巧。标准化病人挑选和训练被视为社会表演领域的任务，依此类推，社会表演学也可以应用于标准化案主的招募与培训中。培训的目的是帮助标准化案主识别学生社工的虚假表演，改善学生社工社会表演的能力。因而，它既可以成为培训标准化案主的工具，也可以成为社会工作者的一项新技能（臧其胜，2016）。

3. 实践智慧与证据为本

社会工作是社会科学中采用实践智慧（practice wisdom）术语的独一无二的专业（Dybicz，2004）。它是在案主处境的现象学体验与科学信息的使用之间互动时生成的个体的、价值驱动的知识体系（Klein & Bloom，

1995)，往往等同于“常识”，在面对实证或系统的分析时可能有效也可能无效，与主流理论可能一致也可能不一致（Barker，1999：370－371；Dybicz，2004)。它是沟通理论与实践的桥梁，是实践有效性的基础，其认识论和本体论强调了它对下一代社会工作者的研究、教育和实践的重要性（Samson，2015)。在20世纪初社会工作教育基础的路径争论中，里士满倡导的实践智慧路径就曾经胜出（Austin，1983)。作为评价学生能力的一种方法，实践智慧是值得信赖的（Bogo et al.，2004)。然而，对于社会工作教育者而言，实践智慧重视个体的直觉与现场的体验，介入策略具有情境性与权宜性，以致他们很难有效传递给学生这种可意会而难以言传的“隐性知识”（tacit knowledge）(Imre，1985；Scott，1990)。

受科学方法承诺的吸引，部分学者则试图尽可能将其明确化与实证化，以便符合科学的范式（Klein and Bloom，1995)。社会工作离开实践智慧的基础，但在发展自己的价值基础、理论与方法上并未完全成功（Goldstein，1990)。20世纪末，甘布里尔将证据为本的实践理念引入社会工作（Gambrill，1999)，在价值基础、理论与方法上引发了一场新的革命。它是“认真、明确和明智地使用当前最佳证据作出个人照顾决策”的实践模式（Sackett，Richardson，Rosenberg，& Haynes，1997：2)，研究者的研究证据、社工的专业技能、案主的独特性被有效整合（杨文登，2014)，可以提高社会工作服务的科学性，更好地履行对公众的社会责任，为社会工作教育的研究开辟了新的思路。形成两种主流解释：一是指以有力的实证证据支持的干预措施，其中，强有力的干预不仅由商定和共同的方法标准定义，而且由特定知识和实践领域的最新技术状态来定义；一是指在特定的社会文化背景下应用循证干预的过程（Soydan & Palinkas，2014：1)。证据是有等级的，从证据的标准来看，实践智慧可以被视为证据的低阶来源。如果课堂和现场的指导者与学习者能够共享证据以及据此建构的标准，那么学习者就能够将理论与实践有效地结合在一起。

标准是行动者基于科学的证据在公共空间中自由辩论而达成一致的结果。标准的建立与改变必须基于证据，证据是有序列的，序列是可以比较的。相应地，标准化案主应是证据在表演中的呈现，它并非是个体想象的产物，也并非权威宣示的结果，而是证据打造的“真实”。作为教学方式，它是证据在表演中呈现的艺术；作为评估工具，它是表演在证据中应用的技术。它的应用从未打算纠缠于实证传统、人本传统、激进传统和社会建构传统的模式之争，它只是力图成为跨模式、跨平台而适用的一种技术与艺术（臧其胜，2013)。但从实践理念来看，它与证据为本具有天然的亲合力，是证据在表演中的呈现（臧其胜，2016）。

第二节　联合法则：目标、语言与策略

研究、教育与实践之间始终存在一条看不见的鸿沟，如何跨越，学者提供了不同的方案。埃德温·J·托马斯（Edwin J. Thomas）提出发展型研究与应用（Developmental Research and Utilization）的知识发展框架，包括五步骤：分析、发展、评估、传播与采用。杰克·罗斯曼（Jack Rothman）建立了一个基础研究与发展模型（a basic research and development），具体流程为：第一步回顾文献，遵循的原则是检索、编码与通则化，第二步聚焦共识与通则化，遵循的原则是初步实验与操作化，第三步是检测与评估，以程序的形式界定和阐述实际的实践技术，并将之“打包”进实践者的手册中。弗舍尔则积极引入单一系统研究（single system research）的新技术，试图将实践的现实与研究的证据结合起来，并称这是一场从模糊随意到科学实证的静悄悄的范式革命（Fischer，1981）。博戈与瓦伊达基于生态系统框架提出了“理论—实践环”模式，其起点是检索（Retrieval），主要完成信息收集；经由反思（Reflection），获得基于情境的自我认知；然后在认知与检索的信息，以及其他的知识间建立联结（Linkage）；最后及时做出专业回应（Professional Response），如此不断循环下去，从而将理论与实践、概念与行动有效结合起来（Bogo & Vayda，1998：3—9）。托马斯试图为社会工作者提供一个清晰的、具体的、系统的与理性的标准，以便社会工作者在实践中选择合适的技术，其重点关注的是人类服务技术创新方法，而不是指向知识建构的行为科学研究方法（Gordon，1983）；博戈与瓦伊达依赖个体的反思，在信息、知识间建立关联，进而选择最优的方案；服务学习中，学生的角色取决于社区的需要，实习教育（Field Education）取决于学习或课程的目标，但也有学者宣称“所有的社会工作教育都是服务学习”（Jarman-Rohde & Tropman，1993：180；转引自 Lemieux & Allen，2007）。托马斯、罗斯曼、博戈与瓦伊达的第一步都强调信息检索或分析，而服务学习主要是寻找资源，在项目运作中由于时间限制也很难在满足社区需要的同时满足课程目标，同时也没有回答清楚三个子系统何以可能联合，如何突破边界而联合的问题。

现实中，研究、教育与实践处于松散的联系状态中，缺少紧密合作的动机，缺少相互对话的共同语言，缺少工作量交易的公平机制。在高等教

育系统中，研究与教育联系相对紧密，但来自机构或社区的实践者却缺乏研究和按照课程目标提供督导的动力及能力，这种能力通常又是教育或培训中未被重视的，研究更多来自远离实践的社会工作教育者。已有的研究成果转化为教育内容时，在时间上存在严重的滞后现象，很多的研究成果缺乏可复制性，各种模式如昙花一现，缺少可持续性与稳健性。而社会工作实践者受制于时间、经济等成本，以及研究成果无法开放获取的知识壁垒，没有积极应用研究成果的兴趣，在短时间内也很难有所改观。我们需要在研究、教育与实践间确立共同的话语体系，建立一致的运行规则，并使之服务于同样的目标。

社会工作临床技能教育与评估的生态系统模式是在生态系统理论与行动研究方法的指引下，基于证据为本的实践理念和社会表演理论，以标准化案主为核心，以能力为本，以证据作为研究（Research）、教育（Education）与实践（Practice）三个子系统共享的语言，进而建立起来的“证据—表演—服务”三位一体的社会工作临床技能教育与评估的模式（图 6.2.1、图 6.2.2、图 6.2.3）。即以能力建设作为共享的教育目标，以证据作为共享的教育语言，以标准化案主作为共享的教育策略，从而实现研究、教育与实践（REP）的融合，推动能力建设，更好地对公众负责。

图 6.2.1　共享的目标：能力建设

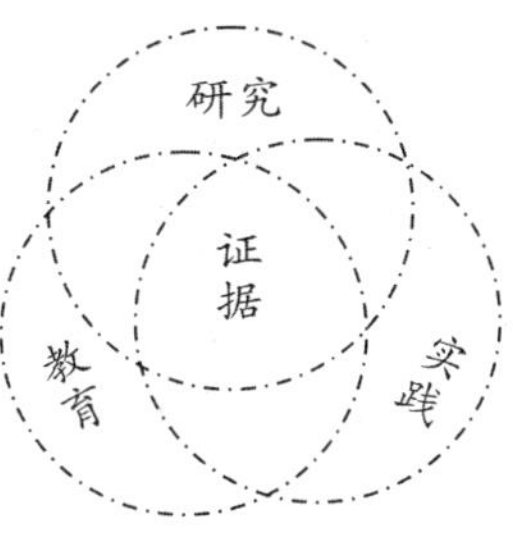

图 6.2.2　共享的语言：证据

图 6.2.3　共享的策略：标准化案主

资料来源：作者绘制。

一、统一目标：专业化能力

传统模式的社会工作教育仍停留在知识的记忆上，却忽视了能力的训练，导致“高分低能”，影响专业形象并带来职业伦理风险。其原因是多重的，如师资力量薄弱，实习资源稀少，专业督导短缺。社会工作教育的焦点已经从课程结构与过程转向了能力为本。前一种方法侧重于输入，并详细说明学生在指定时间段内必须接触到的内容和培训体验；后一种方法侧重于结果，并阐明学生在完成课程时应该能够展示的知识、技能、价值观和态度的复杂行为集合（Bogo et al.，2014）。在社会工作教育的生态系统中，专业能力的培养成为研究、教育与实践共同指向的目标。其中，教育是联合行动的中枢，研究为教育提供指引的理论，实践则为教育提供检验的平台。

根据前文定义，社会工作的能力包括基础性能力、扩展性能力和过程性能力。基础性能力包括知识储备、价值操守、学习能力与批判反思能力；扩展性能力包括知识评估能力、政策倡导能力、社会照顾能力；过程性能力包括沟通技能与技术技能。其中，沟通技能是专业要求，而技术能力主要涉及行政管理、财务管理、项目的设计、申请及运营、智慧照顾，也包括对沟通技术的支持。为实现对公众负责的职业承诺，提高社会工作专业的形象，社会工作教育的培养体系、课程结构、教学内容、评估方案等应以能力建设为目标，围绕专业能力的构成要素重新设计培养方案。

二、通用语言：等级化证据

根据韦氏英文词典，语言主要有以下释义：（1）语言是一个使用具有理解意义的常规符号等传达思想或情感的系统方法；（2）一个标志与符号的形式系统，包括一个可接受的表达方式的形成和转换规则；（3）机器语言、动物交流的方式等；（4）言语表达的形式或方式、语言学等[①]。中文一般将其限定为社会约定俗成的交流的意义结合的符号系统。语言是一套符号系统，也是规则体系。日常生活中，我们更为关注语言的符号意义，而忽视其作为规则的控制作用。早在20世纪70年代，就有学者意识到社会工作不同系统间拥有共同语言的重要性。威拉德·C·里坎（Willard C. Richan）认为社会工作存在三个语言分离的系统：（1）临床系统，它使用文字作为态度和经验的显性指标，在与无意识动机相关的表达中最为有效；（2）分析系统，这是理性演绎的特征；（3）意识形态系统，用于根据一套特定的价值原则来测试行为和经验（Richan，1972）。在社会工作教育领域，语言特指确定某些思想与交流方式合法性的基本规则，与语言学家使用的技术意义上的概念存在差异（Richan，1973）。由于缺乏共同的规则，同样的语言在不同系统间，不同主体间会存在差异。在社会工作实务领域，社会工作者与案主对于同一问题的理解，即便使用的是同一词语，也极有可能大相径庭。如果忽视不同系统语言规则的差异，那么介入模式的选用就存在极大的伦理风险。在社会工作教育领域，研究、教育与实践

---

① 参见 https://www.merriam-webster.com/dictionary/language。

三个子系统的现实差异同样明显。研究的成果无法应用到教育的课堂，教育的内容在实践中处处碰壁，实践中提炼的方法被学术研究拒之门外。与里坎的分类相比较，研究系统类似于分析系统，强调科学的证据而非主观的经验；教育系统类似意识形态系统，强调价值观的形塑与能力的培养，而实践系统类似于临床系统，社会工作者通过案主的陈述理解其潜在的态度并做出选择。实践是研究的对象，教育范本的来源，应是基于科学证据而展开的行动，研究应为教育与实践提供科学的证据与理想的范本，而研究范本的理想性取决于证据的科学性，没有科学的证据保证，社会表演学与标准化案主都将成为无源之水，无本之木，这是横亘在标准化案主应用前的重大障碍。消除障碍的最重要的策略是建立一套共享的语言系统，降低系统间交易的成本，而证据为本的实践理念为此提供了重要支持。基于此，本框架中语言特指一种支配沟通系统或系统间对话的规则。沟通研究、教育与实践的通用语言是证据，而证据为本的实践理念则为系统间的对话、工作量的交易提供了行动的规则。

事实上，并非一切皆为证据，也并非一切证据皆有同等效力，证据的质量是存在等级的。1963 年，美国两位社会学家唐纳德・T・坎贝尔（Donald T. Campbell）与朱利安・C・斯坦利（Julian C. Stanley）首次提出了证据分级的理念，并引入外部真实性与内部真实性的概念（Campbell & Stanley，1963：3—6）。在此基础上，众多学者进行了探索（McNeece & Thyer，2004；Thyer & Pignotti，2011），并概括出社会工作领域的证据等级（见表 6.2.1）。

表 6.2.1　社会工作领域的证据等级

等级	类型	等级	类型
14	信誉良好的社会组织出版的文献综述	7	单一前实验结果研究
13	单一被试随机对照实验	6	单一案例实验设计
12	大规模多样本随机对照实验研究	5	相关研究
11	单一随机控制实验	4	叙事案例研究
10	大规模多样本准实验研究	3	专家的临床意见
9	单一准实验研究	2	可靠的理论
8	可重复前实验结果研究	1	专业团队的建议

资料来源：Thyer & Pignotti（2011）；杨文登（2014）。

注：数字越大，等级越高。当高等级的证据无法获得时则选用低等级的证据作为决策时的参考。

尽管循证实践本身受到诸多质疑，如证据标准存在疑问；随机控制实验本身也有许多不足，如样本代表性差、随访时间受到限制、存在伦理限制、统计显著性不等于临床显著性（杨文登，2012：104—105）；无法说明真实世界服务环境的复杂性（Manuel et al.，2009）；低估了其他视角（如定性研究）研究结论的证据价值。但从实践来看，出于对公众的责任，整合最佳的证据、社会工作者的临床技能，以及案主的具体情况、价值观及其意愿后所做出的决策是当下能够获得的最优选择。

根据循证实践的要求，为了进一步区分证据的等级，我们必须能够获取原始数据，其本身追求的是全民参与、数据共享，以证据为准绳（臧其胜，2014b）。可以说，数据库的开放与共享是循证实践理念得以践行的保证，而每个人都是证据的消费者，同时也是并且能够是证据的生产者。标准化案主策略则承担着将证据转化为表演，从而提高与评估学生社工社会工作临床技能的责任，这为从课堂进入现场顺利过渡提供保证。社会工作专业的学生可以通过识别出标准化案主借助表演试图呈现的证据，从而获得理想的专业沟通与技术技能，其社会表演的成功与否可以反映其社会工作临床技能水平的高低。在此基础上，循证实践的教育作为一种教学法才是有效的。

证据可以通过系统评价（systematic reviews）和元分析（meta-analyses）获得，但当前与社会工作实践领域相关的、成熟的系统评价与元分析并不存在。现实的处境是，原始数据成为学术霸权的象征，我们无法共享；也成为遮蔽问题的手段，我们无法窥知（臧其胜，2014b）。因而，无论是学生还是老师自身都必须具备综述与评价研究的能力（Auslander et al.，2012）。其操作过程可以分为八个步骤（见表 6.2.2）：

表 6.2.2　社会工作介入研究综述与评价的八个步骤

步骤 1	概念化问题与定义研究问题	步骤 5	区分研究方法的等级
步骤 2	执行系统文献检索程序	步骤 6	决定结果成效（显著或不显著）
步骤 3	定义研究包容的标准	步骤 7	根据研究的严谨性将结果分级
步骤 4	识别与类型化介入及其结果的类型	步骤 8	比较不同研究的证据

资料来源：Auslander et al.（2012）。

从实践来看，尽管有学校免费数据库资源的支持（学校其实也已不堪重负），但在有限的时间与精力之下，无论是教师还是学生都很难做到证据为本，剧本的设计与标准化案主参与教育与评估的效果都很难实现理想的目标；相对高校，机构及一线社工更缺乏渠道与资金获得充分的证据，也缺乏时间与能力去识别证据的质量及其等级。在这种情况下，无论是高校教师与学生，还是机构与社工，应用循证实践理念的动力并不强劲，去执行综合与评价的八个步骤的可能性也就几乎为零。因而，未来的发展需建立一种服务于证据为本知识传播的机制，即证据转化中心（Clearinghouse）。

证据转化中心是最近在应用科学框架下发展起来，被设计用来服务于科学知识的传播与利用，并将高质量的知识以一种比较容易的方式带给最终用户的机制（Soydan et al.，2010）。证据转化中心起到了沟通理论与实践的作用，不仅可以服务于高校，也可服务于机构。证据转化中心是一个免费开放的集证据采集、存储、转化与传递为一体的系统，大数据时代的到来为它的发展提供了海量的信息保证与有力的技术支持。它实现了知识传递过程的分工，简化了证据的获得与使用，减轻了人类认知与记忆负荷，降低了临床知识获得的成本，是复杂知识系统的一种重要简化机制，为标准化案主的应用与推广提供了技术支持，有助于推动循证实践理念在社会工作教育培训与专业社会工作服务中的应用。

三、共享策略：标准化案主

标准化案主是经过训练，能恒定、逼真地表现真实案主心理社会特征和情感反应，配合案史采集与技能测量等临床过程培训与考核工作，扮演案主、教师和评估者等多重角色的行动者（臧其胜，2013）。研究缘起于教育规模扩大与实践资源有限的冲突，其目标旨在跨越理论与实践的鸿沟，提高学生的社会工作临床技能。

临床，原指诊治必临病床，后泛指医生为病人诊断和治疗疾病；临床技能则意指诊断与治疗技能。社会工作的临床技能特指面对真实情景时的介入技能。临床技能的标准化是实训教学模拟的前提，没有标准则无法模拟，因而模拟的历史也正是标准化的历史。在医学领域，模拟的历史之本源或为“出于训练技能，解决问题与评估，而对‘某些真正的事情，事件的状态或过程的模仿’”，其应用的背景是医学技能传统实习资源日益减少（Rosen，2008）。而中国的社会工作教育也面临实践资源有限的窘境。2009 年 12 月，偶然见到某医学院临床技能训练中心在校内招聘“标准化病人”的海报，就此开始关注“标准化病人”（Standardized Patients，SPs）。受此启发，认为其可以突破当下中国社会工作教育的窘境，提高学生的临床技能。

标准化病人诞生于1963年，由美国南加利福尼亚大学洛杉矶分校的巴罗斯教授缔造，最初称为程式病人（Programmed Patients），后来称模拟病人（Simulated Patients），后由加拿大麦克马斯特大学的杰弗里·诺曼（Geoffrey Norman）教授于20世纪70年代后期正式命名（Barrows，1993），20世纪80年代被采用并被广泛接受（Wallace，1997）。除此之外，还有其他术语用来描述这一现象：病人指导者①（patient instructor）、病人教育者（patient educator）、职业病人（professional patient）、代理病人（surrogate patient）、教学助理（teaching associate）——更一般的术语——模拟病人（Wallace，1997）。1991年，美国麻省大学保拉·L·斯蒂尔曼（Paula L. Stillman）将这项技术引入中国（Stillman& Sawyer，1992；杨耀防等，1994；Wallace，1997），并于1992年在华西医科大学、浙江医科大学及九江医学专科学校培养了中国第一批标准化病人（Stillman & Sawyer，1992；万学红等，1993；杨耀防等，1994）。

大卫·加巴（David Gaba）将医学临床技能的模拟分为五类：口头（Verbal）模拟、标准化病人、专项任务训练者（Part-task Trainers）、计算机病人（Computer Patient）与电子病人（Electronic Patient）②（Rosen，2008）。相对而言，标准化病人是目前发展最成熟、成本较低、具有综合性的临床技能培训、评估工具，已经广泛应用于北美地区的医学院临床技能教学与执业医师资格考试中（Rosen，2008）。2001年，标准化病人教育工作协会（Association of Standardized Patient Educators，ASPE③）正式成立，它是“推动标准化病人方法专业化的国际组织”（Rosen，2008）。可以说，作为一种教学方式与评估工具，标准化病人在医学教育领域已经获得高度认同与广泛使用。

“标准化病人”是一个术语集，包括模拟病人与经过仔细训练能够用标准、恒定的方式表现他们疾病的真实病人（Barrows，1993）。目前最权

① “病人指导者”与标准化病人并不完全同一，根据佩杰·华莱士的介绍，斯蒂尔曼的“病人指导者”并不是模拟真正的病人，他们是用自己正常的身体指导医学生如何用一个由临床医师制定的详细检查清单做一个全面精确的体格检查（Wallace，1997）。

② 口头模拟是一个简单的角色扮演。标准化病人是用于训练与评估病史采集、体格检查技能、沟通能力与专业性的演员。专项任务训练者也许只是常态下或表现病症的身体局部的简单解剖模型；更复杂的现代外科任务训练者也可归为此类。计算机病人具有交互性，或者是基于软件的，或者是以网络为基础的虚拟世界的部分。在许多领域，它们的功能与标准化病人相同，但成本更低。电子病人是模拟的最高级形式，它对临床环境的模拟是完整的，或者是人体模型，或者是虚拟仿真的（Rosen，2008）。

③ ASPE的介绍参见 http://aspeducators.org/。

威、最完整的定义来自华莱士[①]。她认为，所谓“标准化病人”，是受训练之后，能够精确地、重复地、逼真地配合病史采集和体格检查等临床过程培训与考核工作，并且是能够表现出案例所要求的真正病人心理社会特征和情感反应的人；对于每位遇到这种“病人”的学生都能感受同样的挑战，无论在什么时候举行，无论由哪位标准化病人表演（Wallace，2007：xvi）。

在巴罗斯看来，标准化病人的价值在于：不会因为出于教育的目的而对真正的病人误诊；可以为医学生接触真正的病人前提供一个过渡；可以允许学生在模拟的急诊和困难等敏感的医学条件下进行实践；可以出于教育的目的加以控制；对于学生而言，如果他觉得第二次会做得更好，那么可以重新开始面诊（encounter[②]）；时间因素可以忽略不计，实际上没有时间与空间的限制（Barrows，1993）。总体而言，标准化病人的运用具有低风险、可控性、重复性的优点，它“既是一种杰出的教学方法，又是一种可信的评价工具”（Wallace，1997）。

标准化病人的发展史也正是受质疑的历史，但标准化病人的教育研究者努力推动并给予了积极回应和充分的实践证明。首先，标准化病人的信度与效度的测量。学者认为尽管成本较高，但不会损害学生利益，它是一种合理的、客观的方式，具有显著价值（Gilliland et al.，2006；Fiscella et al.，2007；Rickles et al.，2009）。其次，评估工具的信度与效度的评估。杰拉尔德·P·惠兰（Gerald P. Whelan）等学者针对标准化病人记录或评分行为进行了研究，考察了测试长度、评估表、等级量表、面诊后的练习、案例建构与平衡五项关键得分点，并提出改进措施（Whelan et al.，2005）。朱莉·M·希默（Julie M. Schirmer）发现许多评估工具使用的仅是判断行为是否出现的检查单而不是赋予反应权重的等级量表，其信度与效度存在差异，建议评估时选择合适的工具（Schirmer et al.，2005）。最后，标准化病人的培训。华莱士转向如何培训高质量的标准化病人，认为

① 曾学习过音乐、舞蹈与电影，具有教育媒介学（instructional media）背景。1975—1977年从教于被其誉为“医学教育之父之一”的斯蒂芬·亚伯拉罕森（Stephen Abrahamson）领导下的美国南加州大学（USC，University of Southern California）医学教育系。1979年被聘为操作训练麻醉学住院医师的电脑模拟人SIM—I的实验人员，这是医学模拟领域的开端。20世纪80年代中期与返回USC的巴诺斯合作，将标准化病人重新引进USC医学院课程体系中（Wallace，1997；Wallace，2007：xv）。

② 此处为意译，该词在不同语境下有不同的含义，通常指遭遇、偶遇，也指偶遇者。在心理学的美式英语表达中，指“交朋友”小组会、“交友”小组聚会、“交心”活动治疗小组、感受交流小组。还可指（病人与医务人员之间的）保健医疗接触。

它不仅适用于医学，也适用于“社会工作、心理咨询、家庭治疗，或者法学等一些将模拟方法用于教学、评估、资格认证目的的领域”（Wallace，2007：xvii）。

在临床医学与心理治疗中，治疗对象习惯地被称为患者或病人，但如果采用“标准化病人”这样一种医学框架来理解社会问题或使用医学手段干预有关“治疗”问题，将可能使得非医学问题被界定成医学意义上的疾病问题或障碍问题，这就陷入彼得·康拉德（Peter Conrad）所言的社会的医学化（韩俊红，2011）。1942 年，美国人本主义心理学家和教育改革家卡尔·罗杰斯（Karl Rogers）提出了在非指导性治疗中使用咨询者（client）这一新概念来代替“患者（Patient）”的重要性（法伯等主编，2004：II），这一改变切合社会工作所坚持的伦理价值原则。基于此，本书将“标准化病人”改称为“标准化案主”，英文翻译为 Standardized Client，缩写为 SC。“从‘标准化病人’到‘标准化案主’的术语改变”正是“为了反映与医学模式视角具有很大差异的社会工作的‘人在情境中’的视角”（Miller，2002）。

“横亘在课堂准备（classroom preparation）与现场表现（field performance）之间的鸿沟是每位社会工作教育者所要面临的主要问题。‘标准化案主’（SCs）[①] 自 20 世纪 70 年代起就已在医学教育中被广泛接受，但仍然未能系统整合进社会工作教育中”（Badger & MacNeil，1998）。标准化案主的研究可以追溯至“模拟案主”（Simulated Client），目前不少学者仍习惯使用该术语；在一些与医学相关的健康助人领域，社会工作领域的学者也会继续使用“标准化病人”的概念。1975 年，托尼·沃特林（Tony Whatling）与埃里卡·沃达克（Erica Wodak）受 BBC 电视台报道的加拿大医学院使用模拟病人训练诊断技能节目的启发，于 1977 年 10 月至 12 月间，在英格兰剑桥的富尔本医院社会服务科学生部，开启了运用模拟案主评估社会工作访谈技能的首次尝试。认为“这项工程提供了不可多得的经验。它被证明对整合理论与方法，以及发展与情感脆弱紊乱者——他们可能是安静的或攻击性的、误入歧途的或抑郁的——沟通的技能，这是一个很有用的方法”（Whatling & Wodak，1979）。

角色扮演是社会工作教育中使用最为普遍的教学方法，一般是指同伴角色扮演（peer role-play），提供了一个“似真非真（real，yet unreal）”的情境（Mooradian，2008）。具有多种形式，包括基于剧本（scrip-based）

---

① 根据前文的追溯可知这种说法不准确，应该称为模拟病人或标准化病人（SPs）。

的角色扮演、基于脚本（scenario-based）的角色扮演、即兴表演（spontaneous role play）、录像（videotaped）以及计算机辅助（Computer-Assisted Instructional，CAI）程序等（Badger & MacNeil，1998）。角色扮演可以为学生提供一个安全可控，不会产生伦理风险的技能发展与练习环境，然而它们“缺乏权威性与内部效度（internal validity）”（Badger & MacNeil，1998），会给学生“带来焦虑、有限的权威，以及较低质量反馈”（Carter，et al.，2018）。其潜在危险是，扮演案主的学生可能会自我披露不适当的信息，因此容易受到其他学生的攻击（Miller，2002）。相对而言，“标准化案主可以消除上述角色表演的各种缺陷并有很多的特别的优点”，有助于增强能力为本（competency-based）的直接实践培训（Badger & MacNeil，1998）。它“提供了控制案例呈现的内容，监督学生访谈不同类型案主的反应，以及评估学生的技能习得情况”（Badger & MacNeil，2002）。米勒指出“这一教育技术在社会工作教育领域受到关注度很低”，然而根据其他学科运用后的积极反应，“尽管存在很多局限性，但标准化案主作为社会工作教育的策略在未来似乎是充满希望的”（Miller，2002）。在总结既有研究的基础上，李·W·巴德格（Lee W. Badger）与戈登·麦克尼尔（Gordon MacNeil）指出，将标准化案主引入专业教学具有以下价值：为学生技能发展与能力评估提供有价值的课堂机会；模拟的社会工作者—案主可以在仿真的环境下互动而没有伦理风险；学生无须扮演案主，可避免学生无意泄露个人隐私而带来的威胁；无论导师从事何种方向都可从指导中获益；可整合进更为广泛的课程；帮助老师控制教学案例的表现、行为和内容；为案主提供相对较少受机会变量影响的行为，并与表演保持一致；作为教学工具为学生高度接受；可以为学生提供其他课程无法获得的关于表现的反馈（Badger & MacNeil，1998）。剖析功能，可以发现学者主要围绕以下三个层面描述引入标准化案主的好处：从环境设置来看，标准化案主提升课堂教学的价值，避免伦理风险与隐私泄露；从教学控制看，教师的专业背景不会影响其指导的可能性，可以帮助教师实现课堂控制，提取的行为特征可以保证标准化案主表演的稳定性与评估的一致性；从工具应用看，标准化案主在课程上的应用范围广泛，学生对工具的接受度高，能够为学生提供独特的学习反馈。

巴德格与麦克尼尔认为，标准化案主是经过训练，能够模仿体格特征、情绪与感动、症状与行为，能够高度逼真地回溯起脚本规定的医学的、精神病学的与社会的一定范围的信息的业余人士（Badger & MacNeil，1998）。米勒（Miller，2002）认为，标准化案主是经过训练能够逼真地、可重复地表演案主的业余人士，便于学生能够与一个“案主”接触，而不是从一个偶遇者（encounter）到另一个偶遇者。基于社会工作的自身理念与临床技能培养的实践需要，参照国内外对标准化病人与标准化案主的定义，本书将“标准化案主”定义为经过训练，能恒定、逼真地表现真实案主心理社会特征和情感反应，配合案史采集与技能测量等临床过程培训与考核工作，扮演案主、教师和评估者等多重角色的行动者，可用于对社会工作专业学生临床技能的教学、评估及职业伦理价值的培养。

从定义中可以看出，标准化案主是受过专门训练的，能够扮演某一临床问题多种症状于一身，承担多重角色及功能的演员。它既是一种教学方式，又是一种评估工具：作为教学方式，它是一门艺术；作为评估工具，它是一门技术。它是一种理想类型，存在于教学世界而不是生活世界，是对纷繁复杂的日常生活世界现象的类型化的结果（臧其胜，2012）。它应是一种制度性的存在，而非其他路径失灵时的补缺。正如巴罗斯所言，“标准化病人不是仅当真正病人缺乏时才被使用的技术”，同样，标准化案主也不是仅当真正案主缺乏时才被使用的技术（Barrows，1993）。单纯培训标准化案主只能解决个案社会工作的实训需求，在小组社会工作中还需要培训“标准化家庭”（Standardized Family，SFam），其成员称为“标准化家属”（Standardized Family Members，SFM），[①] 若扩展至社区社会工作则需要培训“标准化社区（Standardized Community，SCom）”，这对模拟教学的驾驭能力提出了极高的挑战。在发展初期，本研究只将其限定在个案与团体社会工作教学中。

在完成初期的概念化后，学者开始关注以下主题：一是剧本/场景设计。剧本的标准化可以保证场景设置与案主培训的标准化。基于客观结构化临床考试的社会工作临床技能评估，其有效和可靠的关键组成部分之一是临床访谈场景呈现的标准化和一致性（Bogo et al.，2014，2012）。案例设计要相对容易，能够满足特定领域的需求，虽然需要时间磨合但成本很低（Miller，2004）。单一的场景无法满足考核要求，需要重视多样化的案例场景的开发（Miller，2002；Carter et al.，2018；Schreiber & Minarik，2018），部分学者提供了范本（Linsk & Tunney，1997；Sampson et al.，2018）。二是标准化案主招募。为降低成本，学者们提出以下策略：聘用

① 1995 年，作为全科医生培训计划的一部分，马萨诸塞大学（UMass）医学院设计了“标准化家庭”，作为一种新的教学模型来培养医学生的沟通能力，标准化家庭中的成员被称为标准化家属。在社会工作临床技能教育中，家庭成员是由标准化案主扮演（乔帆等，2009）。

已毕业的社会工作专业的学生、志愿者、业余或专业演员（Miller，2002，2004；Logie et al.，2013；Osborne et al.，2016）。专业演员的角色扮演可以使学生“便于‘体验’而不是‘表演’社工”（Petracchi，1999）。如果本校有戏剧表演专业，可与表演专业的学生或院系合作，制定基于模拟的互惠学习计划（Petracchi，1999；Dennison，2011）。海伦·E·佩特拉奇（Helen E. Petracchi）选择的正是专业演员参与角色扮演（Role-Play）之路径，认为“如果（社会工作）专业教育强调访谈（interviewing），那么角色扮演经常用作将访谈技能传授给社会工作专业学生的教学方法就毫不令人惊讶了”（Petracchi，1999）。三是建立系统的演员培训程序。由于时间限制，评分者与标准化案主的工作是高强度的，特别是在使用模拟进行客观结构化临床考试等评估时，需要培训一支规模更大的队伍（Bogo et al.，2017；Sampson et al.，2018）。标准化案主可通过市场招聘，社会工作必须正视这一渠道并监督其过程。一旦聘用，指导者就必须对其指导、监督和询问（Carter et al.，2018）。但成本也是相对较高的，如巴德格与麦克尼尔在1998年发表的一篇文章中就提及，参加培训的酬劳为20美元/小时，而后续的表演酬劳是25美元/小时（Badger & MacNeil，1998）。在中国经济发达地区，标准化病人的培训劳务费每节课（40分钟）可达到40元，即一分钟一元钱①。四是模拟效果评估。模拟工具（标准化案主/模拟演员/模拟案主等）改善了学生的自我效能感，提高了实践准备的充分程度，总体效果是好的（Linsk & Tunney，1997；Carter et al.，2018）。其对专业学习的贡献主要在于对以下几个方面的改进：持续时间（呈现完整流程）、（表演的）仿真度、（同时呈现多种）个人类型、（观察）视角、反馈、实践模式（的应用）与专业技巧（Mooradian，2008）。评估工具一般会使用自评报告（self reprot）、调查问卷、检查单、评分表或量表（Petracchi & Collins，2006；Regehr et al.，2010；Miller，2002，2004；Ragan，Virtue，& Chi，2013；Carter et al.，2018），已从主观自评发展为客观他评，从仅有是否判断的检查单发展到有反应权重的等级量表，在评估的精准度上有了很大提高。在数据分析上，有学者使用质性分析软件（Nvivo），基于主题分析方法，对表演过程中形成的所有电子档案记录编码处理后进行评估（Bogo et al.，2013）。

在中国社会工作教育领域，应用标准化案主策略的文献并不多见，但

① 《苏州一医院招聘“职业病人”供学生临床实践》，长江日报，2010年1月17日。https://news.jxnews.com.cn/system/2010/01/18/011290685.shtml

标准化之路早就开启。从20世纪80年代开始，民政部牵头制定和修订了一批标准，加强了标准化基础研究力度与专业技术机构建设①。2009年4月，“全国社会福利服务标准化委员会成立大会暨年会”召开，标志着社会福利服务标准化工作开启了新的篇章。2013年11月，民政部成立全国社会工作标准化技术委员会，2014年开始连续制定了儿童、老年、社区、青少年等社会工作服务指南，还颁布了社会工作服务项目绩效评估指南、社会工作督导指南等。教育部则开始加强对教育的管理，成立高等教育教学评估中心，从高校评估到专业评估，从水平评估到审核评估，“在国家层面上建立了基于得与失的结果评估”。“显而易见，教师与管理者需要专业的发展、有效的材料以及其他与国家标准接近的支持，帮助他们从已在的地方到需要去的地方”（Slavin，2002）。结合本土处境与实践需求，中国社会工作教育协会在2011年发布了《社会工作专业评估方案》，从专业价值观、专业技能与社会评价维度对学生培养质量进行评估。但如何“从已在的地方到需要去的地方”，如何由“非专业行为”转变为“专业行为”，如何使社会工作专业由一个“学科”转变为一个“专业”（刘继同，2012），仍然是亟待解决的问题。

当我们试图应用标准化案主策略时，面临的首要问题是：这些标准是否存在？换句话说，我们是否可以重复别人的事件史？实际上，标准化案主策略是一种胡塞尔（Edmund Husserl）所言的“我想再做它一次”的理想化。它预设如下情景：我为了造成同样类型的事态，可以在同样类型的情况下、以和我以前活动所采取的方式类型相同的方式活动（许茨，2001：47）。它建立在“个体关于世界的常识知识是一个关于它的类型性的构想系统”（许茨，2001：33）的现象学社会学基础之上。一个人行动前的构想是基于构想的知识，而这些知识有的是类型化的。类型化知识发挥作用的机制是把不断变化的情境标准化，然后进行例行化，进而处理不断变化的情境（郭强，2005）。这是一种手头库存知识（stock of knowledge at hand），受生平情境决定，是对生活世界的各种情况的类型化的结果，通过类型化与关联型实现其作用。可以说，无论是医学还是社会工作都建立在对问题的分类学基础上。反过来讲，我们可以通过类型化的训练方式为学生提供手头库存知识，而标准化案主就是一种类型化的结

① 参见民政部、国家标准化管理委员会联合编发的《全国民政标准2006—2010年发展规划》，中华人民共和国民政部网站（http://www.mca.gov.cn/article/zwgk/gzdt/200711/20071100003896.shtml），2006年9月11日。

果。根据 W·大卫·哈里森（W. David Harrison）的研究，社会工作者通常使用三种不同的“认知指南”（也就是思考方式）去面向实践，其中之一就是“比较与分类”（佩恩，2005：51）。社工在应对复杂的案例时，总是基于一定的标准将其分类简化，而标准化案主策略正是要为学生社工提供这样一种标准，以便于其迅速介入工作，而不至于无所适从，鼓励其在经验积累的基础上再寻求技术的改进与模式的创新。追溯理论，可以使我们恪守这样的信念，人类总是在类型化中认识他人的；通过训练，我们可以突破时空的限制，模拟重现他人的事件史，尽管不可能全部。理论追溯，只是提供了标准化案主策略的生成基础，我们无法穷尽理论的梳理，与其无限索引下去，不如就此回到实践，让我们思考如何去做。

标准化案主探讨的立足点在于课堂教学策略，而非现场介入模式，其目标是跨越横亘在课堂准备与现场表现之间的鸿沟。它并不限于对案主言行本身的标准化，同时涉及实践教学工作展开的环境、工作流程、介入模式、评估方式等的标准化，这是一个统摄性的概念，可用以凸显社会工作课内实践教学本身的特色，但标准并非是僵硬静止的，而是动态更新的。无论是教育者、研究者还是实践者，都与标准化案主“是一个想象世界的共同创造者”（Wallace，2007：5）。它强调“与剧本对话”，同伙伴合作，反思是贯穿剧本设计、表演、评估全部过程的中轴，同时成为其培育的对象。倡导社会工作的各种价值原则，诸如反思、关爱等，乃为实践教学的题中之义，因而对其生活世界的本原无限索引将偏离对教学世界本身的研究（臧其胜，2012）。

应用标准化案主可以有效解决案主权益与专业教育之间的矛盾，避免伦理道德问题；可以解决教育规模扩大而临床技能课程实训资源严重不足的问题；可以增强学生的沟通能力，锻炼其准确完整的书写个案记录和综合日志的能力；可以提高他们的临床思维能力、临床实践能力及解决临床实际问题的能力；可以使学生的学习内容，从单纯死板、枯燥无味的书本文字，转变为案主翔实的客观陈诉与多彩的主观表征，让学生在标准化情境中发现自己的理论修养与应对能力的不足；可以突破时间与空间的限制，重复表演与评估；可以应用于实训教学的能力考核，提高临床实务技能考核的信度与效度，保证考查的公平性、可比性与客观性。

社会工作教育领域的标准化案主策略与医学教育领域的标准化病人策略，在生存与发展场域上都存在重大差异，既有国别之间，也有专业之间，诸如专业化与职业化的程度、价值原则、考核目标、治疗技术偏好以及面临的困境等（臧其胜，2010）。在发展道路上，标准化案主的教育策略不可避免会面临种种限制，除了学术上的挑战外，还表现为专业化和职业化不足、资金有限、标准尚无共识、表演偏差、信息泄露与队伍不稳定等六个方面。

第一，社会工作专业化与职业化尚未成熟。社会工作——作为标准化案主技术发展的土壤——的专业化与职业化程度很低，尤其是后者。从社会工作的专业化发展来看，目前有300多所高校开设了社会工作专业，但真正从事过临床社会工作的教师并不多，多数人是纸上谈兵。另外专业教师存在教育背景的差异，许多人是从社会学、心理学等专业转行而来，本身还存在融合的问题，导致各个高校社会工作专业教育的良莠不齐。从职业化发展来看，人事部、民政部2006年7月20日联合颁发了《社会工作者职业水平评价暂行规定》和《助理社会工作师、社会工作师职业水平考试实施办法》，标志着我国社会工作者职业水平评价制度的正式建立，但这仅仅意味着社会工作职业化在法律上的起步，而距离进入现实生活还有很长的一段路要走。

第二，实践教学资金支持有限。目前，尽管我国的临床医学教学中早于1991年就引进了“标准化病人”技术，但迄今为止发展的形势也不太理想，更不用说还未起步的“标准化案主”，共同的制约因素都是缺乏资金支持。前者因有医院这样的经济实体存在，故资金相对充足，而后者目前尚无可供依附的经济实体，只能靠有限的教学实践经费来维持。

第三，标准确立需要实践积累。教师教育背景的差异导致在类型的界定及其标准的制定方面都存在困难，而如果每所高校都重复设计不同类型的标准又会导致资源浪费，这就需要整个社会工作界在标准化案主技术的发展上整合资源，协同行动。同时，也需要每位从事社会工作实训工作的教师到第一线，不断总结经验教训，并共同分享，最终建立标准化分类图式，在此基础上建立标准化案主的数据库。

第四，案主表演存在偏差。在评价“心理剧”时，戈夫曼认为，“在这些精神美学的舞台剧情中，病人不仅能颇为生动地出演，而且还不必使用剧本。他们过去的经历就是他们的表演素材，因此，他们可以将其扼要地重现出来”（戈夫曼，2008：59）。这实际上是指表演者表演的内容正是表演者曾经经历过的内容，这样他们对自己过去的表演本身就是一场出色的舞台剧，换句话说，被表演者与表演者本身的契合程度会影响表演的效果，如年龄、职业、学历、民族等。但“世界上没有两片完全相同的树叶”，所以也不会有两个完全相同的个案。而且，同一人在不同场次的表演中会有所偏差，未经过专业培训就达到无表演偏差的志愿者是可遇而不可求的。

标准化案主的“表演主要是被用来表达它所表现的工作的特征，而非表演者的特征”（戈夫曼，2008：69）。但在实际的应用过程中，标准化案主表演的内容并非只是被表演者的特征在表达中的延伸，还是表演者的特征在表达中的延伸，更是“证据在表演中的呈现”（臧其胜，2016）。标准化案主的表演也不只是一个人的表演，而是一个剧班的表演。因此，存在偏差就不可避免，如何控制则依赖于对志愿者的选择、培训及其自身的投入程度。另外，单纯培训标准案主只能解决个案社会工作的实训需求，在团体社会工作中还需要培训“标准化家属”（吴曦、王志农，2009）。

从考核的角度来讲，标准化案主按照标准（剧本）行动，受试学生运用自己所学的知识处理，掌握标准的教师既要观察标准化案主是否按照标准（剧本）表演，也要考察受试学生的临床发挥能力。在最后的考核中，应结合表演的偏差对学生的成绩加以修正，以保证考核的科学与公正。

第五，剧本信息泄露影响考核。标准化案主的剧本本身是有限的，另外标准化案主在同一时期内可供选择的志愿者也是有限的。考核效度与信度受标准化案主与受试者的可接近程度影响，例如，采用同专业学生标准化案主则可能由于可接近程度高而有意无意地泄露与标准化案主相关的信息，导致考核的结果缺乏信度与效度。对此，除要求志愿者信守保密承诺外，还需要扩大可供选择的剧本的数量。

第六，标准化案主的受训者流动性强、缺乏忠诚度。标准化病人的培训与运用由于资金相对充足，因此可以为志愿者提供经济上的补偿，如2010年1月16日新浪网转载的《扬子晚报》的一则报道称苏州大学附属第一人民医院以一分钟一元钱的报酬提供给加入“标准化病人”行列的志愿者（薛马义，单成志，2010）。在澳大利亚新南威尔士专门有一批志愿者，专门为警方演紧急情况的模拟场景，而且非常逼真，非常投入，每次还会创造性地做一些变化，以此来增加现场感（金诚，2007：178），社会工作也需要这样一批志愿者充当标准化案主以达到课内实践教学与考核的目的。而社会工作领域的标准化案主的培训在现阶段更多只能依赖于参加的志愿性，或只能给予象征性的补偿。志愿者以兼职为主，受制于个人因素较多，流动性较强、缺乏忠诚度，是所谓的“铁打的营盘流水的兵”，而职业的标准化案主的诞生需要时间的积淀。因此培训本专业高年级学生是一种较好的策略，能够保证一定的忠诚度，同时既可以考察受试者，又可以考察表演者，但同样面临毕业后流失的问题。然则，由于创新了社会工作课程实训模式，缓解了教育规模扩大与实践需求之间的矛盾，避免了诸多的伦理问题，有助于缩小学生实践能力与社会需求之间的差距，因此，随着人们对它的认识与研究的深入，标准化案主自有其大展宏图的空间。

在未来的社会工作的临床技能教学中，我们可以开展标准化案主培训，建立一支可供选择的标准化案主兼职与专职人员队伍；可以通过校际合作，搭建标准化案主剧本共享数据库；可以借助多元平台，召开标准化案主专业研讨会，成立临床技能教育与评估委员会；可以推动考试改革，纳入社会工作师执业资格考试环节中。但这一切的实现却又依赖于课程改革，特别是临床技能教育的课程改革。正如“社会工作的目标其实是消灭自身，即希望所有的案主或案主系统都以自己的能力独立生存从而让社会工作失去其生存的意义”（何雪松，2007），标准化案主的应用最终目的也是为了消灭自身，它不是要将整个社会的问题机械的类型化为几种标准，也不是为了“剥夺学生实习的权利”（Wallace，1997），而是为了让学生在临床工作的理论指导与实践取向上完成从无形到有形再到无形的转变。

第三节　行动框架：证据、表演与服务

一、社会工作教育的生态系统

在教育的微观现场，理论与实践的整合始终是专业教育的目标（Vayda & Bogo，1991）。一个好的教育与评估模型应该能让学生知道他所需要的知识，知道如何应用知识，能够展示如何应用知识，以及保证学生进入临床环境时所学即为所用（Miller，1990），也要能够保证在现有的技术与人力的支持下，教育与评估的模式能够从实验室移植到由普通学生或普通教师组织的普通课堂中（Brown，1992）。许仕廉指出，社会工作教育要能够“使学生出学的时候，能直接服务社会；不至于有什么阻碍，或需要重新适应的事”（许仕廉，1929）。早在20世纪初，高校社会工作专业人才“研究、服务、训练”三位一体的培养机制就已比较成熟（周建树，2016；岳永逸、熊诗维，2022）。置于生态系统视角下，三者分别对应社会工作教育的研究、实践与教育三个子系统。随着时代的发展，专业发展与服务输送的情境发生了变化，研究、教育与实践三者之间的联系已经软弱无力甚至可能断裂，需要重建三者的联结。

研究子系统主要负责证据的采集、生产、转化与应用，包括理论建构与方法创新，以证据为支柱。其证据为基于真实案例获得的，由专业共同

体提供的学术研究成果，以及由个体提炼的实践智慧。自社会工作专业诞生以来，研究就一直是社会工作的重要组成部分，可以使社会工作变得更加科学（Brekke，2012），可以为实践建立框架，在特定情况下告知行动，以及扩大知识库或专业信息存储（Dunlap，1993），在社会工作专业化、职业化中发挥着重要作用。首先，研究可以揭示实践的过程和结果，从而有助于建立实践的知识和技能；其次，社会工作也从更广泛的知识质疑研究中获益；最后，通过借鉴他人成果，实践和研究可能会相互受益（Shaw & Gould，2002：3）。社会工作知识的持续增长和接受不仅取决于社会工作者对研究的欣赏和支持，还取决于他们参与研究和使用研究成果的能力（Proctor，2001）。在社会工作领域，研究的功能包括：强化科学认知、加强问责、改善沟通、增强对稀缺资源的获取（Krysik & Finn，2010：3）。尽管经由研究而生成的经验知识基础并不能保证专业的效能或公众的认同，但从长期来看，缺乏这样的基础与大力扩展的努力将侵蚀专业的公信力。基于此，美国社会工作教育协会于1976年建立了社会工作教育研究利用项目（A Project on Research Utilization in Social Work Education）委员会（Briar，1981：1）。可概括为以下五种研究模式：作为研究项目的直接实践，是与学习、诊断、治疗紧密相连的直接服务，以里士满为代表；作为治疗的研究技术，指研究的基本技术，如计数、测量等；临床科学家，旨在弥合研究者与实践者的分裂，由斯科特·布瑞尔（Scott Briar）提出；研究消费者，倡导直接服务者使用研究成果；研究专家，将研究视为社会工作实践的基础（Rosenblatt，1981：18）。在社会工作教育中加强研究能力训练极为重要，特别是质性方法的运用，不仅教师需要，学生同样需要；研究生需要，本科生也同样需要。学习如何搜索研究结果、临床指南和证据转化中心应该是每个学生的学习方向之一（Zlotnik，2007）。然而，在发展比较成熟的西方社会工作教育中，20世纪90年代前研究课程的设计和实施一直存在此类普遍和持久的困惑（Dunlap，1993）。在中国同样未能获得广泛重视，培养方案中既缺乏课时安排，也缺乏师资保证。对于中国社会工作教育而言，应当重视研究子系统及其成果的转化工作。

教育子系统包括专业教育与职业培训，保证学生进入现场前能做好充分准备，以表演为支柱。社会工作教育的主体应是高等学校，而不是通过培训机构，或流于形式的文凭教育，以及仅依赖于笔试的职业资格考试。换言之，社会工作教育应该由在高等学校中的专业学院而不是由机构或文凭项目提供（Tufts，1923；转引自 Dunlap，1993）。专业资格的获得最终需要通过职业资格考试来验证，背后隐含的逻辑是社会工作专业教育令人无法信任。为回应此问题，20世纪80年代末，为了确保社会工作专业学生的培训能服务接受者提供更高标准的服务，并确保毕业生有信心并有能力进行资格认证实践，英国对社会工作教育和培训进行了全面改革，要求通过专业教育才能获得新的社会工作资格证书，即社会工作文凭（Vass，1996：9；Doel & Shardlow，2005：xvii）。通过社会工作专业教育的学生应该直接获得初级社会工作师职业资格证书，如同师范生毕业后直接获得教师资格证，而不是依赖于职业资格考试的判决，但在获准执业之前社会工作专业的学生应先学会高效和胜任（Vass，2004：1）。要实现这一目标，社会工作教育就需要吸收科学研究的方法与成果，实现高质量发展，而研究与实践是其重要保证。

实践子系统包括课内实践与机构实习，以服务为支柱。社会工作实践是实现专业目标的重要手段，社会工作专业的历史正是社会工作实践的历史。它是在政治、社会、文化和经济的共同作用中创建的，形成了实践的假设、实践必须处理的问题以及实践的首选结果（McNutt，2013）。在社会工作教育中，实践的途径包括实习教育与课堂教学，课内实践是进入机构实习前的最后的准备。尽管三大方法与社会工作行政等课程都有课内实践，但学生能力的综合评估需要对设置独立的课程在前修课程结束后开展总体性评估，如设置“实践准备”模块（‘Preparation for Practice’Module）或课程（O’Connor，Cecil，& Boudioni，2009）。由于模拟的覆盖面有限与真实度不足，所以模拟无法取代真实，学生仍需在真实世界中接受检验。

二、基于教育模型的行动框架

现有的教育与评估通常建立在教育者直接观察与临床问题偶遇样本的基础上，依赖个体的实践智慧，忽视了研究的重要性与日益增长的科学证据的存在，具有主观性、随机性、模糊性与不可测量性。无法以同一标准考核不同学生，也无法以同一标准重复考核同一学生。要将研究的证据转化为最好的实践，教育是最重要的手段，“证据—表演—服务”三位一体的临床技能教育与评估模型试图弥补既有的缺陷而实现理论与实践的整合。组成要素不同，同一模式会生成不同模型，如同金刚石与石墨构成的同素异形体，故证据、表演与服务仅构成社会工作教育生态系统模式的一个模型。

框架帮助人们确定理论所需要的普遍性要素，行动框架呈现的是普遍性要素及其相互作用的关系。它以真实案主为起点，沿个体积累的实践智慧与专业共同体的研究路径，萃取证据并将之转化为剧本，培训标准化案主后应用于专业启蒙教育中，评估贯穿系统的整个过程。通过能力评估的学生/学员在获得毕业证书或执业许可后进入专业实践中为真实案主提供服务。这是模型展开的行动框架，是一个互惠依赖、循环进化的理想过程（见图 6.3.1），这构成了一个完整的生态系统框架。图中右侧三角形代表真实现场（真实世界），不可控制；左侧代表模拟课堂（模拟世界），可控制。圆形区域构成教育与评估模式的三大支柱：证据、表演与服务，根据执行的主要领域，可以视为对应研究、教育与实践三大系统。专业实践与专业发展是相互增进的，专业发展为专业教育、职业培训获得毕业证书或执业许可提供了准备，而获得证书或许可方可进入服务现场，这有助于提升专业实践水平，防范伦理风险。在模型的描述中，我们只选择了从研究系统的证据采集出发，然后到教育系统，最后到实践系统的单向进程，实际上是循环往复的。

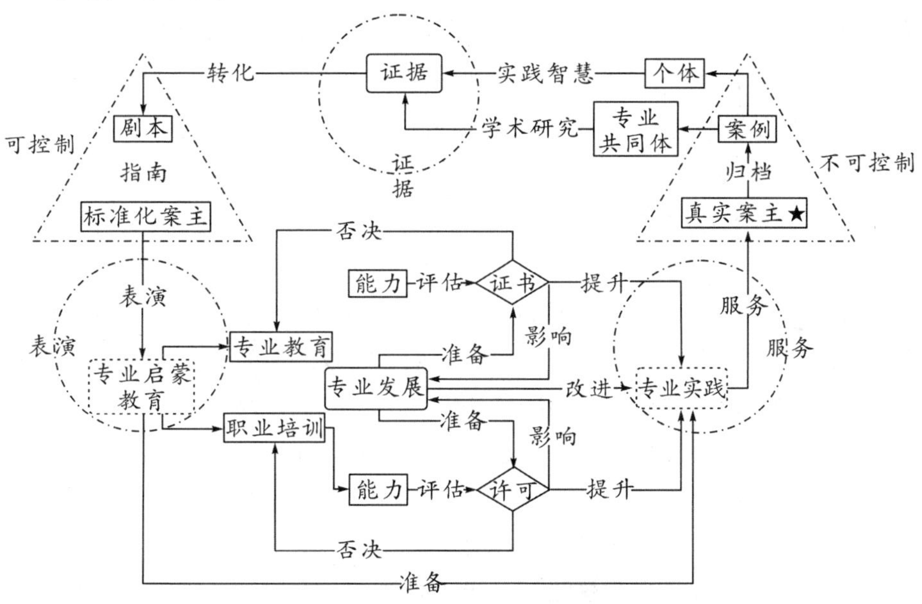

图 6.3.1　“证据—表演—服务”（EPS）模型展开的行动框架

注：可以右侧“真实案主★”为起点，逆时针方向推演至“专业实践”。

资料来源：作者绘制。

现实的困境是，我们缺乏研究的能力，无法采集、分级、转化与应用证据。我们既无法获取证据，也无法生产证据，加上体制保障缺失，以致无法建立一个证据为本的实践课程（Howard et al.，2003）；课堂模拟的体验式学习可以避免伦理风险，但标准化案主模拟的内容在覆盖的广度与深度上存在无法逾越的边界；服务需要专业化，但机构的技术兴趣

(technical interests)[①] 日益主导了教育系统中的学术研究，使得我们不得不确保学生能够迎接他们在当下工作环境中将要面临的挑战（Wilson & Campell，2013）。因此，尽管从实践教学效果来看，遵循以证据、表演、服务为支柱的生态系统模式能够以弱标准移植进普通课堂，有助于增进社会工作者的能力，但仍需要站在未来审视当下，改善或创造条件，从而更好地推动社会工作教育事业的发展。

在中国当下的社会工作教育生态系统模式中，从研究到教育、从教育到实践，再从实践到研究，两两之间都未能建立起良好的互惠机制。医学教育在体制上采用“高校＋附属医院/教学医院”的模式将教学与实习捆绑在一起，在师资身份上采用了“双师型”，即既可从事教学，又可从事临床工作，这在一定程度上缓解了教学场所与师资力量不足的问题。但对于社会工作教育而言，既不存在制度上有所保障的教学机构，也不存在制度上有所保障的“双师型”师资力量。在中国，前者在标准化病人的培训与使用上已有规范性的机制，并拥有较为充足的经费支撑，而后者所倡导的标准化案主虽已受学界关注，但其推广与应用仍面临多重障碍。相对于医学教育拥有自己的教学医院相比，从教育的课堂到实践的现场，社会工作教育在高校与机构之间未能建立起以教学为中心的可持续的协同机制。在美国，社会服务机构对大学的课程建设贡献有限，仅有很小的投入（Dhooper et al.，1990）；在中国，社会服务机构规模较小，经由政府购买服务所获得的资金有严格的会计制度约束，其投入的可能性更小，甚至没有。一位接受访谈的社工机构的负责人——本人也是高校社会工作专业教师——就认为，机构没有配合专业教育的义务。即便是高校教师领办的社工机构在发展的后期常常由为学生提供实践机会的平台异化为剥削学生的工厂。在这种处境下，学习者进入现场实习就存在种种困难。

要改变现状就需要在教育与实践之间建立互惠机制，即实践系统需要为教育的嵌入提供支持，而教育系统也要为实践的开展提供保证。举例来说，实践系统若为教育系统提供了更多的支持，如见习、实习等，教育系统应该依据实践系统投入的必要劳动时间为之提供经费或服务（专家与技术的支持），从而推动系统的再生产，这应是制度化的有组织的行为。如果可以使得“服务使用者参与到社会工作教育的所有环节”（Askheim et

---

① 理论来源于哈贝马斯的技术兴趣、实践兴趣与解放兴趣的分类。也有学者据此将行动研究区分为技术的、实践的与解放的行动研究。参见 Carr & Kemmis（1986：135），Zuber-Skerritt（1996：2—3）。

al.，2016)，建立消费、实践、研究、教育四个子系统的互惠机制或许可以使得社会工作临床技能教育与评估的生态系统的运转更加有效。从制度经济学的视角来看，系统内的交换存在组织成本，不同系统间的交换则存在交易费用。阻碍系统间有效交换的最重要的因素是因时间投入而产生的成本，更准确地说是各个子系统的工作量计算的问题，由于未能建立良好的互惠机制，行动者更愿意选择处于“有教育无实践，有实践无教育”的无交换状态，陷入“劣币驱逐良币”的境地。如果社会工作教育能够作为推动公共健康的措施纳入政府的社会政策，购买学习者为中心的服务项目，那么工作量计算的问题将会基于顶层设计而得到改善，系统的良性运行与协调发展也就能得到更好的保证。区块链技术的发展为研究、教育与实践间的工作量的转换提供了保证。除此之外，生态系统模式的执行还依赖于社会工作教育领域更广范围与更深层次的改革，既有宏观层面，如教育体制、职业体系、财政政策；也有微观层面，如教育范式、能力指标、培养方案、课程体系等。虽已有初步的个体实践，但最终的完善需要集体协作。从专业发展的需求来看，社会工作的研究生阶段的教育，不仅要培养他们成为有效的实践者，也有必要培养他们成为合格的教育者(Maynard et al.，2017)，这有助于系统间互惠机制的建立。

作为一项探索性的研究，基于“证据—表演—服务”三位一体 EPS 模型的生态系统模式在获得前瞻性的同时必然存在超越现实的缺陷，在跨界借鉴的同时必然存在理解肤浅的不足，受到质疑也就在所难免，但任何一项改革不可能等到研究完全成熟时才去拥抱它。因而，更为可取的态度应是在研究中行动，在行动中研究；在质疑他人观点的同时，捍卫他人说话的权利；在引用与评述时，应关注思想的开创性与表达的精确性，而非作者的地位与期刊的等级，正如马克思所言，这是“在创造历史的裁判”，应当“给各人以应有的评价”(拉法格、李卜克内西，1941：15)。循此逻辑，社会工作教育的重建才能尽快确立新的方向。然而，相对于质疑的压力，研究最大的挑战是研究对象——社会工作教育——本身无人问津。《礼记·学记》云：建国君民，教学为先，古人尚知将教育置于国家建设的首位，但鉴于各种功利性因素的考虑，当下社会工作者的学术研究却是重组织孵化轻专业建设，重服务购买轻课堂教学，社会工作教育本身沦为研究的边缘，甚至无缘学术研究。因而，社会工作教育的改革任重而道远。

第七章　社会工作教育的实践路径与教学模式

第一节　实践路径：回归课堂与孵化机构

一、社会工作教育的实践路径

为实现传授概念素材与实践技能两种不同的教育大纲设计目的，社会工作教育者通常采用课堂教学与机构/现场实习两种路径（Tolson & Kopp，1988）。理论上，在课堂教学中，教师与学生是主体，重专业知识、价值与技能的学习；在机构实习中，督导与学生是主体，重专业知识、价值与技能的应用。然而，中国社会工作教育的实际情况并不理想，在治理体系的优化、教育资源的配置、课程体系的设计、专业教材的开发、主干课程的选择、教学大纲的编制、师资力量的培训、实习基地的建设、学术交流的开展、硬件条件的配备、评估指标的设计上都有待改善。教与学的目标是首先将所学知识应用于实习科目（practica），随后应用于临床实践（clinical settings）（Tolson & Kopp，1988）。为了实现此目标，中国的社会工作教育者对课堂教学或机构实习的具体策略与形式进行了有益的探讨。

一是课堂教学。包括两个层面，一是教学，二是评估。在教学层面，具体技术有两类，一端偏重于“教”，强调教师的主导性与专业性，如问题学习法、情境式学习法。一端偏重于“学”，强调学生的主体性与能动性，如参与式学习、体验式学习（肖萍，2006；陈微，2006；任丹凤，2007；陈晓敏，2011）。问题学习法是一种让学生面对情景性的、结构不良的问题去试图找到有意义的解答的教学策略（师保国，等，2005）。通常是由教师提供问题情境，组织学生分析，学生负责角色扮演，尝试解决问题，在此过程中培养学生解决冲突等能力，养成良好行为习惯。由标准化病人的创立者巴罗斯教授于 1969 年在加拿大的麦克马斯特大学发展起来，通常与标准化病人、客观结构化临床考试一起使用。其特征有：以学生为中心，团队规模较小（5—9 人），教师是促进者或向导，问题生成学习的组织焦点与激励，问题是培养临床技能的工具，新信息通过自主学习获得（Barrows，1996）。但其问题可能只是来自个体的碎片化的实践或经历，难以深入挖掘，具有偶遇性，可重复性差，难以共享，对教师控制教学场景与进程提出了更高的要求，无法对学生的临床技能进行全面、客观、科学的考核与评估。参与式学习的策略倡导学习者积极参与，注重团队合作精神，契合社会工作教育的“自我增权”的出发点，为如何学提供了新策略，但本土化却面临制度与文化的障碍。它突出了教师的专业性、学生的反思性，但难以适合社会工作的大规模教育的需要，案例难以重复，评估的指标缺乏普适性，经验难以共享，加之学生主体反思意识的缺乏，因而存在本土化的困难，参与者最终可能仅仅是“被参与”。体验式学习是一种教育技术或学习类型（Kolb，2015：xviii）。角色扮演是以课堂为舞台的体验式学习的重要策略，它能够向学生提供“更大的思考空间和更多的表现机会”，但常常是“即兴表演”而非“体验”，缺乏恒定性、可重复性与内部效度，在“问题情境的创设、教学时间的筹划和学习成果的评价”上存在困难（蔡敏，2004）。在评估层面，课堂评估主要基于评估学生在论文、考试、考试和期刊中的概念和写作能力（Bogo et al.，2014：XIII）。主要技术有两类，一是针对教学效果，认为在实践教育的认知、实训、服务与研究四种类型间效果存在落差（黄海波，2016），更多是围绕课程教学的教师自我陈述与学生反馈，缺少标准化的量表；二是针对学生能力，引入标准化案主、客观结构化临床考试等工具（臧其胜，2013；刘华丽、薄艾、卢又华，2015；袁琳，2017）。学界关注较多的是社会工作服务评估（刘江、张闻达，2020），不在本书讨论范围之内。

二是现场实习。实习教育是社会工作课程中最重要的组成部分，可以帮助培养有能力、有效力和有道德的临床社会工作者（Bogo，2015）。2008年，美国社会工作教育协会在《教育政策与认证标准》中将实习教育视为社会工作专业的特色教学法，意味着现场（field）成为能力展示的最基本设置（Shulman，2005；Wayne，Raskin，& Bogo，2010；Boitel & Fromm，2014）。为推动理论与实践相结合，基于真实场景，可供选择的策略有：策略之一，建立实习基地。教学基地是社会工作本土化的实验园地（李洪涛，1996），是进行专业实习的基本条件（周军，2010）。初期教学基地的选择以政府、企事业单位为主，目前已有更多的社会服务机构可供选择。策略之二，推动服务学习。服务学习将课程、服务和反思整合在一起，学生被置于真实世界中，强调学校与社区的互惠。由社会工作专业率先推动服务学习进入校园，被视为推动社会工作通识化教育的途径，倡导“在服务中学习，在学习中服务、在社区中参与与在行动中反思”（彭华民、陈学峰、高云霞，2009；彭华民，2012b；朱健刚，2020），发展出“阶梯式培育模式”（姚进忠、蒋尚源，2021）。策略之三，教师领办机构。在地方政府的支持下，依托高校社会工作专业，由专业教师个人或集体领办社会服务机构，为学生提供摆脱理论与实践脱节的实习平台，成为社会工作教育的新动向，这被视为“中国社会工作专业化的一种理性选择”（史柏年，2013）。王思斌同样选择“支持教师领办社会工作服务机构”，但认为“应该完善教师评价制度”（王思斌，2013）。

教师的首要阵地应是课堂，而非机构；教师的首要角色应是知识的转化人，而非服务的传递者，因此教师领办机构需持谨慎态度。具体原因包括：一是实习资源存在秉赋差异。由于区位不同，高校间拥有的实习资源的质量与数量参差不齐，“社会工作的实践权”（王思斌，2012）只是理想期待。二是政府“馈赠”导致资源不均。高校作为事业单位，属于国家治理体系的构件，是政府治理能力的延伸，故无论是否存在实体组织，都容易获得政府的“馈赠”，原因是它们“都由政府主导设立，它实际就是代表着政府”（朱希峰，2009）。教师领办社会工作机构，可能会破坏政府购买服务的公平性。三是身份流转导致角色冲突。作为教师，其职责是以教学为重，并面临科研工作的现实压力；作为机构负责人，他必须熟悉市场运行规律，政府购买服务的机制，“清楚什么样的案主是可获得的，在哪里可以发现，学生如何与案主打交道以及如何督导”（Ryan，Toohey & Hughes，1996），以便于能够作出兼顾教学与机构发展双重目的的选择。这种身兼机构管理者和教师双重身份，在机构运营与教学科研间“疲惫地奔波不可能是长期状态”（周玉萍，2013）。目前高校职称评审体系适应形势需要，增加了社会服务类，为教师专业从事社会实践工作提供了重要支撑。四是路径整合背离发展趋势。社会工作的发展趋势是走向专业化与职业化，高校与机构社会分工不同，“高校的主要任务是在教学和研究，实务并非其特长”（朱希峰，2009）；学生社工也不等于专业社工，由学生提供服务存在伦理风险。如果分工不清，社会工作的专业化、职业化程度可能会同时降低。作为长期政策需要谨慎；作为权宜策略，需要做好后续安排。

中国社会工作的实习教育面临诸多挑战，最主要的是“高质量的实习点很难保障与维持”（Balestrery，2016）。同时，面临课程设置不规范、基地建设形式化、资源秉赋不均衡、资源供需不对称、实践投入不充分、实习督导空心化、案主系统隐形化、专业身份虚无化、专业服务不稳定、教学项目不可遇、服务评估绩效化、服务项目私人化、实习质量不可控等问题（孙莹，2005；童敏，2006；刘玉兰，2008；马良，2011；臧其胜，2014；刘艳霞、张瑞凯，2019）。同一类型实习资源的获得是可遇而不可求，案例缺乏共性、可持续性和稳健性，实践经验难以分享，以完成绩效考核为目标的机构无法提供以满足教学为目标的服务项目，还存在破坏伦理、无法控制时间与空间、难以重复、评估缺乏通则性等较多问题，以致无法对社会工作专业学生的临床技能进行客观、科学、公平的考核与评估。尽管中国社会工作专业实习教育的组织环境经过三十多年的发展已有显著改善，但实习教育成效并没有达到教学的预期目标（刘艳霞、张瑞凯，2019）。因而，通过依托高校孵化机构而提供实习资源在现阶段存在多重困难，实际执行中也已偏离此宗旨。西方社会工作实习教育在其发展过程中同样存在实习基地/实习点流失的问题，主要在于学生实习不能为机构增加年度收入，督导也不会由于提供督导工作而有额外补偿，加之服务量与问责压力的提高，机构不太愿意接受学生实习；同时，组织来自提高服务量的压力和对“廉价劳动力”的诱惑与实习的教育目的相冲突，导致组织内部存在张力（Jarman-Rohde et al.，1997）。由于缺乏支持性基础设施，20 世纪 80 年代以来，英国实践教育的“景观”就开始受到了负面影响，实习需求范围内的教育空间无法受到保护（Domakin，2015）。“让直接承担学生实践的机构履行更多与实习相关的教学责任”（Tolson & Kopp，1988）只是一个理论上可行而实践中尚不可行的选择。但现场实习是完全真实的场景，课堂模拟最终必须回到真实场景，因而不可摒弃，只是需要重新审视并加以改进。

二、社会工作教育的最佳实践

实习教育并非唯一的教学法，课堂教学与此同等重要（Boitel & Fromm，2014）。获得专业实践临床技能的渠道包括专业教育与职业培训，虽教学形式不同，但都是以课堂为主要舞台。培训意味着传授一种技能或习惯，具有碎片化、“麦当劳化”特征，而教育意味着对一种情况的总体看法，以及对目的和手段的考虑，具有总体性、长时段特征，社会工作者应掌握综合能力，而不是碎片化的知识、价值与技能。美国社会工作教育协会前主席迈克尔·弗鲁姆金（Michael Frumkin）很早就提出警告，时代的变化影响着资源的可及性，社会工作学校不能仅仅因为社会工作服务机构的专业承诺就指望机构持续提供现场学习（Frumkin，1980）。当下美国的社会工作机构也无法为学生有效转换到现场角色的关键培训提供督导（Hendricks，Finch，& Franks，2013；转引自 Bogo，2015）。作为社会工作教育的后发国家，中国也面临着相似的困境，我们同样不能将学生临床技能的教育与评估寄希望于机构的专业承诺。因此，社会工作教育应该由高等学校的专业学院，而不是由机构或文凭项目提供（Tufts，1923；转引自 Dunlap，1993）。有鉴于此，本书仅讨论高等学校的专业教育，而不讨论职业培训。

社会工作教育存在于真实世界、模拟世界与虚拟世界三种场景。临床技能教育的最佳实践分布在真实世界、模拟世界到虚拟世界的光谱之内，以真实世界与虚拟世界为两端。案主行走期间，从真实案主到标准化案主再到虚拟案主。真实世界同一案例可遇而不可求，面临伦理风险，环境无法控制；虚拟世界依赖先进的可穿戴设备和量化的自我或团体的精准数据与软件平台，难以完全实现真实互动的复杂性、偶遇性，其高成本也令人望而生畏。相对而言，以课堂为舞台，通过模拟技术展开教学是当下最优选择。在模拟教学中，教师承担解说、裁判、辅导和讨论四重角色；而培训可分为四个阶段：导向、参与者的培训、模拟训练本身、总结（乔伊斯、韦尔、卡尔霍恩，2014：289—290）。

在社会工作教育领域，中国正在推动高质量发展，而英国在 21 世纪初提出推行持续改进质量的标杆管理（Benchmarking）（Burgess，2004）。标杆管理来自管理学，目前使用较多的对应概念是最佳实践（best practice），已经形成和证据为本相辅相成的实践理念（Driever，2002），并建立了一系列网络平台。图拉·库尔吉安塔基斯（Toula Kourgiantakis）等人采用范围综述（Scoping Review）的方法回顾了社会工作教育领域模拟研究的特征与新近出现的最佳实践（表 7.1.1）（Kourgiantakis et al.，2020）。最佳实践的理念源于医学，后引入公共健康领域，与证据为本常常互用（Driever，2002）。在社会工作领域，最佳实践被描述为一种质量改进、标杆管理（Benchmarking）和指南供给的形式（Driever，2002；Kourgiantakis et al.，2020），不断发展的循证实践进一步支持了最佳实践的应用（Bogo，2015）。但劳伦斯·格林（Lawrence Green）认为最佳实践是一个进程而不是一揽子干预措施，建议用“最佳进程”（best process）取代“最佳实践”（Green，2001）。沿此脉络继续研究的学者，倡导将研究与政策和监测联系起来，通过提供有效且成本效益高的健康照顾服务来实现人口健康改善的首要目标（Driever，2002）。但概念未形成共识，本书仍然采用“最佳实践”的表述。

表 7.1.1 汇聚了新近发展起来的基于模拟学习的最佳实践，已被用于不同情景下的教学与实践，与医学、护理等专业中的最佳实践存在重叠。

表 7.1.1　基于模拟学习的新兴最佳实践

序号	最佳实践
1	描述理论框架或概念模型
2	确定清晰简洁的能力
3	让学生为模拟学习活动做好充分准备
4	设计具有真实场景的模拟，为学生提供展示能力的机会
5	就学习活动的结构和目标、角色和场景、该角色的影响程度，以及在模拟结束时对学生反馈的期望，对演员进行培训
6	开发教学和评估工具，可在模拟前期、模拟期间和模拟后使用
7	在能力、情境、工具、引导、反馈、反思练习和汇报中明确整合文化和多样性成分
8	培训导师或讲师使用模拟进行教学
9	提供实践机会，确保学生的实践被观察到
10	积极吸引未参与指定角色观察访谈的学生参与
11	为学生提供集中的实践反馈
12	指导学生实践反思，激发学生口头和书面反思
13	向学生汇报模拟情况
14	评估基于模拟的学习活动

资料来源：Kourgiantakis et al.（2020）。

依据格林的观点，最佳实践是一个进程而不是干预措施的组合，因此参照施耐德的科学学科演化四阶段的简单模型，以及模拟教学的进程，本章对表 7.1.1 的十四种类型进行了重新解读。可以发现，基于模拟教学的最佳实践研究大致完成三个阶段的任务：概念化——理论、能力；工具开发——工具；应用创新——场景、培训、招募、表演、评估、反馈、反思（表 7.1.2）。知识整理属于事后工作，并未出现在构成要素中，其最直观的表现就是学者的研究成果。最佳实践研究团队认为，最佳实践即将实践与战略实现联系起来，最佳实践包括以下关键行为维度：最佳实践识别系统；最佳实践认证系统；交流最佳实践；最佳实践知识共享系统；持续培养最佳实践（Patton，2001）。从功能来看，包括关联、识别、认证、沟通、共享、培养，可见最佳实践不是一个环节，而是一个体系。

表 7.1.2 最佳实践的构成要素

任务	要素	关键词	类型序号
概念化	理论	理论框架、概念模型	1
	能力	确定；文化、多样性	2、7
工具开发	工具	教学和评估	6
应用创新	场景	模拟、展示；真实	4
	培训	演员、教师	5、8
	招募	吸引	10
	表演	准备、观察	3、9
	评估	学习活动	14
	反馈	反馈、汇报	11、13
	反思	口头和书面	12

资料来源：作者自制。

注：类型序号对应表 7.1.1。

角色扮演与标准化案主均为模拟技术应用的代表，但模拟教学的关键特征不是模拟，而是表演的标准化（Beullens et al.，1996）。因此，本书基于标准化案主的教育策略寻找提高临床技能的最佳实践。以标准化案主为统摄性概念的教育策略，其理论基础为生态系统、行动研究、社会表演与体验式教学，场景是模拟的，以课堂教学为载体，以实验室为主要阵地，标准则要求建立在学界共识的基础上，具有普适性，低成本，能够避免伦理冲突、时空限制等弊端，具有表演的可重复性、评估的通则性、较高的信度与效度等优点，能够整合技术取向与反思取向策略的优点，其目标之一是建立标准化案主数据库，实现资源共享，有利于学界的交流与合作。从任务完成的阶段看，已经搭建了理论框架与概念体系，以证据—表演—服务为支柱，构建了社会工作教育的 EPS 模型。相对角色扮演，基于标准化案主的模拟教学是当下社会工作临床技能教育的最佳实践。

三、社会工作教育策略评估

在现行的社会工作专业教育的实践中，环境的建设、规模的设置取决于教育的工业设计（臧其胜，2012）；受时间空间多重因素的影响，相同类型的案主既不可遇也不可求；我们无法对不同学生在同一情境下以同一标准进行考核评估；我们也无法对同一学生在同一情境下完成所有技能方面的考核评估；学生或督导所获得的经验由于案例的特殊性与保密性而难以分享；高校间的资源禀赋是存在差异的；富有经验的教师或督导仍然十分缺乏。因而在社会工作临床技能教育实践中，我们面临的需要主要包括：首先，案主不会因为介入失败而导致伦理风险；其次，案主可以“招之即来，挥之即去”，即无时间与空间的限制；第三，案主可以持久、恒定地重复他的事件，以便于考核不同的学生或重新考核某一学生；第四，教师能够根据教育的目的控制过程；第五，经验能够共享。这不仅是当下机构实习所无法满足的，也是现行课堂教学策略所无法满足的。

同时，无论是课堂教学还是机构实习，共同的目标都在于通过专业教育提高学生的临床技能，而是否提高还依赖于评估。针对课堂教学，评估的手段主要有课程作业、关键事件分析，随笔、考试、日记、档案、表演、建议书、工作进程报告、自我评估与标准化测量工具，但这些工具并非都是有效的，主要是区分的效度可能很低，甚至没有（Crisp & Lister，2010）。针对机构实习，评估主要依靠机构督导或带队教师。“要使评估过程更精确、更确定、更有成效需要依靠评估大纲或指南”，必须满足有效、相关、可信、无差异、无偏见与可操作性，“标准应该代表工作者行为表现中重要的、显著的方面。总体上，标准应该覆盖工作的所有部分。他们需要很好地定义与明确地说明，以便能在客观项目上被测量”（Kadushin & Harkness，2002：355－356）。埃莉诺·R·托尔森（Eleanor R. Tolson）与朱迪·科普（Judy Kopp）则采用修正的结构化临床记录（structured clinical record，SCR）来分析学生的体验，据此考查实习科目的效度。涉及的条目包括：案主的人口学特征、动机与志愿/非志愿的状态；案主接触；案主问题；介入；结案的理由；学生对案例成功的满意度；学生满意度区分的逻辑依据；实习科目指导者的导向以及个案记录（Tolson & Kopp，1988）。

学生未能在问题与介入模式之间建立有效联系的重要原因之一是呈现在课堂上的知识未能通则化（Tolson & Kopp，1988），而早期的社会工作知识发展的主要目标，是在专业群体内部取得基本共识，即所有社会工作者都应掌握共同的知识基础，从而具备某种解决问题的专业能力（熊跃根，2012），然则，尽管中国社会工作教育界已经做出了诸多努力，但无论是课堂教学还是现场实习，适合本土的临床技能的标准化情况都并不理想，缺乏规范性，缺少共识，提高与评估也就成为无源之水、无本之木。因而，“横亘在课堂准备与现场表现之间的鸿沟”仍然“是每位社会工作教育者所要面临的主要问题”（Badger & MacNeil，1998）。

目前引入社会工作领域的教育策略还可以列举一个更长的名单，但一些策略的引进者并未追溯教育理论的本源，未能理解其适用的条件，也未能考虑专业发展的需要，存在误用现象，其优劣需要结合专业发展的需要加以甄别。结合社会工作的伦理规范、实践教学诉求与已有文献回顾，本研究设计了十四项指标（表 7.1.3），但不限于此，以评估现行教育策略的优劣（臧其胜，2013）。其理论假设是：社会工作教育应该走向标准化；标准化是社会工作专业化、职业化的核心表征与必由路径；标准化的本质是共识与共享（臧其胜，2013；臧其胜，2014）。

表 7.1.3　社会工作临床技能教育策略的评估指标

序号	指标	说明
1	伦理破坏的可能性	教学策略的执行能否遵守伦理准则
2	规模教学的可行性	教学策略的执行能否满足现阶段大规模培养人才的需要
3	教师督导的专业性	教学策略的执行是否具有足够的专业教师与专业督导来实现
4	学生的反思性	教学策略的执行能否保证学生的反思性主体地位
5	时空的可控性	教学策略的执行在时间、空间安排上选择的自由程度
6	资源的可及性	实践资源的获得是否取决于高校的资源禀赋
7	案例的理想性	案例能否评估学生多方面的临床技能
8	案主的真实性	案主是模拟的还是真实的
9	情境的标准性	评估不同学生临床技能时的情境是否同一
10	表演的重复性	表演是否可以恒定、持久、重复
11	技能的规范性	临床技能是否具有规范性要求
12	操作的逼真性	应用临床技能是否接近真实场景
13	评估的通则性	评估的指标是否具有共识
14	经验的共享性	经验能否共享

资料来源：作者自制。

作为衡量标准，此处以是/否的二分法的方式对此详细说明以供学界批评指正。每一项指标都可以获得文献支持，分布于社会工作临床技能教育的四个环节：设计、表演、评估、共享。对处于真实情境中的机构实习而言，面临的就是一种“社会”的设计与表演；评估的环节是受到普遍重视的，但却缺乏统一的标准；共享在实践中几乎没有进展。这是一种理想类型，教育策略因此而被强制区分为两类，一种类型为最优的选择：不会破坏伦理；能够实行规模教学；拥有足够的专业教师/督导；学生能够获得反思性主体地位；教学时间与空间的安排是自由的；实践资源的获得不受学校资源禀赋（如区位、等级、政府的偏好）的影响；案例能够有效评估多方面技能；案主是真实的；每次评估的教学情境是相同的；表演可完全重复，因而评估具有可重复性；技能具有统一的规范；操作接近真实场景；评估指标具有共识性；经验能够共享。反之，则为最劣的选择。然而，现实远离理想，它们的组合千变万化。我们很难寻找到满足所有标准的社会工作临床技能的教育策略，而更多地是介于是—否两端间的连续谱上，存在着程度上的差异。

问题的症结在于，我们“在临床技能的内容如何供给及其效能评估上，尚未作深入的、具有权威性的探讨”（臧其胜，2013）。而问题的根源则在于，案主是变化的。那么我们是否可以控制案主的变化？答案是肯定的，但可控制的并非真实的案主，而是“标准化案主”。在国际社会工作教育中，标准化案主已经从单纯的模仿走向符合专业需要的脚本撰写、评估指标的设计、效度与信度的测量，并在教学中取得了良好的效果（Miller，2004；臧其胜，2013）。它既是一种教学方式，又是一种评估工具，是沿着规制技术，增加反思与批判元素，回归课堂的社会工作临床技能教育模式发展的新策略（臧其胜，2012）。它不仅适用社会工作，也适用于“心理咨询、家庭治疗，或者法学等一些将模拟方法用于教学、评估、资格认证目的的领域”（Wallace，2007：xvii）。标准化案主尽管不能代替真实的案主，但它能够避免伦理价值的风险，满足规模教学，突破时空限制，案例是理想的，作为资源可公平获得，情境可以统一，表演可以重复，技能是规范的，操作是逼真的，评估能够通则化，经验利于共享，它是社会工作临床技能教育与评估的重要策略，其应用的重要阵地就是课堂而非机构。同时，对学生实践影响最大的是实习科目。这意味着我们必须确保课程指导者有兴趣、有知识、有技能传授给我们希望学生运用的方法（Tolson & Kopp，1988），而标准化案主不仅可以承担案主的角色，还可以承担教师、评估者等多重角色，可以为课程指导者提供极大的帮助。因此，回归课堂，推动课程改革，借助标准化案主，“增加他们将知识应用于实践课程的机会”（Tolson & Kopp，1988）是当下社会工作专业教育发展的务实选择。

但标准化案主的广泛应用需要建立在临床技能指标体系已经建立的基础之上。社会工作的临床技能主要包括沟通技能与技术技能，其标准的制定应在下列两点上达成共识：（1）技能存在序列；（2）序列可以比较。所谓技能存在序列，意指临床技能有高低之分，如可分为高级、中级与低级。所谓序列可以比较，意指若两个人的临床技能等级是同一的，则意味着能力是一致的；若甲是高级，乙是中级，则甲的临床技能应强于乙。若不对此达成共识，则一切标准都无从建立，我们既无法评估，也无法提高。因而，社会工作临床技能指标体系的设计应成为学界当下及未来研究的重点，而推进标准的共识与资源的共享是倡导标准化案主策略的本质意图。

第二节　教学模式：技术规制与反思生成

所谓“模式”，一般指的是研究社会现象的理论图式和解释方案，同时也是一种“独特的思想体系和思维方式”（柳拯，2009）。教学模式是在特定教学思想或理论指导下建立起来的、较为稳定的教学活动结构和程序（乔伊斯、韦尔、卡尔霍恩，2014：译后记）。教学模式是学习模式（乔伊斯、韦尔、卡尔霍恩，2014：5），因而学习模式也是教学模式。标准不同，教学模式的分类也不同；模式是多样的，而非单一的，没有模式可以独自宣称能够完成所有教育目标。因而，在教学模式的选择中，社会工作教育者应该在尊重差异性的前提下寻求多样化的统一，而非以零和博弈的心态对待自己偏好以外的模式。

一、课程探究范式的分化与整合

威廉·H·舒伯（William H. Schubert）将课程探究区分为永恒经验/分析（perennial empirical/analytic）、实践探究（practical inquiry）及批判实践（critical praxis）三种范式。其中，永恒经验/分析范式更多接近泰勒法则，遵循的是工业主义的设计理念，代表技术理性，课程发展呈现为一系列的问题，包括目的、内容或经验、组织和评估（Schubert，1986；转引自 Doherty，2007）；实践探究范式由约瑟夫·施瓦布（Joseph Schwab）于 1965 年提出，拉尔夫·W·泰勒（Ralph W. Tyler）与施瓦布都关注实践探究，但对照哈贝马斯的技术兴趣（technical interest）、实践兴趣（practical interest）与解放兴趣（emancipatory interest）分类可以发现，前者更关注以“劳动”为媒介的技术兴趣，后者更关注以“语言”为媒介的实践兴趣，而“实践”正是课程的语言（Schubert，1989；Ford & Profetto-McGrath，1994；Künzli，2013；Schwab，1969）。批判实践不是要求教育者寻求超越正规教学、知识和课程的限制，而是鼓励社区、教师和学生共同努力，为公共利益创造新的理解和实践，这是一个反思性实践的过程（Arnold et al.，2012）。对批判理论家而言，批判实践范式属于解放工程，一个启蒙的过程（Habermas，1979），它试图赋予教师权力，使其成为社会变革的推动者，实现学校教育从权威精英模型向社会民主模型的转变（Ackroyd，2006）。为快速推动社会工作专业的发展，中国社会工作教育学界在专业建立初期，首先引进了技术理性模式，试图用科学方式来建构逻辑清晰的社会工作课程体系（李晓凤，2007）。

根据源于实证哲学知识论的“技术理性”模式，专业知识强有力地形塑了我们关于专业的思考，以及研究（research）、教育（education）及实践（practice）的制度性关系（Schön，1983：21）。从专业课程制度化的技术理性模型来看，真正的知识源于基础科学与应用科学的理论和技术（Schön，1983：27）。专业知识包含四项元素——专门化、科学化、稳固的边界和标准化（Schön，1983：23—24）。学校已经全面制度化，知识透过课本、课程、课堂计划和考试呈现；教师成为技术专家，负责向学生灌输既定分量的知识；课程被设想为信息和技能的菜单，每个课程计划就是一项服务，整个过程被视为一个累积的，渐进的发展过程（Schön，1983：329）。但实践依赖的知识并不完全是标准的、确定的、可测量的，而是具有不确定性、价值的相对性与知识的社会建构性特征。它们存在地形差异，技术理性适用于“高岗之地”（a high，hard ground），而反思性实践（reflective practice）则可适用于“低洼之地”（a swampy lowland）（Schön，1983：42）。

模拟与变革是依据教学功能而形成的两种设定。对前者而言，教学是文化传承的工具；对后者而言，教学是文化创新的工具。在此设定下，形成两条教学路径：一是模拟教学（mimetic teaching），二是变革性教学（transformative teaching）。模拟教学旨在再现或复制一些现有的标准，而变革性教学则是对学生、教师和主体之间三角关系中的未知和不可预见的情景做出反应；模拟教学是为了让学生达到某种预定和可预见的目的，变革性教学旨在让学生获得不可能事先确定的成长和发展的可能性（Frank，2017）。相对而言，技术理性更适合模拟教学，而反思性实践则更适合变革模式。

技术理性的教学范式起源于20世纪初美国综合性大学教育学院的传统，反思性实践的教学范式起源于杜威与舍恩关于反思的理论（周钧，2005）。杜威认为，根据支持任何信仰或假定的知识形式的理由，以及它倾向于得出的进一步结论，积极、持续和仔细地考虑任何信仰或假定的知识形式，构成反思性思维（Dewey，1933：9；Ackroyd，2006：21）。20世纪80年代后半叶开始，教育界开始推动教学模式从“技术性实践”转向“反思性实践”。在舍恩看来，“技术性实践”是以基础科学与应用科学的理论和技术为基础的（Schön，1983：27），而“反思性实践”需要调动基于经验形成的隐性知识（tacit knowing），在与情景对话中时刻反省自我，同顾客合作，致力于解决复杂情境下的复杂问题（佐藤学，2001）。在反思性实践中，专业人士将客户视为同事，相信客户同自己一样具有表达、了解和计划的能力，明白自己的专业技能是嵌入在意义的情境中，意识到需要不断反省自己所知，以便顾客知晓自己的理解（Schön，1983：295）。两者在目的、对象、基础、方法、特征、结果及其表现上存在较为明显的差异。

表 7.2.1　两种教学模式比较

	技术性实践的教学分析	反思性实践的教学分析
目的	程序的开发与评价 超越背景的普遍性认识	教育经验的实践性认识的形成 背景中细腻的个别性认识
对象	大量教学的样本	特定的一个教学
基础	教学论、心理学、行为科学、实证主义哲学	人文社会科学与实践性认识论、后实证主义哲学
方法	量的研究、一般化抽样法、法则命题学	质的研究、特异化案例研究法、个性描述学
特征	效果的原因与结果（因果）的阐明	经验的含意与关系（因缘）的阐明
结果	教学的技术与教材的开发	教师的反思性思维与实践的见识
表现	命题（范式）性认识	故事（叙述）性认识

资料来源：佐藤学（2001）。

表 7.2.1 中指向“技术性实践”的“教学科学”探讨任何课堂都通用的一般性技术原理；而“反思性实践”则探讨某种课堂的事件和某种方法的意义，探讨某课堂与某学生的活动与经验的意义（佐藤学，2001）。技术性实践的目的是获得标准的、可测量的、普适性的知识，而反思性实践的目的是激活学生的潜能，传授非标准的、个性化的，但也难以测量的，甚至不可言说的实践智慧；前者基于实证主义的量化研究、案例库，重视技术与教材开发，不断提炼范式，后者基于人本主义或后实证主义，采用质性研究，关注个案，重视叙事。佐藤学认为，教师对“技术性实践”的需求，“决不是无根据、无意义的”，尽管饱受质疑，“但未完全丧失它的

意义”（佐藤学，2001）。因为，目前学校教育制度仍是以高度技术化的体系加以组织，以数字化为特征的绩效管理正在流行，仍在试图“开发有效的教学系统与开发普遍的教材程序”，意味着选择技术性实践的“教学与教学研究的有效性”不会因此而“减弱”（佐藤学，2001）。

二、反思性实践教学的实践困境

在以技术性实践教学与反思性实践教学为两端的光谱上，国内学者持有不同的立场。一端是基于科学理性的技术性实践。在课堂教学中，公开宣称坚持技术理性的学者并不会多见，但在实际工作中却不会少见。二是在技术性逻辑框架中增加反思与批判元素（费梅苹，2002；李晓凤，2007；臧其胜，2012）。三是基于实践倡导反思性对话，构建反思性社会工作（贾维周，2007；郭伟和等，2012；张威，2017c）。第二类持折中的立场，大致位于光谱的中间偏技术性实践，后者位于反思性实践一端，尚未发现可以明确归为在反思性框架中增加技术元素的研究。反思性实践教学要求在行动中反思，在反思中行动，不仅要教师学会“教学”，学生也要学会“学习”。然而，舍恩在《反思性实践者：专业人士如何在行动中思考》一书中，其论证的实例更多的是回答什么是技术理性，并没有清晰地区分是“在行动中的反思，还是对行动的反思”，也未能考虑拥挤的教室环境（Munby，1989）。

教学的核心在于环境的创设（乔伊斯、韦尔、卡尔霍恩，2014：18），环境并不仅仅指物理环境，还包括社会环境，如果无法创设环境，或要素条件不充分，再好的理论也无法转化为现实。有学者认为，实施反思性实践教学需要具备基本条件：教学主体具有主体意识；理解和宽容对话的主体；教学主体具备自觉反思意识与较强反思能力；对技术理性的弊端有清晰的认识（范明林，2003）。对照基本条件，可以发现，受中国传统教育模式与历史文化的影响，教师与学生都缺乏主体性意识。要推动反思性实践教学，就必须创设反思性环境，培养反思性教师，培育反思性学生。基于此，要求中国社会工作教育直接从技术理性转向反思生成为时过早。

反思性实践教学代表一种未来值得追求的方向，不能因其存在的理论不足与条件约束而否认其发展的价值，但必须因地制宜，因时而动。基于社会—生态系统解释框架，可以发现，从社会、经济与政治设置看，2016年由教育部委托制定的《中国学生发展核心素养》正式发布，其设置了科学精神素养、学会学习等维度，前者要求培养学生具备理性思维、批判质疑与勇于探究三个基本要点，后者要求培养学生具备乐学善学、勤于反思、信息意识三个基本要点。政策鼓励反思，但社会仍未形成反思批判的文化氛围与主体意识。从研究系统看，无论是教师还是学生，都缺乏在行动中研究，在研究中行动的能力，碎片化的反思无法形成连续的概念体系，也就不能通过反思完成从获取的具体经验中抽象概念化的任务，据此指导实践也就无法成为可能。既有的研究也无法为反思性实践教学提供强有力的支持。从实践系统看，由于时间、人力、资源、项目周期、实习强度等诸多限制，师生缺乏主动性或机构督导缺乏意愿，无法及时组织有效的反思活动。课内实践或机构实习的日记、笔记与备忘录常常流于形式，完成的也更多是对行动的反思，而不是在行动中的反思；机构偏好于技术兴趣，其首要任务是服务于项目的需要而不是教育的目标（Carr & Kemmis，1986：135；Zuber-Skerritt，1996：2—3）。从就业系统看，机构通常要求具备组织活动、申请项目的能力，而反思批判能力难以测量，因而在招聘中很少提出此类要求。在教育资源系统与教育资源单位中，反思性议题的选择与课堂教学秩序的维持对教师自身的能力要求更高，但专业及教师拥有的资源较少；受教师主观意愿与区位资源禀赋的影响，教育资源增长的可能性或资源获得更替的概率较低；社会工作实验室更多服务的是技术理性的需要，尚未能够满足反思性实践教学的需要。在教育治理体系中，教学班级是一个典型的非志愿的强制性联合体，是一个预设的情境定义，其环境的建设、规模的设置取决于教育的工业设计，而非反思性实践的需要，本身生产的是差异，而且“政治始终在场”（臧其胜，2012）。教育改革及质量的控制主要依赖专业自身，高校除履行管理职能外，仅提供少量实践经费支持。在行动者中，无论是学习者、教育者还是管理者，其主体自觉意识的改变，个体批判性反思的生成，主体间性的认同，在短时间内是无法自生自发出来的，而外部的行动者一旦试图提供“一套成功有效的反思性教学实践操作系统”，“解决具体的开展反思性教学的策略和技术问题”（卢真金，2007），那么反思性教学将不得不落入技术的窠臼之中，“反思生成”也就异化为“反思制造”（臧其胜，2012）。只要社会工作仍以专业化、职业化与本土化作为前行的目标，那么技术性实践就是中国社会工作教育“不得不进去的铁的牢笼”。

三、基于标准化案主的技术性反思教学

基于技术性实践的教学可归为模拟教学，基于反思性实践的教学可归为反思性教学。反思性教学是指教学主体借助行动研究不断探究与解决自身和教学目的以及教学工具等方面问题，将“学会教学”（learning to teach）与

"学会学习"（learning to learn）统一起来，努力提升教学实践合理性使自己成为学者型教师的过程（熊川武，2002）。它是以"同素材对话"为轴心，同伙伴合作，共同展开"反省性思维"的教学（佐藤学，2001）。技术实践型教师会为学生提供标准化的行动指南，以预设的方案控制课堂的节奏；反思实践型教师会思考或回顾学生动机和学习的障碍，寻找使课程有趣和引人入胜的方法，以及思考如何帮助学生和睦相处并彼此互助学习（Valli，1997）。

技术性实践与反思性实践"构成了不同的教学含意与形象，不能说哪一个概念正确，哪一个概念错误"（佐藤学，2001）。实践中也不存在偏执一端的教学，只是技术与批判反思的元素比重孰高孰低的问题。在实际工作中，技术性实践中会吸纳反思的元素，反思性教学中同样会吸纳技术的元素。琳达·瓦利（Linda Valli）就将教学准备中的反思区分为以下五种类型：技术性反思、行动中和对行动的反思、缜密性反思、人格化反思和批判性反思（Valli，1997）。技术和批判被置于反思光谱的两端。其"技术"有两层含义，第一个与反思的内容相关，特指范围较窄的教学技能；第二个与反思的质量有关，通过直接应用教学研究来指导自己的行动（Valli，1997）。

表 7.2.2　教学准备中的反思类型

类型	内容	质量
技术性反思 （technical reflection）	基于教学研究的一般教学和管理行为	将自己的表现与外部准则相匹配
行动中和对行动的反思 （reflection-in and on-action）	个人教学表现	根据自己的特殊情况做出决定
缜密性反思 （deliberative reflection）	关注教学总体情况，包括学生、课程、教学策略、课堂规则和组织	权衡相互竞争的观点和研究结果
人格化反思 （personalistic reflection）	个人人格成长和与学生的关系	倾听并相信自己内心的声音和他人的声音
批判性反思 （critical reflection）	学校的社会、道德和政治层面	根据社会公正和机会平等等伦理标准判断学校教育的目标和目的

资料来源：Valli（1997）。

基于中国社会工作教育的现实处境，本书坚持的是在技术性逻辑框架中增加反思与批判元素的技术—探究—反思相结合的技术性反思教学模型，这是一种“技术规制”下的反思。它将技术控制在专业伦理范围内，以技术服务探究、反思和教学秩序控制，同时将反思的碎片化、冲突性与不确定性等约束在特定的目标与时空边界内，关注总体性，强调标本兼治。这是更加务实的选择，本身就是对现实反思的结果。那种无视中国社会工作教育的现实处境，抛弃技术性实践，空谈反思性实践的做法，最后的结果可能只是在用专家的技术理性为教师或学生制造反思。这不仅无益于治理本源，还可能恶化表象，应当引起学界的警惕。这种仅仅倡导“反思生成”的做法似乎也无益于作为后发国家的中国社会工作的专业化、职业化与本土化的发展。

为实现技术性实践与反思性实践的融合，应注意以下几点。一是教学核心在于环境创设。在课堂教学中，任何反思都是在特定时空约束下的反思，必须为其创造合适的场景。证据、表演、服务、评估，与批判、个体偏好、实践智慧等变量及其相关作用的关系，将为技术性反思教学的开展创设行动情境，并与行动者共同构成技术性反思的行动舞台，剧本则是其文本呈现。二是所有反思指向特定目标。对于技术性反思而言，其目标是培养出合格的社会工作专业人才。其反思的过程不确定，但试图达到的目标应是明确的。对于教师而言，就是围绕能力建设，反思教学过程，不断完善培养方案、改革教材教法、创新教学手段，做到学会“教学”；对于学生而言，同样是围绕能力建设，反思学习过程、争取训练机会、改进学习方法，做到学会“学习”。两者互动，实现教学相长。三是技术性反思受规则支配。反思被置于特定的框架中，指向特定目标，必须接受特定规则的约束。而技术的使用则需遵守专业的伦理规则，应对学生、同事、专业、学校及社会负责。规则是由不同行动者共商共建，在无法充分理解技术使用者的具体动机时，管理者通过外部强加是无效的。

基于上述思考，在社会工作教育的生态系统模式中，本书以证据、表演、服务为支柱构建了 EPS 模型作为社会工作教育展开的行动框架，以社会工作实验室为载体，以课堂教学为社会工作临床技能培养的主要路径，在模仿中寻求变革，在技术规制中嵌入反思，以能力建设为统一的目标，以证据为通用的语言，以标准化案主为共享的策略，与剧本对话，同伙伴合作，引入技术辅助教学，借助评估促进反思。

第八章　社会工作教育的行动指南与实践范本

为改变社会工作的非专业形象，培养对公众负责的专业人才，社会工作教育的改革应当坚持开放性、推动标准化与提高公信力。在此行动纲领指引下，本书重构了社会工作教育的理论基础，引入生态系统理论、行动研究、社会表演学，以及体验式学习，为研究、教育与实践构成的生态系统建立了联合的法则，包括共享的目标（能力建设）、共享的语言（证据）与共享的策略（标准化案主），坚持在行动中研究，在研究中行动，以证据、表演与服务构成的EPS模型为基础展开社会工作教育。在实践中，积极推动能力建设，坚持能力为本与证据为本的实践理念；同时，正视推行反思性教学的现实困境，坚持回归课堂，强调在规制技术的基础上增加反思与批判的元素。社会工作教育的一切理论建构都需要回归到实践中检验，既有的研究却常常滞留于理论，而从实践中提炼出模型、模式或其他时，却又很少关注其可检验性、可操作性、可复制性、可持续性，以及稳健性。小乔治・W・加侬（Jr. Geroge W. Gagnon）和米歇尔・柯蕾（Michelle Collay）提炼出一个可重复的过程，称之为建构主义学习设计（Constructivist Learning Design，CLD），它通过创设情境、成立小组、建立联系、构思任务、安排展示和鼓励反思，促进学生投入积极的学习中（加侬、柯蕾，2008：5—6）。类似地，本章力图为社会工作教育界提供一个可检验、可操作、可复制、可持续，并具有稳健性、前瞻性的模型与模式。在内容安排上，依据教育实践的步骤，设置了场景篇、证据篇、表演篇、服务篇、评估篇贯穿前述四个环节。其中，证据篇主要承担研究子系统的职能，表演篇主要承担教育子系统的职能，服务篇主要承担实践子系统的职能。为避免理论与实践研究的脱节，提供了用于观察检验的以社会工作实验室为舞台的实践范本篇。

第一节　场景篇

（一）场景设置

1. EPS 模型

社会工作临床技能教育与评估的生态系统模式，包括研究、教育与实践三个子系统，以证据、表演、服务为三大支柱，构成 EPS 模型。该模型是以能力建设作为共享的教育目标，以证据作为共享的教育语言，以标准化案主作为共享的教育策略（臧其胜，2013；2018）。它以课堂为主要阵地，以模拟教学为主要路径，追随的是在技术性逻辑的框架中增加反思与批判元素的技术反思性教学模式。它包括四个环节：证据、表演、服务与评估，评估贯穿全部过程。其中证据环节分为采集、分级、转化与应用四个阶段；表演环节分为剧本设计、案主培训、实训教学与考站安排（臧其胜，2018），为学生学习提供训练或考核的主题情境，并选择相应的评估体系。模式强调证据为本，重视对教育过程的记录与评估，试图跨越理论与实践的鸿沟。

2. 环境准备

以真实世界为现场的实习教育被视为社会工作教育的特色教学法，但其并非唯一的教学法，课堂教学与此同等重要（Craig & Fromm，2014），教育机构或许才是基础技能学习的最适当的环境（Lewis & Gibson，1977）。教学的核心在于环境的创设，学生在与环境相互作用的过程中学习并学会如何学习（乔伊斯、韦尔、卡尔霍恩，2014：18；Dewey，1916），而社会工作实验室是课堂教学的最重要的可控环境。实验室居于认知导向的课程与在督导指导下直接开展社会工作的体验之间，为学习者提供了一个反思自己作为与临床社会工作专业标准相关的实践者的个人风格的机会（Mackey & Sheingold，1990），以实验室为舞台的课内实践在教学中通常作为现场实习的前奏，它通过体验式学习与反思性学习帮助学生加强理论与实践的整合（Wong，2001）。尽管高校社会工作专业按照要求建立了技能实验室，通常包括个案、小组与社区等基础性的功能分室。在规范性强或学校支持力度大的高校中，会有扩展的社会工作实验分室，如儿童、青少年、老年人、婚姻与家庭等功能分室。但各自建设的理念存在差异，甚至缺乏一个明确的理念指引。更多情况下，由于专业跨界的难度，加之在建设过程中教师与专业技术人员之间缺少沟通，甚至是无法沟通，专业理念也就无法通过技术呈现。

学生需要一个平台去使用真实的数据以便发展他们在评估、理解、解释等方面的技能（Shaw & Lee，2012），教师同样需要，这项功能的实现可依托社会工作实验室完成。实验室的建设需要具备两个重要要素：一是教师资源。以实验室为舞台的课内实践是一项劳动密集型的教学活动。它要求学生与教师有一对一的配对机会，以及需要以会议和研讨的形式在课堂以外获得教师指导的额外时间。二是物理设施。以实验室为舞台的、最佳的课内实践要求有非标准教室设置，对小组练习有相对开放的安排，有可以作为参与者或观察员在模拟面试中面试较小团体练习的区域，以及记录和回放课程的设施（Clark & Arkava 1979：209）。为提高技术的支持力度，降低师生的时间成本，现有的实验室功能必须拓展，技术要相应升级，运行机制则需要重新设计。

首先，基于生态系统模型，建立社会工作临床技能教育与评估中心。除个案、小组、社区社会工作等常规功能分室外，还需要新增以下功能分室：一是证据采集中心。主要承担的职能：系统评述文献；采集案例，收集数据，采用专业的定量分析软件与质性分析软件；处理图文声像等。二是证据转化中心（Evidence-Based Clearinghouse）。主要承担的职能：将证据转化为社会工作临床技能评价指标，并应用于剧本、脚本设计，以及实务行动方案开发等。它是被设计用来服务于科学知识的传播与利用，并将高质量的知识以一种比较容易的方式带给最终用户的机制；它需要有明确的目标群体、主题领域、评分标准，应是透明的、用户友好的，拥有最前沿的信息，并具有可持续性（Soydan et al.，2010；臧其胜，2018）。三是标准化案主培训与管理中心。主要承担的职能：招募、试镜、筛选、培训标准化案主，并承担相关数据管理，这是保证标准化案主本身的信度与效度的重要阵地。除用于前述职能，还可用于未来社会工作者的形体训练、行为塑造、形象设计，以及充当“神秘案主”角色评估社会服务机构的专业水平。四是临床技能教育与评估中心。主要承担的职能：教学与评估。以标准化案主为教育策略，通过模拟教学，在可控的实验室环境内以沉浸式体验的方法完成教学与评估。可通过文档、音像，以及可感知设备等记录教学过程与结果。可引入区块链技术，推动远程教育与评估。

其次，基于“互联网＋”的理念，推动社会工作实验室共商共建、共享共赢。互联网与社会工作实验室相结合将无限拓展实验室的功能，实验室也不再受制于时间、空间和资源的约束。具体工作如下：一是推动数据库平台建设，实现案例众筹与资源共享。所需的数据库主要有：原始资料数据库、案例数据库、证据数据库、剧本数据库、项目/课程数据库、标准化案主数据库、视频数据库、评估工具数据库、考试数据库、实习机构数据库，以及其他数据库（Adamo，2003）。其中证据应基于区块链技术生成一种具有时间戳的不可篡改和不可伪造的分布式账本。若因教育与实践领域的需要，如出于伦理原则对案例的修改，原始数据要保持不变，但案例需执行数据清洗、脱敏以保护隐私，而每次修改新生成的数据应生成时间水印，并保证责任的可溯源性。二是推动远程社会工作教育。社会工作远程教育并非是技术推动的产物，也不是拓展业务的市场需要，而是确保社会工作者有能力且有效地为公众提供所需服务的专业义务（Abels，2005：3），也是满足疫情时期线上教学需要的社会期待。这不仅包括高等学校提供的文凭教育，也包括专业机构提供的职业培训。但远程社会工作教育并不可取代面对面的线下社会工作教育。

社会工作实验室已经成为社会工作专业的标配，在进入机构实习前，学生一般会在实验室接受模拟实训，然而其实际使用效果只能说是差强人意。与其说学生缺乏在机构实习的机会，不如说在一定程度上更缺乏进入现场前模拟实习的机会。因此，加强实验室建设，加强模拟教学力度与增加教学时数，更有助于解决当前专业实习教学不足的问题（周利敏，2012：121）。未来的社会工作实验室应该是一个智能空间环境，它利用区块链技术维护与验证证据，并通过技术手段评估与提升学习者的专业技能。这是一项浩大的集体工程，可以依托现行组织架构，将社会工作教育协会设为社会工作临床技能教育与评估中心，以现有的片区为分中心，通过互联网优化和集成相关资源，初期可依托高校独立购买的课程建设平台实现互联互通，以便更好地服务于社会工作教育事业的发展，但涉及资金由谁投入问题，此处只是悬置一边，以待后续研究。

作者负责社会工作实验室工作十多年，经历首建与升级，在此过程中根据专业的需要指导承建方完善实验室的功能设置，并认真学习掌握了系统与设备集成的相关技术。结合个人的经历，绘制了一份实验室简易平面示意图（单一建筑长 36 米，宽 7.5 米，建筑总面积为 540 平方米），试图在 EPS 生态系统模式内促成专业与技术的融合，供各院校建设社会工作实验室时参考。由图 8.1.1 可见，实验室包括传统的功能分室：个案工作室、小组工作室与社区工作室，以及宣泄、沙盘游戏活动室。还包括新增的功能分室：证据采集中心、证据转化中心、数据处理中心、标准化案主培训室等。部分学校设置的专业分室，如婚姻家庭工作室、青少年工作室等并未纳入。功能分室一般承担多重功能，可根据需要调整或临时承担，如数据处理中心，也就是我们俗称的“机房”，可同时承担社会统计、项目管理、平面设计、视频剪辑软件等教学任务；而证据分级则可置于证据转化中心，但不同功能分室的设备配置需求会存在差异。区块链技术的使用对教育组织节点而言，理论上只需要一台性能配置适当的，能够连接上互联网的电脑即可，所有的操作是在基于区块链技术开发的网络平台上完成。而实验室是一个环境可控，能够为教育行为记录、教育结果评价、图文声像数据等的采集、上传、账本记录和数据存储等提供支持的理想场所。

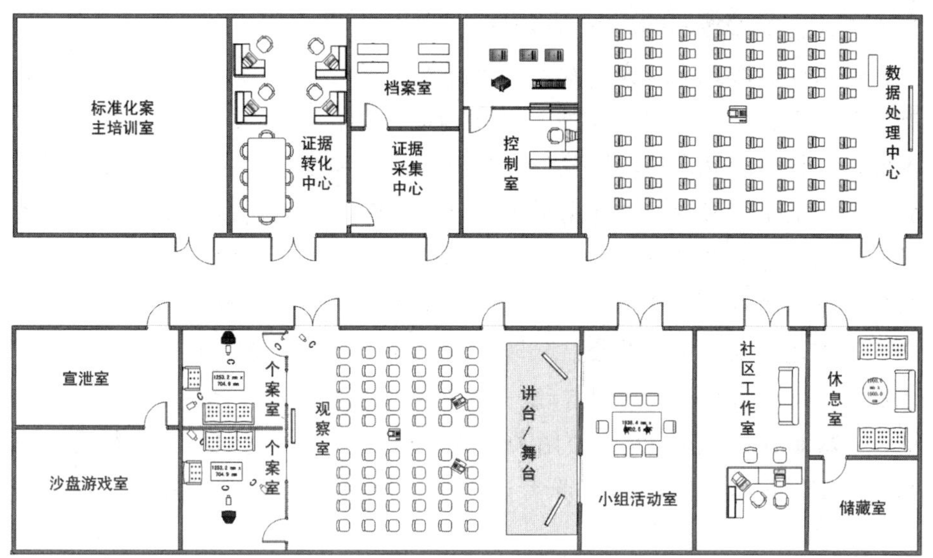

图 8.1.1　EPS 生态系统模式实验室平面示意图

资料来源：作者绘制。

3. 证据准备

证据的采集、分级、转化与应用是社会工作教育的重要工作。大数据驱动的社会工作就其前景而言比较广阔（陈婉珍、何雪松，2017），其通过实时计算、集群管理、项目管理等周边工具发挥作用，而区块链技术可以成为大数据使用的周边工具生态系统的新组成部分（Karafiloski & Mishev，2017）。但数据并非证据，大数据呈现的是相关关系，而非因果关系；区块链是典型的分布式大数据技术，但强调数据的时序性，支持因果关系的识别，其最大的优势是自主、信任、不可篡改、非中介与合作（袁勇、王飞跃，2016；Wendler，Jutta，& Welpe，2018）。应用区块链技术，大数据才能够成为值得信任的资源，才会有助于未来信用系统的建立（Guo & Chen，2016）。循证社会工作强调证据为本，而证据是有等级的，大数据只有基于区块链技术采集才会具有更高的证据效力。如果教育实践与科学证据脱节，最终会损害教育的公信力，造成政治和财政支持的损失，并威胁到教育工作者的自主性（Sotanovich，1999）。因而，社会工作教育的发展最终依赖的应是证据驱动，而非师徒制的经验帮教，或经院式的权威灌输。单纯停留在大数据，而忽视因果链条，其介入的策略很难是最佳方案，只有与区块链技术结合才符合社会工作教育的证据为本实践取向。在缺乏技术支持的情况下，证据为本的推行比较艰难（李树文，2014）。但在最新的人工智能、学习分析、区块链等技术的加持下，证据为本的社会工作教育将会更容易实现。

技术应以教育需求为出发点与落脚点，是教育规制技术，而非技术规制教育，但教育也需要适应技术的规范。区块链技术要求证据必须开放，因此，在做好隐私保护的情况下，与教育过程和结果相关的数据首先要开放。证据准备的过程包括证据采集、分级与转化，然后以数据库的形式管理，并最终存储在区块链平台中。其可能涉及的数据库如下（表 8.1.1），跨越研究、教育与实践三个子系统。文献类型有图文声像，以电子文档的方式添加进区块链平台的公共账簿中。每条记录都会添加时间戳，一旦记入账簿，即可追溯，但不可篡改，其公信力由网络中的所有使用者共同保证①。如果用人单位或其他使用者需要了解学生在校期间的学习行为表现与学习结果评价等，经过求职者授权可以通过平台访问与其个人相关的信息。

表 8.1.1　基于 EPS 教育模型的生态系统模式基础数据库

基础信息数据库	**考试数据库**
实验室环境数据	学生注册/登记
课程	操作指南
教师/评估专家信息	定位陈述
学生/班级信息	题库筛选
证据数据库	笔试题库
实践智慧	面试题库
学术研究	考站安排
能力指标	过程记录
案例数据库	成绩报告/证书
案例/档案	重测申请
案例材料发展/案例材料模板	反馈投诉
剧本数据库	多媒体档案数据库
编制指导手册	教学
剧本版本/类型	培训
考核锚点	实践

① 简单地说，记录会在所有人的电脑（节点）上同步更新，若有个别节点篡改记录，其他电脑将根据本地记录进行验证。如果不一致，其修改行为就无法通过，从而保证公信力。理论上控制 51%的节点后有可能实现，但通常无法达到。

续表

基础信息数据库	考试数据库
标准化案主数据库	考试
基本信息	评估工具数据库
合同文本	评分表
培训方案	关键得分点
培训日志	客观结构化临床考试（OSCE）
使用记录	实习机构数据库
工资报酬	类型/性质/规模
项目数据库	服务对象/实习学生/督导信息
项目重点/难点	实习日志/报告/督导记录
申报书	政策数据库
自我评估报告	政府部门
标准化案主评估报告	行业协会
成本管控	……
发票、收据	

资料来源：作者整理。

注：(1) 所需数据库及其子集、子目列举是有限的，实际采集并不限于此。

(2) 表格中的“证据数据库”之“证据”是相对表演、服务而言。

（二）平台架构

基于区块链技术构建的网络系统一般由数据层、网络层、共识层、激励层、合约层和应用层组成（袁勇、王飞跃，2016）。数据层、网络层与共识层同为基础层级，属于协议层，缺一不可；合约层属于扩展层，是人—机结合的重要层级。不同学者的分类层级或名称虽有所差异，但要实现的功能基本一致。以此架构为基础，本书重新解读 EPS 生态系统模式，试图建立 EPS 区块链平台。

数据层包含底层数据区块，涉及数据如何加密和添加时间戳等技术。在 EPS 生态系统模式中，证据是研究、教育与实践三个子系统间共享的语言，而在里士满的经典著作《社会诊断》中开篇讨论的就是证据的识别与使用。从区块链技术视角来看，数据通过加密、时间戳等技术成为可信任的证据，成为各节点共享的账簿，构建为一个特殊的数据库。表 8.1.1 中显示的是在研究、教育与实践执行过程中形成的案例数据库、证据数据库、剧本数据库、项目/课程数据库、标准化案主数据库，以及其他数据库，涉及宏观的政策数据，以及微观的教学准备、过程与结果数据等，它们都将成为区块链的一部分（Adamo，2003；臧其胜，2018）。以课内实践教学为例，案主方基于区块链技术提供信任背书的证据及案例生成剧本，证据则通过标准案主在表演中呈现（臧其胜，2016）。采用标准化案主的教育策略评估学生专业能力的记录（视频与文本等）也构成新的证据。对于社会工作专业的学生而言，区块链学习账簿包含使用者学习体验，以及随后的知识与技能的发展的详细记录（Chen et al.，2018）；对于教师而言，其教育与培训的过程，以及评估记录，也将保存在区块链中。为保护知识产权与隐私，每项记录都会被加密，并被嵌入时间戳，成为行动主体拥有私钥、能够用于证明自身的“钱包”。区块链技术的应用使得教学的过程在互联网中无法被遗忘，换言之，互联网是有记忆的，这要求学生、教师认真对待每项教学任务。否则，它将会成为学生求职过程中的不利因素。但这种全景畅视的技术也不可避免地带来隐形的压力，行动者并不惧怕监控，惧怕的是无法消除的记录，其涉及的伦理问题要求我们必须慎重选择可记录与可开放的数据。

网络层涉及分布式组网机制、数据的传播协议与验证机制。通过对软硬件与人力资源的使用、调度，实现对网络资源的监测与评估等功能，保证每个节点都能平等地参与到网络建设中。在EPS生态系统模式中，证据转化中心担负着网络层的功能，承担着重要的守门人角色（Buckley et al.，2022），需要考虑透明度、开放性与可复制性（Mayo-Wilson，Grant，& Supplee，2021）。在此层级，我们需要考虑在系统间、节点间的证据如何分布，如何传播，以及如何证明有效（臧其胜，2018）。

共识层封装的是各类共识算法，保证了区块链技术的可编程性。区块链技术的核心优势之一就是，能够在决策权高度分散的去中心化系统中使得各节点高效地针对区块数据的有效性达成共识，有基于算力的工作量证明、基于币龄的权益证明、基于选票的授权股份证明等机制（袁勇、王飞跃，2016）。共识机制就是区块链系统中实现不同节点之间验证行为、建立信任和获取权益的数学算法（贵阳市人民政府新闻办公室，2016）①。算法共识属于机器共识，实现的是“降级的正确性”，即从内容正确降级为表达正确；决策共识属于人的共识，要求达到内容一致性与相信内容正确的主观正确性的统一（袁勇等，2018）。理论上，当算法共识达到人的共

① 贵阳市人民政府新闻办公室，2016，《贵阳区块链发展和应用》。

识则达到最高公信力。在EPS生态系统模式中，每个人都是证据的生产者、传播者与消费者，而证据的质量是有等级的，证据的生产与转化需要付出成本。但其工作量证明（proof of work），更准确地说是工作的价值证明，目前未能达成共识。因而，科研、教育与实践子系统间无法交易，难以形成有效激励。在教育领域，如果将区块链视为一种智力工作的证明，一种智力货币，可以建立一个基于区块链的，永久分布式的智力努力和相关声誉奖励记录系统（Sharples & Domingue，2016），或“能力货币交易银行”，符合能力为本的教育转向。基于此建立的EPS区块链平台，可溯源教学的过程，轻松追踪教与学的每一个细节，能够满足生成型评估（formative assessment）的条件。在获得共识后，记录或证据被添加进区块中，减少了信息不对称带来的认知偏差。可用于绩效评估、交易保障、侵权申诉等，从而增加研究者、教育者、实践者，以及消费者等之间的信任（Chen et al.，2018；Wendler et al.，2018）。声誉的建立是基于专业的能力而非权力的博弈，对于社会工作教育与评估而言，意味着应在社会工作能力标准上首先达成共识。

激励层引入经济因子，涉及发行机制和分配机制等。区块链各节点间（如高校之间、教师之间、校社之间、教学之间等）存在利益博弈，在合作学习中，会伴随无偿的“拿来主义”或“搭便车”行为，阻碍公平评价（Chen et al.，2018），因此需要设置激励机制。激励主要包括两个方面：一是激励生产证据；二是激励记账和验证。通过设计激励相容的共识机制，平台可提升非理性行为成本，保护个人权益，从而使得自利节点主动实施区块数据的记账和验证工作。因而，激励的机制本质上也是惩罚的机制。一般采用经济激励，其发行机制与分配机制直接影响各节点的行为（袁勇、王飞跃，2016）。在EPS生态系统模式中，每个环节都会产生数据资源，如证据环节生产的学术成果，表演环节产生的课件、剧本、课内实践教学视频等教学资料，服务环节产生的实习日志、实习笔记、备忘录，以及服务记录等电子资源。它们的权益如果无法保护或缺乏有效激励，位于不同节点的行动者则会缺乏共享资源的动力。在社会工作教育中，以能力或声誉为货币，或以类似比特币的电子货币制定发行机制与分配机制，基于工作量证明实现不同系统之间的交易，将有助于激励研究者、教育者、实践者与消费者等主动生产、分配、交换证据，主动验证和记账，进而确保数据的可信任、可溯源、不可篡改，实现“分享即收入”；而对于学习者而言，可因此获得动态的文凭证书，实现“学习即收入”（沈忠华，2017；Chen et al.，2018）。

合约层封装的是各类脚本、算法，及其构成的智能合约，包含了各种预编条件。智能合约是一组程序化规则和逻辑，在特定情境的条件被触发时即执行合同条款，减少了信任生成的成本。EPS生态系统模式中研究、教育与实践三个子系统及其行动主体间需要确立合约，否则系统间无法完成交易。对于社会工作教育而言，合约主要是基于不同系统间与系统内已达成共识的各类标准或通则设置，如各类服务指南、能力标准、工作量证明，而智能化则可通过大数据挖掘、学习分析、人工智能与区块链技术等来实现（Williams，2018），评估标准等可封装进智能合约中。如剧本设计，需要考虑在特定情境下采取特定的应对行动，并给予学习者特定的评分。这一过程要求遵循智能合约设计，标准化案主按照合约表演，将其录制视频后分享在网络上，通过智能合约实现资源上传、认证、流转、共享等工作的自动化执行（杨现民等，2017），用于在线教育、培训，并通过脚本智能控制教育进程转向，以便及时适应学习者节奏与精准评估学习者技能。未来的剧本也可能是深度学习算法支持下的人工智能的产物，场景可从真实世界、模拟世界进入虚拟世界，案主可从咨询者、标准化案主到虚拟人，而学习者则可以通过能识别情感的可穿戴式设备进入虚拟世界，获得根据学习者的喜好推荐和定制个性化的学习资源和任务，其过程化评估将记录在区块链中用于证明学习者的能力（沈忠华，2017）。这是一组基于数据的、自适应的、行为导向的整合过程，可在灵活的时间参数范围内，促进、测量、记录和验证已知的、明确声明的和一致同意的学习结果（Spady，1977：10；Scott，1982）。

应用层涉及区块链技术的应用场景和案例。在教育领域，区块链技术的应用场景可涉及数据存储、防伪鉴证、专利版权、交易安全等。杨现民等人提炼出六大应用模式：个体学信大数据、智能化教育淘宝平台、学位证书系统、开放教育资源新生态、网络学习社区以及去中心化教育系统（杨现民等，2017）。目前已在大学入学选拔、学习成绩单、学习认证、学分转移/转换、学位证书等诸多方面得以初步发展和应用（许涛，2017）。对于社会工作教育而言，学生的专业能力是所有人关注的对象，但不会有人将所有学校即将毕业的学生的能力视为同等的。以社会工作专业硕士招生为例，招生单位倾向于原985、211高校的学生，将学生质量寄托于毕业院校或初始学历，而非专业教育、学生能力，以及未来专业培养的学习增能。从法律层面而言，是对普通高校学生及老师的歧视；从专业伦理而言，身为社会工作领域的专业教师，在具体行动上却背离社会工作的基本价值原则，这是对社会工作教育的极大讽刺。问题的本质是对社会工作教育的不信任，但更深层次的原因是学习过程处于无法窥视的“黑箱”状态。招生单位只了解考生当下的结果（成绩单、各类证书等），却无法了解考生接受教育的过程。在本科学生普遍无法提供更多学术证明时，只能以学校层次作为主要的评价标准，而引入区块链技术可为此提供信任背书。区块链技术能够存储详细的学习记录，并由所有节点共同维护，通常情况下任何单一节点都无法删除、撤销或修改，也就无法伪造，选拔者则可借此溯源追踪，考生可以据此证明自己的能力或提出申诉，从而消除陌生人信任危机。而将招生条件设计为智能合约，以能力货币为交易证明机制则可自动筛选，从而避免非能力指标影响，但任何合约都不得违反公序良俗。

（三）EPS 区块链平台

区块链可理解为一种技术，也可理解为一种平台，无论是前者还是后者都是无形的。其作用的发挥依赖于硬件实体，并依赖具体应用的场景。作为一种技术架构，区块链技术规范将嵌入社会工作教育的过程，后者在其引导下需要重新设计教育的过程；作为一种服务平台，区块链技术应依据专业的场景设置满足多样化的需求。基于环境准备与技术架构，研究参照 Disciplina① 设计理念，整合 EPS 与区块链，绘制成如下示意图（图 8.1.2）以供学界商榷。图形依虚线分为公有层（右侧）与私有层（左侧）。公有层不可以直接看到数据；私有层由研究者、教育者、实践者，以及学习者共同组成②。流转的货币是虚拟的，可以是用于证明的“能力货币”，也可以是用于兑换的积分，以便激励生态系统中的成员参与共享与验证。应用领域不仅包括学生征信管理、学术与资质证明，还包括学生的学习过程和结果记录，以及研究、教育和实践从业者的教育研究、组织过程记录等。

招聘方需要向整个网络发出检索申请，申请信息需要利用私钥添加数字签名，所有见证人参与验证有效性（如身份、能力、账户余额），审核通过后方可获取申请公开的信息资料，此次交易会记入账簿成为一个新的区块，这个过程保证了数据交易的安全。见证者（类似交易现场的旁观者）负责验证数据的有效性，为此可获得货币奖励。无论是科研工作者、

① 参见 https://disciplina.io/index-ch.html。

② 此处未以教育机构为单位设计，而是希望有一个所有高校或机构的研究者、教育者、实践者，以及学生都能参与进来的 EPS 区块链平台。

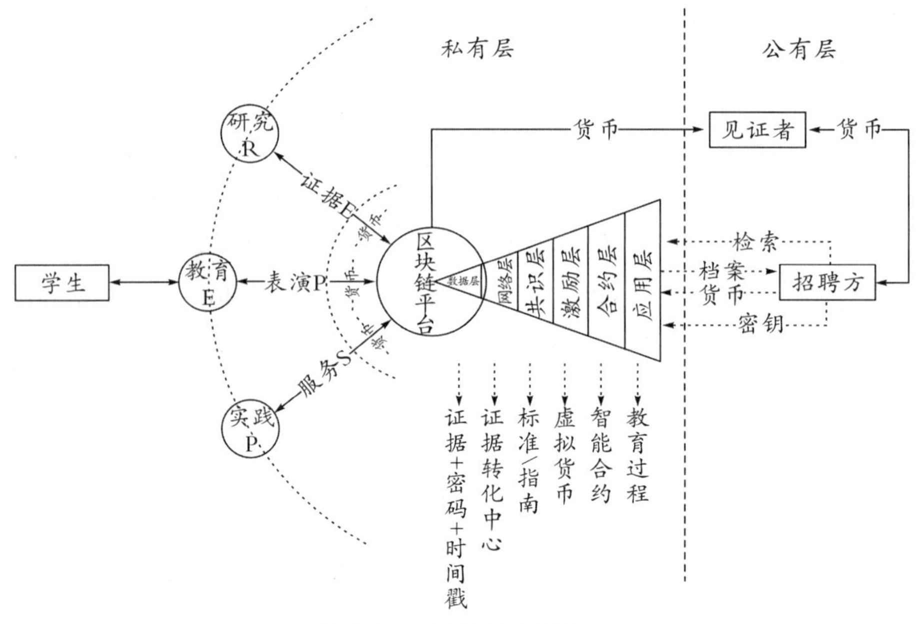

图 8.1.2　EPS 区块链平台

资料来源：作者绘制。

教育工作者还是实践工作者，皆以证据作为共享的语言，三者生产证据，经由证据转化中心采集、分级与转化，遵循标准或指南，设计剧本，组织标准化案主培训，考核学生，记录学生的学习过程与结果，通过智能合约实现资源的自动上传、认证、流转、共享，并通过区块链平台交易、消费证据，优化课堂教学，为增进学生专业能力提供值得信赖的保证。他们在支付货币的同时也会获得货币，进而激励他们共享与验证研究、教育与实践过程中生产的数据。同时，学生也拥有与自己教育过程相关的数据钱包（如学习行为记录、成绩、证书等），设有私钥以保护隐私，可授权招聘方或其他申请者查阅。学生专业能力则通过学习过程、教师与实习机构评价等共同证明，进入工作岗位后，还涉及工作单位评价。尽管本研究力图整合专业与技术，但限于技术水平，初步设想能否以及如何付诸实际还需进一步研究，并应当积极寻求跨界合作。

第二节　证据篇

在社会工作领域，循证实践要求社工将临床决定的文献检索的结果告诉案主以便共同作出决定（何雪松，2004），强调案主的参与，遵循的是案主自决的原则。对于社会工作临床技能教育而言，遵循证据，则要求标准化案主的培训师在开展培训前，应先检索已有的文献寻找证据，评估证据的效度与信度，结合自己的专业技能，考虑到案主（接受服务的对象）差异性的社会—人口学特征，如宗教信仰、价值观、生活经验、受教育程度、经济收入等，最后将临床决定的文献检索的结果告诉标准化案主以便共同决定剧本。若没有证据则必须解释介入的理论依据。这意味着社会表演学不能将个体的经验或权威的宣示视为社会规范，或将据此设计的理想范本视为真理的化身、行动的标准，它必须依靠科学的证据加以保证。同时，它还必须审视自己的价值体系是否与其他专业的价值体系相容。

一、证据采集

社会工作专业的主要问题是当介入执行时没有考虑或试图获得关于介入是否有害、是否发挥作用，或是否有效果的严格的证据（Soydan，2008），这要求我们在介入前就应寻找并确立科学的证据。最广义的证据是指用于确定和证明断言或命题真实性的任何内容，而随机控制实验被视为判断治疗是否利大于弊的“黄金标准”（ソイダン，2014）。证据来源于实践中的案例，案例的来源应是真实的事件（Badger & MacNeil，1998），“这条原则是一个强有力、权威的案例得以发展的基础”（Wallace，2007：41）。案例的选择存在巴特莱特效应（Bartlett Effect），即我们只是通过已知的知识与信念理解这个世界，而在庞大的数据中我们又仅能选择很小的一部分，如何避免选择不具有代表性的样本就需要保证这个领域的数据库与评分标准能够被获得（Brown，1992），这意味着我们需要建立一个可以共享的案例数据库。为了使用标准化案主模拟与研究的教育成果，系统的精心描述的报告对于发展社会工作教学法与研究是必须的（Logie et al.，2013）。我们需要在社会工作服务中保存一切与之相关的笔记、文件、音频与视频等，规范证据呈现的结构，注意对细节的“深描”（thick description），在这个环节上我们应该努力向人类学学习，它是一个可以将证据为本实践路径与文化多样性联结起来的研究方法（Balestrery，2016）。案例采集的不应只是案主个人的信息，还应包括社工介入的过程及其结果，但在应用时必须遵循专业伦理原则，如保密。那些积极或消极的线索可以提炼成“脚本”作为标准化案主的回应的指南（Badger & MacNeil，1998）。在这个阶段，社会工作者在专业服务中生成的实践智慧与学术共同体围绕案例而形成的研究成果构成证据的重要来源。

采集的数据并不直接等同于证据，需要通过规范的程序才能转化为证据。而要解读访谈记录、照片、日志、周记与报告等海量的原始文献，理应掌握先进的研究方法，这就是质性研究方法。从文献回顾可知，质性研究方法是西方社会工作研究的重要知识基础，但在中国社会工作教育的课程体系中处于可有可无的地位，未来需要加强。在质性研究方法的使用上，人类学已经深耕若干年，社会工作教育可借鉴人类学的文本分析方法（图 8.2.1）。

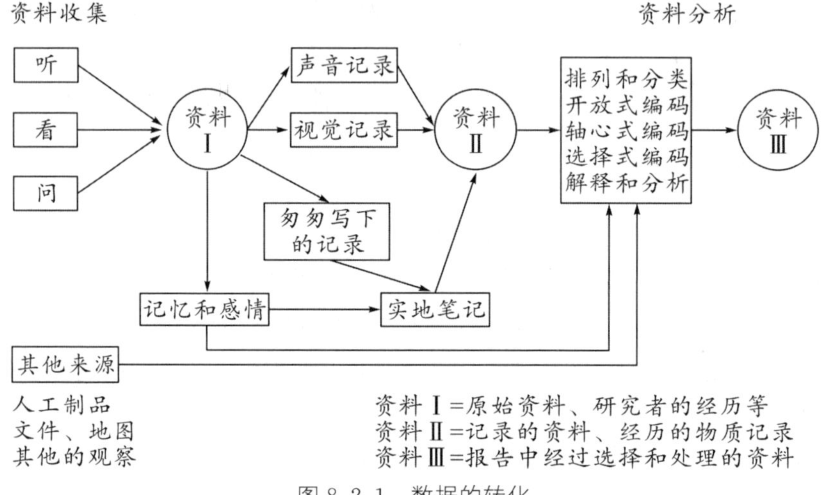

图 8.2.1　数据的转化

资料来源：风笑天（2013：285）；Ellen（1984：214）。

二、证据分级

并非一切皆为证据，也并非一切证据皆有同等效力，证据的质量是存在等级的（Campbell & Stanley，1963：3—6）。在已有研究的基础上，社会工作教育领域的学者们概括出证据等级（表 8.2.1）。证据被区分为 14 级，数字越大，等级越高，也意味着效力越高。当高阶的证据无法获得时则可以选用低阶的证据作为决策时的参考。但当前与社会工作实践领域相关的、可信的证据极为缺乏，知识的分工也尚未如此精细，因而，无论是学生还是教师自身都不得不具备综述与评价研究的能力（Auslander et al.，2012；臧其胜，2016）。

表 8.2.1　社会工作领域的证据等级

等级	类型	等级	类型
14	信誉良好的社会组织出版的文献综述	7	单一前实验结果研究
13	单一被试随机对照实验	6	单一案例实验设计
12	大规模多样本随机对照实验研究	5	相关研究

续表

等级	类型	等级	类型
11	单一随机控制实验	4	叙事案例研究
10	大规模多样本准实验研究	3	专家的临床意见
9	单一准实验研究	2	可靠的理论
8	可重复前实验结果研究	1	专业团队的建议

资料来源：Thyer & Pignotti (2011)；杨文登 (2014)。

尽管高质量的文献较少，但需要分析的资料仍然很多，单凭人工处理工作量仍然巨大。在此背景下，一些元分析/荟萃分析（meta analysize）的软件应运而生，如系统评价软件 RevMan（Review Manager）。

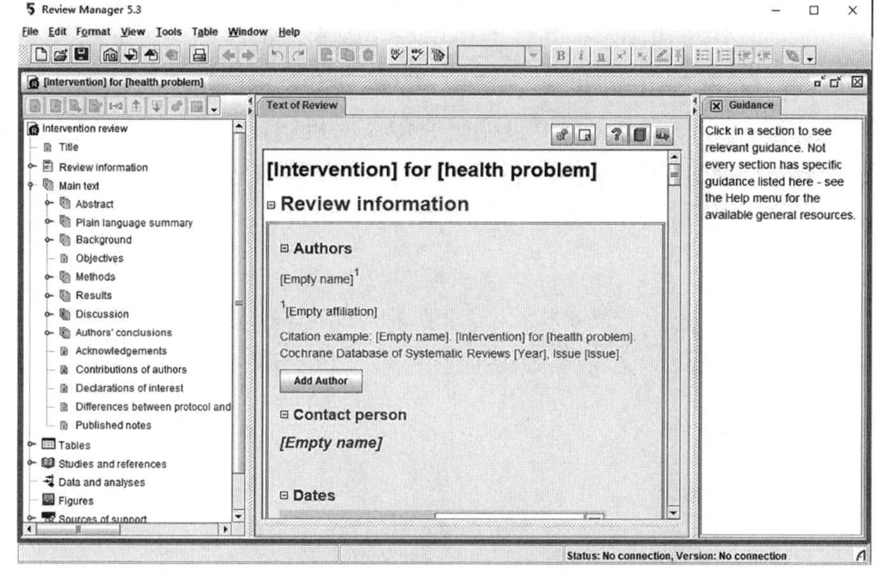

图 8.2.2　RevMan 运行界面

RevMan 有五项功能：干预性评价；诊断性试验系统评价；方法论系统评价；同类系统评价；其他类型的系统评价。基本步骤包括，提出需要研究并可能解决的问题；确定检索策略（包括数据库的选择、关键词的扩展等）；检索文献；评价并筛选文献，需要基于研究目的确立纳入标准与排除标准，如研究类型、研究对象、干预措施等，并安排专人（至少 2 人）按照科克伦（Cochrane）手册背对背评价纳入的文献质量；提取数据，包括研究概况、研究设计、干预措施、对照措施、结果测量指标等（张婷婷、张曙，2017）；综合分析文献资料；撰写报告。但既有研究显示，符合标准的文献极少，目前尚无法为社会工作教育从经验权威为本转向证据为本提供坚实的基础。软件的特点是可以根据流程制作和保存 Cochrane 系统评价的计划书和全文；可对录入的数据进行元分析，并以图表的形式展示分析结果；可以获取读者反馈意见并持续更新协作网中的系统评价内容。因此，可以充分利用软件简化证据分级与报告撰写，但初始的文献阅读梳理仍无法替代。由于软件的使用具有一定的技术门槛，加上可开放获取的文献数量严重不足，故对从事一线服务工作的社会工作者而言尚不具有吸引力。这需要在教育环节加以强化，并鼓励更多的实践者提供证据，以便于研究者完成证据分级。

三、证据转化

证据是专业能力指标遴选、标准化案主剧本编制、服务方案设计的基础，也是社会工作临床技能教育与评估的依据。证据并不能直接等同于指标，也不能直接生成剧本。从证据到指标、剧本，最终到服务实践，需要经过转化（Gray et al.，2015）。这是“从实验台到前线”或“从理论到实践”的过程（图 8.2.3），需要遵循研究传播的机制，包括初步研究、系统评价、传播、翻译与执行五个环节（ソイダン，2014）。

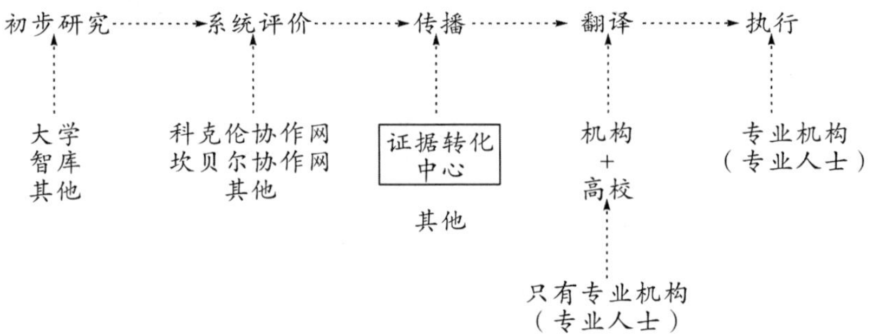

图 8.2.3　研究传播：从实验台到前线

资料来源：ソイダン（2014）。

依据学术研究的传播机制，基于真实案例中获得的个体实践智慧与专业共同体的研究成果仅仅是一种初步研究，尚不能直接作为证据指导实践。需要通过系统评价（systematic reviews）或元分析（meta-analyses）从中萃取证据，据此构建社会工作临床技能指标体系，这是剧本设计考核指标的重要定位锚点。如果能够将获得的最高等级的证据整合进剧本，就能建立健全理想剧本数据库。完成这项任务需要建立证据转化中心，呈现的方式通常为免费开放的在线大型数据库，如与社会工作专业关系比较紧密的“坎贝尔协作网（campbell collaboration）”。国内社会工作教育界虽有尝试，但尚未产生影响力。它们可以帮助社会工作专业的学生去获取、分析、解释与其关注的主题相关的研究，帮助他们将在循证实践过程中的理解应用于现场工作中（Ogbonnaya，Martin，& Walsh，2018）。这一中心可以为社会工作临床技能指标的遴选、剧本的设计，以及标准化案主的应用与推广提供良好的技术支持，可以大幅度降低不同系统间交易的时间、人力与物力成本，实现资源的共享，有助于在社会工作教育培训与专业社会工作服务中推动证据为本实践理念的应用（臧其胜，2016）。

四、证据应用

能力评估指标确立的过程是应用科学证据的过程，它为剧本的编制提供了能力评估的坐标与锚点。确立能力指标基于以下假设：技能是存在序列的；序列是可以比较的（臧其胜，2014b）。序列的确立与比较并非基于个人的偏好、权力的博弈与偶然的事件，而是基于科学的证据，否则容易陷入"阿罗不可能定理"所描述的选择困境。指标确立的过程也是标准化的过程，它为能力的评估提供了测量的标尺。作为标尺，与物理现象一样，同样存在"测不准效应"，因而指标只是理想尺度，最终需要接受实践的检验；指标也只是相对稳定，而非永恒不变。

借助质性分析软件，通过开放式编码（边浏览边编码）、轴心式编码（提炼主题）与选择式编码（寻找核心主题），最终可以将复杂的概念术语集群降维为边界相对清晰的基础性能力、扩展性能力与过程性能力。在使用过程中，则是反向升维的过程，最终将能力操作化为可测量的情境问题。对于实践教学而言，能力指标应是预先确定的，如同美国精神学会的《精神障碍诊断和统计手册》，教师、学生，以及社会工作服务机构不需要重复此项工作。当指标确立后，结合已积累的档案材料，教师与学生可为能力的测量设置具体的行动场景，围绕教育教学目标编制剧本，用于当下或未来的实践教学。完成初期的积累工作后，后续可从共享的剧本数据库中选择。

第三节　表演篇

2300 多年前亚里士多德提出摹仿说，认为"人们可用同一种媒介的不同表现形式摹仿同一个对象：既可凭叙述——或进入角色，此乃荷马的做法，或以本人的口吻讲述，不改变身份——也可通过扮演，表现行动和活动中的每一个人物"（亚里士多德，1996：42）。戏剧舞台就是最早的专门从事模拟、仿真和虚拟现实的地方，而舞台以外的各类仪式、教学的场所也常常离不开仿真（孙惠柱，2009：31）。在科学技术飞跃发展的近代学校中，这种基于“模仿—再现”传统的教学概念，意味着以知识与技能的传授和习得为基本的教学方式作为支配性的模式，已经被制度化了（佐藤学，2001）。作为教育策略的标准化案主则是在教学环境中力求模仿现实生活中的案主角色的教学方式与评估工具。

谢纳克提供了一个适用于所有类型表演的三阶段进程，每个阶段又包括若干部分：表演前，包括培训、研讨（workshop）、彩排；表演时，包括暖场、公共表演、更大的场景与冷场；表演后，包括批判性回应、建立档案、回顾（Schechne，2020：39）。这一进程区分也可适用于社会工作课内实践教学。对于本书而言，表演的目的是评估学生专业技能，无须考虑社工方与案主方的配合问题。为保证情境模拟的真实性，扮演标准化案主的学生与扮演社会工作者的学生分别彩排，仅通过提供主题与案主名片（基本信息）的方式协调。表演前，有案主的培训、研讨与彩排环节；表演时，社会工作者开始时也有暖场环节，结束时有处理离别情绪的冷场环节；表演后，有反思建档等环节。所有活动开展前都会事先准备好剧本，并在培训、研讨与彩排的过程中反复修改完善。基于体验式学习，莫尼特·张（Monit Cheung）与埃琳娜·德拉维加（Elena Delavega）提供了跨理论的学习步骤：准备、咨询督导（instructor）、撰写案例、案例分配和案例咨询、案例模拟、共享和终止（Cheung & Delavega，2014）。其中前四个环节完成的主要是剧本设计任务，案例模拟完成的是实训教学任务，而共享和终止承担了评估任务，是在反思与互动的过程中掌握自己的真实表现。基于以上研究，本节将表演环节的任务划分为剧本设计、案主培训、实训教学与站点安排。

一、剧本设计

剧本概念来自戏剧学，剧本的设计不单纯是演员言语和行为的设计，实际上指一个戏剧事件的设计。戏剧事件包括观众、演员、文本（绝大多数情况下）、情感刺激、建筑附属物（或者没有）、制作设备、技术人员，以及剧场工作人员（当剧场使用时）（Schechner，1968）。标准化案主策略应用中首先要解决的问题是剧本的设计，这也是最关键的问题。没有剧本意味着没有标准，标准化案主就无法诞生，它是标准化案主培训的教程与“表演的基础”（Wallace，2007：40），是社工选择介入模式应对案主事务的手册，同时也是教师遴选指标考核学生的工具，所有标准化案主的案例都应该基于真实的事件，“这条原则是一个强有力、权威的案例得以发展的基础”（Wallace，2007：41）。

美国修辞学泰斗肯尼斯·伯克（Kenneth Burke）将行动（做什么）、场景（何时何地做）、人（agent，谁做）、媒介（agency，如何做）、目的（为什么做）归纳为戏剧主义的五个关键要素，据此分析人类的行为、关系及动机，一般称为“五位一体”的戏剧主义理论（Burke，1969：XV）。20 世纪 90 年代以来，一些学者将戏剧概念和理论引入服务业，提出了服务设计的戏剧观点（曹建中、辛向阳，2018），将服务比作戏剧（Grove & Fisk，1992），或用戏剧的语言阐述如何实现服务的“体验化”（Pine & Gilmore，1999：104），倡导“基于戏剧的服务设计（Theatre-based service design）”（Fragnière & Sitten，2012）。服务设计的戏剧理念是将戏剧的思维应用到服务设计与体验中，其对象为选择消费的客户；基于类似的动机，也可将戏剧的思维应用到社会工作临床技能的教育与评估中，其对象为接受专业技能教育与评估的学生。

将戏剧理论应用于临床技能的课程实训并不鲜见。早在 1924 年，美国戏剧老师维奥拉·斯波林（Viola Spolin）就设计了一种剧场游戏应用于教学之中，认为“有助于提高学生通过演讲、写作以及非语言方式进行沟通的能力。它们是能量的来源，有助于学生发展专注、解决问题与团体互动的能力”（Spolin，1986：2），而传统的教学模式下，教师习惯于用严肃的面孔建立“第四堵墙”①，甚至“当众孤独”（张清，2011）。20 世纪初，英国将戏剧列入学校课程之后逐渐发展出一种不同于剧场游戏的教育戏剧（Drama in Education，DIE）教学方法，它是运用戏剧与剧场的技巧，从事于学校课堂教学的统称，体现的是一种教学方式和理念（黄爱华，2010）。标准化案主策略并不是要帮助学生发展表演技能、了解艺术创作真谛，而是借鉴此教学形式与活动的组织方式，改变传统的教学模式，为学生掌握社会工作的实务操作技能提供支持，改变的不仅是学生，也包括教师。

美国社会学家戈夫曼，将戏剧理论成功应用到社会学领域，其创建的符号互动理论通常被视为模拟教学的理论来源之一。在其名著《日常生活中的自我呈现》中描述的“印象操纵”技术对于发展标准化案主技术具有一定的借鉴意义，如舞台（前台、后台）的设置、剧班的建设、表演、符号设备的设计等（戈夫曼，2008），他的观点被美国纽约大学教授、导演、

---

① 舞台通常是 U 形的，演员通常以舞台边线为界，在自己与观众之间建起一座假想的墙，称之为“第四堵墙”，由戏剧大师狄德罗在历史上第一次提出。教师通常也以讲台为界，在自己与学生之间建起了一座假想的墙（王崑，2006）。

戏剧理论家与教育家谢克纳在《环境戏剧六原则》一文中多次引用(Schechner，1968)。而标准化案主的教育策略试图以知识、行动、规则、秩序为坐标，从舞台设计、关系介入、语言固化等方面入手加以规范化，从而提高社会工作专业学生的临床技能。结合专业的特点，可以将标准化案主剧本设计的要素分类为舞台、知识、行动、规则、秩序，据此设计相应的剧本。

舞台或场景，涉及空间布局、环境控制、道具准备。在谢克纳看来，剧本的环境设置需要坚持下列原则：为每出戏设计整个空间，这包括表演空间、观众空间和技术空间；人的身体是环境设计的依据；设计环境应包括所有的空间意识；环境的所有部分都是功能；表演者全部应包括所有的空间意识；空间随着戏剧而展开，环境设计是一个过程（孙惠柱，2009：111)。因此，前台与后台的间隔，桌椅的摆放，摄像机、电脑等观察记录设备的安置，调音台的音阶高低、舞台灯光的明暗度，窗帘的开启与闭合，布景、背景音乐的选择以及行动者的空间位置等等，都应切合剧本或者说实践教学的具体需要。但在巴西戏剧理论学家奥古斯托·波尔(Augusto Boal)创造的“论坛戏剧”中则无前台与后台、演员与观众之分，随时叫停，叫停者可以上台亲自表演，但并非无规则，仍“必须保持戏剧的框架”(孙惠柱，2009：242)。

知识在此处指代一种分类图式，主要是对各种案例（包括角色、事件、主题、行动者等元素）及临床能力的提炼与归类形成的标准化的信息。其中临床技能的标准化知识，是标准化案主赖以存在的基础。无论是社会工作者、标准化案主还是教师拥有的知识应该是共同的，都应具有不同类型案主的各种症状、经过标准化分类而获得的知识，类似于美国精神学会的《精神障碍诊断和统计手册》(DSM)和《中国精神障碍分类与诊断标准》建构的分类体系，这样才能保证测量标准的统一性，而这个工作的完成需要时间的积累、实践的操练与学界的共同努力。

行动意指围绕剧本展开的所有主体的行为与动作的呈现。“在舞台上需要动作——内部动作与外部动作”(斯坦尼斯拉夫斯基，1959：56)，舞台行动（亦称舞台动作)，包括感觉、思考、言语、行动在内的心理、形体相一的活动（赵健、赵宁宇，2009)。在剧本的设计中，应包括对姿势、语言、情感、独白、对白、旁白、书写、舞台指示等元素的描述。这些元素皆可视为一种行动，因为这需要标准化案主或其他主体通过行动呈现出来。这是对标准化案主或社工的行动指导，是表演标准化的保证，当然剧情不同其描述也存在差异。行动的载体则是行动者，包括标准化案主（学生）、社会工作者（学生）、教师、观察者（学生）等。剧本主要是设计前两者的行动，包括各类台词和各种舞台指示，注明从头到尾的全部程序等。其中，标准化案主是最重要的角色，一切脚本的编排、场景的设计和资源的调度应以他们为中心。

规则涉及剧本框架、工作流程、介入模式与评估手段。剧本框架是剧本设计的行动者在课堂实践教学中理应遵循的行动框架。工作流程是社会服务机构开展工作的必然要求，是社会工作者提供专业服务时理应遵循的制度化程式，自然也应是模拟教学的内容。介入模式则主要是根据问题而选择，不同社会工作者处理同一性质问题时其选择的模式相对稳定。在课堂实践教学中，介入模式本身也需要标准化。评估手段主要用于考察实践教学过程中被考核学生（扮演社会工作者）在专业能力使用上的广度与深度，核心是能力指标的测量，比较流行的形式是考核量表，其制定基于“证据篇”中的工作（指标确立），其清单同样需要基于不同场景进行标准化，即同一场景使用同样的量表，以保证标准化案主能够以同样的尺度考核、评估扮演社会工作者的学生。在实际教学过程中，后续扮演社会工作者一方的学生由于前期已经观摩过，故容易形成条件反射，即等待某一考核点出现再做出反应，因而此时的量表做动态调整。如果是考试，由于不允许其他学生观摩、交流，此类情况可以使用同一量表。

秩序强调的是对表演的过程控制，最终目的是达到实践教学活动预期的效果。对表演过程的控制主要依赖于各种舞台的指示；对目的的保证主要是考察社工介入是否完成了从表面症状“注视”到人际关系“洞视”的转变，是否恢复了案主的自我联结或社会联结的功能等，可以评估学生采集案史、提取信息的能力，服务过程中的技巧运用水平，以及运用理论与方法提供可行性策略的能力等。对剧本编写者而言，建立秩序的能力不仅意味着对实践经验的总结，也是一种剧作结构编排的能力（吴丽娜、周倩雯、吕永华，2012：6）。对于扮演标准化案主的学生而言，其编制剧本、组织表演的过程本身是对专业知识、价值与技能的学习与理解的过程，也是对真实世界中日常生活的观察、理解与重建的过程。因而，同样可以达到实践教学的目的。但如果采用波尔的“论坛戏剧”形式，将会对秩序产生极大的挑战。情节是开放的，但课堂实践教学时间是有限的。

基于不同的标准，剧本可以区分为不同的类型；基于不同的场景，也会有不同的结构。根据标准化案主的性质，可将剧本分为两种类型。一是学生表演型。社会工作者、标准化案主的扮演者均为社会工作专业的学生（一般是正在修读本课程的低年级学生），皆为被评估的对象，教师为评估者，其特点是案主为临时组织，仅有短期培训经验。二是案主标准型。社会工作者为被考核的学生；案主为标准化案主（包括专业演员、非本专业的志愿者等），充当案主、评估者与教师；教师既为（能力）评估者，评估标准化案主应用的实际效果、学生社会工作者的临床实务能力，也是指导者、（学业）考核者，与考核清单、标准化案主构成测量的三角，其特点是案主经过专业培训、长期任职。在课内实践教学中，可以根据应用场景（教学或考核）、教学目标、实践经费（是否充足）等实际情况选择相应的类型。

课内实践活动的剧本可临时编写，也可以选择已有剧本；可自行编写，也可众筹编写。若考核则需要选择成熟的剧本。剧本的编制者要熟练整合剧本设计的要素，对编制的目标、评估的标准、参与的行动者、案例场景、实验环境、面临的干扰及破除干扰的策略等要了然于胸，能做到从总体谋篇，以细节布局。但无论是教师还是学生，皆非专业编剧人员，能力的获得需要通过团队能力的迭代实现，因而目前这仅是一种理想期待。在课内实践教学活动中，由扮演标准化案主的学生自己编写剧本，可以提高学生对问题的认识能力、分析能力与解决能力。但如果没有统一的标准，教师的工作量就会增大，现场的“即兴”表演也会具有很大的随机性。对扮演社会工作者一方的学生而言，课内实践教学活动中分配给社工方案史采集的时间有限，能够提取的信息不可能充分，导致判断困难，但此类困难也可以促使扮演社会工作者的学生对问题及介入的过程做进一步的反思。下面是华东政法大学“模拟法庭”的教学实训（孙惠柱，2009：220）。从案例中可以发现，教师的指引比较简单，教学进程完全依赖于学生的现场“即兴”表演，“教师很容易失去对教学内容及其秩序的控制”（van Ments，1989：27；转引自 Kinney & Aspinwall-Roberts，2010）。

> 老师给定一个基本的案件述由，分配好法官、代理人、当事人、证人的角色，模拟的庭审就开始了。作为这场“即兴”表演的组织者，老师所设定的规定情境就是简单的案件述由，剩下的全靠学生们的即兴发挥。这种训练的确对我们体验角色有好处，但缺乏对过程的控制，很容易演变成自娱自乐的游戏。

20 世纪 70 年代，角色扮演就开始广泛应用于社会工作教育中（Hargreaves & Hadlow，1997）。“作为一项有用的技术”，角色扮演“可以作为标准化案主培训的一个部分”，但是“在将标准化病人用于高水准的考试时，角色扮演是不适当的，也不应该成为训练协议的一部分”，因为“他们并不清楚培训师的具体要求，也不能探知出每位标准化病人特定的训练需求”（Wallace，2007：247）。因而，对案主言语与行动的呈现过程应通过剧本加以固化（但不是机械化），为学生提供客观结构化与标准化的临床工作流程与应对情境，才能应用于高水准的考试中，这才是标准化案主策略的优势所在。

剧本的设计也可采用波尔创立的“论坛戏剧”形式，这是一个“被压迫者的剧场”，它没有纯粹的观众，观众席里的人被称为“观演者”（Spectactor），没有前台和后台、观众与演员之分。在同一个短剧的第二次演出中，人人都可以叫“停”并走上台去，替换下他认为做得不对的演员，从而使剧情按他的新设计的动作发展下去，当然，其他观演者也可以再次改变他们的设计。“这是完全民主的戏剧，却又不是无政府状态，因为规则必须保持戏剧的框架”（孙惠柱，2009：242）。从社会工作课内实践教学的角度来看，如果我们的目的是培训社会工作者，则可以保持“标准化案主”的恒定，将观察者（观演者）纳入活动中，其可以暂停实训教学活动，替换其认为处置不当的社工，然后以建设性的行动来实现自己的主张。如果案主与社会工作者的扮演者都是学生，那么也可以允许观察者（观演者）替换任何一方。“结局的明显不完善甚至破绽正是请台下的观演者一起来帮助修改的邀请书”（孙惠柱，2009：244）。这是教学初期提升个人技能的方式，但用于最后的考核却不太适宜，因为对于教师而言可能很难驾驭。

剧本（scenario）的设计是基于证据的，它是借助技术而形成的档案资料（Martin，2006；马丁，2007：66—67），人们使用最先进的复制和模拟方式捕捉和重现“已发生的真实事件”，并在戏剧的现场空间表现（Martin，2006），备忘录、文件、书信、统计数据等都可构成基础，这种戏剧类型被称之为“文献剧”。它是一种采用真实材料，摒弃任何虚构与内容变更，对形式加工后通过舞台演出的方式再传播出来的报道性戏剧（李昌珂，2008：187），其将证据为本的实践理念与表演学结合在一起。问题是并非一切都体现在档案资料中，档案资料也并不代表真实与科学。借用福柯式的话语，我们需要询问：谁在书写？谁有权力以此形式来书写？谁是这种书写的拥有者？我们不仅要了解作为一种“证据”的档案，还要了解这种“证据”产生的背景。换句话说，需要审判或重构档案。在这种情况下，社会表演学并不能据此确立社会规范，文献剧也不能成为社会工作教育的最佳形式。即使档案资料是真实的，对于标准化案主而言，据此设计好的剧本也不是理想范本。

标准化案主的理想范本应是由具有同类角色的若干档案资料整合而成，构成一个围绕案例整合不同事件形成的理想范本（臧其胜，2016）。后者突破了时空与伦理限制，能够以同一范本考核不同学生，也可重复考核同一学生；同一范本可以包括所有技能考核锚点，同一技能考核锚点也可以出现在所有范本中。它不只是为了重现历史，更重要的是为了考核与指导学生如何面对模拟重现的历史。因而，剧本不仅包括案主的历史，还包括案主与社工互动的历史，以及考核社工的技能锚点。剧本的技能考核锚点可以类似于游戏通关条件设置，必须有二分的、可测量的标准，也可采用多分的标准。尽管以二分法的形式呈现，但差异应理解为一个连续谱（Glassman et al.，2000）。实践中通常通过为标准化案主提供脚本（script）以保证同样的信息出现在每个给定的剧本中，但学生扮演的社会工作者给出的复杂提问使得设计多重脚本充满着挑战（Olson et al.，2015）。

二、案主培训

当剧本确立后，在社会表演理论的指导下，就可开始招募、试镜、筛选与培训可替代真实案主的标准化案主。标准化案主来源有本专业学生；经费来源主要有实践教学经费，另外教师与学校的项目经费、政府财政资助也是潜在的来源。考虑到可能已经应用于剧本中的可选择的技巧或程序，如果培训社会工作专业的学生作为标准化案主，可以为学生运用临床反思性技巧提供更高阶位的应用阶段（Olson et al.，2015）。在培训过程中，以剧本作为行动的指南，通过模拟教学，可将其应用于专业启蒙教育中，包括专业教育与职业培训，此时学习者进入真实世界的模拟环境，这保证了“人在情境中”。

招募和培训标准化案主是模拟教学的重要组成部分。招募需要考虑形体的切合性、对象的开放性、人员的可选性、政策的明确性和技能的多元性，它“可能持续整个试演过程”（Wallace，2007：127）。试演是“发现与获得最好的标准化病人的基本步骤”。试演前，需确定试演时间，布置好舒适的环境，考虑到候选人等待试演时的心理体验；更换案例时，应注意皆需试演；试演时，观察勿带偏见，每次不超过4个人，每次皆需录像，在试演过程中也不能给予任何暗示；结束后，每个人都需要反思（Wallace，2007：127—130）。筛选前应成立一个小型的遴选委员会，以便于做出正确的选择。具体而言，筛选的候选人应较好地符合案例中的人口统计学特征，选择体形相近的人，选择更多的人做候选人的后备军，雇佣能够很好接受指导的人，雇佣你能相处融洽的人，不要试图雇佣令人绝望之人（Wallace，2007：145—146）。标准化案主需要掌握四种能力，一是扮演案主的能力，二是观察学生社工行为的能力，三是过程回顾（recall the encounter）与完成评估表格的能力，四是向学生提供反馈的能力（Wallace，2007：11—13）。针对这些能力，培训可分为四个阶段，一是熟悉案例（剧本），二是学习使用评估表格，三是整合表演、评估表格与反馈，四是首次彩排（标准化案主信度的临床检验）。可以根据需要及反馈对培训的内容进行调整，如可适当调整表演顺序，变换表演风格，变换语言表述（不以评估表中的问题直接询问）。当培训结束后，候选人需通过"临床实践考试"（Clinical Practice Examination，CPX），他们"陈述的内容（从事实到模拟的体格检查）精确度要超过 90%，能够在限定的时间内完成所有评估表格，精确度要高于 85%，并能够给出有效的书面反馈"（Wallace，2007：249）。

"社会工作教育的目标在于培养出能够胜任工作的从业者，他们秉持社会工作的价值理念与理论，并知道如何应用于实践"（Badger &MacNeil，2002），而"对学生的评估是社会工作教育的一个重要组成部分"，它有三个功能："用于诊断学生的学习的能力以及为未来学习的需求提供反馈；通过对成绩的比较，为学生的学习划分了等级；还可以用作评估教学成功的方法"（Crisp & Lister，2002），标准化案主正是可以借助的客观结构化的教学方式与评估工具。米勒（Miller，2002；2004）为标准化案主提供了一份评估社会工作专业学生的清单，共计十八项，可以归为五类：一是执业形象，如穿着是否职业，行动是否职业，能否受到尊敬；二是沟通技巧，如是否重述我关心的话题，反思我的感受，是否询问开放性的问题，寻求分类与询问更多的细节；三是临床问题，① 如是否询问我沮丧，询问我的身体健康，以及来自家庭、组织、社区压力与支持；四是临床感受，如会谈期间我是否感到舒适；五是综合评估，如在会谈后是否做了总结性评论，是否提供适当的转介。细细观之，可以发现这份清单评估的内容主要聚焦于社会工作专业学生个体临床沟通能力以及影响沟通的因素上，在实际应用中主要适用于短程治疗，并没有覆盖社会工作者所需具备的全部技能，如案史采集、日志书写、档案管理、信息挖掘、方案设计、项目管

① 为了有效解决案主的问题，社工必须能够使用特别的基本技能——询问精心编制的临床问题（asking well-built clinical questions）——以便展开他们的工作（Richardson et al.，1995）。

理等，这些可归类为技术技能，也应是社会工作临床技能教育标准化的内容之一。信息技术的日新月异使得这些工作的实现非常便利，如项目管理可采用项目管理软件（Project）或流程图制作软件（Visio、EDraw）实现；而其他则可以借助专业的软件，如质性分析软件等统一管理与挖掘，它是一个循环和整合的过程，数据分析和收集是相结合的，模式与主题在数据中产生（库珀、莱塞，2005：241）。

三、实训教学

课内实践教学活动的展开是以学习者为中心，首先选定需要解决的问题，然后学习者制定计划，接着开始行动，执行相应的计划。在此过程中，其他行动者可以通过现场观察与视频回放对学习者评估，学习者通过事后回溯与录像回放对自我进行评估，所有人对前述环节进行批判性反思与自我批判性反思，对计划及其行动提出改进意见，最后后续小组进行完善，再次进入计划、行动、观察与反思的循环中，最终提高学生的专业能力。

教学过程中采用标准化案主评估的主要目的是提升学生的临床技能。每次都要对活动现场进行视频录制，活动结束后，对视频进行剪辑、转录，并将视频、转录的剧本、参与者（包括标准化案主、社工、观察者与教师）的评估等上传至网络教学平台上，供参与者反思与评估，此时并不介意剧本的泄露。在考试中使用，主要目的是鉴别学生的临床技能，因而剧本是保密的，评估也仅由标准化案主与考官负责，若通过评估则获得资格证书（毕业证书）或从业许可（社会工作者职业资格证书），未通过则需重新接受专业教育或职业培训。在此过程中，需要选择合适的量表进行评估。如果录制在线视频用于考试，考虑到分镜头、非线性、多场景拍摄，则可以引入场记角色，“负责监督影片的连续性和协调日常一切与拍摄工作有关的艺术和行政方面的关系”（博德罗、萨尔维尼，2005：3）。这有助于降低拍摄成本，增强视频的连续性与可理解性。而即兴创作练习可作为辅助形式以检查学生的知识基础、经验储备与应急能力，开发其想象力。它不受时间与剧本限制，对学生而言，是一种极高的挑战。而其他参与者则要能够有洞察力地提出问题，给出建议。

在实训教学中，同一剧本可由不同标准化案主参与表演，同一标准化案主也可参与不同剧本表演。表演可以是单个人的，适用于访谈环节；也可是多个人的，适用于小组活动。标准化案主的选择要尽可能契合剧本对角色的要求，应聘者应有较为充足的时间，能满足成本控制的要求。他们要有能力精确传递关于案例情境与案主特征的实际信息，能够以一种可信的方式讨论他们的情境，还要有能力以权威的方式回应不同的访谈类型（Forgey et al.，2013）。

四、考站安排

对社会工作临床技能的评估可采用一站式或多站式（Bogo et al.，2011）。一站式适用于一次表演活动考核所有能力的教学要求；而多站式适用于一次表演活动考核单一能力或少数能力，通过多个站点考核教学或培训教学目标所要求的全部能力。前者由于考核的空间有限，因而集中在固定空间中，单次活动时间较长，对标准化案主的能力要求比较高，但仅需较少的标准化案主，对于学习者而言无须在一次评估中转换多个站点；后者由于用于考核的空间充足，不同能力的评估设在不同考站，单次活动时间较短。在多站点考核中，考站的编排需要遵循实践活动的逻辑，五个站点是客观结构化临床考试最低的要求（Bogo et al.，2011）。但学习者在不同考站中有可能面对不同人表演的同一角色，带来认知干扰，站点间的转换也可能影响时间的安排，但也是可供评估利用的策略。受场地、时间、经费、标准化案主数量等限制，在发展初期建议采用一站式。实际上，一站式仅仅是从空间角度而言，若从时间上划分，内部必然需要分多个场景评估。

站点设置并不局限在实验环境中，也可以延伸到实践情境中。换句话说，在实践情境中也可采用标准化案主，此种类型的案主在医学领域称为“未被告知的或匿名的标准化病人”（unannounced or incognito SPs，ISPs）（Rethans et al.，2007），可以通过修改身份信息以免被察觉，通过化妆等让他们像临床病人（Glassman et al.，2000），类似于市场调查中的“神秘顾客（secret shopper）”，在社会工作领域可称为“神秘案主”。他们隐藏在真实案主中间，被评估者或机构并不知道何时会遇到，也可同时将学生与专业社工混编，达到社会调查中双盲实验的效果，从而避免标准化案主无意识地降低对学生的要求。高质量的标准化案主其被识别的可能性较低，若与适当的案例相结合，他们能够满足为了评估一个临床进程或一个特定的服务提供者所需的证据对效度与信度的高标准要求（Weiner & Schwartz，2014）。

第四节 服务篇

一、现实境遇

所有专业教育的形式都分享着共同的目标：使学生做好为他人提供可实现的、负责任的服务（Cooke，et al.，2006 ）。模拟或仿真教学并不能替代真实情境下的实践，学生能力的最佳测量仍要置于实践情境下看他们有效执行专业核心功能的能力（Gambrill，2001；Logie et al.，2013）。对于在校学生而言，在独立开展服务前通常有一个实习教育，它是在真实情境下的实践，有助于检验课堂教学的效果。实习机构应是教育场景的一部分，也应纳入到教育培养方案的整体设计中。广义而言，课堂教学模拟中的表演其实也是一种服务，此处侧重于在机构现场实习。

在实践中，由于社会工作服务机构质量参差不齐，发展成熟度不高，学界、政府部门都积极鼓励高校教师领办社会工作服务机构。其最大的特色是理论与实践能够获得更有效的结合，教育的过程与结果能够获得更高的可控性。“搭建实践科研平台，服务教学和科研”通常是教师领办社工机构的初心，希望能为学生提供实践的平台，能将教育的理念贯彻到实践中，并能从实践中提炼出值得研究的成果。理论上而言，高校教师领办社会工作服务机构提供了一个整合研究、教育与实践的理想平台，但实践中还是存在种种障碍。更值得倡导的是实践、研究与教育三个子系统分工协作。基于模式的设计理念，接受专业教育与职业培训的学习者，在通过评估获得毕业证书或职业资格证书后方可具备进入实践情境提供直接服务的资格，这可避免从业资格合法性不足引发的伦理与法律危机。

服务的展开应该基于证据，这是研究、教育与实践三个子系统共享的语言。已有研究表明，证据为本在机构服务中是一种有用的实践理念（Edmond et al.，2006）。在服务过程中，我们是证据的消费者，也是证据的生产者；我们在研究指导下行动，也在行动展开中研究。由于实践者缺乏使用的知识与技巧，我们需要培养实践者对循证实践的积极态度，加强他们对循证实践及相关知识的理解，保证他们能为未来使用循证实践做好准备（Manual et al.，2009）。鉴于证据的缺乏，我们需要加强社会工作研究，培养实践者系统观察、“深描”事件并比较服务进程及其互动的能力，改善实践者写作的技巧（Alter & Adkins，2001），为实践建立框架，为特定情境的行动提供信息，扩展专业信息的知识基础或储备，并将研究整合进所有领域，包括实习教育（Dunlap，1993），推动案例数据库的建立，加快证据的积累与转化，建立实践、研究、教育三个子系统的互惠机制，消解实践者、研究者与教育者泾渭分明的角色边界。

随着社会工作教育转向能力为本，为了给学生提供发展实践技能的机会，除了传统的实习基地外，教师们毫不犹豫地转向服务学习（service learning），以及其他形式的体验教育，为部门提供展示和测量学生实践行为的机会或方法（Phillips，2011）。服务学习一端联结教育子系统，一端联结实践子系统。实践子系统主要包括实习教育与社区服务，前者为实习督导制，后者更多是志愿服务。这在理论与实践的鸿沟之间架起了桥梁。

目前许多高校积极推动服务学习，强调在学习中服务，在服务中学习，与社会工作教育强调实践的理念是一致的。作为一种教学方法，服务学习是透过有系统的设计、规划、督导、反思及评估来达成设定的服务目标（彭华民、陈学锋、高云霞，2009），而社会工作的实习教育同样需要有系统的设计、规划、督导、反思及评估。服务学习主要是追随社区的目标，实习教育则服从的是课程设计目标，强调课程学习与专业服务的结合，强调专业知识、价值与技能在真实世界中的运用。这种有系统的设计、规划等若由教育机构单方面强加给服务机构，其效果会适得其反，他们需要有共享的目标，共享的语言，共享的策略才能实现有效地沟通与协作。然而，仅有联合的动机与联合的能力并不足以促成研究者、教育者与实践者之间的协同。横亘在三者面前的最大障碍是工作量的转化问题，即成本由谁承担。

无论是学习，还是服务，其过程都会积累大量的学习与实践行为数据。在服务与学习之间建立联系，更多是通过数据建立联系。通过比较，可以发现学生在理论知识上的掌握程度与在实践能力上的应用程度之间存在的差距，进而可以据此改进专业能力的培养方式及内容。为评估学生的能力，我们就必须记录学习与实践中积累的行为数据，这是一个庞大的工作量，但却很少会得到院校的认可，导致教育者缺乏教育投入的动力，往往奉行“多一事不如少一事”的原则，这也是灌输式、填鸭式盛行的原因之一。

在服务环节，现实处境下需要回应的问题有：如何激发机构与高校围绕实习教育开展合作的动力；如何平衡高校实习目标与机构项目取向的冲突；如何引导并保障机构确立证据为本的实践理念。随着社会组织的蓬勃发展，政府购买服务的日益增加，社会工作专业学生的实习机会也是与日俱增。很多时候机构会主动与高校联系，并会提供实习补贴，但项目驱动的痕迹十分明显。规模较小、发展不够成熟的机构对实习生工作的安排通常是以项目为中心，并不关心学生能力的培养，更多情况下是将学生作为廉价劳动力使用；而高校在实践经费紧张的情况下，其实习安排也不能为机构带来可见的直接收益，使得两者缺乏围绕能力培养而联合的动机。而为学生提供能力训练的实践平台，也就成为高校教师领办社会工作服务机构的动机之一。从理论上来看，高校教师领办社会工作服务机构可以很好地回应上述问题，但高校对科研的考核要求越来越高，而社会服务并不在其评价体系中，使得高校教师很难有充足的精力投身到社会工作的一线服务中。而证据为本的实践理念常被机构视为一种负担，或者太过理想化，这与当下数据霸权、信息孤岛的现象存在一定的联系。如果数据无法开放获取，单凭机构无力购买类似知网、维普或万方等的数据库。

从教育工作者的角度出发，无论是实习教育，还是志愿服务，都可以成为观察学生实践行为的窗口。但相对社区场景与志愿服务而言，目前实习教育的机构场景相对容易控制。从实习的形式来看，可分为集中实习与分散实习。集中实习通常由指导教师统一安排实习地点，情境可控性强；分散实习通常由学生自主选择，情境则很难控制。但社会工作专业的集中实习与医学教育缺乏可比性，后者拥有教学医院、专业的督导医师，而前者更多依赖机构的支持，合格的督导严重缺乏，机构甚至还要依赖实习学生提高其专业化与职业化的程度。但在大数据、学习分析、人工智能、区块链技术等出现之后，数据的采集、分析、转化与应用的工作量已经大大减轻。2019 年 12 月，国家发展改革委等七部门联合印发的《关于促进“互联网＋社会服务”发展的意见》提出，推动“互联网＋社会服务”发展，促进社会服务数字化、网络化、智能化、多元化、协同化，这为高校与机构间加强协作，降低协作成本提供了很好的政策保障与解决方案。在技术支持方面，涌现出一批致力于社会工作实验室建设与资源整合的企业。在知识的跨界融合中，我们拥有了既懂技术也懂专业的学者或研究人员，这将为社会工作教育领域的技术选择提供更为精准的判断。在学校—机构的跨部门合作中，我们拥有一批富有经验的“双师型”教师，在从课堂到现场间发挥了重要的桥梁作用。

二、理想建构

服务的展开是基于理想状态下的特定场景，即以实验室为依托建设的EPS 区块链平台。在理想条件尚未具备的情况下，我们悬置环境问题的讨论，直接思考课堂与现场衔接过程中的注意事项，以及服务如何展开。

（一）进场准备

当学生完成基本的知识、价值与技能学习后，教育者首先在模拟环境中，借助标准化案主，评估学生的知识、价值与技能的掌握情况。当学生通过评估，意味着为真实案主提供服务的伦理风险已经限定在可控的范围内。此时可安排学生进入真实场景，以便检验其在复杂的、不确定的情境中的专业知识应用的能力。进入这一环节，意味着学生已经通过课内实践教学的考核，至少达到了社会工作专业能力的弱标准要求，掌握了最基本的知识、价值与技巧。但课内实践教学是依托实验室开展的模拟教学，学生所见所闻都发生在模拟世界，出现问题可以重新开始，不会带来伦理风险。而实习教育意味着从课堂走进了现场，从模拟世界走进了真实世界，案例可遇而不可求，无法重新开始，存在伦理风险。因此，进场前应做好预案。

1. 选择组织形式

按照教育部规定，原则上应由学校统一组织，实行集中实习，但社会工作专业的学生实习多以分散实习为主，集中实习为辅。同为助人专业的医学教育拥有教学医院，其制度成熟，流程规范，实习时间长，此类安排的社会认同度也高，而社会工作专业没有类似的教学基地，已有的实习单位能够接收的学生数量也极为有限，多数只能安排 1—2 人。因此，目前资源较少的高校实习机构主要由学生自行联系，以分散实习为主。实习时间通常安排在第 8 学期，为 2 个月（8 周），与论文写作时间重叠，因而两者之间存在冲突。部分高校重论文写作，轻实习教育。为保证前者质量，在制定培养计划时就可能缩短实习时间，实习质量不可避免地下降。有些高校为提高培养计划中实践教学比例，还会将毕业论文写作的学分也计算在实践教学中。而机构通常要求学生至少实习 3 个月，与学校安排也存在冲突。因此，部分同学寒假一结束就会选择实习，超出学校规定的实习时间。

依据教育管理的流程，通常需要填写集中实践教学环节实施计划书（表 8.4.1），以接受学校教务部门的监督与管理。提前设计的弊端则是现实情境复杂多变，内容及日程安排会随实习场所任务的变化而变化，具有很强的偶遇性、情境性。能力训练机会存在时间、空间、资源的差异。因而，实际操作中，此计划书更多只是数字化管理的需要。教务部门唯一提供的是有限的实践教学经费，而很多高校推行二级管理，即一个教学年度内，给予学院所有专业以特定数额的经费，但内部如何分配则由学院掌控。在这种情况下，教育者不得不寻求更多的协作单位支持，如共青团、妇联、工会、街道、社区、社会救助站等。它们通常会围绕专项问题支持特定的社区或社会组织，可以为社会工作专业学生的实习提供多元化的机会。

表 8.4.1　集中实践教学环节实施计划书

学院		专业班级		学生数	
实践教学环节名称		实践活动场所		实践时间	
实践教学 目的和要求					
实践教学 内容及日程安排					
考核内容和考核办法					
指导教师及学生 分组情况					

填表人（签名）：　　　教研室主任签名：　　　教学院长签名：　　　填报日期：

如果是分散实习，则需要填写分散实践教学环节实施计划书（表 8.4.2）。其要求有明确的实践单位名称及联系方式。对于指导老师的安排，各学校并不一致，有些高校由专业负责人或系主任统一负责，有些高校则由系室全体专业教师分担。相对而言，后者更利于提高实习的质量。但各高校校情存在差异，部分高校有专项资金可支持教师前往实习机构现场督查，而更多的高校应该缺乏此财政实力，通常依赖于电话、即时通讯工具、电子邮件等方式联系。

表 8.4.2　分散实践教学环节实施计划书

学院		专业班级		学生数	
实践教学环节名称			实践时间	第　周—第　周	
实践教学目的和要求					
考核内容和考核办法					
实习生名单	实践单位 名称	学生联系 电话	单位联系 电话	指导教师	联系电话

续表

学院		专业班级		学生数	

填表人（签名）：　　　教研室主任签名：　　　教学院长签名：　　　填报日期：

2. 管控过程风险

实习机构鱼龙混杂，不排除有侵犯学生合法权益的机构的存在。应提醒学生选择正规的机构实习，注意自己的人身安全，遵守机构的纪律。对侵犯学生合法权益的机构，学校应将其纳入黑名单，在证据确凿的情况下向行业发出预警。在陌生地域实习，建议多个学生组队实习。如果学校已经购买的保险不包含校外实习，则应要求实习机构购买。尽管费用不高，但机构普遍不愿购买或意识不到购买的必要性，需要法律法规加以保障。2019 年教育部出台的《关于加强和规范普通本科高校实习管理工作的意见》提出要“严格学校、实习单位、学生三方实习协议的签订，明确各自的权利义务和责任”，但缺乏明确的权利与责任划分，实际执行非常困难。由于分散实习要面对的机构较多，达成协议的成本太高，因此，目前较为可行的方案是由学校统一购买保险，而协议则由学生与机构双方签署。签订协议时需认真检查协议文本，避免潜在的风险；必要时，寻求学校法务支持。集中实习通常由教师统一安排，故风险、实习资源的质量能够得到有效控制；分散实习则需要更多的品质控制要求。不同时间、不同空间，以及不同的资源禀赋下的注意事项及规定也会有所差异，但通常会具有以下注意事项及相关规定。

实习注意事项及相关规定

机构选择。实习机构必须与专业相关。判断的首要依据为落款公章中的机构名称。

1. 安全提醒。（1）人身安全。自行选择机构时应了解机构的信誉与服务能力，并报请指导教师审核。到不熟悉城市的不熟悉机构实习最好结伴而行，并保持与家人、同学、老师的联系。要注意签订三方实习协议（学校、学生与机构）。如果是机构招募的实习生，根据相关法律法规规定，实习待遇不应低于当地最低工资标准。机构应为实习生购买人身意外保险。如果作为志愿者参加按照相关法律法规执行。（2）财产安全。无论是调研还是个人日常出行都务必保管好个人的财产。

2. 纪律要求。服从机构工作纪律，但对于侵害自己正当利益的行为要勇于拒绝，并及时联系指导教师。

3. 实习日志。一天一记。以个人工作中的反思为主。字数无特别要求。

4. 实习周记。一周一记。每篇500字以上，图文并茂，每篇至少有一张参加或组织活动的个人工作照。第一篇周记中要注明实习机构名称、机构负责人及其联系方式，以便检查。标题小二黑体，标题下一行为学号与姓名，正文宋体小四，行距1.5倍，单面打印；插入页码。其内容要能反映践行社工理念，锻炼社工技能的过程。

5. 实习报告。主要内容（不限于此）：实习机构的基本情况；实习机构的评估（如政策环境评估）；实习机构服务的评估；实习机构的督导（改进建议）；个人的体会感想。正文不少于4000字。标题小二黑体，标题下一行为学号与姓名。正文宋体小四，行距1.5倍，单面打印；插入页码。其内容要能反映践行社工理念，锻炼社工技能的过程。

---

3. 达成目标共识

机构首要的目标是对公众而非学生负责，但提升学生的专业能力也是对公众负责。因而，在对公众负责的前提下提升实习学生的专业能力应成为教育与实践两个子系统的共识。现阶段，高校实习教育的目标与机构服务的目标存在差异，两者没有共通的语言，对社会工作者能力评估时也不会采用相同的策略，如何协同是一个横亘在课堂与现场之间需要正视的重要问题。在实习安排中，通常是由高校社会工作专业系室负责，若实习资源稀缺，则很难要求机构执行与实习相关的教育目标。部分机构本身还试图通过引入学生实习来提高自己机构的专业性。在社会工作职业的成长期，高校需要主动与机构联系，尊重彼此关切的利益，为机构提供专业性支持，增强其合法性与能力，争取双方的实践/实习指南、日志、报告等的写作规范的统一，进而实现互惠互利。然而，路径依赖使得这项工作自下而上的执行非常困难。在理想条件具备的情况下，目标已经预先达成共识，可以依托EPS区块链平台，组建由高校教师、机构督导、学生（从低年级中招募）或正式的工作人员组建的团队为学生实习提供支持，包括文献传递、档案管理、数据脱敏、案例编制、证据转化、过程与结果评估等。

4. 建立互惠机制

为了实现高校与机构间良性的合作关系，需要建立一个能够实现双方协作的平台，保证两者之间共享证据，共享评估标准、共享学生的学习与实践行为记录，EPS 区块链平台可以满足相关的功能需求，但现实中高校与机构之间在联合上缺乏共同的动机。高校的动机是在真实情境下评估与提高学生的专业能力。社会工作服务机构一般有两类动机：一是减轻机构人力资源不足与用工成本；二是希望借此提高机构的专业性。要统一双方联合的动机，就必须建立互惠机制。

在研究、教育与实践之间建立互惠机制能够有效激励利益主体参与，但如何实现互惠始终是一个悬而未决的议题。在实习安排中，既要考虑机构的现实需要，也要服从实习教育的总体布局。而要求机构在为案主提供社会服务的同时实现专业教育目标，并能遵守专业规范，这是需要成本的。尽管区块链技术可以提供基于算法的工作量证明，但并非所有付出都能量化，因而如何定价需要达成共识。从资源依赖理论来看，组织生存的关键是“获得并保住资源的能力”（费显政，2005）。机构与高校间存在相互需要的资源，高校依赖机构提供的实习资源，机构希望高校提供专家与技术的支持，欢迎学生实习更主要的目的是解决专业社会工作者的短缺问题，但较大规模的机构往往拥有自己的资金、专家与技术，更拥有庞大的专业与志愿服务支持团队。可见，在学生实习上，高校更依赖机构。

学生实习与教师参与实践是“走出去”，而聘请机构社会工作者开设讲座与课程，则属于“请进来”，部分高校实践教学经费充足，能够提供支持，但更多高校可能处于无钱支付或只能支付极为低廉价格的尴尬境地。学生实习是专业安排，而为机构提供支持却是教师个人付出，在工作量不被学校承认或定价过低的情况下，高校教师缺乏免费提供支持的动力，机构也就会逐渐失去合作的兴趣。因此，在互惠机制的建立上，高校应提供制度化的保障，主要是在研究成果、课堂教学与社会服务间，在专任教师与外聘人员间，建立合理的工作量定价与交易机制。目前，我们可以增加特定课程实践教学课时，而将实践教学地点选择在机构等；同时，充分利用高校购买的网络教学平台，通过增加教育管理者的方式将服务机构纳入社会工作教育的生态系统中，便利双方追踪学生的教育与实践过程。为满足实习教育需要，政府服务购买中需要增加以学习者为中心的服务项目，其平台建设管理也要以教育系统为中心，从而保障社会工作专业学生的见习、实习等权利。这项工作不能仅停留在高校（更多是专业教师个人）与机构微观层面上的自主合作，而应有自上而下的顶层设计。反之，各自为阵会导致未来教育体系改革面临路径依赖带来的巨大成本。

5. 统一评估标准

评估标准的统一是模型得以维系的基础，也是建立区块链智能合约的前提，只有在研究、教育与实践三个子系统间分享共同的评估标准才能保证评估的信度与效度。证据是三个子系统的共同语言，而标准萃取自证据，因而三者可以分享共同的评估标准。根据设定的规则或评分标准，实习学生的专业技能可实现自评、他评与机评。在现阶段，评估主要有自评与他评。其中，他评包括同学、教师与督导，或由负责 EPS 区块链平台运行的专业团队进行评价。而在合约执行实现智能化后，部分评估工作将交由计算机完成，可以减少重复的工作，降低人工成本。

（二）进入现场

1. 熟悉机构运营

正式签订协议后，按照约定时间进入现场。不同机构的运营机制不同，同一机构的不同服务项目因资金来源或服务购买方式不同，其运营机制也会存在差异。学生应尽快熟知实习机构的组织架构与治理机制、机构的内外资源与单位、服务的对象与范围、服务内容与组织形式、服务传递方式、相关的生态系统等。同时应尽快熟悉机构的空间功能布局，快速掌握办公设备的操作，及时领取办公用品等。也可在进入现场前，通过网络提前收集相关的资料，了解其服务的方法、服务的成果、服务的宣传形式、服务的购买者等。当然，对于实习学生而言，机构的资金来源与收支等信息通常是不公开的，但特定项目的成本预算是相对固定的。若要有效使用资金，实习学生应提前熟悉《民间非营利组织会计制度》，了解《会计科目和会计报表》，掌握基本的财务知识与技能，所有任务应在教育子系统中完成。

2. 建立人际信任

信任是一种简化机制，可以节约人际交往与服务传递的成本；但也是一种风险，如果个体行为不可预测，则工作进度难以保证。因而，建立人际信任首要的前提是遵守人际交往的规则，做到彼此信任，而遵守规则才能保证行为的可预测性，即能保证在规定的时间规定的空间完成规定的任务。当人际交往规则转变为机构规章制度时，人际信任就转变为制度信任。简言之，与机构成员建立信任关系是实习任务顺利执行的必要保证。

进入现场后，学生容易眼高手低，特别是面对未接受过社会工作专业高等教育的机构成员时，容易滋生优越感。然而，社会工作专业能力并不体现在掌握专业术语的数量，设计项目计划的精致程度，更重要的是如何将专业知识转化为本地化的喜闻乐见的大众话语，如何实现对公众负责。尽管机构的活动可能不符合专业标准，机构成员也可能没有接受过专业教育或培训，但从事一线工作多年的成员，通常积累有丰富的、书本上无法获得的临床技能与实践经验，这正是我们的学生需要学习的。20 世纪早期的专业社会工作者和教育者吴桢先生就曾反问过，“难道我们对于不合标准，没有适当的物质设备的机关，都取一种冷淡的态度，听其自生自灭吗?”（王春霞，2018）尊重、接纳、同理、非评判等本身就是社会工作的基本价值观，如果作为社会工作专业的学生都不能坚持专业价值观，那么专业性就值得怀疑。因此，实习学生需要做的不是嘲笑他人，而是如何尊重、接纳、学习他人，如何提升自己的能力，如何协助机构增进专业性，在此过程中赢得尊重与信任。

（三）开展服务

1. 遵循服务指南

服务指南的学习应前置于课堂教学中，但教学时间的有限性与服务指南的非强制性决定了其普遍未受到重视，而相关法律法规更是鲜见于教学内容中。如课堂教学中教师可能讲授过《老年社会工作服务指南》，但《养老护理员国家职业标准》《养老机构服务标准体系建设指南》《养老机构服务安全基本规范》《养老服务常用图形符号及标志》《老年人权益保障法》等可能只是一带而过。而在开展社区社会工作时，我们知道《社区社会工作服务指南》，却对《城市居民委员会组织法》《村民委员会组织法》知之甚少。在进入现场开展服务时理应重温并在服务过程中遵循服务指南，遵守伦理准则，呈现专业素养，而熟练掌握《宪法》《民法典》等中相关法律法规条文规定应成为社会工作者基本的法律素养。

2. 管理服务项目

服务指南提供的流程包括：接案、预估、计划、介入、评估、结案，其涉及的案史采集、过程记录与资源配置等任务可通过专业软件管理，如项目管理软件（Project），无须单独开发，能够极大地节约成本。借助项目管理专业软件，可设置相应的任务名称、服务工期、起讫时间、前置任务、资源名称，并根据任务需要分配资源与计算成本。

以儿童社会工作服务项目为例（图 8.4.1），假设需 70 个工作日，依据《儿童社会工作服务指南》提供的服务流程，对相关栏目进行了设置。此处仅为示例，并非真实案例流程。其时间节点不一定是线性的，可以设置周期性并行任务，如图中的评估环节，其图示为不连续的方块。评估包括结果评估，也包括贯穿服务始终的过程评估，此处设置每周五对一周工作进行评估。若对各个环节所需资源的数量及成本进行了核算，最后可以在项目信息中查看到最终成本的统计表。此处仅列举了打印纸、差旅费，可以精确到具体使用者。这也意味着在开展服务前应非常清楚机构的资源系统、资源单位、治理系统，以及参与的行动者。在条件不具备的情况下，也可使用流程图制作软件（如 Visio、EDraw）制作甘特图（即图8.4.1 中右侧部分），但分配资源、计算与统计成本就无法通过此类软件实现。

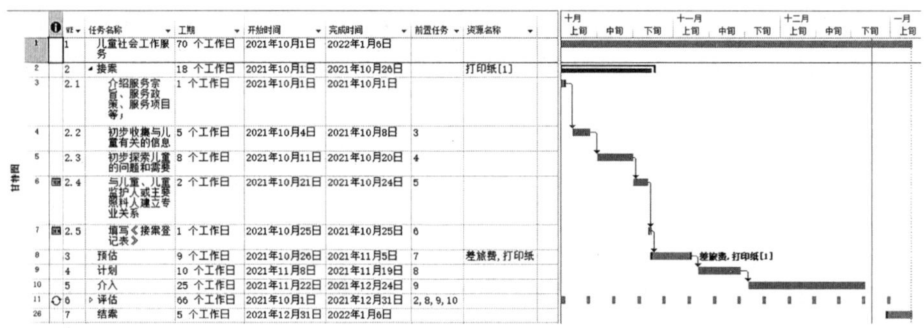

		WBS	任务名称	工期	开始时间	完成时间	前置任务	资源名称
1		1	儿童社会工作服务	70 个工作日	2021年10月1日	2022年1月6日		
2		2	接案	18 个工作日	2021年10月1日	2021年10月26日		打印纸[1]
3		2.1	介绍服务宗旨、服务政策、服务项目等；	1 个工作日	2021年10月1日	2021年10月1日		
4		2.2	初步收集与儿童有关的信息	5 个工作日	2021年10月4日	2021年10月8日	3	
5		2.3	初步探索儿童的问题和需要	8 个工作日	2021年10月11日	2021年10月20日	4	
6		2.4	与儿童、儿童监护人或主要照料人建立专业关系	2 个工作日	2021年10月21日	2021年10月24日	5	
7		2.5	填写《接案登记表》	1 个工作日	2021年10月25日	2021年10月25日	6	
8		3	预估	9 个工作日	2021年10月26日	2021年11月5日	7	差旅费，打印纸
9		4	计划	10 个工作日	2021年11月8日	2021年11月19日	8	
10		5	介入	25 个工作日	2021年11月22日	2021年12月24日	9	
11		6	评估	66 个工作日	2021年10月1日	2021年12月31日	2, 8, 9, 10	
26		7	结案	5 个工作日	2021年12月31日	2022年1月6日		

图 8.4.1　儿童社会工作服务项目管理甘特图

3. 获取知识支持

科学的证据是项目合理设计与良好运行的基础，没有科学的证据则项目设计会缺乏信度与效度。在共同的动机、共享的语言支持下，服务的开展选择以证据为本，其前提是证据的开放。对于机构而言，不可能独立购买大型数据库用于检索，但开放运动的推行，使得大量的文献可从期刊的官方网站获取。由于证据分级与转化的技术发展还不够成熟，目前更多依赖研究者与实践者自身学术修养。而从已有的研究成果来看，许多文献其证据等级严重偏低，也不能发挥指导实践的作用。因而，当下更应侧重培养使用者应用证据为本实践理念的能力。

基于循证社会工作的实践理念，现场服务需要大量的科学研究成果作为支撑。实习学生由于离开教育网难以使用学校购买的数据库，通常情况下本科生也无法享有使用虚拟专用网络（VPN）的资格，这就需要开辟文献收集的渠道。目前，数据库霸权设置的知识壁垒已经松动，中国知网已经推出实名认证后可以浏览其八年前数据的服务，各大期刊也纷纷在自己的官网上提供免费论文下载，而国家哲学社会科学学术期刊数据库（NSSD）、中国科学院创办的 Pubscholar 公益学术平台也为研究者提供了较多期刊论文的免费下载渠道。可以说，开放获取的知识资源与前述依托 EPS 区块链平台组建的专业团队将为学生实习期间获取知识支持提供双重保障。

4. 输送专业服务

与模拟教学不同，真实环境下的服务流程在顺序上有所变化，更符合现实场景。依据 EPS 模型，大致包括以下环节：（1）进入现场，采集案史，识别需要，与案主建立专业信任关系；（2）遵照证据为本的实践流程完成证据采集、分级与转化；（3）参照民政部颁布的服务指南，选择理论与介入模式，完成任务书撰写；（4）开展服务，运行项目，根据反馈调整或完善任务安排；（5）撰写日志周记；（6）退场，撰写报告，做好宣传。如果遇到典型案例，在征得案主同意的前提下，可对服务过程进行录制以供教学研究使用。但要做到保护个人隐私，无伦理风险。若不具备条件，则案例无论是否典型、案主无论是否同意都不可录制。机构督导以现场为主，而高校教师督导可以通过在线形式参与。在服务开始时，学生应该遵循计划、行动、观察与反思的步骤，在服务中学习，在学习中服务，有效整合既有理论的确定性与临床实践的不确定性，进而提炼出适合自己的服务风格。

实习学生参与服务，其面临的最大挑战是如何跨越理论与实践、模拟与现实之间的鸿沟，因此督导角色是必不可少的。在机构督导与学校老师的双重指导下，实习学生的项目设计、服务介入过程中产生的偏差才能得到及时纠正。以直接服务中与案主会面为例，实习学生需重视执业形象，如服装与行动的职业性、接待室的空间布局与环境布置等；预先设计好需要询问的问题，建议选择半结构式访谈；交谈中灵活运用沟通技巧，首次见面时以倾听为主，完成案史采集后，可以通过专业软件处理资料，绘制个人中心社会关系图，针对特定问题可以有意识地使用某一技巧，在反复互动中与案主建立专业信任关系。以督导为主时，实习学生要认真观察与记录，结束后及时与自己所掌握的理论比较，发现差异应虚心请教督导与支援团队；以实习学生为主时，督导则需认真观察、记录与评估，及时阻止伦理风险的产生。督导一般为现场陪同，条件具备的话，也可以通过单向玻璃在隔壁观察。更为复杂的专业服务可能涉及志愿者与案主的主动招募，此时需要开动宣传机器，制作与发布海报，管理微信公众号；涉及资源汲取，此时需开源节流，积极申报服务项目，争取政府购买与公益慈善组织支持；涉及服务传递，则需清晰界定福利的性质，应从“随时可以施与，又随时可以剥夺”的资源观向非经法定程序与公正补偿则不可剥夺的权利观转变（臧其胜，2015）。实习过程中学生及其他利益相关者的智力努力和相关声誉奖励将记录在 EPS 区块链平台中。

5. *贯彻行动研究*

行动研究贯穿服务全过程，包括计划、行动、观察与反思四个基本步骤。在计划环节，需采集案史与初步评估；在行动环节，需提供专业服务；在观察环节，主要是学习他人；在反思环节，则需将自己与他人实践、理论进行比较。参照人类学关于田野日记与田野笔记的分类，前三个环节主要生成实习日志，最后一个环节主要生成实习笔记，在资料整理过程中还会形成备忘录。从人才建设与证据生产的角度来看，实习教育不应仅停留在检验学生专业服务能力层面，还应提高学生“在研究中行动，在行动中研究”的研究能力。在保护案主的隐私的前提下，与服务相关的记录，包括倾听、观察与访谈获得的实习日志，以及记载个人的所思所想等所获得的实习笔记，经过脱敏处理后作为证据由机构作为权益所有人添加进区块链平台中供研究者申请使用。对资料的处理可使用质性分析软件（如 Nvivo）进行主题分析，可以对图文声像编码与生成节点，支持绘制思维导图、建立项目模型、生成概念图与社会关系图，EPS 区块链平台应具备此类编码、聚类、汇总与可视化等功能，部分企业开发的平台已具备部分功能。单独开发成本太高，而整合成熟软件，通过应用程序接口实现统计功能嵌入，数据格式兼容，研究结果传递，满足社会工作教育的研究需求应是更为便捷的途径，这需要软件开发者与学界的进一步努力。在目前条件下，可以单独使用该软件处理，而学生应提前掌握质性分析的理论知识与软件应用能力。

（四）退出现场

退出现场意味着实习任务已经完成，需要总结实习期间的学习行为与服务能力表现，以及学习目标的实现程度。应与机构督导、同事充分沟通，重新阅读实习日志、笔记、周记等，反思自己的行为与能力，总结经验与教训，在此基础上完成毕业实习鉴定表，并请实习单位给予鉴定意见。在实习结束前，需与机构完成档案、任务等交接。在服务过程中所了解的案主信息应严格遵守法律法规与社会工作专业伦理，机构有其他特别要求的同样需遵守。确定结束日期后，及时向指导教师报备。返校后及时汇总实习日志、笔记、周记等，分析资料及数据，撰写备忘录，在此基础上撰写实习报告。指导老师也应及时与机构沟通，做好结束工作。

第五节　评估篇

评估是“一种划定、获得、提供描述性与判断性信息，以便指导决策、符合绩效责任、增进对研究对象了解的过程”（Stufflebeam & Shinkfield，1985；朱晨海、曾群，2009）。面临的一项挑战是，通过批判性反思，精准识别学生将知识融入实践的整体能力（Adamson，2011）。20世纪80年代中期前，社会工作教育评估是分项进行的，不同项目间缺乏共享的标准；1994年美国社会工作教育委员会颁布的相关标准要求评估既要与项目目标相联系，又要涉及一个持续的过程；2001年，《教育政策与认证标准》首次提供了独立的具有通用性的评估标准（Buchan et al.，2004），为专业能力的评估提供了指南。中国围绕儿童、老人、青少年等群体制定了一系列的服务标准或指南，但围绕教育教学过程评估的标准或指南仍停留在学者的研究中。专业能力的教育和评估是实习或从业的准备，通过评估的学生方具备进入现场提供直接服务的资格。评估有助于保护公众的利益，履行对公众的责任，能够推动学生投入学习，加强学习者自我监控的能力，也能增强学习者的自信，有利于推动制度化的自我评估，以及推动课程改革（Epstein & Hundert，2002）。评估的过程也是相关行动主体反思的过程，有助于提高学生把标准化实证知识通过实习过程运用于专业实践的能力，这种专业实践能力始终是一种只可意会不可言传的隐性知识①或艺术状态，只有通过行动反思过程，才能把这种只能意会的艺术能力变成一种明了的实践知识（郭伟和，2014）。

为了有效开展教育与评估，教育者应当让学生知道什么是专业需要的，可以通过笔试测量；仅仅知道是什么还不行，要能让学生将已知的知识转化为可执行的方案，这是学生能力的体现，可以通过介入方案的设计来考察，但前面两个层级所能获得的仅仅是结果而无从了解过程。在评估环境中，学生面临的一个最突出的挑战是，如何将这些潜在的、孤立的知识整合到一个有意义的个体和专业实践框架中，从而使其能够胜任并将知识应用到具体的实践情境中（Adamson，2011）。这就需要一种索引相关知识，在知识间建立关联，形成证据链，最终实现有效整合的能力。因而学生还要能够展示他们如何应用知识，这可以通过表演呈现其索引、关联

① 此处“隐性知识”在原文中被翻译为“默会知识”。

与整合的能力，可以通过录像的前测与后测来检验。然而，最困难的是，能否依据学生教育与评估中的表现推论他在临床环境下的能力，这就需要置于真实世界中通过实习教育检验。

在实习教育质量能够获得保证的前提下，通过实习教育意味着以课堂为舞台的教育和评估体系与以机构为舞台的教育和评估的效度、信度具有内在一致性；如果不能通过，有可能需要补充证据类型，修改证据等级，建立新的临床技能指标，并重新设计剧本的技能考核锚点，以便应用于临床技能的教育与评估。但在实习教育质量无法保证的情况下，我们在遵守专业伦理的情况下应尽可能邀请真实案主参与到社会工作的教育进程中，或深入分析案例，重新审视实践系统的评估标准与研究、教育两个子系统确立的标准是否建基于同一证据之上。

评估不限于教学过程中对学习者的能力评估，还涉及证据的评级与筛选，临床技能指标体系的信度与效度，案例与剧本的权威性，以及应用标准化案主教育与培训前后学习者专业能力的变化情况等。换句话说，评估包括过程评估与结果评估，贯穿研究、教育与实践三个子系统。

针对结果评估，内森·L·林斯克（Nathan L. Linsk）与凯瑟琳·汤尼（Kathleen Tunney）围绕健康照顾专业的实践模拟，设计了以下问题：总体上，模拟对我的学习很有用；我能从担任咨询者的角色中获益；我能从观察员的角色中获益；标准化案主是逼真的；老师的反馈对我的学习很有用；来自标准化案主的反馈对我的学习很有帮助；同学们的反馈对我的学习很有帮助；有助于我将社会工作知识（理论、模型）应用到案例中；有助于我学习如何将社会工作面试技巧应用到案例中（Linsk & Tunney，1997）。从中可以发现模拟实践中“反馈”的重要性，涉及标准化案主、同学与教师，还包括自己扮演咨询者、观察者角色时的体验，强调了标准化案主的表演需要与真实世界相接近，但这组问题针只是评估模拟实践教学的效果，而不是评估学生的临床技能。针对能力评估，加拿大多伦多大学社会工作系博戈教授主持设计了“客观结构化临床考试评分等级表”（表 8.5.1）、“客观结构化临床考试后反思性对话探索与评分表”（表 8.5.2），[①] 以及“基于能力的评估工具”（表 8.5.3）（Bogo，2010：211—215），评估非常全面，信度与效度也比较高（Bogo，Regehr，Power，& Globerma，2002）。前述评估表格均公开发布在学院官方网站上供学界使用，但在实践中耗费的时间太长。中国社会工作教育者在使用时需要考虑

① 参见 http://socialwork.utoronto.ca/。

到制度与文化不同、班级规模偏大、教学时间有限等情况。

表 8.5.1　客观结构化临床考试评分等级表

Ⅰ. 发展与使用一个合作关系

介绍

1	2	3	4	5
未介绍自己或角色	能介绍自己或角色，未介绍机构	介绍自己或角色，机构服务泛泛而谈或模糊不清	介绍自己、角色、机构的一些情境设置	通过介绍在机构服务背景下的自己、角色设置舞台

回应案主：总体内容与进程

1	2	3	4	5
不适当或未回应	通过认知、行为或实际的评论回应案主，未回应情感表达或暗示	主要任务或事件聚焦于偶尔用温暖或同理心的技巧回应案主的情感	用持续的温暖与同理回应案主的关心、已表达的或隐含的情感	协助案主口头表达出情感

回应案主：特定情境（　　）

1	2	3	4	5
不提供现实的保证或支持或作消极评论	机械地偶尔提供职业现实保证或支持	一些现实的保证或支持，不持续，有时是机械的	用一些同理联结提供持续现实保证与支持	有效、持续、同理的现实保证与支持

访谈焦点

1	2	3	4	5
访谈未与学生自己的方案一致或严格遵循	最少的指引，但仍聚焦于自己的方案；节奏太快或太慢	提供指引，但转换主题时太快或太慢	提供指引，节奏更适当一些，转换粗糙，不总是能回应案主关切	提供指引，保持访谈焦点流畅或当对案主关切，保持回应时转换流畅

Ⅱ. 执行生态—系统评估

问题呈现

1	2	3	4	5
未陈述呈现的问题、当下的情境与/或积累的事件	仅集中于呈现的问题，没有识别出当下的情境与/或积累的事件	能识别出呈现的问题；收集了较少的当下情形与积累的事件	一段时间后识别出	有效识别……并将之联结起来

系统评估

1	2	3	4	5
缺少综合系统质询	极力聚焦于多个系统	识别大多数可见系统的部分，但缺乏联系	能够识别出所有相关系统以及部分问题与系统的联系	通过尝试挖掘系统间的联系完成系统评估

优势

1	2	3	4	5
仅注意问题与缺陷而未注意案主的优势	较少关注优势，仍聚焦于问题	开始探索案主优势（未呈现的），较少聚焦问题	更多开始询问与探索案主在某一点上未呈现的优势	一致有效的质询探索与案主在某一方向未呈现的优势

Ⅲ. 为合作性目标的设定设置步骤

1	2	3	4	5
未询问案主的需要	告诉案主需要什么	偶尔询问案主相信他/她需要什么；没有探索案主的依据	以指引的方式询问案主相信需要什么；很少探索案主的依据	合作、持续、有效询问或探索案主相信他/她需要什么

Ⅳ. 展示文化能力：文化/性别/种族/性取向/年龄—能力

1	2	3	4	5
对文化差异显示不适应	对文化线索与主题的认知不一致；对文化的差异感兴趣，具有开放性	对文化差异的探索表现出兴趣并能适应	对明显的文化主题有一致的认知；询问、聆听、探索一些文化的主题	在保持文化线索与主题的一致有效的探索上显示适应；适当的文化认同

总体评论

1	2	3	4	5
极差	差	需要较多的训练	好	极好
没有主动地回应人际关系建立和评估的需要；没有组织，没有凝聚力	开始比较适当，但尝试采取主动、评估和建立关系时不协调；组织不协调，凝聚力弱	有些协调的举措；能够回应部分关系建立与评估所需；组织协调，有凝聚力	能够经常协调地回应绝大部分关系建立与评估所需；能够整合组织，有很强的凝聚力	能够有效协调地主动感知到关系建立与评估的所有部分；组织有效，凝聚力非常强

问题：你是否看到社工呈现出来与评分表未恰当提及的其他挑战或优势？

表 8.5.1 包括专项能力评估与总体能力评估，采用五分制，值越高代表能力越强，最后一项为开放式问题，试图挖掘出社工面临的挑战与具备的优势。总体评估强调关系建立与凝聚力生成，专项评估涉及专业信任关系建立、评估、服务议程设置、文化敏感性等，但缺少适用于小组活动的“组织与协调能力”专项评估指标。

表 8.5.2　客观结构化临床考试后反思性对话探索与评分表

候选人姓名：__________　评分者姓名：__________　日期：__________

关系能力/自我的有目的使用

1. 在访谈过程中你的感觉如何？你有什么体验？

2. 在访谈中你如何使用这些感觉？

3. 你能否谈一下影响你访谈路径的个人的和/或专业的体验？

概念化实践

1. 案主正在处理的主题是什么？

2. 你能否谈一谈在访谈中从影响你的方式的社会工作中已经学到了什么？

3. 访谈中是否有其他学科影响方法的选择？（可选择表达：在访谈中引导你工作方式的是否有社会工作之外的其他影响）

4. ［是否还没有提及］在访谈中是否有与多样性相关的主题影响你的方式？能举个例子吗？

5. 如果你继续为案主服务，你将考虑使用什么样的理论路径？

6. 基于你知道的内容，在访谈中有些什么意料之外的事情？［寻找他们发现的不一致或新奇的信息］

a. 你处理它的方法是什么？b. 你如何回应访谈中的意外？［你如何处理它？你如何将它整合进你的方法中？］

7. 在这个案例中你发现什么最具有挑战性？你应对这个挑战的方法是什么？

作为专业人士的学习与成长

1. 如果你再次做个访谈，你将有些什么不同，比如说？

2. 当你继续访谈案主时，你的下一步将是什么？

3. 你觉得你从这次访谈中学习到了什么？［探索学习的机会］

4. 这次学习的体验如何影响你对其他案主的访谈？［探索实践的重建］

5. 你对这次访谈还有其他的想法吗？

反思性对话评分表

1. 概念化实践或知识的使用

内容：

参与者如何在理论上概念化剧本中的大量的主题（文化、多样性，精神/生理健康、隔离、忽视）以及如何为它们的实践概念化？

<table>
<tr><td colspan="2">不使用理论概念去理解主题。讨论剧本与实践路径是描述性的</td><td colspan="2">使用一些理论概念去理解与分析剧本的相关主题。概念与实践路径有些联结</td><td>使用多个理论概念理解与分析剧本中的相关主题与实践方法</td></tr>
<tr><td>1</td><td>2</td><td>3</td><td>4</td><td>5</td></tr>
</table>

多样性：

参与者如何概念化文化的主题以及他们实践中的多样性？

似乎未意识到主题的多样性以及他们对案例的潜在影响		意识到相关主题的多样性，但不能够将它们有效地整合进方法中		在处理多样性的主题时意识到复杂性，能够将其整合进实践中
1	2	3	4	5

进程：

参考者过去的知识和经验如何影响他们应对案例的方法的？

不适当地将过去的解决方法应用到当下的案例中		适当地将过去的解决方案应用到当下的案例中		过去的知识被作为探索当下案例的起点。知识提供了思考案例的基础，但并不教条
1	2	3	4	5

2. 自我管制

情感：

参与者如何处理他们自己的反应和如何以一个有目的、有意图的方式去运作形成一个治疗性关系？

自我聚焦，被自己的反应占据。作为结果，未能有效说明案主的需要		意识到自我，但不能将之作为工具去建立关系。在聚焦自我与聚焦案主上是不平衡的		有目的地使用自我的反应与案主建立治疗性关系。在聚焦自我与聚焦案主的需要上是平衡的
1	2	3	4	5

认知：

参与者如何看待他们关于案主处境的知识水平与社会工作角色，以及他们陈述案主需要的能力？

不能够准确评估有效说明案主需要的能力		能够准确评估有效说明案主需要的能力。在与案主互动中，不能够有效适应他们的能力水平		能够准确评估有效说明案主需要的能力。在与案主互动中比较适合自己的能力水平
1	2	3	4	5

考虑他们在客观结构化临床考试中的行为，参与者聚焦与讨论什么？

因为考试的缘故，聚焦于“执行”表演		自我评估表演，特别聚焦于他们自己的反应与情绪。探索表演的特定优势与劣势		自我评估实践，强调他们能够从这次体验中与获得什么与在实践中应用什么。反思性地概念化实践的优势与弱势
1	2	3	4	5

3. 专业发展

学习：

参与者如何评价案例中意料之外的方面？

没有注意到在案例表演中有明显证据的意料之外的方面。错误认为案例是程式化的		准确评估作为程式的案例。没有发现任何意料之外的方面		有目的地探索案例意料之外的方面，创造学习的机会
1	2	3	4	5

当考虑到他们在客观结构化临床考试中的学习时，参与者聚焦与讨论什么？

增加案例的“事实”，如案主的问题、特征		识别出案例中明显呈现的实践原则		考虑当下的案例如何渗透进更广泛的实践
1	2	3	4	5

成长：

关于他们如何将他们的经验整合进实践，参与者说了些什么？

没有考虑对实践的影响		考虑到这次体验可能影响未来面对相似的案主时的行为		强调在实践的连续重构的进程中每次新的体验的角色
1	2	3	4	5

《反思性对话探索与评分表》与《反思性对话评分表》为反思性的培养提供了可以识别与测量的指标体系，涉及在实践与理论间建立联结的能力、实践智慧的使用、自我观察与控制、意料之外事件的识别与处理能力。在反思性对话中，可采用被誉为常人方法学王冠上的明珠的“话语分析”工具，对话者可通过索引与联结的技巧现场追问，解剖学生的叙事结构，发现叙事转折的关键节点，了解潜藏在叙事结构背后的真实原因。

表 8.5.3　基于能力的评估工具

社会工作实践能力要素（宏观）的社会工作课程评估

评分指导

总评：

1. 不可接受：学生几乎不能展示他对技巧含义或目的的理解。
2. 学生能理解技巧，但在实践中几乎未体现出来。
3. 学生理解技巧，也能适当应用在实践中，但仍需更多的实践。
4. 学生能将技巧有效应用在实践中。
5. 学生能正常与适当使用技巧，已成为自己人际交往的风格。

社会工作实践能力要素

A. 价值与伦理

1. 行为与专业价值伦理保持一致。　1 2 3 4 5
2. 考虑所有冲击实践情形的价值体系，包括自己个人的。　1 2 3 4 5
3. 与同事、案主群体互动中尊重文化规则、价值体系、伦理与道德信仰的多样性。　1 2 3 4 5
4. 对案主系统、机构与专业负责。　1 2 3 4 5
5. 描述行为时采用非评判性术语。　1 2 3 4 5

B. 差别化使用自我

1. 识别与处理不断变化的人际关系、结构的/制度的障碍。　1 2 3 4 5
2. 使用一系列的技术与角色获得预期的成果。　1 2 3 4 5
3. 使用有弹性的组织政策与程序。　1 2 3 4 5
4. 精确评估自我与他人的互动。　1 2 3 4 5
5. 使用文化自觉与多样性精确评估自我与他人之间的口头与非口头的互动。　1 2 3 4 5
6. 与案主及其他专业人士建立有目的、文化上能胜任的人际关系。　1 2 3 4 5
7. 当需要时，使用与案主或同事相差异的自我。　1 2 3 4 5
8. 察知与情境相关但未被案主口头表达出来的显著的信息、反应、敏感处与感觉。　1 2 3 4 5
9. 代表案主/组织/社区倡导以便推进服务的传递。　1 2 3 4 5
10. 理解、解释与执行机构的社会工作角色。　1 2 3 4 5
11. 识别问题所处的社会、制度、文化与种族背景，识别它们是如何影响问题的。　1 2 3 4 5
12. 对督导的指导风格/方法给予反馈以便选择更好的学习方式。　1 2 3 4 5

C. 同理心与互助

1. 非口头表达温暖。　1 2 3 4 5
2. 口头表达温暖。　1 2 3 4 5
3. 口头表示接纳　1 2 3 4 5

4. 反思案主与情境的积极信息。 1 2 3 4 5
5. 通过使用现实的保证来提供支持。 1 2 3 4 5
6. 有技巧性地慎重表达情感信息。 1 2 3 4 5
7. 有技巧地慎重表达认知（信仰、方式）的信息。 1 2 3 4 5

D. 评估

1. 收集来自一手与二手资料相关的数据。 1 2 3 4 5
2. 观察与情境相关的行为。 1 2 3 4 5
3. 全视角定义问题。 1 2 3 4 5
4. 用适当的非正式的或正式的资料咨询。 1 2 3 4 5
5. 使用理论概念去分析数据，形成评估。 1 2 3 4 5
6. 识别出解决问题所需要的资源。 1 2 3 4 5
7. 当获得新的或修订的数据后重新界定问题。 1 2 3 4 5
8. 清晰地表达期望实现的目标与将要获得的特别成果。 1 2 3 4 5

E. 介入计划与执行

1. 寻找并使用证据与最好的实践为计划好的介入提供理性选择。 1 2 3 4 5
2. 识别出案主处理与改变情境的意图。 1 2 3 4 5
3. 识别出潜在的障碍。 1 2 3 4 5
4. 将复杂的或压倒一切的问题拆分成可管理的部分。 1 2 3 4 5
5. 在参与问题界定与解决的人之间达成共识（契约）。 1 2 3 4 5
6. 在执行过程中发展与使用适当的时间框架。 1 2 3 4 5
7. 根据重要性与可行性优化助人策略的活动。 1 2 3 4 5
8. 识别与正视不愿意识别切实可行的选择的现象。 1 2 3 4 5
9. 当需要时，适当挑战案主系统。 1 2 3 4 5
10. 以一种传递尊重与理解的方式反馈前述问题。 1 2 3 4 5
11. 提供信息，或纠正错误信息，帮助案主或系统发展看待他们问题的新视角。 1 2 3 4 5
12. 有效回应案主不适当的行为。 1 2 3 4 5
13. 识别与接纳多样化的行为。 1 2 3 4 5
14. 预见改变案主系统的外部抗逆力。 1 2 3 4 5

F. 报告撰写

1. 写出清晰的、有条理的、简明的报告、评估与笔记。 1 2 3 4 5
2. 准确使用机构指南撰写报告、评估与笔记。 1 2 3 4 5
3. 以综合的、写作良好的评估组织与呈现数据。 1 2 3 4 5
4. 及时提交写作材料。 1 2 3 4 5

G. 表演技巧

1. 优化被传递的信息。 1 2 3 4 5
2. 聚焦相关信息。 1 2 3 4 5

3. 有技巧地逐步呈现。 1 2 3 4 5

4. 考虑到听众是谁以及信息如何被使用，然后选择最有效的交换信息的方法。 1 2 3 4 5

5. 使用恰当的非口头交流方式。 1 2 3 4 5

6. 有效回应问题（准确聆听，考虑到问题的信度、清晰度与可接受的效度）。 1 2 3 4 5

7. 使用适当的劝说技巧。 1 2 3 4 5

考虑到现场执行效率，实际评估中仅采用了卢又华（Yuhwa Eva Lu）的“社工临床实务能力清单评分标准”。评分为九分制，共计六项，包括访谈技巧、文化洞察能力、知识及干预能力、评估能力、自我觉察能力，以及总体评估，能较全面而客观地评估测验对象的实务能力（Lu et al.，2011；刘华丽等，2015）。但此评估表仅考虑访谈环节而未考虑小组活动的环节，因而增加了“组织与协调能力”（表8.5.4），重点突出小组工作互助与冲突的两大特征（Sweifach，2015）。此表为案主方设计剧本、社工方设计小组计划书共同遵守的指南，在开始的理论教学课时中教师应在课堂上与学生共同学习此能力评分标准。

表8.5.4　社工临床/实务能力清单（CCBC Checklist for SW-OCSE)**评分标准**

日期：________　小组：________　学号：________　姓名：________

访谈技巧	倾听技巧不足；妨碍案主表达及收集信息；态度主观；提供建议			倾听能力中等；尝试收集案主信息；表达同情心			积极倾听；系统地收集事实资讯；表达同理心		
·积极倾听 ·语言及肢体沟通 ·专业的自我运用 ·面谈目的的澄清	1	2	3	4	5	6	7	8	9
文化洞察能力	对案主的文化背景及价值观不敏锐；评判的态度；加强自我价值观			能识别自身与案主的文化差异及权利不均；洞察社会体制的不公及压迫；觉察案主的价值			尊重案主的文化及价值观；引导案主认同自我文化形成专业的判断及服务架构		
·对自身文化的洞察 ·对不同文化价值观及内涵的敏感度 ·精通跨文化交流	1	2	3	4	5	6	7	8	9

续表

<table>
<tr><td>知识及干预能力</td><td colspan="3" rowspan="2">不能明确了解案主的需求缺乏辅导方向；设定不切实际的目标</td><td colspan="3" rowspan="2">觉察案主的需求；运用有限的干预模式；尝试帮案主设定目标</td><td colspan="3" rowspan="2">能立即回应案主当下的需求；使用多种服务模式帮助案主重建正向认知并增权；澄清目标，设定具体可行、易达成的步骤</td></tr>
<tr><td rowspan="2">· 对案主需求/挑战，优势/资源的评估
· 与案主共同制定目标
· 判断问题的严重程度，制定阶段性可达成的具体目标
· 使用不同的干预模式</td></tr>
<tr><td>1</td><td>2</td><td>3</td><td>4</td><td>5</td><td>6</td><td>7</td><td>8</td><td>9</td></tr>
<tr><td>评估能力</td><td colspan="3" rowspan="2">无法正确评估案主的整体生活质量；无法觉察案主的改变进度；无法识别结案或转介的指标</td><td colspan="3" rowspan="2">觉察到案主的进展指标和整体生活改善；延迟结案准备、结案或转介</td><td colspan="3" rowspan="2">感知并赞许案主的改变和进展；适时的结案准备、结案或转介</td></tr>
<tr><td rowspan="2">· 评估案主整体生活质量的指标（身体状况、精神健康状况、经济状况等）
· 适时的结案准备、结案或转介
· 运用量表式问句及评估</td></tr>
<tr><td>1</td><td>2</td><td>3</td><td>4</td><td>5</td><td>6</td><td>7</td><td>8</td><td>9</td></tr>
<tr><td>组织与协调能力</td><td colspan="3" rowspan="2">未能观察小组成员的行为；沟通不畅，不能适当处理冲突；未发挥成员的相互扶持力量</td><td colspan="3" rowspan="2">关注到比较活跃的小组成员；有较好的沟通，处理冲突适当；能激发成员相互扶持的力量</td><td colspan="3" rowspan="2">能仔细观察成员行为；有效沟通，能较好地处理冲突；能充分利用成员相互支持的力量</td></tr>
<tr><td rowspan="2">· 观察到所有成员行为
· 沟通时兼顾所有成员
· 正确处理小组冲突
· 运用小组互惠技巧</td></tr>
<tr><td>1</td><td>2</td><td>3</td><td>4</td><td>5</td><td>6</td><td>7</td><td>8</td><td>9</td></tr>
<tr><td>自我觉察能力</td><td colspan="3" rowspan="2">对自己的访谈表现和临床胜任度做过高或过低的评估</td><td colspan="3" rowspan="2">对自己的访谈表现和临床胜任度做出适当的评估</td><td colspan="3" rowspan="2">明确的识别访谈过程；识别与案主互动关系中的动力；知道如何改善访谈过程</td></tr>
<tr><td rowspan="2">· 评估自己的访谈表现和临床操作能力</td></tr>
<tr><td>1</td><td>2</td><td>3</td><td>4</td><td>5</td><td>6</td><td>7</td><td>8</td><td>9</td></tr>
<tr><td colspan="10"></td></tr>
<tr><td>整体评估（总分）</td><td>1</td><td>2</td><td>3</td><td>4</td><td>5</td><td>6</td><td>7</td><td>8</td><td>9</td></tr>
</table>

标准化案主能力清单评分标准

程度	弱			中			强		
·角色理解	1	2	3	4	5	6	7	8	9
·应变能力	1	2	3	4	5	6	7	8	9
·成员默契	1	2	3	4	5	6	7	8	9
·评估水平	1	2	3	4	5	6	7	8	9
·参考价值	1	2	3	4	5	6	7	8	9
整体评估（总分）	1	2	3	4	5	6	7	8	9

评估不仅针对社工方，也针对案主方，主要从角色理解、应变能力、成员默契、评估水平与参考价值五个维度考察，以便改进案主方的表演。角色理解指对所扮演的角色理解程度、模拟与真实间表现一致性；应变能力指临场发挥的能力，剧本中考核的要点是相对固定的，但社工方的服务计划是多元的，标准化案主如何应对不同情境是培训中需要加强，也是剧本设计中必须准备的，可采用二分或三分法设置多重情境以供选择，降低自由发挥的风险，但对标准化案主扮演者是一个挑战；成员默契指标准化案主家庭或同组成员相互配合的程度如何；评估水平主要考察标准化案主的评估能力，依据其现场点评评价的内容；参考价值指本组本次表演对观察者学习的价值，如是否获得启发，是否推动反思等。

评估贯穿研究、教育与实践三个子系统，基于循证社会工作的实践理念，能力评估的指标不仅适用于教育子系统，也适用于实践子系统。在机构实习期间，服务内容应由机构与高校协同安排，实行机构与高校双重督导制度。在能力评估上，相对而言，机构督导更具有发言权。然而，机构面临生存与发展问题，其关心的主要是资源汲取与服务传递，因此对项目申报、行政管理与服务技巧比较重视，关注效率与创新；而高校关注学生的综合能力，包括知识、价值与技能，关注反思与批判。机构的服务目标与高校的教学目标并不一致，因此需要高校教师参与评估。

在学生实习期间，除基于真实案主的督导评估，可以派出标准化案主到实习地点评估实习学生，类似市场营销中的“神秘顾客”，与接受服务的真实案主混合在一起。标准化案主需要遵循剧本表演，在实习学生不知情的情况下，观察与评估实习学生。由于是实习考核，故标准化案主无须现场反馈结果，而是在实习结束后由系室统一发布。其伦理风险较低，能够以多案主同剧本考核不同学生或同组学生。但组织形式若为分散实习则成本会比较高，在评估期间还可能干扰机构的服务计划与学生实习安排。评估时采用统一的制式能力评估表，即督导、教师、标准化案主采用统一的标准评价，而实习学生也需时刻对照评估表以规范自己的行为，纠正自己的偏差。

在学生进入实习现场后，督导始终在场，发挥教育、行政与支持的功能；评估则贯穿所有环节。评估包括过程评估与结果评估。评估标准为前置性条件，各方事先已达成共识。过程评估主要由机构督导完成，属于其日常工作中的一部分，结果评估包括自评与他评。自评主要通过实习报告与实习鉴定表（表 8.5.5）总结呈现，其内容要能反映社工理念践行，社工技能提升的过程。他评的内容涉及现场表现、项目管理、服务传递，以及日记、周记、笔记与报告的写作。现场评估是极为重要的一环，实习学生在活动开始与结束时会分别发放调查表，通过前测与后测，评估介入后的效果；督导按照事先确定的能力评估表打分。根据实习时长，可选择多次记录成绩，并对结果加权平均；或在结束前选择一次作为实习测评的依据。服务效果测评与学生能力测评，依据一定的权重比计算，最终合成为学生实习成绩。通过实习考核的同学意味着可以进入真实的场景独立开展工作，对案主具有低风险性。从作者督导服务的体会来看，部分学生在模拟情境下游刃有余，但真实情境下仍会有紧张失误，出现活动环节丢失，活动游戏无法组织的情况。督导与学生应共同比较模拟情境与真实情境下知识、价值、技能应用方面的差异，引导学生反思自己的学习与服务行为，并及时改进。

表 8.5.5　毕业生实习鉴定表

<table>
<tr><td>姓名</td><td></td><td>专业</td><td></td><td>班级</td><td></td><td>学号</td><td></td></tr>
<tr><td colspan="2">实习单位</td><td colspan="6"></td></tr>
<tr><td colspan="2">实习单位地址</td><td colspan="2"></td><td colspan="2">实习时间</td><td colspan="2"></td></tr>
<tr><td colspan="8">实习总结（包括实习内容、成果、体会等，800 字以上）

个人签名
年　　月　　日</td></tr>
</table>

续表

实习单位鉴定意见	单位盖章 年　月　日
指导老师鉴定意见	成绩（　　） 签章 年　月　日

与此同时，学院需要检查实习项目（表 8.5.6）并交由学校教务部门存档。可以说，管理者始终存在着一个全景畅视的情结，期望一览无遗地审视被检查者，这是一项精准治理的技术，而这种治理技术的典型手段就是统计报表。问题是，此环节在许多普通高校很大程度上是形式主义，通常由实践教学指导老师填写，而非学院检查工作负责人填写，仅仅是备案，导致教师更多的时间被浪费在各种表格的填写上，但客观上却给予了专业以极大的自主性。

表 8.5.6　实践教学环节学院自查情况记录表

学院（章）：

实践教学名称：　　　　　　　　实践活动地点：

计划安排时间：　　　　　　　　检 查 时 间：　　年　　月　　日

序号	检查内容		情况记录
1	教学准备	教学文件（实践教学大纲、指导教材、实施计划书）是否齐全	齐全（　）不齐全（　）
		教学条件是否充分	充分（　）不充分（　）
2	教学秩序	师生是否准时到位	是（　）否（　）
		实践教学是否按计划进行	是（　）否（　）
3	教学效果	报告、作业、考核材料是否规范	是（　）否（　）
		考核成绩是否正态分布	是（　）否（　）
		技能抽测状态分析是否与整体成绩分布相符	是（　）否（　）

续表

序号	检查内容	情况记录
4	具有成效的措施及主要存在的问题 检查组组长签名： 教学院长签章：	

1. 此表一式两份，请于学期结束时一份交实践教学科。

2. 各实践教学环节均需填写此表。

此处的实践包括见习、实习与社会调查三种类型，其自查的内容比较宽泛，未提供专门的技能测试标准，难以了解实践教学的真实效果。当下服务学习受到许多高校的关注，而其契合社会工作专业教育的需要，以服务学习为实践教学的组织方式，争取教务部门的支持与合作，将有助于专业地位的提升与发展资源的获得。由于EPS区块链平台只是理想建构，能力评估指标也未能与机构建立起共识，因而能力评估在机构中的应用尚缺乏相关实证材料支撑，这有待未来进一步探索。

第六节　范本篇

模式是否具有可操作性，能否取得设计的效果需要在实践中接受检验。由于区块链技术尚未应用到社会工作教育中，也不存在各高校共商共建共享的互联网教学平台，故本模式实践教学是以社会工作实验室现有的技术条件为场景。在理论到实践的连续谱中，实验室居于认知导向的课程与在督导指导下直接开展社会工作的体验之间，为学习者提供了一个反思自己作为与临床社会工作专业标准相关的实践者的个人风格的机会（Mackey & Sheingold，1990），其重要性不言而喻。作为本实践教学舞台的实验室设有个案室、小组室、观察室、社区工作室与控制室，能够通过无线触摸屏实现语音、视频、环境的集中控制，后期可以通过专业软件存储编辑音视频资料。

模式实践开始于2014年，授课对象为社会工作专业本科生。2010级至2012级均为大四第一学期开课，自2013级开始调整到大三第一学期。考虑到毕业班同学时间安排紧张，选择了角色扮演，但对流程进行了规范化。其不同于传统教学中角色扮演的特点之一是案主方设计的剧本对社工方而言是保密的，为标准化案主策略的应用积累了经验。2013级、2014级均以标准化案主策略为指引，遵循“证据—表演—服务”的生态系统模式。其中一组扮演案主方，其他组均为社工方。社工方以机构的组织架构运营。然而，模式展开的行动框架只是一种理想模式，属于强标准，在实际运行中需要满足诸多条件。受制于主客观条件，证据主要来自论文论著，以及与社会工作相关的专业网站、微博与微信公众号上的相关研究，对证据的分级很难达到理想的标准；案主的招募仅来自授课班级，培训时间短暂，内容也比较简单，主要是要求言行符合角色要求，能够在表演中识别出社工方技能使用的水平，能够正确使用评估表，只能满足模式展开所需较弱标准的要求。

研究依托“社会工作实验与管理”课程展开，前修课程为“个案工作”“小组工作”“社区社会工作”“社会工作行政”等。课程定位是对前修课程中学生所学相关知识、价值及技能的检验与强化。班级规模为35—40人，时间为2节课，计80分钟，其中表演时间通常设置为60分钟，包括访谈与小组活动；余下时间为现场评估。由于课间不统一休息，故实际时间为90分钟。现结合实践教学情况，为模式的应用提供一个弱标准的行动指南。

吉莉安·波特·拉杜塞（Gillian Porter Ladousse）认为角色扮演活动组织需要考虑以下因素：水平（最高水平/最低水平）、时间（多/少）、目标、语言（舞台指示）、组织（两人的还是小组的）、准备、暖场、程序（过程指引）、追踪、评论与调整（依据类型或水平不同）（Ladousse，1987：21）。参照此分类，本书将课内实践教学活动的初始条件设置如下：教学目标集中在提高与评估学生的临床技能；能力评估为低水平、弱标准，所有人都必须熟练使用社会工作临床技能评估表，并在表演时或结束后进行准确评估；组织形式为小组，根据班级具体人数分组，标准化案主方6—8人，仅设1组，社工方每组一般在5—7人之间；进入课堂前，案主方要准备好剧本，提供案主名片，社工方要准备好小组计划书，教师辅助提供相关资源（论文论著、网络资源等）；每组表演时间限定在80分钟，课前准备为2周。事后有追踪（学生转录）、评论与反思（现场与课后，教师、案主方、社工方与观察者基于同样的量表，以同样的尺度评估）。下载、剪辑由实验室管理员负责；格式转化与上传由教师负责。不同组次活动开展时，剧本的考核点要有所调整。活动开展时的暖场或破冰等属于活动中的必有环节，但在模拟教学中会要求控制时长。

（一）前置环节：模拟机构运行

模拟机构是一种仿真教学模拟，作为前置环节要求学生完成以下常见任务：机构章程、招募海报或影像、项目管理、财务报销制度及报销流程、活动预算书等撰写或设计。相关知识、价值与技能应安排在“社会工作行政”等课程中学习完成，在模拟机构过程中会进一步强化。由于“社会工作行政”课时较少，因此在实际教学中相关能力的学习是在本课程中完成。

1. 具体任务要求

机构章程。采用民政部门最新模板，并完成机构组织框架（职能分工）的制作。

招募宣传。招募/宣传海报选择彩色打印，A3；建议使用专业软件（如 Photoshop、Publisher 等）；注明所用软件，制作个人或团队。招募/宣传影像可采用手机或专业摄像机录制，选择采用专业软件（如 Adobe Premiere）编辑（可事先提供影视制作的培训）。当下短视频技术的发展使得学生已经能够轻松驾驭此项任务。

项目管理。提供专业介入的时间进程与资源调度图，建议使用专业软件（如 Project）。甘特图制作也可使用流程图制作软件（如 Visio、EDraw 等）。

财务管理。建立财务报销制度（可借鉴高校财务制度设计）；有明确的活动预算与实际支出表。教师会事先提供民办非企业单位财务报表模板。

活动用品。道具应满足场景、活动需要，并具有特定的功能，不能只是作为无关紧要的装饰或点缀，由学生根据小组活动计划自行准备。活动结束后，不需要的可用物品留存在实验室。

档案管理。一切介入过程形成的记录都需归档，如剧本（包括转录剧本）、小组计划书、海报、项目管理进程表、财务报表、评估表等。

工作分配。每个团队的每位成员承担大致相当的工作，禁止“搭便车”行为，由组长负责统筹分配。“搭便车者”将单独考核。

媒体应用。可使用网络问卷做前期调研；可开设微信公众号用于机构的宣传等工作，并设置二维码方便潜在案主申请。

2. 具体教学内容

机构类型。按照性质区分包括社会团体、民办非企业单位与基金会。提供直接服务的社会工作机构属于民办非企业单位，它是指企业事业单位、社会团体和其他社会力量以及公民个人利用非国有资产举办的，从事非营利性社会服务活动的社会组织。企事业单位、社会团体和其他社会力量举办的或由上述组织与个人共同举办的，只能申请民办非企业单位（法人）登记。基本条件：直接登记/经业务主管单位审查同意；有规范的名称、必要的组织机构；有与其业务活动相适应的从业人员；有与其业务活动相适应的合法财产。

管理制度。目前实行直接登记与双重管理相结合、相并存的登记管理制度。实行直接登记的包括行业协会商会类、科技类、公益慈善类、城乡社区服务类四类，其他组织仍需接受双重管理。2015 年 10 月 1 日开始实施“三证合一、一照一码”登记改革，民办非企业单位登记证书、组织机构代码证和税务登记证已经实现“三合一”，拥有唯一的统一社会信用代码。

机构名称。应当符合《民办非企业单位登记管理暂行条例》和民政部《民办非企业单位名称管理暂行规定》的规定。按照规定需要限定级别，不同层级的服务机构能够获得的项目有所差异，特别是专项基金。故部分机构在规模扩大后，会分设不同层级的机构以便申请不同级别的资金。如果是市级，根据地理归属，需要以所在市名称作为限定。机构名称类型一般区分为服务中心、服务社与事务所，事务所的要求比较高，必须有三名及以上的拥有社会工作职业资格证书的成员；而采用服务中心还是服务社取决于未来发展定位，也涉及同业竞争，因为公众会潜意识地认为中心更具有权威性。

资金来源。主要利用非国有资产。合法财产中的非国有资产份额不得低于总财产的 2/3（即国有资产不得超过 1/3），开办资金必须达到本行（事）业所规定的最低限额。目前最低限额为 30000 元。

财务管理。在模拟实践中，教师提供了活动模拟经费与统一的报表，要求学生依据相关规定填写表格、粘贴票据、履行审批报销手续。要求学生熟悉《民间非营利组织会计制度》，并了解“会计科目和会计报表”。在实践中，小型机构初创阶段一般聘用兼职会计，应签订合同；也有地方政府为鼓励公益慈善组织的发展提供孵化基地，形成共享空间，财务人员统一聘用，能够有效降低分散聘用的成本。但机构负责人及成员也应掌握基础财务知识。

组织框架。主要涉及理事会、监事会成员的数量及安排的原则。

宣传海报。要求熟练运用平面设计的基本技能。原则包括：主题突出、内容简洁；版式合理、结构平衡；文字规范、色彩契合；元素关联、风格一致等。

机构章程。民政部门提供了统一模板，包括总则，举办者、开办资金和业务范围，组织管理制度，法定代表人，资产管理、使用原则及劳动用工制度，章程的修改，终止和终止后资产处，以及附则，不可省去强制性条款及其内容。学生模拟设计的章程时间较早，故版本较旧。新版本增加了“第四条 本单位根据中国共产党章程的规定，设立中国共产党的组织，开展党的活动，为党组织的活动提供必要条件”。可以突出机构特色的条款（新版本）集中在第一章与第二章，主要有第三条（本单位的宗旨）、第十条（本单位的业务范围），故仅列出前两章的内容。

某高校教师领办的机构

第三条　本单位的宗旨是遵守宪法、法律、法规和国家政策，遵守社会道德风尚，秉承“以人为本、助人自助、公平正义”的社工理念，以利他主义为指导，以科学的知识为基础，发挥专业技能，提供社会工作专业服务，推动社会团结，提升人类福祉。

第十条　本单位的业务范围：

（一）关注社会现实需求，开展社会工作专业服务等；

（二）支持同业社会组织，提供机构孵化与协同服务；

（三）接受各类服务委托，提供决策咨询与资源整合服务等；

（四）推动社工能力建设，提供专业技能培训；

（五）搭建实践科研平台，服务教学和科研。

学生模拟设计

＊＊市＊＊社会工作服务中心/服务社/事务所章程

第九条　本单位的业务范围：

（一）为有关单位、社区、家庭或个人提供专业化社工服务与咨询；

（二）开展社会工作方面的教育培训、组织宣传、讲座、课题研究、学术交流；

（三）承接政府有关部门委托的各类社会工作服务项目及课题研究；

（四）开展邻里互助与社会关爱活动，为普通社区或特定社区提供社区发展项目策划及社工服务；

（五）运用个案与小组的社会工作方法为青少年、老年、残疾人、妇女提供介入服务。

(二) 实验环节：课堂教学流程

由于指导者（教师）、扮演者（学生）尚无法达到专业水准，因此选择了与扮演者社会人口学特征一致的主题：大学生人际交往障碍，案例来自学生的生活经历。但不是单一事件，而是若干事件的整合。真实的临床数据，主要是姓名、学号、年级、班级、专业等信息，都经过了修饰与保护。在本次实践中，事先提供给社工方一些基本的信息（案主名片），如主题或方向、成员数量及角色。更为详细点，可包括案主的背景信息，类似于心理社会评估；健康、社会与心理处境；可能的支持网络；可识别的问题；其他需要探索的问题（Linsk & Tunney，1997）。如果时间充足，比如分课时执行访谈、小组活动等阶段，可以不提供学生方向或优先的指导，使得学生处于一种当下偶遇的情境，有助于学生调动已有的知识，发展相关的策略，从而更好地掌握相关的技能（Feinman，1995）。实际教学流程如下（表 8.6.1）：

表 8.6.1　标准化案主实践教学流程

工作阶段	具体任务
协调	1. 案主方提供主题与人物的角色。2. 双方协商确定小组工作的模式（实际工作中应是社工在访谈后再确定工作模式）。3. 双方协商场次的安排（限于时间，小组活动不超过四幕）。
准备	[案主方] 1. 收集案例：设计案主名片，明确自己所扮演的角色；熟悉其他成员的角色特征以及相互间的关系等所有信息。2. 文献梳理：包括证据采集与转化，定义社会工作临床技能考核锚点（实际操作时直接采用了既有研究成果）。3. 编写剧本：相对固定用于考核的台词；设置考核锚点，采用二分法，分通过与不通过两种情况。4. 节目排练：要能够符合人物的年龄、性格及其心理；成员间的互动能够反映主题所要表达的关系；肢体、语言等能够体现情境要求；呈现小组工作的互助与冲突特征。 [社工方] 1. 成立机构：模拟成立社工服务机构，制定章程与财务管理制度，设计组织架构（单独课时汇报）。2. 任务分工：不同任务由专人负责，其他成员协助，1 名成员负责后台监控并承担评估工作。3. 文献梳理：包括证据采集与转化，对问题进行界定；选择介入模式，明确可能需要使用的技能。4. 活动设计：设计小组计划书；编制访谈提纲；固定某些台词、程式；拟定活动方案，规划进程，设计海报或制作影响，编制预算（总金额为 100 元）。

续表

工作阶段	具体任务
表演	[案主方] 1. 角色扮演。2. 观察社工的表现。 [社工方] 1. 张贴海报。2. 报幕，并适时加入旁白。3. 访谈。采集案主信息，注意技能的运用（主要考察个案社会工作技能）。4. 召开社工会议，讨论并完善介入模式。5. 开展小组活动。
评估	[现场评估] 1. 社工方自评：自我陈述，分析自己的策略，给自己评分（9 分制）。填写评估表。2. 案主方评估：分析社工方的技巧应用，给对方评分（9 分制）。填写评估表。3. 观察者评估（学生）：案主方模拟是否成功；社工方技能应用如何；如果自己是社工会怎样做。填写评估表。4. 教师点评。填写评估表。 [课后评估] 所有人都需要填写评估记录（统一模板），要求再次观看视频，并结合现场记录，举例回答两大问题：社工方的优缺点；案主方的优缺点。由学习委员汇总后发送到指定邮箱。全部表演结束后通过录像回放反思并评估。

在缺乏证据转化中心时，可采用以下方法提高证据的质量。首先借助文献计量软件（如 CiteSpace），绘制知识图谱，提取出该主题的研究热点、前沿与知识基础等，进而筛选出高质量的研究文献。通过质性分析软件（如 NVivo），深度解读文本（包括期刊文献与其他来源的资料），比较理论依据、研究方法、服务介入过程与方法、研究结论等，确立等级后再应用于案例编制。

为保证更多的同学参与到实验中，课程组织选择了小组工作方法，并根据班级人数进行分组。以班级 36 人为例，分成 6 组，自行组队，可通过电子表格在线编辑功能汇总。其中 1 组承担标准化案主角色，其他小组承担社工角色。案主方重复表演 5 次。表演过程全程录像，由于剪辑、添加字幕等工作缺少专门的团队支持，因而不同分室都选择一个全景镜头。现场镜头拉伸、场景切换由实验室管理员培训学生负责①；下载与格式转换由实验室管理员负责；专任教师负责简单的剪辑工作并负责上传至网络教学平台（Blackboard）② 上（图 8.6.1）；社工方负责对录像转录。教学活动形成的所有资料都需归档。相关的视频、转录后的剧本、小组计划书、评估等资料在下次活动之前完成上传，目前限定在专业内部注册用户的交流使用。活动结束后，所有参与者都使用评估表进行现场评估，包括案主

① 镜头的切换、剪辑的选择都可能导致影响观察者的评判，在实验室硬件条件有限的情况下只能尽可能保证呈现的客观性。

② 该平台可供外部网络访问使用，因而可实现社会工作教育资源的互联互享。

方、社工方、观察者（含教师）。

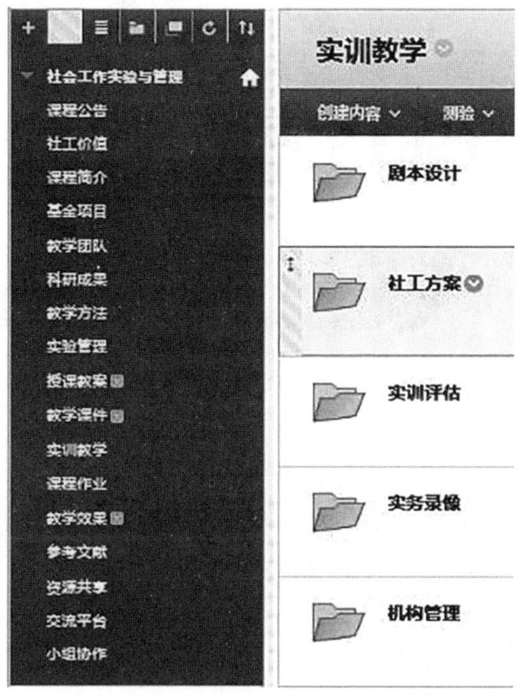

图 8.6.1　网络教学平台目录

在活动开展前，案主方首先发布招募海报。在教学活动开展时，张贴在社会工作实验室门口。可由教师开通微信公众号用于教学活动，每组开展活动前在公众号上发布。依据海报设计的基本要素与专业要求，师生进行点评，并提出改进意见。更为复杂的能力训练可选择设计电子杂志，能够直接通过其平台发布，可用于活动开始前的动员，也可用于活动结束后的总结汇报。图 8.6.2 为学生设计的 3 份海报（原图为彩色），个人信息已被清除（白色方块处），存在主题不清、对象不明、版面杂乱、字体花哨、配色不佳等问题，要求使用比较专业的平面设计软件。为避免“拿来主义”，要求提供原始文档以便审查。

图 8.6.3 为现场录制画面，使用固定半球高清摄像头录制，另有两台 360°可旋转高清摄像头辅助录制，后期可通过剪辑合并相应片断。使用 Nvivo 软件进行转录、编码，其中的时间跨度、内容仅为演示所用。内容栏位置应该是转录原始对话，然后对内容进行编码。通过对编码的新增、拆分、合并、升级或降维，最终提炼出关键变量，据此可建立模型，评估教学效果，从而改进未来工作。也可用于解读文本，提炼变量，建立指标体系。

图 8.6.2 案主招募海报

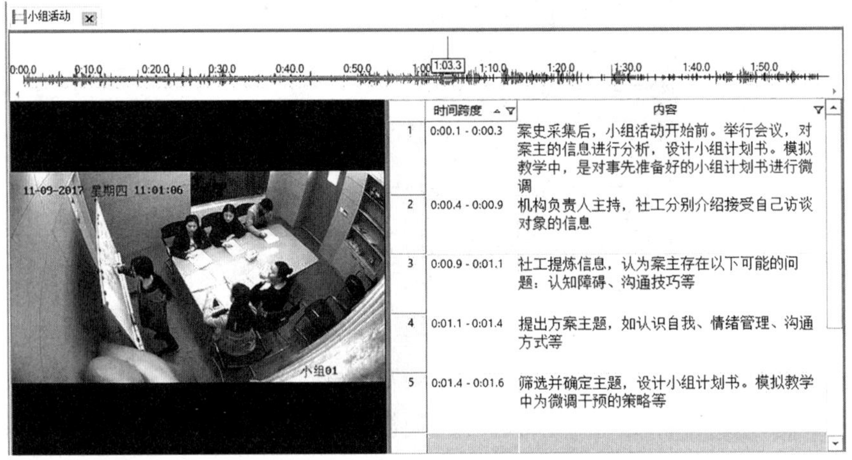

图 8.6.3 小组活动场景

考虑到时间限制，社工方与案主方在介入模式（社会目标模式、互惠模式、治疗模式与发展型模式）上预先达成共识，较多选择了治疗模式。在此基础上由案主方依据能力指标设计了剧本，在考核锚点处则采用了二分法（剧本中以①②区分）甚至多分法回应社工的表现。在每轮表演后要求对照现场转录剧本加以改进。当社工方表现较差时，要求案主方仍然接受参加小组活动的邀请，继续评估小组活动的组织与协调能力。案主方设计的剧本、标准化案主名片（指基本信息，包括姓名、年龄、性格、兴趣，还涉及在小组活动中需要呈现的冲突与互惠的关系等）、社工方的小组计划书及附件都在活动开始前一天发送给指导教师。

剧本与小组计划书的设计都坚持证据为本，社工临床/实务能力清单为共同的依据。无论是案主方还是社工方在设计时都要求尽可能多的收集与主题相关的文献（证据采集），分级证据（可采用 RevMan 分析），纳入参考（主要是强化流程，与证据为本的要求相差较远）。指导教师现场观看表演时会与剧本、小组计划书等进行比较，事后给出评估并提出改进措施。为避免案主方的表演疲劳，破坏社工方的认知定式，在不同场次的表演中，案主方内部可以交换角色表演，这可以检验标准化案主的可重复性。所以，案主方需要熟悉所有标准化案主的角色信息，以便随时可以互换。同时，不同场次考核的能力锚点略有增减，避免社工方在未深入访谈时就得出结论（先前观看时知悉的考核点）。剧本设计中存在难点，主要是进入小组活动环节案主方成员间相互配合的问题，一种途径是剧本达到仿真现实的程度；一种是提前告知小组活动计划。前者要求每个成员必须非常熟悉其他成员的设定及相互关系，难度较高，但可以有针对性配合或挑战社工方的安排；后者将提高社工方的的难度。社工方内部如何平衡任务重要性，如何考核承担不同任务的同学也是评估面临的一个难题。目前基本安排是：访谈环节每 2 个同学一组，分为主带社工与辅助社工，轮换角色访谈；可根据案主角色关系，选择单人访谈还是多人访谈；在小组活动环节，每场主持人也分主带社工与辅助社工，其他社工配合做好引导沟通、收发材料等工作。

剧本：大学生人际交往（访谈环节）

案主一　交往障碍

成功：你好，请问这是××机构吗？

社工：是的，请问您是？

成功：我是来寻求帮助的，哎呀，难受得不行。

社工：你先不要着急，有什么话咱们坐下慢慢说。

成功：等等，你们是干啥的啊？

社工：我们是××××（考察点：社工介绍机构的作用）。

成功：

①好吧。

②（如果社工没有介绍清楚机构）哦，不太懂，可能问题太严重了。

社工：有什么苦恼，可以和我说说吗？

成功：（沉默）。

社工：

①没有关系的，你可以放心说出来，我相信你可以做到的（考察点：鼓励支持）。

②到底是什么事情啊，你能说说吗？

成功：

①就是心里堵得慌，好像有一堵大墙。

②（沉默）。

社工：你可以详细说说吗？是什么事情让你这么想呢？（考察点：面谈的目的是澄清）

成功：

①比如说吧，这不是刚开学没多少天嘛，我们又是文科班，男生比较少，所以我们很容易就能凑在一块儿，大伙儿又比较喜欢出去玩，经常出去上网啊，吃饭啊，我比较喜欢安安静静地看书，我不喜欢打游戏，吃饭也是习惯了素食，但是现在这些通通很难做到了，最近，我尝试了独立一些的生活，感觉生活简单了不少，但是室友们似乎把我孤立了起来，这同样也不是我想要的，你懂我的意思吗？

②（如果社工随便猜测，贴标签，则案主较为激动）瞎说什么呢！你不要乱讲话，你知道我的经历吗？你不知道！

社工：

①我很理解你，你心里很困惑，矛盾，因为你在个人和群体之间失去了方向，不知道我这样说对不对？（考察点：同理心）

成功：

①对对对，我就是这个感觉，您看看这是为什么呢？

②（如果社工没有较好的表达同理心）你懂什么啊，明显是敷衍我！

社工：你有和室友沟通过吗？

成功：没有，我觉得没什么用，我以前一直都是一个人。

社工：以前一个人生活，难免这样，集体生活还是要包容一些啊！

成功：你说的我知道，只是说起来容易做起来难啊，毕竟这么多年了。

社工：你先不要着急，你觉得自己的生活是熟悉的，也是应该坚持的，不被影响的，所以如果和一群人一起生活，他们难免会影响到你。

成功：是啊。

（可选考察点：尊重案主的文化及价值观，引导案主认同自我文化形成的专业判断）

社工：我大概了解情况了，你需要一些和集体打交道的方法，这样既可以实现你的个人自由，也不会被大伙儿孤立了。（考察点：能立即回应案主当下的需求）

成功：

①我不能再同意了。

②（如果没有回应案主需求）你根本不知道我要什么，走了！

社工：那么很好，我们正打算举办几次小组工作，里面都是和你一样有人际交往困惑的同学，如果你来的话，大伙儿可以一起出主意，你也可以给别人出主意，愿意加入吗？

成功：好的，那我的事情就拜托你们了，我就把我交给你们了啊！

社工：

①我们会给您一些必要的帮助，你要相信自己的能力呀，希望你的问题可以顺利解决。（考察点：社会工作价值观：助人自助）

②可以，这是我们应该做的。（未能考虑到案主的能动性）

成功：谢谢，我们加个微友吧，有什么问题还可以找你，顺便交个朋友！

社工：

①这样吧，我建一个讨论组，组员，还有我们社工都在里面，有什么问题一起商量，顺便也可以增进一下大家的友谊。（考察点：专业关系，非私人关系）

②可以啊，平时你可以来找我。（未能考虑专业关系）

成功：这样也挺好啊，那我们回头见，等您通知！

社工：慢走啊！

在收到案主名片，了解基本信息后，社工方开始准备小组计划书，同时需要单独准备一份访谈提纲，在完成第一场访谈环节的信息采集工作，才开始进入第二场小组活动。限于篇幅，仅提供学生设计的小组计划书的目录。

小组计划书（目录）

一、背景资料

二、基本理念

三、理论架构

四、目标及目的

五、服务对象

六、小组特征

七、招募方法

八、所需物资

九、应变计划

十、小组活动内容

十一、评估方法

附件 1：小组活动评估表

附件 2：大学生人际关系量表（前后测）

附件 3：小组活动契约书

在剧本、小组计划书已经确定后，开始进入现场。社工方布置场景（张贴海报、摆放道具等），并与案主方在流程上进行沟通。按照通用流程，一般包括形成阶段、开始阶段、转换阶段、工作阶段、结束阶段，以及结束后的工作。限于时间，仅保留开始阶段、转换阶段、工作阶段、结束阶段，也有小组增加了结束后的工作（电话回访）。参照《青少年社会工作服务指南》可将流程设定为：接触预估、服务设计、服务实施与成效评估。表演共分四场，要求报幕，可适时加入旁白。第一场为案史采集环节，主要完成接触预估环节（为节约课堂时间，事先已共享部分信息），设置访谈环节是为补充细节，在个案工作室完成。第一场结束后转场环节移到小组工作室召开社工会议，讨论并完善介入模式。第二场开始进入小组活动环节，一般分三幕：开始阶段、转换与工作阶段、结束阶段。

表演结束后，进入评估环节，包括现场社工方自评、案主点评、观察者点评、老师点评。所有人均需填写评估表（案主、社工），课后统计评估分。课程结束后，实验室管理员下载视频，教师剪辑上传视频，社工方转录视频形成剧本；教师会以公告的形式结合视频转录的剧本统一点评剧本、小组计划书。所有小组表演结束后，案主方剧本、转录后的剧本都会上传，供学生自评。为避免泄露考核的锚点，初期开展时，在每组表演结束后，案主方可以及时获得转录后的剧本，但其他组社工则必须在结束后才可获得。

视频转录剧本（第一组）节摘

第一场：访谈案主

案主名片：李小冰。是××大学在校大三学生。是经过海报来找社会工作人员的。原因是自己与同寝室的同学合不来，对室友做了恶作剧被室友发现，被排挤了。想要解决被排挤的现状。

案主：［敲门］

社工：请进，你好！

案主：你们，这里是手挽手机构吗？

社工：对，是的，这里是××市手挽手社会工作机构。

案主：我在海报上看到你们了，你们这儿真的有用吗？

社工：真的有用的。

案主：真的有用吗？

社工：对的！

社工：我是××市手挽手社会工作服务机构的社工唐湖，三点水的那个湖，然后请问有什么可以帮忙的吗？有什么困难吗？可以说一下的。

案主：我真，我真的是受不了，我们宿舍，我现在受到宿舍的排挤，你一定得帮我解决一下。

社工：是关于什么方面的排挤，生活？学业？

案主：我就这么跟你说吧！

社工：嗯！

案主：我觉得我们宿舍里都是奇葩，他们还排挤我。

社工：就是，有没有具体的事情。

案主：唉，就先说我对床的那个吧，好像天天以学霸自居，没事儿就跑图书馆，晚上也学习白天也学习。有一天晚上都十点了，她还在下面开着台灯学，照得我根本睡不着觉。我就说她两句，然后其他舍友还帮她一起怼我。

社工：然后就是，你们宿舍有多少个人呢？

案主：我们宿舍一共四个，还有剩下两个我告诉你，她们也不是什么好东西。还有一个女生，唉，天天好像把自己当白富美一样，天天就知道勾搭院里的男生，有事没事就找学长，现在好了，有什么事儿都能找到学长帮忙。我呢，就只能在那边看着。还剩下一个，好像是上海的吧，天天那个优越感，前两天有片面膜，我想试一试都不让，有什么了不起的，我稀罕一样。

社工：那你有没有想过，那等于是她们三个现在是组成一团，然后不跟你玩儿了，还是说很明确地摆出跟你对立的态度。

案主：我就这么跟你说吧，我实在受不了了，天天在我面前秀优越感。有什么了不起的，不就是学习好吗？不就是家里是上海的，了不起吗？我那天实在受不了了，就一时冲动。

社工：就跟她们吵了一架吗？

案主：没有，算是做了一些不好的事情，就把她们的沐浴液倒掉了一半，然后填了点水。但是不小心被她们发现了，我已经道过歉了，但是她们现在还不原谅我，我现在就被她们排挤了。

社工：那我想知道你道歉的方式，比如是很郑重地跟别人道歉，还是说很简单的一句话带过呢？

案主：我还要说什么呀？我现在也忍不了呀！我已经试着道过歉了，她们还是这样。

社工：那你其实有没有换位想一下，如果你是要学习的学霸，或者她要考一个很重要的试，或许你是那个白富美，可能人家就是生来就是这个样子的。

案主：那也不至于天天在我面前炫耀吧，有什么可炫耀的？

社工：嗯，那可能人家真的没有炫耀的意思，她也许真的也有不对的地方，用一些你比较不能接受的方式。

案主：你别给我说这些了，我就是受不了她们在我面前炫耀，我以前在家里是这样的吗？我以前在家里的时候也是朋友很多很受欢迎的，也是别人羡慕的对象，凭什么到了这里什么也不是了。

社工：就是你觉得自己的位置翻天覆地了，是吗？在家里的时候我是被别人羡慕的，但是到了这里却要成了羡慕别人的人，心里就很不平衡，是这样的吗？就是你可以悄悄地告诉我，或者说是，嗯，因为我们这里都是保密的，你可以把自己的心里话说出来，我也不会有看不起你的眼光，因为毕竟人之常情嘛，大家都会有。我肯定也会有，当别人说“你这件衣服穿得好好看”时，我肯定也会觉得，嗯，对的！我眼光就是好，好听的话谁都愿意听。有句话怎么说来着，“奉承让人舒服”，就是这个意思，你可以跟我说一下。

案主：那我这样算是有心理疾病吗？

社工：其实我觉得这不算是心理疾病。

案主：我觉得我有时会控制不了这种感觉。

社工：就是，我觉得这不算是一种心理疾病。这只是你对于这个地位突然的转变接受不了，比如说像新入学的时候，你会接受到感受到，五湖四海的同学们，然后他们不同的生活方式啊，不同的学习习惯，不同的待人接物方式，让你产生不一样的心理矛盾。但其实这种，通过自己的心理调适，是可以改变的。你其实本质上并没有恶意，你只是一时适应不了这个过程。

案主：那我和她们现在怎么办呢？她们还是不愿意原谅我，我也不愿意拉下来脸面道歉。

社工：这样子吧，我们以后会有一个关于解决人际交往问题的小组活动。我们互留一下信息，我会以微信啊，QQ 啊，人人网啊或者是你方便的方式，到时候我们再进行联系。

案主：行吧，那我考虑一下。

社工：好的，那请你喝饮料，不要纠结了，这是大学生都会遇到的一种人际关系的一个矛盾或者说是困难。

第二场：小组活动（第一幕）

社工唐：请案主过来一下，可以参加小组活动了。你们可以自己找位置坐。

社工部：大家好大家好，我们都是手挽手社会工作服务机构的社工，大家随便坐。

成功：随便坐啊随便坐，这里这里，咱俩坐一块吧。

张扬：行啊，咱俩坐。

成功：来来来。

张扬：咱俩离近点。

社工部：这边有饮料，大家可以随意点。

社工唐：想必大家都是第一次参加这种小组活动，是吗？

成功：是的。

社工唐：不要太紧张，不要太紧张。我是这一次小组活动的主持人，我是社工唐湖，湖是三点水的湖。这样子吧，因为大家都不太熟，都是第一次认识，从男生吧，好吗，从男生开始，不用站起来，就坐在这里，做一下自我介绍就可以了，让大家都熟悉一下你。

刘北习：我叫刘北习，然后没有然后了。

社工唐：然后就从这边顺这边来吧。

成功：我叫成功，同上。

张扬：张扬，没了。

李小冰：我叫李小冰，是××大学大三的学生。

刘菲：我叫刘菲，也是××大学的学生。

纪小岚：我叫纪小岚，没了。

社工唐：嗯，这样子，为了方便让大家快速地熟悉起来，我们玩一个游戏。在玩这个游戏之前，大家先把手机拿出来。

成功：拿出来啊。

社工唐：嗯，对，先拿出来，没有带手机的就没有带吧，带手机的都拿出来，然后调至静音，把它反扣放在桌面上，放在一起，叠在一块。

成功：好主意！好主意！

社工唐：叠在一起，如果谁想要动这个手机的话呢，我们就进行一次惩罚游戏，说一下自己的糗事，或者进行一次表演也可以，比如说和大家分享一下自己的一些人际交往的矛盾之类的事情。好，现在，我们进行进一步的热身。刚才大家想必都已经进行过一轮自我介绍了，现在我们从女生开始，你是纪小岚，第二位说我是纪小岚旁边的郭艳，然后第三位接着她说我是纪小岚旁边的郭艳旁边的刘菲，这样一直接到最后这一位，加深一下大家的认识，缓解一下男女生之间的尴尬。

成功：好好！

社工唐：那我们开始吧。

纪小岚：还要介绍啊，刚刚不是介绍过一次了吗？

社工唐：对，因为大家都是来自五湖四海不同的人，我希望大家能通过进一步的介绍加深了解。这样会使我们小组工作更好地开展啊，也能够真正地帮助到你们，关于自身问题的一些解决，好吗？

纪小岚：就介绍名字吗？

社工唐：对的，就是介绍名字，然后我们社工会协助你们一起进行这个游戏的。

纪小岚：好吧，我是纪小岚。

社工郭：我是坐在纪小岚旁边的社工郭艳。

刘菲：我是坐在纪小岚旁边的社工的郭艳的旁边的案主刘菲。

社工刘：我是纪小岚旁边的社工的郭艳的旁边的案主刘菲旁边的刘阳。

社工海：大家好，我是纪小岚旁边的社工的郭艳的旁边的刘菲同学旁边的刘阳社工旁边的郜海社工。

李小冰：大家好，我是纪小岚旁边的郭艳旁边的刘菲旁边的刘阳旁边的郜海旁边的李小冰。

张扬：嗯，我是纪小岚旁边的……

社工唐：没事没事，加油加油！

张扬：我是纪小岚的，那个，郭艳的……

社工唐：不要紧张，不要紧张。

张扬：刘菲的，刘阳的，郜海的，李小冰的，张扬！

社工唐：好！

成功：我是那个纪小岚旁边的，郭艳的旁边的，那个谁来着，对对对，刘菲旁边的，刘阳旁边的，郈海旁边的，李小冰旁边的，张扬旁边的成功。

刘北习：纪小岚旁边的，郭艳的旁边的。

张扬：你就是纪小岚的旁边啊。

社工唐：你先让他说完，而且我们是这样转一圈的。

张扬：你怎么不说清楚？

刘北习：刘菲旁边的，郭艳旁边的，郈海旁边的，李小冰旁边的，张扬旁边的成功旁边的刘北习。

社工唐：（鼓掌）瞬间记住这么多名字很不容易，大家鼓掌，而且关于刚刚你所提出的那个就是我们说清楚是左边还是右边，因为我的一些口误造成了误会，非常抱歉。现在呢，为了更好地融入到你们，我决定坐到你们中间来。

社工唐：经过一次游戏介绍后呢，大家熟悉了起来。我们这次比较正式地解释一下，我们这边是关于一个人际交往的一些矛盾或者问题，特地设置的一个小组，通过这次小组活动，我们会对你们的一些关于人际交往的困难啊，对自己生活造成的影响之类的提供一些实质帮助。我们这次小组活动的时间是从 10 月 14 日，也就是从今天开始配合到后期的一些计划，或者是根据你们的一些实际情况进行一些所谓的转案等，一直持续到 11 月 15 日，然后我通过你们之前和我们社工进行的一个访谈，也大致地了解了你们的关于自己的一些问题。今天我们主要是为我们人际交往小组活动起一个头，使大家融入到这里面，然后到下一次的活动我们才会更加细致地对具体的问题的进行一个统一的解决。现在大家可以先简单地聊一聊，比如说，自己关于人际交往的困难或者是想要跟大家倾诉的一些问题，我都希望大家可以提一下，不要觉得别人会以异样的眼光看待我们什么的，我觉得大家的问题，都是现在社会人身上都会有的。有没有谁想自己主动一点？

社工唐：我想大家看得清楚一点，大家可以在纸上写下你们的问题，如果觉得……

社工郭：看一下没有异议的话就可以签字了，有异议就提出来，我们可以协商。

李小冰：有异议可以不签名吗？

社工郭：你可以提出来，我们大家一起商量。

李小冰：这个按时到达，我可能做不到，我现在就挺赶时间的，你们能不能快点。

社工唐：其实我觉得，如果是时间不够的话，我们可以协调大家下次活动的时间，进行一次更改。毕竟这是小组活动，你来参加的时候就要预备出一定的时间。因为我觉得你们来到这里也是希望改变自己现在所处的环境，也希望和朋友建立很好的关系，希望自己的人际关系能得到进一步的发展，所以我也希望大家能克服一下比如说关于时间、天气这方面的问题。

李小冰：那要是实在做不到怎么办？

社工唐：那要是实在做不到，那我们就进行协商，也希望每次的小组活动都能让每一位案主参加，获得真正的帮助。我们不希望在所有的小组活动结束之后你们觉得没有获得帮助或者是说感觉对人生没有起到任何的作用。我也不能打包票绝对会对你们有帮助，但是我希望我能竭尽所能地帮助你们。

成功：好好好，了解了。

社工唐：在走之前，我们会进行小组活动评估，你们在表上以画圈的方式表达对这次小组活动进行评价，不会耽误你们太多时间，直接画圈就可以了。这算是对我们下次工作开展的准备，我们会根据你们这次的评估表进行总结分析和反思。

社工郭：希望大家有更愉快的体验。

成功：那没其他事情了？

社工唐：那我们这次小组活动就算结束了，我们下次的活动的联系方式……

成功：好好好，我们下次一定来。

从实际效果来看，该模式具有更强的挑战性、更高的参与度、更多的反思性，能够强化对能力的识别，进而推动能力的提升，获得了学生的高度认同。对于社工方而言，第一组面临的挑战最大，因为对考核的形式内容完全无知，从转录内容可以发现出现诸多失误，如口误、语言组织混乱、意思表达不清晰、任务目标不明确、游戏执行不顺利、面对挑战缺乏有效的应对措施，标准化案主也面临无特定情境出现难以呈现能力考核锚点的问题。后续小组已观看过前面的表演，因此录像转录的剧本与所有人的评估可以在下一组表演前共享在网络教学平台上。对后续小组而言，可提前做好一些准备。如果是考核，剧本是不可泄露的，但作为课堂教学，预先共享现场转录剧本则是可以接受的，毕竟不是标准化案主方持有的剧本，此剧本在所有小组表演结束后才会公布。后期教学设计正是借助多次

的重复推动学生反思，进而不断完善小组计划书，也不断完善案主方的剧本及表演，力图在最后一组的模拟教学中实现能力为本的培养目标。在实际的教学过程中，扮演社会工作者的学生面临未知的案主，为了呈现最好的表演，心理上也存在很大的压力，个别学生甚至无法进行下去。在案主方与其他同学评价时，社工方具有很强的回应诉求，试图通过解释修补自己现场表现的不足。后续小组则竭力避免重复前列小组的缺陷。在下一组活动中，案主方技能考核锚点会进行微调，角色也可能互换，[①] 这在一定程度上给后续社工小组带来了新的挑战，避免了社工方等待技能考核锚点出现的投机行为。

不足的是，模式的实践目前还仅限于生态系统模式的证据、表演两个领域，而服务领域尚未试验，其效果有待检验。原因在于前面两个环节对教育者而言容易控制，而服务环节需要机构的积极参与。目前机构更多的是以消费者（案主）为中心的社会工作服务项目，难以与社会工作教育系统形成互惠。因而，我们有必要积极发展学习者为中心的社会工作服务项目（Carraccio et al.，2002）。但就现实而言，这类机构及项目尚不可求。从行动研究的伦理来看（Stringer，2007：55），做到了知情同意与相关信息的保密处理，学习者也积极参与到研究进程中，但教学班级是一个强制性协作联合体，实践中不可能允许学生自由退出，因而无法符合相关准则。

从学生的反馈来看，时间太短是活动有效展开的最大障碍。“社工方在设计表演时精力过多投放在如何缩短表演时间而不是如何去提高表演的质量”，导致“知识传授有限”，在新的培养计划中已经修改为 3 个课时。其他影响因素，除了场地限制，其他如剧本主题单一、学生知识储备不足、标准理解不透彻、案主角色联系不紧密等与时间有限都有或多或少的关系。因而，增加课时是最多的建议。其他还提出给予社工方重复表演的机会，以便比较改进的程度。也有同学建议由开设个案、小组社会工作课程的教师组织。这正是模式设计的本意，其他课程课内实践采用本模式训练，而本课程则用于学生进入现场前的最后考核。但由于模式尚是个体的教学探索，故由本课程承担了相应的教学任务。而学生认为值得肯定的地方，包括机构模拟（包括章程设计、财务管理、海报制作等）的操作性、剧本保密带来的挑战性、现场点评与观看录像后自评相结合的全面性等。

---

① 最初的案主姓名是基于真实姓名修改，因而姓对应于人，角色调整后则会出现姓不对应于人，而尽快记住案主的姓名也是社工需要掌握的基本功。

第九章　社会工作教育的实践审视与未来展望

第一节　社会工作教育的实践审视

社会工作教育是在一个复杂多变的环境下，由研究、教育、实践三个子系统构成的社会生态系统，它面临社会经济与政治设置等情境约束。教育子系统与研究、实践子系统存在资源、工作量等的交易，其内部的教育资源系统、教育资源单位、教育治理系统、行动者之间的互动、交易、支配或斗争的水平，都会影响着社会工作教育模式的可持续性与稳健性。任何系统都应是开放的，但又要保持相对稳健。这就需要有联合行动的中轴，同时又能够及时回应系统环境的变化。前者需要标准，是稳健性的保证；后者需要开放，是回应性的需要，最终的目的是提升社会工作教育的公信力。因此，开放、标准与公信应成为中国社会工作教育的行动纲领。

社会工作教育正从知识为本向能力为本、从经验权威为本向证据为本的焦点转移。能力可区分为基础性能力、扩展性能力与过程性能力。在评估中可以区分为弱标准与强标准。基础性能力是指满足专业资格基本要求的自主性能力，如知识储备、批判性反思能力；扩展性能力指维护人类社会生产与再生产的能力，主要是面向社会的知识评估、政策倡导、社会照顾等能力；过程性能力则是在基础性能力与扩展性能力基础上延伸出来，在实务工作中需要经常使用的通用能力，如沟通技能、技术技能（财务管理、项目运营等）。软件的学习并非不可跨越，社会工作教育者秉持“带着‘需要’挖掘‘功能’，挖掘‘功能’引导‘需要’”的原则，可快速完成跨界应用。循证社会工作是将最佳的研究证据、社会工作者的专业技能与案主的价值、偏好、处境及其社会—人口学特征结合起来的教育与实践范式。对于社会工作教育而言，规范文献呈现标准，增强系统评价能力，组织编撰通用教材，积极拥抱现代技术，是推动从经验权威为本向证据为本转变的重要抓手。

基于情境约束与焦点转移，本书围绕社会工作专业本科教育提出未来中国社会工作教育的行动纲领，即保持开放性、推动标准化与提高公信力。在行动纲领指引下，基于政策文本与本地实践，本书构思以责任、质量与科学为原则重新设计社会工作专业培养方案，坚持对公众负责，满足质量教育的要求，彰显专业的科学性，推动能力建设。尽管设计新课程，开发新工具，培训新技能，需要投入大量的时间、人力与物力，但基础性的工作仍然必须努力推进完成。为培养负责任的社会工作者，本书以生态系统、行动研究、社会表演与体验式学习为社会工作教育的主要理论基础，吸纳标准化、证据为本、服务学习等实践理念，从科研、教育与实践三个子系统分别提取关键要素——证据、表演和服务，结合区块链技术，构想可实现能力认证的 EPS 区块链平台，强调系统性、整体性、跨平台性与参与性。而要跨越研究、教育与实践子系统间的鸿沟，实现教学资源、工作量等的有效转换或交易，我们需要以专业化能力作为统一的目标，以等级化的证据作为通用的语言，以标准化案主作为共享的策略，它们共同构成社会工作研究、教育与实践三个子系统中多元主体的联合法则。在此基础上，建立以证据、表演与服务为支柱的三位一体的行动框架作为社会工作教育的模型，弥合真实与虚拟、理论与实践、课堂与实习间的裂隙。

实习教育是社会工作的特色教学法，建立实习基地是中国社会工作教育发展初期即已推动的工作；但课堂教学，特别是课内实践教学，同样重要。在积极孵化机构的同时，教育者应遵循社会分工的基本要求，回归课堂教学，在规制技术的前提下增加反思与批判的要素，努力提高学生的专业能力，为社会做好“守门人”，避免出现伦理问题。当然，理论研究最终需要回到实践检验，但既有理论研究更多徘徊在两端。因而，本书在构建理论的同时，基于个体的行动研究，坚持以教育者为中心的视角，试图在提供行动的理想指南后为学界提供一个实践的现实范本，消解社会工作教育研究中理论与实践相脱节带来的困境。在悬置政策约束与技术限制等不利影响因素后，根据教育实践的逻辑进程，本书将教育实践区分为场景篇、证据篇、表演篇、服务篇、评估篇。其中评估是贯穿前面所有环节的活动，而非独立的环节。随之附上范本篇，未加修饰地展示基于能力弱标准而开展的课堂教学改革实践。

回溯实践的过程，只是对实践的事后解释与补充说明。但本书并非是模型建构后的总结性报告，而是遵循计划、行动、观察与反思的行动研究步骤，反复修补逻辑，完善模型后的阶段性成果，研究永远处于“进行时”。研究坚持“向前看”，在悬置理论争议，忽略情境约束的情况下构建理想模型，以此指导实践，并寻找理想与现实的差异。而差异所带来的张力要求我们必须正视社会工作教育发展面临的现实问题。

（一）社会工作教育如何走出十字路口

现实情境是复杂多变的，社会工作教育仍然徘徊在十字路口。我们偏好于制度的建构与理论的学习，它可以指导、规范社会工作者的行为，但可能会忽视社会工作者的实践智慧；我们以统一的标准应对复杂多变的情境，提高了教育服务传递的效率，但也遮掩了多样化的情境与潜藏的干预危机；我们沉迷于个体治疗技巧的传授而忘记推动社会变革的使命；我们热衷于领办机构，忽视了角色的社会分工，参与的动力则受制于研究、教育与实践间工作量的转换机制；为谋求生存，我们在专业自治与管理主义偏好间维持着一种屈从后者的脆弱平衡；课堂教学被驱逐至隐蔽的角落，实习教育则被推举上无上的宝座，然而实效性令人质疑；课堂教学仍以知识的输入为主，能力为本的教育与评估体系尚未在实践中达成共识；反思性实践成为先进的流行语，而技术性实践被视为落后的代名词；教育传递的实践策略以经验、权威为主，证据为本的实践理念仍被视为脱离实际。面对大数据、学习分析、人工智能、区块链技术等，社会工作教育还停留在应用意义的探索之上。

专业需要设置诊断、干预与治疗的知识进程，进而将问题纳入持续不断的审查过程中，这是确立专业边界的自然进程。鉴于对社会工作教育制度可持续性与稳健性的考量，更为务实的态度是，将标准化视为社会工作专业化、职业化的核心表征与必由路径。服务标准或指南的持续出台，本身就是标准化路径的现实呈现。相应地，社会工作教育也要迈向标准化。标准化的本质是共识与共享，结果是理想的，过程是动态的，对其质疑或担忧只是将其错误地理解为机械僵化的教条主义；它只是一种理想类型，并不存在对多样化或多样性的否定与排斥。在确定专业边界后，社会工作教育可以更为开放地吸纳其他专业或是其他学科的理论、方法、工具与实务等为己所用，但不能走向社会工作的“帝国主义”或“殖民主义”。以标准化作为行动的中轴，社会工作教育者将更易突破资源稀缺、能力有限与风险不确定性的多重约束，将更易实现研究、教育与实践子系统间评估的一致性与工作量的有效转换，也将更易建立社会工作教育理论、方法、工具与实务的耦合体系。

（二）模式的可持续性与稳健性何以可能

尽管研究试图提供一套可行的制度，但在理论上构建一种制度易，在实践中维持一种制度的可持续性与稳健性难。可持续性意味着制度的连续性，其系统特征不会因为某些扰动而消失。稳健性意味着不管外界如何干扰，模式始终能够保持某些理想的系统特征。需要思考的是，研究所倡导的社会工作教育制度的可持续性与稳健性何以可能？从社会—生态系统框架看，社会工作教育处于社会、经济与政治环境设置及相关的生态系统的约束中，为推动社会工作教育的改革，必须审视其面临的制度环境与所拥有的行动能力。从外部环境来看，教育改革、学科晋升、教育技术与社会照顾等现实需求为中国现行教育制度的改革提供了合法性框架；从行动能力看，教育资源系统、资源单位、教育治理体系及行动者等基本要素尚无法为研究所倡导的教育制度的可持续性与稳健性提供能力保证。

要突破种种制度约束与能力障碍，保证研究所倡导的社会工作教育制度的可持续性与稳健性，实现从经验权威为本向证据为本、从知识为本向能力为本的转变，社会工作教育就需要以开放、标准与公信作为行动纲领。开放是专业持续发展的保证，标准是专业品质维系的支柱，公信是专业教育形象的标识。开放包括理论开放与技术嵌入，我们应鼓励吸纳多学科知识与多渠道资源，积极拥抱大数据、深度学习、人工智能、区块链技术等，建立基于算法的信任机制，降低系统间转换的交易成本，增强教育治理的实效性，提升教育者、实践者与研究者参与教育制度改革的积极性；标准包括证据筛选标准、能力指标及其评估标准、服务标准等，这是不同系统间实现评估的公平公正与工作量有效转换的基础；公信力提高的途径则包括培养质量提升，教育过程透明公开。因此，提高社会工作教育的公信力，谋求实质承认也就成为中国社会工作教育的未来发展方向；而保持开放性、推动标准化，则是提高公信力的重要保证。

（三）社会工作教育的课程体系如何重构

2019 年底，新冠疫情全面暴发，持续多年的疫情使得健康照顾成为无法回避的主题；2020 年 5 月，《民法典》正式颁布，是中国公民社会权利保护的新起点；2020 年底，中国全面建成小康社会，标志着“后扶贫时代”的到来。从绝对贫困到相对贫困，从脱贫攻坚到健康照顾，从剩余型福利到制度型福利，这一系列的转变对社会工作者的能力提出了更高的要求。社会工作教育也正在从知识为本转向能力为本，从经验权威为本转向证据为本。要回应时代需要，实现焦点转移，提升专业能力，我们应当坚持责任、质量与科学的原则，积极拥抱新兴技术，推动以实验室为载体的社会工作临床技能训练中心的建设，记录与溯源教育过程，精准评估学习者的能力。在课程设置上，可在“社会工作行政”课程中增加课时，或通过开设类似“社会工作技术学”的课程增强学生在行政管理中应用技术的能力，包括项目管理、办公设备使用、新媒体技术等，但需要培养或引入既懂专业又懂现代技术的复合型人才。证据是概念与实体，也代表一种良好的知识服务技术，要保证经验权威为本向证据为本的平衡过渡，理应清除数据库霸权，在保护知识产权的前提下保证数据的公开获取，鼓励数据共享，以证据为共通的语言，统一研究、教育与实践系统间评估标准。

实习教育被视为特色教学法，但无论是机构实习还是课堂教学都同等重要，而虚拟现实技术代表一种新的可能路径。在实习资源有限、专业伦理风险增大的情况下，回归课堂，增强专业理论的基础教育，以能力为本，输出合格的社会工作者是当下中国社会工作教育的最优选择。课堂教学与实习教育最大的差异是学生实践的场景，前者为模拟，后者为真实。当物理环境被控制后，案主的变与不变就成为教学效果的决定性变量。在真实场景中，案主是可遇而不可求的，能力的测评也无法做到全面，我们无法为了全面评估学生的专业能力而让真实的案主重复其行为。我们做不到以同一案主评估所有学生，也做不到以所有案主评估同一学生。在模拟场景中，案主的历史通过专业的训练可以重现，尽管不可能全部；不同案主的特征可以集中在同一案主身上，方便全面考核学生，这就是标准化案主。它可以满足规模教学的需要，可以突破时空限制重复考核。它不会纠缠于传统或后现代、实证抑或人本的争论，而是适用于不同分类体系的跨平台应用。

技术性实践与反思性实践各自代表一种教学模式，是一枚硬币的两个面，两者是协同关系，而不是非此即彼的替代关系，也无对错之分。单纯局限于某种教学模式本身就是对反思的破坏，不仅无法实现“反思生成”，甚至有可能导致“反思制造”。对技术的拥抱可以将教育者从简单重复的工作中解放出来，可以提高数据流转的效度与信度。未来应沿着对技术进行规制，增加反思与批判元素的实践模式前行。但社会工作教育的发展始终应是专业理念引导技术嵌入，而不能是科技公司开发的技术平台规训专业发展，社会工作教育界、实务界应对此保持足够的清醒。

新的培养方案坚持责任、质量与科学的取向，以能力建设为共享的教育目标，以证据为共享的教育语言，以标准化案主为共享的教育策略，在此基础上构建证据—表演—服务三位一体的教育模型。而社会工作教育被区分为研究、教育与实践三个子系统，对应证据、表演与服务三个基本要素。研究引入多元学科理论，搭建了一个理想的社会工作临床技能的教育与评估体系。评估指标则被区分为强标准与弱标准，而资源禀赋不同的高校，其执行的标准将处于弱标准至强标准的连续性光谱之间。在专业评估中，固然不能以“一刀切”的方式，或以较高的标准要求资源禀赋较差的学校，但所有学校社会工作教育的发展方向都应是强标准。当然，在试图描述与测量能力时，我们不得不将其碎片化，最终关注的可能只是能力的某些方面，进而导致能力为本的培养方案与课程设计失去其所述能力本质的风险。

人的生命历程中通常要依次获得被照顾者、照顾者、被照顾者三个角色，但照顾技能却并未因有儿童时期的体验而自然获得。儿童照顾精细化、人口结构的老龄化、社会照顾的家政化，使得新生代失去照顾他人的能力，照顾赤字已经出现。照顾不仅是作为任务的服务，也是需要协同的关系；是功能替补，也是人力投资；它是资源、商品、礼物、权利、技术、权力（臧其胜，2015；Hugman，1991；Heaton，1999），也是人的存在方式（Heidegger，1996：169）。照顾不再是家庭环境中的个人困扰，而已上升为社会结构中的公共论题；也不再限于私人领域中情感投入，而是跻身公共领域的专业服务。照顾社会已经来临，但无论是个体还是社会都未能做好准备。照顾本是社会工作的中心原则，但当下却被忽视，社会工作的功能应从控制转向照顾。相应地，社会工作教育需要建立以照顾为核心的体系，通过专业教育与培训，“让学生学会照顾，以及在课程中发现照顾”（凯博文，2022），[①] 进而为社会提供遵循照顾伦理、掌握照顾技能的家庭照顾者、市场雇员、社会志愿者和国家公民。他们不仅为需要服务者提供照顾，也为照顾者提供照顾。这意味着课程标准、教材教法、能力评估都要做出相应的调整。需要区分的是，家政服务中的照顾主要是作为商品出售的家政从业者的劳动力，而社会工作中的照顾主要是一种为案主自助提供支持的伦理与技能。

社会工作服务机构专业性的不足要求我们必须具备为机构提供教育支持的能力，需要增加教育能力的训练。实践者积累的每一个案例都可以成为教学的素材，但如果其缺乏研究能力则无法有效总结提炼，实践也就无法反哺教育。因而，社会工作教育的任务不仅仅是为培养社会工作的实践者提供支持，还应为培养社会工作的未来教育者、研究者提供支持。可以开设社会工作教育学课程，侧重于社会工作的教学，为一线社会工作者承担教育培训等职能提供教育哲学、课堂设计、讨论准备等技能训练。

---

① 参见凯博文（Prof. Arthur Kleinman）在江苏产研院/长三角国创中心举办的“海外院士十二讲”系列活动中的演讲:《照护在当代的重要性》，2022－9－23，复旦人类学微信公众号，https://mp.weixin.qq.com/s/ZjXR2AhTwWG4OY27uNqWrw。

（四）社会工作教育如何适应始终在场的政治

社会工作教育受政治影响，也服务于政治，始终处于政治场域之中。小到资源的分配，大到政策的引领，政治始终在场。2006 年，十六届六中全会提出“建设宏大的社会工作人才队伍”；2008 年开启首次全国社会工作师职业资格考试；2009 年开展首批社会工作硕士专业学位教育试点，2010 年正式招生，推动了社会工作教育的迅速发展；2015 年“社会工作”首次写入政府工作报告，2023 年第七次写入政府工作报告，2023 年 3 月成立中央社会工作部，为社会工作教育嵌入国家治理体系提供了持续稳健的政策支持。弗莱克斯纳推动的医学教育改革，成功的独特之处就在于将医学教育的改革视为公共健康措施加以推动。以此为师，社会工作教育的专业使命不能仅限于对公众负责，还应积极嵌入国家治理体系，成为国家治理能力的延伸。社会工作者不仅有道德责任知道如何进行良好的倡导，而且要有强烈的动机去说服决策者（Hylton，2015）。

从跨学科融合来看，社会工作教育与思想政治教育同为助人专业，在理论基础、工作对象、价值取向、目标原则等方面的具有内在契合性（成洪波，2014）。思想政治教育正积极借鉴社会工作教育在资源的识别、挖掘、链接与整合，在问题的介入、服务的传递等方面的先进的理念与成熟的操作方案，而社会工作教育也在积极推动课程思政，将思想政治教育确立的价值观及形塑策略等纳入专业能力培养体系并贯穿至实践中。

社会工作有助于设计价值观教育，包括道德和公民教育（Vasoo & Tiong，1998）。这要求在专业能力培养中，价值观不仅要包括专业伦理与规则，还应坚持反映党的路线、方针、政策，坚持社会主义核心价值观，而不是照搬照抄西方的社会工作价值观（段塔丽，2020）。在技能训练中，应积极响应脱贫攻坚、乡村振兴、共同富裕等政策倡导，而不是停留在个体治疗上。除传统的个案、小组与社区社会工作三大方法外，课堂教学应重视社会工作行政能力的训练。社会工作者具有形塑社会政策与法律法规的专业责任（NASW，1996），① 因此还应重视对政策解读、应用和政策议程引领的能力训练，帮助学生了解现行政策运行的条件、边界与机制，而不是仅仅停留在政策原理的学习上。20 世纪 80 年代在西方兴起的政策实践框架（policy practice framewor）使人们更加关注社会工作者影响社会政策所需的能力，并更加重视社会工作专业学生政策介入能力的训练

① NASW（National Association of Social Workers）1996，NASW Code of Ethics. https://www.socialworkers.org/LinkClick.aspx?fileticket=55ylV08grc0%3d&portalid=0。

（Keller，Whittaker，and Burke，2001）。中国社会工作专业学生需要政策领域的知识与技能的教学，不仅要能够应用，还要具备通过倡导改变政策议程的能力，但现有的教材体系设计与教学内容安排等未能很好地体现这一理念，特别是在政策实践能力训练方面有待加强。在硕士研究生教育阶段，社会政策硕士曾经属于社会工作硕士的一个研究方向，2021 年独立出来，与社会工作硕士成为相互独立的专业学位。社会政策似乎正在加速远离社会工作，社会变革的使命似乎已经有新的专业承担。

第二节　社会工作教育的未来展望

一、社会工作教育行动纲领的理想愿景

社会工作教育应以符合职业期许的薪酬，按照社会需要的数量，为满足案主的需要，将身心健康的毕业生输送到社会工作服务机构及其他从业部门，这是专业的培养目标，是职业的社会期待。为实现培养目标与社会期待，社会工作教育应走向开放、标准与公信，坚持责任、质量与科学，选择以专业化的能力作为统一的目标，以等级化的证据作为通用语言，以标准化案主作为共享的策略，贯通研究、教育与实践三个子系统，构建“证据—表演—服务”三位一体 EPS 模型的生态系统模式，执行在技术性逻辑的框架中增加反思与批判元素的路径。坚持的理论预设是：研究、教育与实践是完整的存在交换的互惠系统；标准化是社会工作专业化、职业化的核心表征与必由路径；实践即为表演。恪守的信念是：人类总是在类型化中认识他人；通过训练，我们可以突破时空的限制，模拟重现他人的事件史，尽管不可能全部。在悬置种种制度约束与能力障碍后，基于上述设定，我们可以展望一下中国社会工作教育的未来图景。

社会工作专业将拥有一个发挥中枢系统功能的智能集成的专业实验室，具有完备的数据库系统，联结研究、教育与实践多个子系统，能够利用先进的大数据、深度学习、人工智能、区块链技术等，采集、转化、使用与分享证据，通过技术监测、记录并评估学习者的学习行为与专业技能，控制成本，减轻不同行动者的负担，提升教与学的实效性。它既可以提供线下教学管理，也可承担质量可控的在线教育培训。而数据的可溯源、不可篡改与不可伪造等特性，为使用者评估学生能力与学生证明自己的能力提供客观依据。在课内实践中则有一支长期稳定的标准化案主队伍，提供表演、指导与评估支持，为模拟教学提供基础保障，并应用于在

机构实习时的现场评估；在实习教育中，有类似“教学医院”的实习基地，有以教育目标为中心的项目合作，能为现场教学提供评估的专业场景。同时，拥有开放获取的循证数据库，拥有一支专业负责的教师、督导，以及管理者队伍。

在经济、政治与社会设置中，我们期望的是政策设计完善，经费支持充足，市场激励强劲，技术嵌入全面，教育协会拥有更多的话语权，形成以政府、教育协会、高校与社会组织在内的多中心治理体系。坚持教师为主导，学生为主体的原则。在教育与研究、实践相关子系统间，能力建设成为共享的目标，为系统协同提供行动的中轴，为学生能力的提升提供参照的依据，也为社会工作教育的实效性评估提供统一的尺度；证据成为共享的语言，保证教育与评估标准的公平与公正；标准化案主成为共享的教育策略，为课堂到现场提供教育质量控制，对公众负责，减少或避免伦理风险。

在治理体系中，坚持资源生产与使用的责任多元主义，并在多元主体间建立协同互惠的分配交易机制，推动不同系统间工作量的有效转换，激发多元主体参与教育进程的活力，避免陷入“劣币驱逐良币”的境地。在课程设计上，社会工作教育所需要传达的理念从控制转向照顾，课程体系以照顾为核心，强化照顾能力的教育，恢复社会工作为案主提供照顾的初心，而照顾也理应成为所有人的存在方式，其理念应为整个社会所广泛接受；同时，相关的法律法规与服务标准的教学获得进一步加强。在能力培养上，实现从知识为本向能力为本、经验权威为本向证据为本的转向，学生不仅掌握基础性能力、扩展性能力，也将掌握过程性能力。但无论是自上而下的顶层设计还是自下而上的基层实践，最终的制度或框架都要保证其能够移植到普通的课堂中。

二、社会工作教育生态系统的治理策略

（一）建立健全宏观设置，厘定社会工作教育运行边界

社会、经济、政治的宏观设置表现为与社会工作教育相关的政策设定，它们为理解社会工作教育发展提供了一个分类图式，但政策的研究被长期忽视。因而，重视社会工作教育政策制定及执行的规律研究，应成为社会工作教育学科研究的一个基础和根本。它将有助于建立健全宏观设置，为教学的运行提供合法性的边界。政策的制定也应以科学的证据为基础，而不是取决于行政官员的偏好、主体间权力的博弈或偶然爆发的事件。

（二）链接研究实践系统，确立教育生态系统互惠机制

与教育相关的生态系统包括教育、研究与实践，三者的关系是相对而言的。三个子系统应以立德树人为根本任务，以专业能力为培养目标，以科学证据作为共通语言，以标准化案主为共享策略，建立跨系统、跨平台和跨理论的统一评价标准。重视从实践中提炼理论成果，用以指导教学；加强实践研究，提升学理性与系统性。教师可能同时身处三个子系统，承担研究者、教育者与实践者角色，但作为实践者的工作量通常难以精准核算或偏低，研究者的实践成果也很难发表，导致教师组织实践教学的积极性不高，也无法吸引其他主体积极参与。因此，如何计算不同角色的工作量是能否激活教师积极组织实践教学动力的关键。未来需要进一步探讨三个子系统间的工作量转换机制及互惠机制，加快信息化平台建设，这有助于减轻工作负担，有助于吸引教师以外的研究者、实践者参与到实践教学活动中。

新近兴起的区块链技术可以为学习行为的记录、工作量的转换以及互惠机制的建立提供技术支持，可以将其视为一种智力工作的证明，一种智力货币。在系统间建立一个基于区块链的、永久分布式的智力努力和相关声誉奖励记录系统（Sharples & Domingue，2016），或“能力货币交易银行”，将满足社会工作教育从知识为本向能力为本转变、从经验权威为本向证据为本转变的双重需要。它既可以测量、记录和验证已知的学生学习结果，也可以监测与评估教育者、管理者、学习者的过程行为。

（三）识别教育资源单位，增强教育资源系统服务能力

在社会工作研究、教育与实践工作开展前，为获得最佳效果，整个教育供应链系统需要进行计划、协调、操作、控制和优化，需要能够监测并清晰地了解教育资源单位的状态，如课程资源、基地资源或行政资源的流动性、数量、质量、时空分布等，需要逐步建立能够整合校内外多层资源的共享数据库平台。大数据、深度学习与区块链技术可以很好地实现此目标，但要正确处理好实践教学资源的开放获取与主体隐私及知识产权保护的关系，处理好投入与产出的关系，处理好职业奉献与业绩激励的关系。坚持共商共建共享，遵循自顶向下逐层分解设计、自下而上逐层整合建设的实践理路。

资源系统则承担着项目承接、资源传递等功能，其服务能力的强弱直接影响实践教学的质量。因此，实践教学过程中产生的教育行为记录、教

育结果评价、图文声像数据等的采集、上传、账本记录与数据存储，以及资源系统的运营等需要一个理想的资源转化中心，其最好的载体是专业实验室，用于承担资源采集、分级、转化等功能。同时，学生也需要一个平台去使用真实的数据以便发展他们在评估、理解、解释等方面的技能（Shaw & Lee，2012）。目前对社会工作教育专业实验室的建设还缺乏理论指引与建设标准，部分高校仅仅是多媒体会议室，缺乏数据采集与转化、技能培训与表演、资源整合与分享等功能。未来需围绕专业能力建立可沟通研究、教育与实践系统的现代化实验教学平台，最大程度上满足体验式教育与评估的需要。

（四）坚持责任多元主义，优化教育治理系统协同机制

行动者是多元的，包括参与投入者、资源使用者等。教育治理系统为行动者定义与设置了参与投入的规则，为行动的合法性、互动的可预测性等提供了保证。在特定的资源系统中，资源使用过多会导致系统过载或过度使用，引发可持续性危机。所以主体的参与应当遵循相应的规则并加以适当引导，鼓励参与投入。在资源的生产上，存在学校失灵、家庭失灵等现象，也存在政府、市场失灵、社会组织失灵等可能，故应坚持社会工作教育的责任多元主义，改变学校或单一主体包揽的旧有格局，使得参与行动的主体都成为资源的生产者、教育的传递者。不同公共部门与社会组织需依据本地情境，选择最优的教育治理模式，为学生提供真实情境的体验式学习机会，切实履行好相应的支持、管理、教育责任。

（五）细化专业能力指标，监测多元主体互动输出效果

如何培育与评估学生的专业技能是社会工作教育的核心问题，是学科专业形象塑造的关键环节，是学科走向承认的重要切口。它跨越宏观与微观，为多元责任主体的联合，为研究、教育与实践子系统的协同提供了行动的中轴，为学生能力的提升提供了参照的依据，也为社会工作教育的实效性评估提供了统一的尺度。因此，未来社会工作教育应围绕能力指标重新规划设计，保证教育教学的主要过程和结果的可测量性、可比较性。

实践教学是跨系统多主体的互动，其输出效果的好坏直接影响资源的再分配与政策参数的设置，其过程的监测也就显得犹为重要。在多元主体互动中，不同层级的主体均要以立德树人为根本任务，以专业能力培养为纽带，建立资源获取与传递的社会支持网络。只有坚持目标的一致性、行动边界的合法性、参与能力的持续性等，实践教学的实效性才能稳健提

高，社会工作教育的良性运行与协调发展才能获得保证。

三、社会工作教育创新的可能挑战

证据—表演—服务三位一体的EPS模型的执行，需要整合研究、教育与实践三个子系统的生态系统模式的支持；而生态系统模式的运行，又需要更高层级的社会—生态系统的可持续性与稳健性的保证。因此，仅仅通过教育模型的内在创新，社会工作教育的改革将是缓慢低效的，甚至是无法完成的。具体到高校的社会工作专业而言，在社会工作教育内部创新的同时，我们可能还需要一个外部强加的制度或规则，通过集体行动实现。责任、质量与科学的培养方案设计取向，开放、标准与公信的专业教育的行动纲领，正是中观层面与宏观层面的制度化努力。

制度的运行并非处于没有干扰的自然状态，追踪西方社会工作专业发展史，可以发现质疑始终伴随社会工作教育发展的过程。当下中国社会工作教育，政府部门的认识并未到位，相关主体联合的动机普遍缺乏，行动的能力也参差不齐，以致政府、学术界、教育界与实务界的共识很难达成，主要表现为以下几个方面。

一是社会工作教育的医学化与心理学化。社会工作自其诞生时就与医学结下了不解之缘，而心理学的快速发展则将社会工作的发展引入新的轨道，社会工作教育早就被医学与心理学打上深深的烙印。尽管应用的场景不同，但教育的规律与原理却是相通的，只要将引入的内容限定在教育的模式与理念上，那么学界的担忧也就没有存在的根基。本书强调的是教育理念的借鉴，而非价值观与技术的生搬硬套。那种认为通过设置边界，排斥对其他学科知识的借鉴与获取，建立纯粹的社会工作教育的想法本身不符合开放的社会发展趋势。现代学科的边界只是相对封闭，但总体是持续开放的。经济学没有因为它的经济人假设受到质疑而土崩瓦解，相反地，它以更为包容的态度吸纳他者理念，进而强化了经济学在社会科学中的霸主地位。对于社会工作专业而言，首要任务是确立自己的标准，其次是吸纳不同学科前沿知识改进和完善自己的标准，而社会工作教育的主要任务就是通过教育将专业的标准传授给学生。没有自己的标准，社会工作就只能成为其他专业的工具，社会工作教育也就只能成为其他学科“殖民”的对象。

二是标准化的可行性与风险。社会工作教育的标准化进程始于里士满，技术化是其最为明显的特征。有学者认为标准化对社会工作教育的发展方向存在误导，会带来技术性风险，认为教育不可技术化。事实上，标准化的本质是共识与共享，其过程是动态的，风险可以通过共商共建而消解；教育的技术化也只是辅助教育的开展，而非将人机器化。技术化与反思性只是一枚硬币的两个面，只有适用情境的差异，而无对错之分。若只是为了学术理念上的偏好，而固执地否定，甚至排斥其他路径，本身就不符合社会工作平等、尊重、接纳等专业价值理念。同时，本书提出标准化的理念，更多是在一个工业化管理、规模化教学，缺乏反思的学生与反思的教师的现实处境下，为教育者提供的一种务实的选择，这是为了避免将教育者置于无法完成的职业使命中，是为了使不同主体行动时具有共同的中轴，也是为了实现社会工作教育后发国家弯道超车的理想。作者倡导社会工作教育走向标准化时，全国社会工作标准化技术委员会尚未成立，其成立后的主要职责是负责服务标准的制定，教育并非其关注的对象。然而，面对服务的标准化，教育无论是主动还是被动，都不得不走向标准化。作为教育者，需要培养学生的反思批判能力，但同时应提供理想类型，推动其能力完成从无形到有形，再从有形到无形的转变。而要求学生具体问题具体处置，说得好听点，是“坚持辩证法”，说得不好听点，就是“捣糨糊”。

三是集体行动的可能性。学者们可以任意组合各种要素，然后提出所谓的创新举措，但要维持制度可持续性与稳健性，却不能靠解释过去的教育与预测未来的教育就可实现，更重要的是如何以此改造当下的教育。综观中国社会工作教育研究，我们借鉴、引入或创造出若干所谓的技巧与策略，但并未发现何种具体模式达成普遍共识并具有广泛的应用性，我们仍然停留在以学校为单位的自娱自乐的模式中。政府、高校、社会组织间缺乏实质性联合的动机，也缺乏实质性联合的能力。经费分配不公、资源无法共享、同事难以协同、校地合作流于形式、学生积极性不高等任一因素都可能摧毁一项创新举措。教育的过程更多是处于“黑箱”之中，学生的专业能力取决于不同学校自行确认的标准。而很多全国性的或行业性的标准只是停留在档案中，未能为社会提供负责任的合格社会工作者；研究、教育与实践间工作量转换的困难使得研究者、教育者与实践者缺乏交换的兴趣与联合的可能。社会组织的逐利行为使得其对社会工作者能力的要求具有强烈的项目驱动倾向，导致高校为了保证学生的就业不得不迎合社会组织的技术兴趣。因而，如何激发多元主体集体行动的活力是一个无法回避的议题，而倡导开放、标准和公信的行动纲领正是推动集体行动的一项尝试。

尽管本书试图使得整个制度架构与实务过程具有可操作性，但工程颇为浩大，故未能为所有问题提供清晰的指引。本书部分内容的思考深度不一，虽经大幅度修改、补充及完善，但仍存在论述分布不均衡现象。其中，以照顾为核心的课程体系架构只是期待实现的目标，其改革涉及教材教法，难以直观呈现，需要单独论述；由于缺乏与主题相一致的数据，因而元分析/荟萃分析的等技术的应用只是一带而过；区块链平台部分的论述，其技术痕迹浓重并失之复杂，社会—生态系统作为统摄的解释框架在具体论述时并未能做到全面覆盖与整合。另外，为避免过于庞杂，研究只关注总体性教育模型，并不关注具体领域的特定模型。然而，一个主题的好处不能等到其证据清晰可鉴的时候才去拥抱，一本著作的研究也不可能穷尽所有问题的探讨。因此，目前的研究首要任务是做到“先有”，而“后好”将作为后续研究持续前行的方向。

参考文献

埃莉诺·奥斯特罗姆，2015，《公共资源的未来：超越市场失灵和政府管制》，北京：中国人民大学出版社。

艾米·R·波蒂特、马可·A·詹森、埃莉诺·奥斯特罗姆，2011，《共同合作：集体行为、公共资源与实践中的多元方法》，北京：中国人民大学出版社。

拜争刚、吴淑婷、齐铱、何雪松 、隋玉杰、沈晖、冉茂盛、Haluk Soydan、沈瓊桃、高翔，2017，《系统评价：证据为本社会工作的方法基础》，《华东理工大学学报（社会科学版）》第4期。

保尔·拉法格、威廉·李卜克内西，1941，《忆马克思》，赵冬垠译，重庆：学术出版社。

保罗·A·萨巴蒂尔，2004，《政策过程理论》，彭宗超、钟开斌，等译，北京：生活·读书·新知三联书店。

布鲁斯·乔伊斯、玛莎·韦尔、艾米莉·卡尔霍恩，2014，《教学模式（第八版）》，兰英，等译，北京：中国人民大学出版社。

蔡敏，2004，《“角色扮演式教学”的原理与评价》，《教育科学》第6期。

蔡屹，2016，《“能力为本”社会工作实践学习模式》，上海：华东理工大学出版社。

蔡屹、何雪松，2012，《社会工作人才的三维能力模型》，《华东理工大学学报（社会科学版）》第4期。

蔡芸、杨冠琼，2011，《晋升锦标赛与中国的基础教育发展失衡》，《中央财经大学学报》第6期。

曹建中、辛向阳，2018，《服务设计五要素——基于戏剧“五位一体”理论的研究》，《创意与设计》第2期。

曹爽、王峰、赵峰臣，2013，《模拟、虚拟、仿真及模拟仿真与虚拟现实的区别》，《电脑迷》第7期。

柴定红，2009，《英美社会工作专业化模式及其对中国的启示》，南开大学博士学位论文。

柴定红，2015，《中美社会工作专业化比较研究》，上海：华东理工大学出版社。

陈虹霖、张莹，2021，《线上服务学习实践：疫情中的社会工作实务教育成效研究》，《社会建设》第4期。

陈社英，2020，《中国社会工作专业的重建——一个时代与经历的回顾》，《社会建设》第5期。

陈涛，2011，《社会工作专业使命的探讨》，《社会学研究》第6期。

陈婉珍、何雪松，2017，《大数据驱动的社会工作：前景与挑战》，《社会科学》第4期。

陈微，2006，《社会工作问题式教学的理论与实践》，《中国大学教育》第12期。

陈晓敏，2011，《参与式教学：社会工作应用型人才培养的应然选择》，《现代教育科学》第4期。

陈晓珊、戚万学，2021，《“技术”何以重塑教育》，《教育研究》第10期。

陈予欢，2007，《初露锋芒：黄埔军校第一期生研究》，广州：中山大学出版社。

陈悦、刘则渊，2005，《悄然兴起的科学知识图谱》，《科学学研究》，第 2 期。

成洪波，2014，《社会工作介入高校思想政治教育创新：契合性、意义及其路径》，《思想教育研究》第 11 期。

段塔丽，2020，《“课程思政”教育理念融入高校 MSW 人才培养的思考》，《中国社会工作》第 19 期。

戴维·罗伊斯、苏瑞提·S·多培尔、伊丽莎白·L·罗姆菲著，2005，《社会工作实习指导（第四版）》，屈勇译，北京：中国人民大学出版社。

E·A·罗斯，1989，《社会控制》，北京：华夏出版社。

法伯、伯林克、拉斯金主编，2006，《罗杰斯心理治疗——经典个案及专家点评》，刘丹、刘刚、孙凯跃、郑钢译，北京：中国轻工业出版社。

范会芳，2018，《中澳社会工作专业硕士实习教育的比较研究——基于文本的视角》，《河南工业大学学报（社会科学版）》第 6 期。

范明林，2003，《试论反思性教学及其基础和条件》，《上海大学学报（社会科学版）》第 3 期。

费梅苹，2002，《关于社会工作专业教育中课程设置模式的思考》，《长沙民政职业技术学院学报》第 3 期。

费梅苹，2007，《上海青少年社会工作者专业能力建设的行动研究》，《华东理工大学学报》（社会科学版）第 4 期。

费梅苹，2012，《社会工作专业人才能力建设的路径研究——基于上海预防和减少犯罪工作体系中社会工作实践的反思》，《华东理工大学学报（社会科学版）》第 4 期。

费显政，2005，《资源依赖学派之组织与环境关系理论评介》，《武汉大学学报：哲学社会科学版》第 4 期。

风笑天，2013，《社会研究方法》（第 4 版），北京：中国人民大学出版社。

冯仕政，2019，《学科生态、学科链与新时代社会政策学科建设》，《社会学研究》第 4 期。

佛兰德·S·柯伯恩，1990，《教育政策》，那格尔，《政策研究百科全书》，林明等译，北京：科学技术文献出版社。

弗朗西斯·福山，2002，《大分裂——人类本性与社会秩序的重建》，刘榜离等译，北京：中国社会科学出版社。

付双乐，2020，《强约束与弱约束：社会工作专业设置的影响因素研究》，《社会建设》第 4 期 。

葛道顺，2015，《社会工作转向：结构需求与国家策略》，《社会发展研究》第 4 期。

古学斌，2011a，《三重能力建设与社会工作教育》，《浙江工商大学学报》第 4 期。

古学斌，2011b，《社会工作教育与社会转型》，《思想战线》第 4 期。

顾东辉，2008，《社会工作概论》（第 1 版），上海：复旦大学出版社。

郭强，2005，《知识与行动：结构化凝视》，《社会》第 5 期。

郭伟和，2014，《后专业化时代的社会工作及其借鉴意义》，《社会学研究》第 5 期。

郭伟和、徐明心、陈涛，2012，《社会工作实践模式：从“证据为本”到反思性对话实践——基于“青红社工”案例的行动研究》，《思想战线》第 3 期。

郭昭君，2019，《“区块链＋高等教育”：高等教育发展新视角——基于沃尔夫区块链大学模式的思考》，《中国成人教育》第3期。

韩俊红，2011，《21世纪与医学化社会的来临》，《社会学研究》第3期。

何国良，2019，《实践研究的两种可能：治愈与关顾的选择》，《中国社会工作研究》第17辑。

何国良，2021，《“关系”：社会工作理论与实践的本质》，《社会建设》第1期。

何雪松，2004，《证据为本的实践的兴起及其对中国社会工作发展的启示》，《华东理工大学学报（社会科学版）》第1期。

何雪松，2007a，《社会工作的四个传统哲理基础》，《南京师范大学学报（社会科学版）》第2期。

何雪松，2007b，《社会工作理论》，上海：世纪出版社，上海人民出版社。

何雪松、刘仕清，2020，《社会工作教育高质量创新发展的挑战与应对》，《西北师大学报（社会科学版）》第3期。

贺武华、王凌敦，2021，《我国课程思政研究的回顾与展望》，《学校党建与思想教育》第4期。

胡志刚、陈超美、刘则渊、侯海燕，2013，《从基于引文到基于引用——一种统计引文总被引次数的新方法》，《图书情报工作》第21期。

黄爱华，2010，《戏剧教育的基本理念及其运用》，《上海戏剧学院学报》第1期。

黄海波，2016，《社会工作专业实践教育效果：问题管窥、影响因素与提升策略》，《社会科学家》第11期。

加依、柯蕾，2008，《建构主义学习设计：标准化教学的关键问题》，宋玲译，北京：中国轻工业出版社。

贾维周，2007，《舍恩的反思性实践理念与社会工作教育》，《安徽农业大学学报（社会科学版）》第5期。

教育部高等教育司，2004，《社会工作专业主干课程教学基本要求》，北京：高等教育出版社。

杰夫·佩第，2013，《循证教学：一种有效的教学法》，宋懿琛、付艳萍、孙一菲译，广州：广东教育出版社。

杰弗里·查尔斯·亚历山大，2015a，《社会表演理论：在仪式和策略之间建立文化语用学模型（上）》，《社会》第3期。

杰弗里·查尔斯·亚历山大，2015b，《社会表演理论：在仪式和策略之间建立文化语用学模型（下）》，《社会》第4期。

卡罗尔·马丁，2007，《“证据”的形体》，载谢克纳、孙惠柱主编，2007，《人类表演学系列：平行式发展》，北京：文化艺术出版社。

康宁，2019，《改革开放40年我国高等教育资源配置转型及其发展趋势》，《高等教育研究》第4期。

库珀、莱塞，2005，《临床社会工作实务——一种整合的方法》，库少雄译，上海：华东理工大学出版社。

雷杰、黄婉怡，2017，《实用专业主义：广州市家庭综合服务中心社会工作者“专业能力”的界定及其逻辑》，《社会》第1期。

李本友、王洪席，2011，《过程哲学视域下传统课程范式转型》，《中国教育学刊》第5期。

李凤英、何屹峰、齐宇歆，2017，《MOOC学习者身份认证模式的研究——基于双因子模糊认证和区块链技术》，《远程教育杂志》第4期。

李杰、陈超美，2017，《CiteSpace：科技文本挖掘及可视化》（第2版），北京：首都经济贸易大学出版社。

李青、张鑫，2017，《区块链：以技术推动教育的开放和公信》，《远程教育杂志》第1期。

李树文，2014，《以证据为本的社会工作实践模式的反思——对几个社会服务项目的研究》，《理论界》第1期。

李伟，2018，《社会工作何以走向"去社会变革化"？基于美国百年社会工作史的分析》，《社会》第4期。

李文钊，2016，《制度分析与发展框架：传统、演进与展望》，《甘肃行政学院学报》第6期。

李晓凤，2007，《社会工作教育的理论与实践的再反思——以中国高校社会工作专业课程设计为例》，《社会工作》（下半月）第3期。

李迎生，2008，《我国社会工作职业化的推进策略》，《社会科学研究》第5期。

李迎生，2017，《也谈社会工作的学科定位》，《社会建设》第4期。

李迎生，2021，《党的领导与新时代社会工作高质量发展》，《中国特色社会主义研究》第5期。

练宏，2015，《注意力分配——基于跨学科视角的理论述评》，《社会学研究》第4期。

梁东荣，2010，《提升教育公信力策略探析》，《当代教育科学》第19期。

刘斌志，2009，《20年来大陆社会工作教育研究综述——基于CNKI的文献分析》，《社会工作》（下半月）第1期。

刘斌志，2013，《社会工作专业核心能力及其培养》，《教育评论》第5期。

刘华丽、薄艾、卢又华，2015，《社会工作客观结构式临床评估在实务教学中有效性的研究》，《华东理工大学学报（社会科学版）》第4期。

刘继同，2012a，《改革开放30年以来中国医务社会工作的历史回顾、现状与前瞻》，《社会工作》第5期。

刘继同，2012b，《社会工作专业"实务"概念框架的内涵外延、类型层次与基本特征》，《福建论坛（人文社会科学版）》第1期。

刘江、张闻达，2020，《社会工作评估研究的四种进路——基于我国中文研究文献的系统评价》，《华东理工大学学报（社会科学版）》第4期。

刘梦，2017，《社会工作学科建设的几点思考》，《社会建设》第4期。

刘淑娟，2010，《社会工作专业实习教育面临的困境及对策研究》，《成人教育》第3期。

刘艳霞、张瑞凯，2019，《社会工作实习教育成效的组织因素分析：基于6所高校的抽样调查》，《浙江学刊》第3期。

刘玉兰，2008，《社会工作专业实习模式的探讨——以江苏工业学院社会工作系的实习模式为例》，《社会工作》（下半月）第4期。

柳拯，2009，《规律与模式——对社会工作任务的思考》，《中国社会工作》第7期。

柳拯，2014，《关于社会工作标准化建设的两点思考》，《中国社会工作》第4期。

卢真金，2007，《反思性教学研究述评》，《浙江教育学院学报》第3期。

马尔科姆·佩恩，2008，《现代社会工作理论》，冯亚丽、叶鹏飞译，北京：中国人民大学出版社。

马凤芝，2013，《社会工作实践模式的演变及对我国的启示》，《中国青年政治学院学报》第2期。

马凤芝，2022，《秉持初心 承梦前行——中国社会工作教育十年发展》，《中国社会工作》第28期。

马良，2010，《构建“实习、教学、研究”三位一体的社会工作实习基地研究》，《浙江工商大学学报》第4期。

玛丽·里士满，2018，《社会诊断》，刘振主译，徐永祥审阅，上海：华东理工大学出版社。

孟小峰、慈祥，2013，《大数据管理：概念、技术与挑战》，《计算机研究与发展》第1期。

民政部社会工作司，2011，《社会工作立法问题研究》，北京：中国社会出版社。

钮学兴，2012，《江苏省苏南地区养老服务体系建设研究》，《社会福利（理论版）》第8期。

欧文·戈夫曼，2008，《日常生活中的自我呈现》，冯钢译，北京：北京大学出版社。

彭华民，2012a，《服务学习：社工督导志愿服务新模式》，北京：中国人民大学出版社。

彭华民，2012b，《服务学习之核心要素、行动模式与角色结构》，《探索与争鸣》第10期。

彭华民，2017a，《中国社会工作学科：百年论争、百年成长与自主性研究》，《社会科学》第7期。

彭华民，2017b，《中国社会工作学科建设标准与论争》，《社会建设》第4期。

彭华民、陈学锋、高云霞，2009，《服务学习：青年志愿服务与大学教育整合模式研究》，《中国青年研究》第4期。

朴炳铉，2012，《社会福利与文化——用文化解析社会福利的发展》，高春兰、金炳彻译，北京：商务印书馆。

佩杰·华莱士，2015，《标准化病人辅导：临床能力评价方法》，北京：北京大学医学出版社。

钱学森、许国志、王寿云，2011，《组织管理的技术——系统工程》，《上海理工大学学报》第6期。

乔帆、郑楷炼、王志农，2009，《“标准化家属”在培养医学生沟通能力中的应用》，《西北医学教育》第4期。

乔世东，2004，《新管理主义对社会工作的影响》，《华东理工大学学报（社会科学版）》第2期。

任丹凤，2007，《诊所教育在社会工作专业中的应用》，《上海商学院学报》第4期。

桑德斯，1974，《标准化的目的与原理》，北京：科学技术文献出版社。

沈忠华，2017，《新技术视域下的教育大数据与教育评估新探——兼论区块链技术对在线教育评估的影响》，《远程教育杂志》第3期。

师保国、申继亮、许晶晶，2005，《论问题式学习中的“问题”》，《上海教育科研》第7期。

石丹理、韩虹燕、邓敏如，2005，《社会工作质性评估研究的回顾（1990—2003）——对中国社会工作的启示》，《社会》第3期。

史柏年，2013，《教师领办服务机构：中国社会工作专业化的理性选择》，《华东理工大学学报（社会科学版）》第3期。

史柏年，2017，《社会工作亟须信息化技术来帮忙》，《中国社会工作》第8期（上）。

史铁尔，2007，《社会工作实践教学探索》，《社会工作》（下半月）第4期。

斯坦尼斯拉夫斯基，1959，《斯坦尼斯拉夫斯基全集》（第二卷），林陵、史徒敏译，北京：中国电影出版社。

孙惠柱，2005，《人类表演学和社会表演学：哲学基础及实践意义》，《戏剧艺术》第 3 期。

孙惠柱，2009，《社会表演学》，北京：商务印书馆。

孙莉莉、刘春芝，2017，《工业 4.0 背景下推动辽宁省工业发展的财政政策建议》，《沈阳工业大学学报（社会科学版）》第 5 期。

孙莹，2005，《理念与策略：社会工作教育中的教学、研究与社会服务》，《中国青年政治学院学报》第 4 期。

唐立、汪鸿波，2020，《区块链技术在社会工作服务中的运用空间与构想》，《内蒙古社会科学（汉文版）》第 1 期。

童敏，2006，《中国本土社会工作专业实践的基本处境及其督导者的基本角色》，《社会》第 3 期。

童敏，2008，《社会工作的能力视角——一种以人为本的研究策略》，《马克思主义与现实》第 1 期。

童敏，2009，《社会工作本质的百年探寻与实践》，《厦门大学学报（哲学社会科学版）》，第 5 期。

童敏，2014，《功能理论的历史演变：基本逻辑框架以及对社会工作的影响》，《中国社会工作研究》第 11 辑。

万学红、欧阳钦、刘文秀、杨崇礼、刘启茂、陈鸣，1993，《应用标准化病人改革诊断学问诊查体教学与评估初探》，《医学教育》第 12 期。

王春霞，2018，《社工的一生：吴桢对民国时期及改革开放后社会工作专业的贡献》，《华东理工大学学报（社会科学版）》第 3 期。

王光艳、杨颉，2018，《基于公信力的教育质量第三方评估制度构建》，《教育研究》第 8 期。

王昆，2006，《表演理论新概念提纲——作为一个动态系统的表演艺术》，北京：中国戏剧出版社。

王丽萍、方然，2010，《参与还是不参与：中国公民政治参与的社会心理分析——基于一项调查的考察与分析》，《政治学研究》第 2 期。

王思斌，2006a，《社会工作概论（第 2 版）》，北京：高等教育出版社。

王思斌，2006b，《体制转变中社会工作的职业化进程》，《北京科技大学学报（社会科学版）》第 1 期。

王思斌，2011，《中国社会工作的嵌入性发展》，《社会科学战线》第 2 期。

王思斌，2012，《社会工作实践权的获得与发展——以地震救灾学校社会工作的展开为例》，《学海》第 1 期。

王思斌，2013a，《高校教师领办社会工作服务机构的跨域实践》，《江苏社会科学》第 5 期。

王思斌，2013b，《高校教师领办社会工作机构的叠错现象分析》，《广东工业大学学报·社会科学版》第 4 期。

王思斌，2013c，《走向承认：中国专业社会工作的发展方向》，《河北学刊》第 6 期。

王思斌，2016，《社会工作硕士专业学位研究生（MSW）教学案例集》，北京：北京大学出版社。

王思斌，2022，《社会工作高质量发展的“两极突破—中间支撑”策略》，《中国社会工作》第4期。

王思斌、阮曾媛琪，2009，《和谐社会建设背景下中国社会工作的发展》，《中国社会科学》第5期。

王思斌、阮曾媛琪、史柏年，2014，《中国社会工作教育的发展》，北京：北京大学出版社。

王亚华，2017，《对制度分析与发展（IAD）框架的再评估》，《公共管理评论》第1期。

王晔安、闫飞扬、张欢、程激清，2018，《我国社会工作研究现状、热点与趋势——基于CSSCI数据库1998—2017年的文献计量及知识图谱分析》，《中国社会工作研究》第17辑。

王婴，2018，《中国专业社会工作的非均衡、非协调发展——历史社会学视角下国家、学术和社会的互动过程》，《华东理工大学学报（社会科学版）》第1期。

吴丽娜、周倩雯、吕永华，2012，《剧本写作元素练习方法》，北京：中国戏剧出版社。

西尔韦特·博德罗、伊莎贝尔·萨尔维尼，2005，《场记》，刘存孝译，北京：中国电影出版社。

肖萍，2006，《社会工作实习教育模式的本土性探讨——资源概念的引入》，《南京社会科学》第3期。

谢克纳，2005，《人类表演学的现状、历史与未来》，《戏剧艺术》第5期。

谢克纳，2008，《什么是人类表演学?（上）》，《中国戏剧》第8期。

熊川武，2002，《论反思性教学》，《教育研究》第7期。

熊川武、江玲，2004，《论教学世界与生活世界的基本差异》，《湖南师范大学教育科学学报》第5期。

熊跃根，2005，《转型时期中国社会工作专业教育发展的路径与策略：理论解释与经验反思》，《华东理工大学学报（社会科学版）》第1期。

熊跃根，2012，《从社会诊断迈向社会干预：社会工作理论发展的反思》，《江海学刊》第4期。

许爱花，2008，《社会工作专业实习教学模式研究》，《南京财经大学学报》第2期。

许斌，2019，《从技能培养到能力培养（下）——美国社会工作专业教育的变化》，《中国社会工作》第31期。

许健，2012，《从档案到戏剧——对4部德国“文献剧”代表作的解析》，《文化艺术研究》第1期。

许莉娅，2004，《专业形象的定位与塑造——中国社会工作专业发展的策略性思考》，《中国青年政治学院学报》第6期。

许涛，2017，《区块链技术在教育教学中的应用与挑战》，《现代教育技术》第1期。

亚里士多德，1996，《诗学》，陈中梅译注，北京：商务印书馆。

杨开城、邓钰红，2019，《教育现代化何以可能》，《中国电化教育》第9期 。

杨文登，2012，《循证心理治疗》，北京：商务印书馆。

杨文登，2014，《社会工作的循证实践：西方社会工作发展的新方向》，《广州大学学报（社会科学版）》第2期。

杨现民、李新、吴焕庆、赵可云，2017，《区块链技术在教育领域的应用模式与现实挑战》，《远程教育杂志》第2期。

杨耀防、张龙禄、漆牧英、樊小青、涂明华，1994，《应用标准化病人评估临床技能结果分析》，《医学教育》第 2 期。

杨锃，2020，《存在主义社会工作的源流、框架及其展望——不确定时代的专业责任》，《社会工作与管理》第 6 期。

尹广文，2015，《社会工作核心能力培养和专业教育研究》，《湖南工程学院学报》第 1 期。

郁建兴、秦上人，2015，《论基本公共服务的标准化》，《中国行政管理》第 4 期。

袁琳，2017，《客观结构化临床考试对社会工作教育的启示》，《高教发展与评估》第 5 期。

袁勇、倪晓春、曾帅、王飞跃，2018，《区块链共识算法的发展现状与展望》，《自动化学报》第 11 期。

袁勇、王飞跃，2016，《区块链技术发展现状与展望》，《自动化学报》第 4 期。

岳永逸、熊诗维，2022，《20 世纪前半叶中国社会工作的架构与实践——以蒋旨昂为中心》，《社会建设》第 2 期。

臧其胜，2008，《社会工作实验室的建设原则与功能设置》，《社会工作》第 3 期下。

臧其胜，2010，《"标准化病人"在社会工作实训教学中应用的可行性研究》，《社会工作》第 7 期下。

臧其胜，2012，《"技术规制"抑或"反思生成"：社会工作实践教学模式探析》，《社会工作》（下半月）第 11 期。

臧其胜，2013，《标准化案主：社会工作临床技能教育的新策略》，《社会学研究》第 2 期。

臧其胜，2014a，《标准化：社会工作专业化、职业化的核心表征与必由路径》，《社会工作》第 2 期。

臧其胜，2014b，《"回归课堂"抑或"孵化机构"：社会工作临床技能教育的路径选择》，《社会工作》第 5 期。

臧其胜，2014c，《证据为本：福利治理的行动准则》，《社会保障研究》第 4 期。

臧其胜，2015，《资源、权利抑或其他：社会工作服务的性质探析》，《社会工作》第 5 期。

臧其胜，2016a，《标准化案主：证据在表演中的呈现》，《社会工作》第 3 期。

臧其胜，2016b，《福利治理研究的国际前沿：基于知识图谱的可视化分析》，《山东社会科学》第 7 期。

臧其胜，2018，《证据—表演—服务：社会工作临床技能教育与评估的生态系统模式建构》，《社会工作》第 1 期。

臧其胜，2020，《西方社会工作研究百年知识图谱：基于 WoS 引文数据的可视化分析》，《社会工作与管理》第 3 期。

臧其胜，2021，《人到中年：中国"夹心世代"的福祉困境与政策回应》，《社会福利（理论版）第 1 期。

臧其胜，2022，《需要"照顾"的照顾者：夹心世代研究的文本脉络与本土意义》，《社会建设》第 2 期。

曾琦、杜蕾，2005，《参与式学习的本土适应性分析》，《教育理论与实践》第 8 期。

张海柱，2015，《知识治理：公共事务治理的第四种叙事》，《上海行政学院学报》第 4 期。

张霖、吴世友、Mark W. Fraser，2018，《社会工作领域定性研究论文写作指南与规范建议》，《华东理工大学学报（社会科学版）》第 2 期。

张清，2011，《戏剧表演与大学教学：类比视角的理解及其启示》，《高等教育研究》第 8 期。

张婷婷、张曙，2017，《认知行为治疗在丧亲照顾中应用成效的系统评价》，《社会建设》第 4 期。

张威，2017a，《社会工作能否标准化和指标化？——兼论社会工作的功能定位与科学属性》，《社会工作》第 1 期。

张威，2017b，《社会工作者的“反思性专业性”与核心职业能力——对“反思性社会工作理论”的解读和思考》，《中国农业大学学报（社会科学版）》第 3 期。

张威，2017c，《社会工作科学化：反思性社会工作理论的思想与启示》，《社会工作》第 3 期。

张文彤、董伟，2004，《SPSS 统计分析高级教程》，北京：高等教育出版社。

张新军，2015，《美国医学教育的世纪变革——以两个弗莱克斯纳报告为线索》，《中华医学教育探索杂志》第 4 期。

张昱、彭少峰，2015，《走向适度循证的中国社会工作——社会工作本土实践探索及启示》，《福建论坛·人文社会科学版》第 5 期。

赵怀娟、刘瑶，2019，《我国社会工作标准化：现状、争议与思考》，《江汉大学学报（社会科学版）》第 5 期。

赵健、赵宁宇，2009，《重温斯坦尼斯拉夫斯基演剧体系》，《当代电影》第 11 期。

赵康，2000，《专业、专业属性及判断成熟专业的六条标准——一个社会学角度的分析》，《社会学研究》第 5 期。

赵维生，2008，《社会工作教育发展与反思：香港经验》，梁丽清、陈启芳，2008，《知而行，行而知：香港社会工作教育的反思与探索》，香港：香港中文大学出版社。

赵小平、王乐实，2013，《NGO 的生态关系研究——以自我提升型价值观为视角》，《社会学研究》第 1 期。

郑广怀，2020，《教育引领还是教育降维：社会工作教育先行的反思》，《学海》第 1 期。

钟华、牟雯雯、张倩榕、姚瑞华，2021，《虚拟仿真实验在社会工作实践教学中的应用研究》，《中国教育信息化》第 22 期。

周飞舟，2009，《锦标赛体制》，《社会学研究》第 3 期。

周宏、付尚媛、梁楠，2009，《中国专业社会工作人才能力框架研究》，《财经问题研究》第 9 期。

周建树，2016，《研究、服务、训练：民国时期高校社会工作专业人才培养机制的构建——以燕京大学、金陵大学为例》，《社会工作》第 4 期。

周军，2010，《高校社会工作专业实践教学模式研究》，《中国青年政治学院学报》第 2 期。

周钧，2005，《技术理性与反思性实践：美国两种教师教育观之比较》，《教师教育研究》第 6 期。

周利敏，2012，《趋同与趋异：社会工作专业教育模式比较》，北京：中国社会科学文献出版社。

周勇，2010，《社会工作者专业能力发展路径研究：美国经验及对中国的启示》，《江海学刊》第 4 期。

周玉萍，2013，《高校教师领办社工机构的生存处境与发展前景》，《社会福利》（理论版）第 3 期。

朱晨海、曾群，2009，《结果导向的社会工作评估指标体系建构研究——以都江堰市城北馨居灾后重建服务为例》，《西北师大学报（社会科学版）》第3期。

朱健刚，2020，《服务学习：社会工作教育的通识化》，《学海》第1期。

朱眉华，2000，《在理想与现实间的徘徊——社会工作专业实习教育的反思》，《华东理工大学学报（社会科学版）》第1期。

朱眉华，2004，《社会工作专业课程的设计理念与方法》，《华东理工大学学报（社会科学版）》第1期。

朱希峰，2009，《平等合作：从灾后重建看政府与社会工作服务组织的伙伴关系》，《社会》第3期。

左芙蓉、刘继同，2012，《改革开放以来中国社会工作教育发展进程研究述评》，《南京社会科学》第3期。

佐藤学，2001，《教与学：寻求意义与关系的再构》，钟启泉译，《全球教育展望》第2期。

Abbott, Andrew 1988, *The System of Professions: An Essay on the Division of Expert Labor*. Chicago: University of Chicago Press.

Abbott, Andrew 1995, "Boundaries of Social Work or Social Work of Boundaries? The Social Service Review Lecture." *Social Service Review* 69 (4).

Abels, Paul 1972, "Can Computers Do Social Work?" *Social Work* 17 (5).

Abels, Paul 2005, *Distance Education In Social Work: Planning, Teaching, and Learning*. Springer Publishing Company.

Ackroyd, Judith 2006, *Research Methodologies for Drama Education*. Trentham Books.

Adamo, Graceanne 2003, "Simulated and Standardized Patients in OSCEs: Achievements and Challenges 1992—2003." *Medical Teacher* 25 (3).

Adamson, Carole 2011, "Getting the Balance Right: Critical Reflection, knowledge and the Social Work Curriculum." *Advances in Social Work and Welfare Education* 13 (1).

Alter, Catherine & Carl Adkins 2001, "Improving the Writing Skills of Social Work Students." *Journal of Social Work Education* 37 (3).

Anstadt, Scott P., Belinda Bruster, & Senthil B. Girimurugan 2016, "Using Virtual World Simulators (Second Life) in Social Work Course Assignments." *International Journal of Learning Technology* 11 (1).

Aptekar, Herbert H. 1941, *Basic Concepts in Social Case Work*. Chapel Hill: University of North Carolina Press.

Arnold, Julie, Tony Edwardsa, Neil Hooleya, & Jo Williamsa 2012, "Conceptualising Teacher Education and Research as 'Critical Praxis'." *Critical Studies in Education* 53 (3).

Askheim, Ole Petter, Peter Beresford, & Cecilia Heule 2016, "Mend the Gap-Strategies for User Involvement in Social Work Education." *Social Work Education* 11.

Auslander, Wendy, Colleen Fisher, Marcia Ollie, & Mansoo Yu 2012, "Teaching Master's and Doctoral Social Work Students to Systematically Evaluate Evidence-Based Interventions." *Journal of Teaching in Social Work* 32 (4).

Austin, David M. 1983, "The Flexner Myth and the History of Social Work." *Social Service*

Review 57 (3).

Badger, Lee W. & Gordon MacNeil 1998, "Rationale for Utilizing Standardized Clients in the Training and Evaluation of Social Work Students." *Journal of Teaching in Social Work* 16 (1/2).

Badger, Lee W. & Gordon MacNeil 2002, "Standardized Clients in the Classroom: A Novel Instructional Technique for Social Work Educators." *Research on Social Work Practice* 12 (3).

Balestrery, Jean Emily 2016, "Social Work Education without Walls: Ethnography as a Lens for Transformative Learning." *Social Work Education* 35 (6).

Barlow, Constance & Heather Coleman 2003, "Suitability For Practice Guidelines for Students: A Survey of Canadian Social Work Programmes." *Social Work Education* 22 (2).

Barrows, Howard S. 1993, "An Overview of the Uses of Standardized Patients for Teaching and Evaluating Clinical Skills." *Academic Medicine* 68 (6).

Barrows, Howard S. 1996, "Problem-Based Learning in Medicine and Beyond: A Brief Overview." *New Directions for Teaching and Learning* (68).

Bartolomé, Antonio Ramón, Carles Bellver, Linda Castañeda, & Jordi Adell 2017, "Blockchain in Education: Introduction and Critical Review of the State of the Art." *Revista Electrónica de Tecnología Educativa* (61).

Barton, Karen, Clark D. Cunningham, Gregory Todd Jones, & Paul Maharg 2006, "Valuing What Clients Think: Standardized Clients and the Assessment of Clinical Competence." *Clinical Law Review* 13 (1).

Beck, Andrew H. 2004, "The Flexner Report and the Standardization of American Medical Education." JAMA 291 (17).

Beeman, Sandra K. 1995, "Maximizing Credibility and Accountability in Qualitative Data Collection and Data Analysis: A Social Work Research Case Example." *Journal of Sociology & Social Welfare* 22 (4).

Berkman, Barbara 1996, "The Emerging Health Care World: Implications for Social Work Practice and Education." *Social Work* 41 (5).

Beullens, Johan, Jan-Joost Rethans, Jo Goedhuys, & Frank Buntinx 1997, "The Use of Standardized Patients in Research in General Practice." *Family Practice* 14 (1).

Bishop, Anne H. & John R. Scudder, Jr. 2002, *Caring, Curing, Coping: Nurse, Physician, and Patient Relationships*. University of Alabama Press.

Bitner, Mary Jo 1992. "Servicescapes: The Impact of Physical Surroundings on Customers and Employees." *Journal of Marketing* 56 (2).

Black, William G., Jr 1991, "Social Work in World War I: A Method Lost." *The Social Service Review* 65 (3).

Boelen, Charles 2002, "A New Paradigm for Medical Schools a Century after Flexner' s Report." *Bulletin of the World Health Organization* 80 (7).

Bogo, Marion, Cheryl Regehr, Roxanne Power, Judy Hughes, Michael Woodford, & Glenn Regehr 2004, "Toward New Approaches for Evaluating Student Field Performance: Tapping the Implicit Criteria Used by Experienced Field Instructors." *Journal of Social Work Education* 40

(3).

Bogo, Marion & Elaine Vayda 1989. "Developing a Process Model for Field Instruction." *Canadian Social Work Review* 6 (2).

Bogo, Marion & Elaine Vayda 1998, *The Practice of Field Instruction in Social Work: Theory and Process* (2nd). Toronto & London: University of Toronto Press Incorporated.

Bogo, Marion 2015, "Field Education for Clinical Social Work Practice: Best Practices and Contemporary Challenges." *Clinical Social Work Journal*, 43 (3), 317—324.

Bogo, Marion 2020, "*Achieving Competence in Social Work Through Field Education.*" *In Achieving Competence in Social Work through Field Education*. University of Toronto Press.

Bogo, Marion, Barbara Lee, Eileen McKee, Roxanne Ramjattan & Stephanie L. Baird. 2017, "Bridging Class and Field: Field Instructors' and Liaisons' Reactions to Information about Students' Baseline Performance Derived from Simulated Interviews." *Journal of Social Work Education* 53 (4).

Bogo, Marion, Cheryl Regehr, Carmen Logie, Ellen Katz, Maria Mylopoulos, & Glenn Regeh 2011, "Adapting Objective Structured Clinical Examinations to Assess Social Work Students' Performance and Reflections." *Journal of Social Work Education* 47 (1).

Bogo, Marion, Cheryl Regehr, Ellen Katz, Carmen Logie & Maria Mylopoulos 2011b, "Developing a Tool for Assessing Students' Reflections on Their Practice." *Social Work Education: The International Journal* 30 (2).

Bogo, Marion, Cheryl Regehr, Ellen Katz, Carmen Logie, Lea Tufford, & Andrea Litvack 2012, "Evaluating an Objective Structured Clinical Examination (OSCE) Adapted for Social Work." *Research on Social Work Practice* 22 (4).

Bogo, Marion, Cheryl Regehr, Judy Hughes, Roxanne Power, & Judith Globerman 2002, "Evaluating a Measure of Student Field Performance in Direct Service: Testing Reliability and Validity of Explicit Criteria." *Journal of Social Work Education* 38 (3).

Bogo, Marion, Ellen Katz, Cheryl Regehr, Carmen Logie, Maria Mylopoulos, & Lea Tufford 2013, "Towards Understanding Meta-Competence: An Analysis of Students' Reflection on their Simulated Interviews." *Social Work Education: The International Journal* 32 (2).

Bogo, Marion, Mary Rawlings, Ellen Katz, & Carmen Logie 2014, *Using Simulation in Assessment and Teaching: OSCE Adapted for Social Work*. Alexandria: Council on Social Work Education.

Boitel, Craig R., & Laurentine R. Fromm 2014, "Defining Signature Pedagogy in Social Work Education: Learning Theory and the Learning Contract." *Journal of Social Work Education* 50 (4).

Boyd, Jr., Lawrence H., John H. Hylton, & Steven V. Price 1978, "Computers in Social Work Practice: A Review." *Social Work* 23 (5).

Braun, Virginia, & Victoria Clarke 2014, "What Can 'Thematic Analysis' Offer Health and Wellbeing Researchers?" *International Journal of Qualitative Studies on Health and Well-Being* 9 (1).

Braye, Suzy, Michael Preston-Shoot, & Amanda Thorpe 2007, "Beyond the Classroom: Learning Social Work Law in Practice." *Journal of Social Work* 7 (3).

Brekke, John S. 2012, "Shaping a Science of Social Work." *Research on Social Work Practice* 22 (5).

Brekke, John S. 2014. "A Science of Social Work, and Social Work as an Integrative Scientific Discipline: Have We Gone Too Far, or Not Far Enough?" *Research on Social Work Practice* 24 (5).

Brint, Steven 1993, "Eliot Freidson's Contribution to the Sociology of Professions." *Work and Occupations* 20 (3).

Brown, Ann L. 1992, "Design Experiments: Theoretical and Methodological Challenges in Creating Complex Interventions in Classroom Settings." *The Journal of the Learning Sciences* 2 (2).

Buchan, Victoria, Roy Rodenhiser, Grafton Hull, Marshall Smith, John Rogers, Cathy Pike, & JoAnn Ray 2004, "Evaluating an Assessment Tool for Undergraduate Social Work Education: Analysis of the Baccalaureate Educational Assessment Package." *Journal of Social Work Education* 40 (2).

Buckley, Pamela R., Charles R. Ebersole, Christine M. Steeger, Laura E. Michaelson, Karl G. Hill, & Frances Gardner 2022, "The Role of Clearinghouses in Promoting Transparent Research: A Methodological Study of Transparency Practices for Preventive Interventions." *Prevention Science* 22.

Burgess, H. 2004, "Redesigning the Curriculum for Social Work Education: Complexity, Conformity, Chaos, Creativity, Collaboration?" *Social Work Education* 23 (2).

Burian, William A. 1974, "The Laboratory as an Element in Social Work Curriculum Design." *Journal of Education for Social Work* 12 (1).

Burke, Kenneth 1969, *A Grammar of Motives*. Berkeley, Los Angeles, & London: University of California Press.

Button, Linda 2021. Curriculum Essentials: A Journey. Pressbooks.

Campbell, Anne, & Mary McColgan 2016, "Making Social Work Education App' ier: The Process of Developing Information-Based Apps for Social Work Education and Practice." *Social Work Education* 35 (3).

Campbell, Donald T., & Julian C. Stanley 1963, *Experimental and Quasi-Experimental Designs for Research*. Boston: Houghton Mifflin.

Caputo, Richard, William Epstein, David Stoesz, & Bruce Thyer 2015, "Postmodernism: A Dead End in Social Work Epistemology." *Journal of Social Work Education* 51 (4).

Cariceo, Oscar, Murali Nair, & Jay Lytton 2018, "Data Science for Social Work Practice." *Methodological Innovations* 11 (3).

Carr, Wilfred & Stephen Kemmis 1986, *Becoming Critical: Education, Knowledge and Action Research*. London: Falmer Press.

Carraccio, Carol, Susan D. Wolfsthal, Robert Englander, Kevin Ferentz, & Christine Martin

2002, "Shifting Paradigms: From Flexner to Competencies." *Academic Medicine* 77 (5).

Carter, Kimberly, Swanke, Jessica Stonich, Stephanie Taylor, Morgan Witzke, & Michale Binetsch 2018. "Student Assessment of Self-Efficacy and Practice Readiness Following Simulated Instruction in an Undergraduate Social Work Program." *Journal of Teaching in Social Work* 38 (1).

Cartney, Patricia 2006, "Using Video Interviewing in the Assessment of Social Work Communication Skills." *British Journal of Social Work* 36 (5).

Caspi, Jonathan & William J. Reid 2002, *Educational Supervision in Social Work: A Task-Centered Model for Field Instruction and Staff Development*. New York & Chichester, West Sussex: Columbia University Press.

Cerminara, Kathy L. 2011, "Hospice and Heath Care Reform: Improving Care at the End of Life." *Widener Law Review* 17 (2).

Chan, Pauline Sung & Angelina Yuen-Tsang 2008, "Bridging the Theory-Practice Gap in Social Work Education: A Reflection on an Action Research in China." *Social Work Education: The International Journal* 27 (1).

Cheetham, Graham & Geoff Chivers 1996, "Towards a Holistic Model of Professional Competence." *Journal of European Industrial Training* 20 (5).

Chen, Chaomei 2017, "Science Mapping: A Systematic Review of the Literature." *Journal of Data and Information Science* 2 (2).

Chen, Chaomei, Zhigang Hu, Shengbo Liu, & Hung Tseng 2012, "Emerging Trends in Regenerative Medicine: A Scientometric Analysis in CiteSpace." *Expert Opinion on Biological Therapy* 12 (5).

Cheung, Monit & Elena Delavega 2014, "Five-Way Experiential Learning Model for Social Work Education." *Social Work Education* 33 (8).

Clark, Frank W. & Morton L. Arkava 1979, *The Pursuit of Competence in Social Work*. San Francisco, Washington, & NewYork: Jossey-Bass Publisher.

Clearfield, Sidney M. 1977, "Professional Self-Image of the Social Worker: Implications for Social Work Education." *Journal of Education for Social Work* 13 (1).

Cnaan, Ram A. 1989, "Introduction: Social Work Practice and Information Technology-An Unestablished Link." *Computers in Human Services* 5 (1—2).

Cooke, Molly, David M. Irby, & Bridget C. O'Brien 2010, *Educating Physicians: A Call for Reform of Medical School and Residency*. Stanford: The Carnegie Foundation for the Advancement of Teaching.

Cooke, Molly, David M. Irby, William Sullivan, & Kenneth M. Ludmerer 2006, "American Medical Education 100 Years after the Flexner Report." *New England Journal of Medicine* 355 (13).

Cooper, Frank 2012, *Professional Boundaries in Social Work and Social Care: A Practical Guide to Understanding, Maintaining and Managing Your Professional Boundaries*. London & Philadelphia: Jessica Kingsley Publishers.

Cooper, Shirley 1977, "Social work: A dissenting profession." *Social Work* 22 (5).

Corrigan, Paul & Peter Leonard 1978, *Social Work Practice under Capitalism: A Marxist Approach*. London: Macmillan.

Coulshed, Veronica 1988, "Curriculum Designs for Social Work Education: Some Problems and Possibilities." *The British Journal of Social Work* 18 (2).

Coulton, Claudia J., Robert Goerge, Emily Putnam-Hornstein, and Benjamin de Haan 2015, Harnessing Big Data for Social Good: A Grand Challenge for Social Work. Working Paper No. 11. Grand Challenges for Social Work Initiative.

Cournoyer, Barry R. 2011, *The Social Work Skills Workbook (Sixth Eition)*. Belmont: Brooks/Cole.

Cournoyer, Barry R., & Powers, Gerald T. 2002, "Evidence-Based Social Work: The Quiet Revolution Continues." In Roberts, Albert R. & Gilbert J. Greene, *Social Workers' Desk Reference*. New York: Oxford University Press.

Cox, Dianne, Helen Cleak, Alex Bhathal, & Lisa Brophy 2021, "Theoretical Frameworks in Social Work Education: A Scoping Review." *Social Work Education* 40 (1).

Crenshaw, Kimberle 1990, "Mapping the Margins: Intersectionality, Identity Politics, and Violence Against Women of Color." *Stanford Law Review* 43.

Crisp, Beth R. & Pam Green Lister 2002, "Assessment Methods in Social Work Education: A Review of the Literature." *Social Work Education: The International Journal* 21 (2).

Daly, Mary & Jane Lewis 2000, "The Concept of Social Care and the Analysis of Contemporary Welfare States." *The British Journal of Sociology* 51 (2).

Dennison, Susan T. 2011, "Interdisciplinary Role Play between Social Work and Theater Students." *Journal of Teaching in Social Work* 31 (4).

DePoy, Elizabeth, Ann Hartman, and Diane Haslett 1999, "Critical Action Research: A Model for Social Work Knowing." *Social Work* 44 (6).

DeVOE, Norman Wayne 1973, *Accountability in Education: A Survey*. The Degree of Master of Education Paper. Montana State University.

Dewey, John 1933, *How We Think*. Chicago: Henry Regnery.

Dewey, John 1944, *Democracy and Education: An Introduction to the Philosophy of Education*. New York: The Free Press.

Dewey, John 1986, "Experience and Education." *The Educational Forum* 50 (3).

Dhooper, Surjit Singh, David D. Royse and L. C. Wolfe 1990, "Does Social Work Education Make a Difference?" *Social Work* 35 (1).

Diaconu, Mioara, Laura D. Racovita, Domingo Carbonero Muñoz & Sara J. Faubert 2019, "Social Work Educators' Perceived Barriers to Teaching with Technology: The Impact on Preparing Students to Work with Younger Clients." *Social Work Education* 39 (3).

Doel, Mark & Steven Shardlow 2005. *Modern Social Work Practice: Teaching and Learning in Practice Settings*. London: Routledge.

Doherty, John J. 2007, "No Shhing: Giving Voice to the Silenced: An Essay in Support of

Critical Information Literacy." *Library Philosophy and Practice (e-journal)* 9 (2).

Domakin, Alison 2015, "The Importance of Practice Learning in Social Work: Do We Practice What We Preach?" *Social Work Education* 34 (4).

Driever, Marie J. 2002, "Are Evidenced-Based Practice and Best Practice the Same?" *Western Journal of Nursing Research* 24 (5).

Drisko, James W., & Melissa D. Grady 2012, Evidence-Based Practice in Clinical Social Work. New York: Springer.

Dunlap, Katherine M. 1993, "A History of Research in Social Work Education: 1915—1991." *Journal of Social Work Education* 29 (3).

Dunleavy, Daniel Joseph 2020, "Appraising Contemporary Social Work Research: Meta-Research on Statistical Reporting, Statistical Power, and Evidential Value." Doctoral Dissertation. The Florida State University.

Dybicz, Phillip 2004, "An Inquiry into Practice Wisdom." *Families in Society* 85 (2).

Edmond, Tonya, Deborah Megivern, Cynthia Williams, Estelle Rochman, & Matthew Howard 2006, "Integrating Evidence-Based Practice and Social Work Field Education." *Journal of Social Work Education* 42 (2).

Ellen, Roy. F. 1984, *Ethnographic Research: A Guide to General Conduct*. Orlando: Academic Press.

Epstein, Ronald M. & Edward M. Hundert 2002, "Defining and Assessing Professional Competence." *JAMA* 287 (2).

Eraut, Michael 2000, "Non-formal Learning and Tacit Knowledge in Professional Work." *British Journal of Educational Psychology* 70 (1).

Eraut, Michael 2003, *Developing Professional Knowledge and Competence*. London: Taylor & Francis.

Evidence-Based Medicine Working Group 1992, "Evidence-Based Medicine: A New Approach to Teaching the Practice of Medicine." *JAMA* 268 (17).

Faherty, Vincent E. 1983, "Simulation and Gaming in Social Work Education: A Projection." *Journal of Education For Social Work* 19 (2).

Feinman, Jay M. 1995, "Simulation: An Introduction." *Journal of Legal Education* 45 (4).

Feldstein, Donald 1972, *Undergraduate Social Work Education: Today and Tomorrow*. Alexandria: Council on Social Work Education.

Fischer, Joel 1973, "Is Casework Effective? A Review." *Social Work* 18 (1).

Fischer, Joel 1981, "The Social Work Revolution." *Social Work* 26 (3).

Fitch, Dale, Kelli Canada, Suzanne Cary, & Rebekah Freese 2016, "Facilitating Social Work Role Plays in Online Courses: The Use of Video Conferencing." *Advances in Social Work* 17 (1).

Flexner, Abraham 2001/1915, "Is Social Work a Profession?" *Research on Social Work Practice* 11 (2).

Ford, Gary & Norman Gibbs 1996, "A Mature Profession of Software Engineering." Software

Engineering Institute. Paper 182. http://repository.cmu.edu/sei/182.

Ford, Joan S. & Joanne Profetto-McGrath 1994, "A Model for Critical Thinking within the Context of Curriculum as Praxis." *Journal of Nursing Education* 33 (8).

Forgey, Mary Ann, Lee Badger, Tracy Gilbert, & Johna Hansen 2013. "Using Standardized Clients to Train Social Workers in Intimate Partner Violence Assessment." *Journal of Social Work Education* 49 (2).

Fragnière E, Sitten M. 2012, "Directing Design Using Theatre to Capture the Human Element in Service." *Touchpoint* (9).

Fragnière Emmanuel & Marshall Sitten 2012, "Directing Design Using Theatre to Capture the Human Element in Service." *Touchpoint* 4 (2).

Frank, Jeff 2017, "Bound to the Mimetic or the Transformative? Considering Other Possibilities." *Education and Culture* 33 (1).

Franklin, Donna L. 1986, "Mary Richmond and Jane Addams: From Moral Certainty to Rational Inquiry in Social Work Practice." *The Social Service Review* 60 (4).

Frazer, Paul, David Westhuis, James G. Daley, & Iris Phillips 2009, "How Clinical Social Workers are Using the DSM-IV: A National Study." *Social Work in Mental Health* 7 (4).

Freidson, Eliot 1984, "The Changing Nature of Professional Control." *Annual Review of Sociology* 10.

Freidson, Eliot 1986, *Professional Powers: A Study of the Institutionalization of Formal Knowledge*. Chicago: University of Chicago Press.

Freidson, Eliot 2001, *Professionalism, the Third Logic: On the Practice of Knowledge*. Chicago: University of Chicago Press.

Frumkin, Michael L. 1980, "Social Work Education and the Professional Commitment Fallacy: A Practical Guide to Field-School Relations." *Journal of Education for Social Work* 16 (2).

Furco, Andrew 1996, "Service Learning: A Balanced Approach to Experiential Education." *Expanding Boundaries: Serving and Learning* 1.

Gaba, David M. 2004, "The Future Vision of Simulation in Health Care." *Quality & Safety in Health Care* 13 (Suppl 1).

Galambos, Colleen & Roberta R. Greene 2006, "A Competency Approach to Curriculum Building: A Social Work Mission." *Journal of Gerontological Social Work* 48 (1/2).

Gallon, Mark R., Harold M. Stillman, & David Coates 1995, "Putting Core Competency Thinking into Practice." *Research Technology Management* 38 (3).

Gambrill, Eileen D. 2001, "From the Editor: Evaluating the Quality of Social Work Education: Options Galore." *Journal of Social Work Education* 37 (3).

Gambrill, Eileen D. 2003, "Evidence-based Practice: Sea Change or the Emperor's New Clothes?" *Journal of Social Work Education* 39 (1)

Gambrill, Eileen D. 1999, "Evidence-Based Practice: An Alternative to Authority-Based Practice." *Families in Society: the Journal of Contemporary Human Services* 80 (4).

Garvin, Charles D. & John E. Tropman 1992, *Social Work in Contemporary Society*. Englewood Cliffs: Prentice-Hall.

Germain, Carel B. & Alex Gitterman 1980, *The Life Model of Social Work Practice*. New York: Columbia University Press.

Gerstenblatt, Paula & Dorie J. Gilbert 2014, "Framing Service Learning in Social Work: An Interdisciplinary Elective Course Embedded within a University - Community Partnership." *Social Work Education: The International Journal* 33 (8).

Gibbs, Leonard & Eileen Gambrill 2002, "Evidence-based Practice: Counterarguments to Objections." *Research on Social Work Practice* 12 (3).

Gilbert, Neil 1998, "From Service to Social Control: Implications of Welfare Reform for Professional Practice in the United States." *European Journal of Social Work* 1 (1).

Gilgun, Jane F. 2005, "The Four Cornerstones of Evidence-Based Practice in Social Work." *Research on Social work Practice* 15 (1).

Gilliland William R. Louis N. Pangaro, Steven Downing, Richard E. Hawkins Deborah M. Omori, Eric S. Marks, Graceanne Adamo, & Georges Bordage 2006, "Standardized versus Real Hospitalized Patients to Teach History-Taking and Physical Examination Skills." *Teaching and Learning in Medicine* 18 (3).

Gitterman, Alex 2014, "Social Work: A Profession in Search of Its Identity." *Journal of Social Work Education* 50 (4).

Glassman, Peter A., Jeef Luck, Elizabeth M. O'Gara, & John W. Peabody 2000, "Using Standardized Patients to Measure Quality: Evidence from the Literature and a Prospective Study." *The Joint Commission Journal on Quality and Patient Safety* 26 (11).

Goffman, Erving 1986, *Frame Analysis: An Essay on the Organization of Experience*. Boston: Northeastern University Press.

Goldkind, Lauri & Lea Wolf 2014, "A Digital Environment Approach: Four Technologies That Will Disrupt Social Work Practice." *Social Work* 60 (1).

Goldstein, Howard 1990, "The Knowledge Base of Social Work Practice: Theory, Wisdom, Analogue, or Art?" *Families in society* 71 (1).

Goldstein, Howard 2001, *Experiential Learning : A Foundation for Social Work Education and Practice*. Alexandria: Council on Social Work Education.

Gordon, William E. 1983, "Social Work Revolution or Evolution?" *Social Work* 28 (3).

Grant, Janet 2018, "Principles of Curriculum Design." In Swanwick, Tim, Kirsty Forrest, & Bridget C. O' Brien. *Understanding Medical Education: Evidence, Theory, and Practice*. John Wiley & Sons Ltd.

Gray, Mel, Elaine Sharland, Milena Heinsch, & Leanne Schubert 2015, "Connecting Research to Action: Perspectives on Research Utilisation." *British Journal of Social Work* 45 (7).

Grech, Alexander & Anthony F. Camilleri 2017, *Blockchain in Education*. Luxembourg : Publications Office of the European Union.

Green, Lorraine C. 2006, "Pariah Profession, Debased Discipline? An Analysis of Social Work's Low Academic Status and the Possibilities for Change." *Social Work Education* 25 (3).

Green, Lawrence W. 2001, "From Research to 'Best Practices' in Other Settings and Populations." *American Journal of Health Behavior* 25 (3).

Greenwood, Ernest 1957a, "Social Work Research: A Decade of Reappraisal." *Social Service Review* 31 (3).

Greenwood, Ernest 1957b, "Attributes of a Profession." *Social Work* 2 (3).

Gregory, Marilyn & Margaret Holloway 2005, "Language and the Shaping of Social Work." *British Journal of Social Work* 35 (1).

Grosberg, Lawrence M. 2001, "Medical Education Again Provides a Model for Law Schools: The Standardized Patient Becomes the Standardized Client." *Journal of Legal Education* 51 (2).

Gross, Gerald M. 1981, "Instructional Design: Bridge to Competence." *Journal of Education for Social Work* 17 (3).

Gross, Gerald M. 1992. "A Defining Moment." *Journal of Social Work Education* 28 (1).

Grove, Stephen J., Raymond P. Fisk, & Mary Jo Bitner 1992, "Dramatizing the Service Experience: A Managerial Approach." In Swartz, Teresa A., David Earl Bowen, & Stephen Walter Brown 1992, *Advances in Services Marketing and Management: Research and Practice*. JAI Press Inc.

Guo Shengyang 2015, "Shaping Social Work Science: What Should Quantitative Researchers Do?" *Research on Social Work Practice* 25 (3).

Guo Ye & Chen Liang 2016, "Blockchain Application and Outlook in the Banking Industry." *Financial Innovation* 2 (24).

Guyatt, Gordon, Deborah Cook, & Brian Haynes 2004, "Evidence Based Medicine Has Come a Long Way—The Second Decade Will Be as Exciting as the First." BMJ 329.

Haber, Stuart & W. Scott Stornetta 1990, "How to Time-Stamp a Digital Document. Conference on the Theory and Application of Cryptography." In A. J. Menezes & S. A. Vanstone 1991, *Advances in Cryptology-CRYPTO '90 LNCS* 537. Berlin & Heidelberg: Springer-Verlag.

Hagood, Margaret Jarman 1937, "Some Contributions of Psychology to Social Case Work." *Social Forces* 15 (4).

Hamilton, Gordon 1937, "Basic Concepts in Social Case Work." *The Family* 18 (5).

Harden, Ronald M. & F. A. Gleeson 1979, "Assessment of Clinical Competence Using an Objective Structured Clinical Examination (OSCE)." *Medical Education* 13.

Hargreaves, Rosalind & Jan Hadlow 1997, "Role-Play in Social Work Education: Process and Framework for a Constructive and Focused Approach." *Social Work Education* 16 (3).

Harris, John 1998, "Scientific Management, Bureau-Professionalism, New Managerialism: The Labour Process of State Social Work." *The British Journal of Social Work* 28 (6).

Harris, John 2003, *The Social Work Business*. London and New York: Routledge.

Haynes, Karen S. 1998, "The One Hundred - Year Debate: Social Reform versus Individual Treatment." *Social Work* 43 (6).

Heaton, Janet 1999, "The Gaze and Visibility of the Carer: A Foucauldian Analysis of the Discourse of Informal Care." *Sociology of Health & Illness* 21 (6).

Heidegger, Martin 1996, *Being and Time*. Tanslated by Joan Stambaugh. Albany: State University of New York Press.

Hendricks, Carmen Ortiz, Jeanne Bertrand Finch, & Cheryl L. Franks 2013, *Learning to Teach: Teaching to Learn* (2nd). Alexandria: Council on Social Work Education Press.

Hodges, Brian 2003, "OSCE! Variations on a Theme by Harden." *Medical Education* 37 (12).

Holden, Gary, Kathleen Barker, Thomas Meenaghan & Gary Rosenberg 1999, "Research Self-Efficacy: A New Possibility for Educational Outcomes Assessment." *Journal of Social Work Education* 35 (3).

Holden, Gary, Thomas Meenaghan, Jeane Anastas, & George Metrey 2002, "Outcomes of Social Work Education: The Case for Social Work Self-Efficacy." *Journal of Social Work Education* 38 (1).

Hollis, Florence 1972, *Casework: A Psychosocial Therapy* (*2nd*). New York : Random House.

Holosko, Michael J., Munir Winkel, Catherine Crandall, & Harold Briggs 2015, "A Content Analysis of Mission Statements of Our Top 50 Schools of Social Work." *Journal of Social Work Education* 51 (2).

Horejsi, Charles R. 1977, " 'Homemade' Simulations: Two Examples from the Social Work Classroom." *Journal of Education for Social Work* 13 (1).

Horowitz, Gideon 1971, "New Curriculum Policy Statement: Freedom and/or Regulation - 1." *Journal of Education for Social Work* 7 (2).

Howard, Matthew O., Curtis J. McMillen & David E. Pollio 2003, " Teaching Evidence-Based Practice: Toward a New Paradigm For Social Work Education." *Research on Social Work Practice* 13 (2).

Howe, David 1994, "Modernity, Postmodernity and Social Work." *The British Journal of Social Work* 24 (5).

Howe, David 1996, "Surface and Depth in Social-Work Practice." In Parton, Nigel, Social Theory, Social Change and Social Work. London and New York: Routledge.

Hudson, Julie Drury 1997, "A Model of Professional Knowledge for Social Work Practice." *Australian Social Work* 50 (3).

Hugman, Richard 1991, *Power in Caring Professions*. London: Macmillan International Higher Education.

Hunt, Sonya 2017, "The Social Work Regulation Project in Aotearoa New Zealand." *Aotearoa New Zealand Social Work* 29 (1).

Hutchings, Anna & Imogen Taylor 2007, "Defining the Profession? Exploring an International Definition of Social Work in the China Context." *International Journal of Social Welfare* 16 (4).

Huttar, Carol M. & Karlynn BrintzenhofeSzoc 2020, " Virtual Reality and Computer

Simulation in Social Work Education: A Systematic Review." *Journal of Social Work Education* 56 (1).

Hylton, Mary E. 2015, "Civic Engagement and Civic Literacy among Social Work Students: Where Do We Stand?" *Journal of Policy Practice* 14 (3—4).

Imre, Roberta Wells 1985, "Tacit Knowledge in Social Work Research and Practice." *Smith College Studies in Social Work* 55 (2).

Izod, Karen & Chrissie Lawson 2015, "Reflections from Practice: Supervision, Knowledge and the Elusive Quality of Credibility." *Practice* 27 (4).

Jarman-Rohde, Lily & John E. Tropman 1993, "The Social Work Practicum as Service-Learning." In Howard, Jeffrey 1993, *Praxis I: A faculty Casebook on Community Service Learning*. Ann Arbor: University of Michigan OCSL Press.

Jarman-Rohde, Lily, Joann McFall, Patricia Kolar, & Gerald Strom 1997, "The Changing Context of Social Work Practice: Implications And Recommendations for Social Work Educators." *Journal of Social Work Education* 33 (1).

Jennissen, Therese, & Colleen Lundy 2011, *One Hundred Years of Social Work: A History of the Profession in English Canada* 1900—2000. Wilfrid Laurier University Press.

Johnson, Terence J. 1972, *Professions and Power*. University of Cambridge.

Joseph, M. Vincenti 1988, "Religion and Social Work Practice." *Social Casework* 69 (7).

Kainz, Kirsten, Todd Jensen, & Sheryl Zimmerman 2018, "Cultivating a Research Tool Kit for Social Work Doctoral Education." *Journal of Social Work Education* 54 (4).

Kaslow, Nadine J., Catherine L. Grus, Linda F. Campbell, Nadya A. Fvuad, Robert L. Hatcher, & Emil R. Rodolfa 2009, "Competency Assessment Toolkit for Professional Psychology." *Training and Education in Professional Psychology* 3 (4S).

Katz, Arthur J. 1971, "New Curriculum Policy Statement: Freedom and/or Regulation - 2." *Journal of Education for Social Work* 7 (2).

Keller, Thomas E., James K. Whittaker, & Tracey K. Burke 2001, "Student Debates in Policy Courses: Promoting Policy Practice Skills and Knowledge through Active Learning." *Journal of Social Work Education* 37 (2).

Kendall, Katherine A. 1953, "A Conceptual Framework for the Social Work Curriculum of Tomorrow." *Social Service Review* 27 (1).

Kendall, Katherine A. 2000, *Social Work Education: Its Origins in Europe*. The Council on Social Work Education, Inc.

Kinney, Malcolm & Elaine Aspinwall-Roberts 2010, "The Use of Self and Role Play in Social Work Education." *The Journal of Mental Health Training, Education and Practice* 5 (4).

Kjellberg, Inger & Birgitta Jansson 2022, "The Capability Approach in Social Work Research: A Scoping Review of Research Addressing Practical Social Work." *International Social Work* 65 (2).

Klein, Waldo C. & Martin Bloom 1995, "Practice Wisdom." *Social Work* 40 (6).

Klein, Waldo C. 1989, "A Generic Model of Long Term Care for Social Work Education."

Journal of Social Work Education 25 (3).

Kogan, Leonard S. 1950, "The Electrical Recording of Social Casework Interviews." *Social Casework* 31.

Kohli, Hermeet K., Ruth Huber, & Anna C. Faul 2010, "Historical and Theoretical Development of Culturally Competent Social Work Practice." *Journal of Teaching in Social Work* 30 (3).

Kolb, David A. 2015, *Experiential Learning: Experience as the Source of Learning and Development*. New Jersey: Pearson Education, Inc.

Kourgiantakis, Toula, Karen M. Sewell, Ran Hu, Judith Logan, & Marion Bogo 2020, "Simulation in Social Work Education: A Scoping Review." *Research on Social Work Practice* 30 (4).

Rao, M. R. K. Krishna, Sahalu Junaidu, Talal Maghrabi, Muhammad Talha Shafique, Mohammedasad Ahmed, & Kanaan Faisal 2005, "Principles of Curriculum Design and Revision: A Case Study in Implementing Computing Curricula CC2001." *ACM SIGCSE Bulletin* 37 (3).

Krysik, Judy L. & Jerry Finn 2010, *Research for Effective Social Work Practice*. Routledge.

Ku, Hok Bun, Sik Chung Yeung, & Pauline Sung-Chan 2005, "Searching for a Capacity Building Model in Social Work Education in China." *Social Work Education* 24 (2).

Künzli, Rudolf 2013, "Memorizing a Memory: Schwab's The Practical in a German Context." *Journal of Curriculum Studies* 45 (5).

Kutchins, Herb & Stuart A. Kirk 1988, "The Business of Diagnosis: DSM-III and Clinical Social Work." *Social Work* 33 (3).

Kuvshinov, Kirill, Ilya Nikiforov, Jonn Mostovoy, Dmitry Mukhutdinov, Kirill Andreev, & Vladislav Podtelkin 2018, "Disciplina: Blockchain for Education." https: //disciplina. io/yellowpaper. pdf.

Kwok, Andrei O. J. & Horst Treiblmaier 2022, "No One Left Behind in Education: Blockchain-Based Transformation and Its Potential for Social Inclusion." *Asia Pacific Education Review* 23 .

Ladousse, Gillian Porter, 1987, *Role Play*. Oxford, New York & Toronto: Oxford University Press.

Lam, Debbie 2004, "Problem-Based Learning: An Integration of Theory and Field." *Journal of Social Work Education* 40 (3).

Latting, Jean Kantambu 1990, "Identifying the 'Isms': Enabling Social Work Students to Confront Their Biases." *Journal of Social Work Education* 26 (1).

Goldkind, Lauri & Lea Wolf 2014, "A Digital Environment Approach: Four Technologies That Will Disrupt Social Work Practice." *Social Work* 60 (1).

Larson, Magali Sarfatti 2018, "The Rise of Professionalism: A Sociological Analysis." In Aronowitz, Stanley & Michael J. Roberts 2018, Class: The anthology. NewYork: John Wiley & Sons, Inc.

Law, Agnes Koon-chui & Jiang Xia Gu 2008, "Social Work Education in Mainland China: Development and Issues." *Asian Social Work and Policy Review* 2 (1).

Leitch, Ruth & Christopher Day 2000, "Action Research and Reflective Practice: Towards a Holistic View." *Educational Action Research* 8 (1).

Lemieux, Catherine M. & Priscilla D. Allen 2007, "Service Learning in Social Work Education: The State of Knowledge, Pedagogical Practicalities, and Practice Conundrums." *Journal of Social Work Education* 43 (2).

Lessinger, Leon 1970, *Every Kid A Winner*. New York: Simon & Schuster.

Lewis, John & Faith Gibson 1977, "The Teaching of Some Social Work Skills: Towards a Skills Laboratory." *The British Journal of Social Work* 7 (2).

Linsk, Nathan L. & Kathleen Tunney 1997, "Learning to Care: Use of Practice Simulation to Train Health Social Workers." *Journal of Social Work Education* 33 (3).

Logie, Carment, Marion Bogo, Cheryl Regehr, & Glenn Regehr 2013, "A Critical Appraisal of the Use of Standardized Client Simulations in Social Work Education." *Journal of Social Work Education* 49 (1).

Lohmann, Henning & Florian Ferger 2014, "Educational Poverty in a Comparative Perspective: Theoretical and Empirical Implications." SFB 882 Working Paper Series (24).

Lu, Yuhwa Eva, Eileen Ain, Charissa Chamorro, Chiung-Yun Chang, Joyce Yen Feng, Rowena Fong, Betty Garcia, Robert Leibson Hawkins, & Muriel Yu 2011, "A New Methodology for Assessing Social Work Practice: The Adaptation of the Objective Structured Clinical Evaluation (SW-OSCE)." *Social Work Education: The International Journal* 30 (2).

Lymbery, Mark 2001, "Social Work at the Crossroads." *British Journal of Social Work* 31 (3).

Madhu, Prabakara 2011, "Praxis Intervention: Towards a New Critical Social Work Practice." *SSRN Electronic Journal* 41.

Madoc-Jones, I., &Parrott, L. 2005, "Virtual Social Work Education-Theory and Experience." *Social Work Education* 24 (7).

Manthorpe, Jill, Shereen Hussein, & Jo Moriarty 2005, "The Evolution of Social Work Education in England: A Critical Review of Its Connections and Commonalities with Nurse Education." *Nurse Education Today* 25 (5).

Manuel, Jennifer I., Edward J. Mullen, Lin Fang, Jennifer L. Bellamy, & Sarah E. Bledsoe 2009, "Preparing Social Work Practitioners to Use Evidence-Based Practice: A Comparison of Experiences from an Implementation Project." *Research on Social Work Practice* 19 (5).

Marson, Stephen M. 1997, "A Selective History of Internet Technology and Social Work." *Computers in Human Services* 14 (2).

Martin, Carol 2006, "Bodies of Evidence." *TDR: The Drama Review* 50 (3).

Mayo-Wilson, Evan, Sean Grant, & Lauren H. Supplee 2021, "Clearinghouse Standards of Evidence on the Transparency, Openness, and Reproducibility of Intervention Evaluations." *Prevention Science* 22.

Maypole, Donald E. 1991, "Interactive Videodiscs in Social Work Education." *Social Work* 36 (3).

McCulloch, Trish 2018, "Education for the Crossroads? A Short History of Social Work Education in Scotland." *Practice: Social Work in Action* 30 (4).

Mcginnis, Michael D. & Elinor Ostrom 2014, "Social-Ecological System Framework: Initial Changes and Continuing Challenges." *Ecology and Society* 19 (2).

McNeece, C. Aaron & Thyer, Bruce A. 2004, "Evidence-Based Practice and Social Work." *Journal of Evidence-Based Social Work* 1 (1).

Meinert, Roland G. 1972, "Simulation Technology: A Potential Tool for Social Work Education." *Journal of Education for Social Work* 8 (3).

Mellor, M. Joanna, Kathryn Hyer, & Judith L. Howe 2002, "The Geriatric Interdisciplinary Team Approach: Challenges and Opportunities in Educating Trainees Together from a Variety of Disciplines." *Educational Gerontology* 28 (10).

Miller, George E. 1990, "The Assessment of Clinical Skills/Competence/Performance." *Academic Medicine* 65 (9).

Miller, Monte 2002, "Standardized Clients: An Innovative Approach to Practice Learning." *Social Work Education* 21 (6).

Miller, Monte 2004, "Implementing Standardized Client Education in a Combined BSW and MSW Program." *Journal of Social Work Education* 40 (1).

Montcalm, Denise M. 1999, "Applying Bandura's Theory of Self-Efficacy to the Teaching of Research." *Journal of Teaching in Social Work* 19 (1—2) 7.

Mooradian, John K. 2008, "Using Simulated Sessions to Enhance Clinical Social Work Education." *Journal of Social Work Education* 44 (3).

Moore, Linda S. & Jenkins, David A. 2000, "The History of Gatekeeping." In Gibbs, Patty & Eleanor H. Blakely, *Gatekeeping in BSW Programs*. New York: Columbia University Press.

Moore, Linda S. & Charlene A. Urwin 1990, "Quality Control in Social Work: The Gatekeeping Role in Social Work Education." *Journal of Teaching in Social Work* 4 (1).

Morago, Pedro 2010, "Dissemination and Implementation of Evidence-Based Practice in the Social Services: A UK Survey." *Journal of Evidence-Based Social Work* 7 (5).

Morri, Robert 1978, "Social Work Function in a Caring Society: Abstract Value, Professional Preference, and the Real World." *Journal of Education for Social Work* 14 (2).

Moss, Bernard R., Mike Dunkerly, Brian Price, Wendy Sullivan, Mike Reynolds, & Barbara Yates 2007, Skills Laboratories and the New Social Work Degree: One Small Step Towards Best Practice? Service Users' and Carers' Perspectives. *Social Work Education: The International Journal* 26 (7).

Mulder, Martin, Judith Gulikers, Harm Biemans, & Renate Wesselink 2009, "The New Competence Concept in Higher Education: Error or Enrichment?" *Journal of European Industrial Training* 33 (8—9).

Mullen, Edward J. 2004, "Outcomes Measurement: A Social Work Framework for Health and Mental Health Policy and Practice." *Social Work in Mental Health* 2 (2—3).

Munby, Hugh 1989, "Reflection-in-Action and Reflection-on-Action." *Current Issues in*

Education 9 (1).

Munro, Eileen 2004, "The Impact of Audit on Social Work Practice." *British Journal of Social Work* 34 (8).

Nakamoto, Satoshi 2008, "Bitcoin: A Peer-to-Peer Electronic Cash System." https: // bitcoin. org/bitcoin. pdf.

Neumann, David L. 2010, "Using Interactive Simulations in Assessment: The Use of Computer-Based Interactive Simulations in the Assessment of Statistical Concepts." *International Journal for Technology in Mathematics Education* 17 (1).

O' Brien, Elaine M. & Kenneth R. Deans 1996, "Educational Supply Chain: A Tool for Strategic Planning in Tertiary Education?" *Marketing Intelligence & Planning* 14 (2).

O'Connor, Louise, Bob Cecil, & Markella Boudioni 2009, "Preparing For Practice: An Evaluation of an Undergraduate Social Work 'Preparation for Practice' Module." *Social Work Education* 28 (4).

Ogbonnaya, Ijeoma Nwabuzor, Jared Martin, & Cambria Rose Walsh 2018, "Using the California Evidence-Based Clearinghouse for Child Welfare as a Tool for Teaching Evidence-Based Practice." *Journal of Social Work Education* 54 (supl).

Okpych, Nathanael J. & James L-H Yu 2014, "A Historical Analysis of Evidence-Based Practice in Social Work: The Unfinished Journey toward an Empirically Grounded Profession." *Social Service Review* 88 (1).

Olson, Mark D., Melinda Lewis, Paula Rappe, & Sandra Hartley 2015, "Innovations in Social Work Training: A Pilot Study of Interprofessional Collaboration Using Standardized Clients." *International Journal of Teaching and Learning in Higher Education* 27 (1).

Ornstein, Allan C. 1988, "The Evolving Accountability Movement." *Peabody Journal of Education* 65 (3).

Ostrom, Elinor 2005, *Understanding Institutional Diversity*. Princeton & Oxford: Princeton University Press.

Padgett, Deborah K. 2016, *Qualitative Methods in Social Work Research* (*Vol*. 36). Sage Publications.

Pardeck, John T. 1988, "An Ecological Approach for Social Work Practice." *The Journal of Sociology & Social Welfare* 15 (2).

Pardeck, John T. 1996, *Social Work Practice: An Ecological Approach*. Westport, Connecticut, & London: Auburn House.

Parton, Nigel 1996, *Social Theory, Social Change & Social Work*. London & New York: Routledge.

Patton, Michael Quinn 2001, "Evaluation, Knowledge Management, Best Practices, and High Quality Lessons Learned." *American Journal of Evaluation* 22 (3).

Patton, Michael Quinn 2002, *Qualitative Research and Evaluation Methods*. Thousand Oaks. Cal.: Sage Publications.

Payne, Malcolm 2015, "Social Work Education." In Wright, James D., *International*

Encyclopedia of the Social & Behavioral Sciences (*2nd*), *Volume* 22. Amsterdam, Boston, & Heidelberg: Elsevier.

Pearson, Veronica, Donna K. P. Wong, Kit-mui Ho, & Yu-cheung Wong 2007, "Problem Based Learning in an MSW Programme: A Study of Learning Outcomes." *Social Work Education* 26 (6).

Perlman, Helen Harris 1976, "Believing and Doing: Values in Social Work Education." *Social Casework* 57 (6).

Petr, Christopher G. 2008, *Multidimensional Evidence-Based Practice*: *Synthesizing Knowledge*, *Research*, *and Values*. New York & London: Routledge.

Petracchi, Helen E. & Kathryn S. Collins 2006, "Utilizing Actors to Simulate Clients in Social Work Student Role Plays: Does This Approach Have a Place in Social Work Education?" *Journal of Teaching in Social Work* 26 (1—2).

Petracchi, Helen E. 1999, "Using Professionally Trained Actors in Social Work Role-Play Simulations." *Journal of Sociology and Social Welfare* 26 (4).

Phillips, Amy 2011, "Service-Learning and Social Work Competency-Based Education: A 'Goodness of Fit'?" *Advances in Social Work* 12 (1).

Pine, B. Joseph & James H. Gilmore 1999, *The Experience Economy*: *Work Is Theater & Every Business a Stage*. Boston & Massachusetts: Harvard Business School Press.

Poindexter, Cynthia Cannon 2003, "The Ubiquity of Ambiguity in Research Interviewing: A Case Study." *Qualitative Social Work* 2 (4).

Proctor, Enola K. 2001, "Social Work Research: Asking Relevant Questions and Answering Them Well." *Social Work Research* 25 (1).

Ragan, R. E., Virtue, D. W., & Chi, S. J. 2013, "An Assessment Program Using Standardized Clients to Determine Student Readiness for Clinical Practice." *American Journal of Pharmaceutical Education* 77 (1).

Rangel, Jaime C, Carrie Cartmill, Ayelet Kuper, Maria A Martimianakis, & Cynthia R Whitehead 2016, "Setting the standard: Medical Education's First 50 Years." *Medical Education* 50 (1).

Reason, Peter & Hilary Bradbury 2005, *Handbook of Action Research*: *Participative Inquiry and Practice*. Thousand Oaks, C A: Sage.

Reisch, Michael 1998, "The Sociopolitical Context and Social Work Method, 1890—1950." *Social Service Review* 72 (2).

Rethans, Jan-Joost, Simone Gorter, Lonneke Bokken, &Linda Morrison 2007, "Unannounced Standardised Patients in Real Practice: A Systematic Literature Review." *Medical Education* 41 (6).

Rhodes, Margaret L., & John Potter 1986, *Ethical Dilemmas in Social Work Practice*. Boston: Routledge & Kegan Paul.

Richan, Willard C. 1972, "A Common Language for Social Work." *Social Work* 17 (6).

Richan, Willard C. 1973, "The Social Work Educator's Dilemma: The Academic vs. The

Social Revolution." *Journal of Education for Social Work* 9 (3).

Richardson, W. Scott, Mark C. Wilson, Jim Nishikawa, & Robert S. A. Hayward 1995, "The Well-built Clinical Question: A Key to Evidence-based Decisions." *ACP Journal Club* 123 (3).

Richmond, Mary E. 1917, *Social Diagnosis*. New York: Russell Sage Foundation.

Rickles, Nathaniel M., Phuong Tieu, Lindsay Myers, Suzanne Galal, & Valerie Chung 2009, "Instructional Design and Assessment: The Impact of a Standardized Patient Program on Student Learning of Communication Skills." *American Journal of Pharmaceutical Education* 73 (1).

Roberts, Cleora S. 1989, "Conflicting Professional Values in Social Work and Medicine." *Health and Social Work* 14 (3).

Robinson, Karen & Martin Webber 2013, "Models and Effectiveness of Service User and Carer Involvement in Social Work Education: A Literature Review." *British Journal of Social Work* 43 (5)

Robinson, Virginia P. 1930, *A Changing Psychology in Social Casework*. Chapel Hill: University of North Carolina Press.

Rodolfa, Emil, Russ Bent, Elena Eisman, Paul Nelson, Lynn Rehm, & Pierre Ritchie 2005, "A Cube Model for Competency Development: Implications for Psychology Educators and Regulators." *Professional Psychology: Research and Practice* 36 (4).

Rogers, C. 1950, "The Electrical Recording of Social Casework Interviews." Social Casework 31.

Rosen, Kathleen R. 2008, "The History of Medical Simulation." *Journal of Critical Care* (23).

Rosenblatt, Aaron 1981, "Research Models for Social Work Education." In Briar, Scott, Harold Weissman, & Allen Rubin, *Research Utilization in Social Work Education*. New York: Council on Social Work Education, Inc..

Ross, Alistair 2000, *Curriculum: Construction and Critique*. London: Falmer Press.

Rubin, Allen, Peter J. Johnson, & Kevin L. Deweaver 1986, "Direct Practice Interests of MSW Students: Changes from Entry to Graduation." *Journal of Social Work Education* 22 (2).

Ryan, Greg, Susan Toohey, & Chris Hughes 1996, "The Purpose, Value and Structure of the Practicum in Higher Education: A Literature Review." *Higher Education* 31.

Sackett, David L, William M. C, Rosenberg, J. A. Muir Gray, R. Brian Haynes, & W. Scott Richardson 1996, "Evidence Based Medicine: What It Is and What It Isn't." *BMJ* 312 (7023).

Sackett, David L., William M. C. Rosenberg, J. A. Muir Gray, R Brian Haynes, & W. Scott Richardson 1996, "Evidence Based Medicine: What It Is and What It Isn't." *BMJ : British Medical Journal* 312 (7023).

Sampson, McClain, Danielle E. Parrish, & Micki Washburn 2018, "Assessing MSW Students' Integrated Behavioral Health Skills Using an Objective Structured Clinical Examination."

Journal of Social Work Education 54 (2).

Samson, Patricia L. 2015, "Practice Wisdom: The Art and Science of Social Work." *Journal of Social Work Practice: Psychotherapeutic Approaches in Health, Welfare and the Community* 29 (2).

Scharlach, Andrew Scharlach, JoAnn Damron-Rodriguez, Barrie Robinson, & Ronald Feldman 2000, "Educating Social Workers for an Aging Society: A Vision for the 21st Century." *Journal of Social Work Education* 36 (3).

Schechner, Richard 1968, "6 Axioms for Environmental Theatre." *The Drama Review: TDR* 12 (3).

Schechner, Richard 2020, *Performance Studies: An Introduction*. London & New York: Routledge.

Schelbe, Lisa, Helen E. Petracchi, & Addie Weaver 2014, "Benefits and Challenges of Service-Learning in Baccalaureate Social Work Programs." *Journal of Teaching in Social Work* 34 (5).

Schirmer, Julie M., Larry Mauksch, Forrest Lang, M. Epstrin, Doug Brock, & Michael Pryzbylski 2005, "Assessing Communication Competence: A Review of Current Tools." *Family Medicine* 37 (3).

Schön, Donald A. 1983, *The Reflective Practitioner: How Professionals Think in Action*. New York: Basic Books.

Schreiber, Jill C. & Joseph D. Minarik 2018, "Simulated Clients in a Group Practice Course: Engaging Facilitation and Embodying Diversity." *Journal of Social Work Education* 54.

Schrewe, Brett 2013, "From History to Myth: Productive Engagement with the Flexnerian Metanarrative in Medical Education." *Advances in Health Sciences Education* 18 (5).

Schubert, William 1989, "On the Practical Value of Practical Inquiry for Teachers and Students." *Journal of Thought* 24 (1/2).

Schubert, William Henry 1986, *Curriculum: Perspective, Paradigm, and Possibility*. New York, &London: Macmillan Pub. Co. ; Collier Macmillan Publishers.

Schutz, Alfred 2011, "Reflections on the Problem of Relevance." In Alfred Schutz. Edited by Lester Embree. *Collected Papers V. Phenomenology and the Social Sciences*. London & New York: Springer.

Schwab, Joseph J. 1969, "The Practical: A Language for Curriculum." The School Review, 78 (1), 1—23.

Scott P. Anstadt, Belinda Bruster, & Senthil B. Girimurugan 2016, "Using Virtual World Simulators (Second Life) in Social Work Course Assignments." *The International Journal of Learning Technology* 11 (1).

Scott, Beverley 1982, "Competency Based Learning: A Literature Review." *International Journal of Nursing Studies* 19 (3).

Scott, Dorothy 1990, "Practice Wisdom: The Neglected Source of Practice Research." *Social Work* 35 (6).

Sharples, Mike & John Domingue 2016, "The Blockchain and Kudos: A Distributed System for Educational Record, Reputation and Reward." 11th European Conference on Technology Enhanced Learning. Switzerland: Springer.

Shaw, Ian F. & Nick Gould 2002, *Qualitative Research in Social Work*. London, Thousand Oaks, & New Delhi: SAGE Publications.

Shaw, Terry V. & Bethany R. Lee 2012, " 'I Thought I Hated Data': Preparing MSW Students for Data-driven Practice." *Journal of Teaching in Social Work* 32 (1).

Sheridan, Michael J. & Katherine Amato-von Hemert 1999, "The Role of Religion and Spirituality in Social Work Education and Practice: A Survey of Student Views and Experiences." *Journal of Social Work Education* 35 (1).

Sheridan, Michael J. 2010, "Ethical Issues in the Use of Prayer in Social Work: Implications for Professional Practice and Education." *Families In Society* 91 (2).

Shneider, Alexander M. 2009, "Four Stages of a Scientific Discipline; Four Types of Scientist." *Trends in Biochemical Sciences* 34 (5).

Shorkey, Clayton T. & Michael Uebel 2014, "History and Development of Instructional Technology and Media in Social Work Education." *Journal of Social Work Education* 50 (2).

Shulman, Lee S. 2005, "Signature Pedagogies in the Professions." *Daedalus* 134 (3).

Simpson, Golnar A., Jay C. Williams, & Anne Brantley Segall 2007, "Social Work Education and Clinical Learning." *Clinical Social Work Journal* 35 (1).

Siporin, Max 1980, "Ecological Systems Theory in Social Work." *The Journal of Sociology & Social Welfare* 7 (4).

Slavin, Robert E. 2002, "Evidence-Based Education Policies: Transforming Educational Practice and Research." *Educational Research* 31 (7).

Smith, Norman J., Gail Parmar & Neil Paget 1980, "Computer Simulation and Social Work Education: A Suitable Case." *British Journal of Social Work* (4).

Smith, Richard & Drummond Rennie 2014, "Evidence-based Medicine-An Oral History." *JAMA* 311 (4).

Sommerfeld, Peter 2014, "Social Work as an 'Action Science' —A perspective from Europe." *Research on Social Work Practice* 24.

Sotanovich, Keith E. 1999, "Educational Research at a Choice Point." *Issues in Education* 5 (2).

Soydan, Haluk & Lawrence A. Palinkas 2014. *Evidence-Based Practice in Social Work: Development of a New Professional Culture*. London and New York: Routledge.

Soydan, Haluk 2007, "Improving the Teaching of Evidence-Based Practice: Challenges and Priorities." *Research on Social Work Practice* 17 (5).

Soydan, Haluk 2008, "Applying Randomized Controlled Trials and Systematic Reviews in Social Work Research." *Research on Social Work Practice* 18 (4).

Soydan, Haulk, Edward J. Mullen, Lain Alexandra, Jenny Rehnman, & You-Ping Li 2010, "Evidence- Based Clearinghouses in Social Work." *Research on Social Work Practice* 20 (20).

Spady, William G. 1994, "Competency-Based Education: A Bandwagon in Search of a Definition." In Brown, Mike, Frances Patrick, Doris Tate, & Steve Wright 1994, *A Collection of Readings Related to Competency-Based Training*. Victoria: Victorian Education Foundation.

Specht, Harry & Mark E. Courtney 1995, *Unfaithful Angels: How Social Work Has Abandoned Its Mission*. New York: The Free Press.

Spolin, Viola 1986, *Theater Games for the Classroom: A Teacher's Handbook*. Evanston: Northwestern University Press.

Steiner, Joseph R., Thomas L. Briggs, & Gerald M. Gross 1984, "Emerging Social Work Traditions, Profession Building, and Curriculum Policy Statements." *Journal of Education for Social Work* 20 (1).

Stillman, Paula L. & William D. Sawyer 1992, "A New Program to Enhance the Teaching and Assessment of Clinical Skills in the People's Republic of China." *Academic Medicine* 67.

Stoesz, David & Howard J. Karger 2008, "Reinventing Social Work Accreditation." *Research on Social Work Practice* 19 (1).

Stoesz, David 2013, "Accountability in Higher Education and the Educational Policy and Accreditation Standards 2008." *Research on Social Work Practice* 23 (3).

Stoesz, David, Howard Jacob Karger, & Terry E. Carrillo 2017, *A Dream Deferred: How Social Work Education Lost Its Way and What Can Be Done*. New York: Routledge.

Straus, Sharon E., Paul Glasziou, W. Scott Richardson, & R. Brian Haynes 2018, Evidence-Based Medicine: How to Practice and Teach EBM (5th). Amsterdam: Elsevier.

Stringer, Ernest T. 2007, *Action Research* (*3rd*), California: Sage Publications.

Strom-Gottfried, Kimberly 1997, "The Implications of Managed Care for Social Work Education." *Journal of Social Work Education* 33 (1).

Stufflebeam, Daniel L. & Anthony J. Shinkfield 1985, *Systematic Evaluation: A Self-Instruction Guide To Theory and Practice*. Boston : Kluw er -Nijhoff.

Sullivan, William M. 1999, "What Is Left of Professionalism after Managed Care?" *Hastings Center Report* 29 (2).

Swamidass, Paul M. 2000, *Encyclopedia of Production and Manufacturing Management*. Boston, Dordrecht, & London: Kluwer Academic Publishers.

Swan, Melanie 2013, "The Quantified Self: Fundamental Disruption in Big Data Science and Biological Discovery." *Big Data* 1 (2).

Swan, Melanie 2015, *Blockchain: Blueprint for a New Economy*. CA: O'Reilly Media, Inc..

Sweifach, Jay Stephen 2015, "Has Group Work Education Lost Its Social Group Work Essence? A Content Analysis of MSW Course Syllabi in Search of Mutual Aid and Group Conflict Content." *Journal of Teaching in Social Work* 35 (3).

Swigonski, Mary, Kelly Ward, Robin S. Mama, Jan Rodgers, & Ray Belicose 2006, "An Agenda for the Future: Student Portfolios in Social Work Education." *Social Work Education: The International Journal* 25 (8).

Tauber, Alfred I. 1992, "The Two Faces of Medical Education: Flexner and Osler Revisited."

Journal of the Royal Society of Medicine 85 (10).

Taylor, Amanda 2017, "Social Work and Digitalisation Bridging the Knowledge Gaps." *Social Work Education* 36 (8).

Taylor, Robert K. 1958, "The Social Control Function in Casework." *Social Casework* 39 (1).

Thyer, Bruce A. & Monica Pignotti 2011, "Evidence-Based Practices Do Not Exist." *Clinical Social Work Journal* 39 (4).

Tolson, Eleanor R. & Judy Kopp 1988, "The Practicum: Clients, Problems, Interventions and Influences on Student Practice." *Journal of Social Work Education* 24 (2).

Toren, Nina 1992, *Social Work: The Case of a Semi-Profession*. London: Sage.

Trevithick, Pamela 2008, "Revisiting the Knowledge Base of Social Work: A Framework for Practice." *The British Journal of Social Work* 38 (6).

Tufford, Lea, Kenta Asakura, & Marion Bogo 2018, "Simulation versus Role-Play: Perceptions of Prepracticum BSW Students." *Journal of Baccalaureate Social Work* 23 (1).

Tufts, James H. 1923, *Education and Training for Social Work*. New York: Russell Sage Foundation.

Uden, Lorna & Chris Beaumont 2006, *Technology and Problem-based Learning*. Hershey & London: Imformation Science Publisher.

Uggerhøj, Lars 2011, "What is Practice Research in Social Work-Definitions, Barriers and Possibilities." *Social Work & Society* 9 (1).

Valli, Linda 1997, "Listening to Other Voices: A Description of Teacher Reflection in the United States." *Peabody journal of Education* 72 (1).

Van de Luitgaarden, Guido & Michelle van der Tier 2016, "Establishing Working Relationships in Online Social Work." *Journal of Social Work* 18 (2).

Van Ments, M 1989, *The Effective Use of Role Play*. London: Kogan Page.

Varley, Barbara K. 1963, "Socialization in Social Work Education." *Social Work* 8 (3).

Vasoo, S., & Tan Ngoh Tiong 1998, "Social Work and the Development of Human Resource." *Asia Pacific Journal of Social Work and Development* 8 (1).

Vass, Antony A. 1996, *Social Work Competences: Core Knowledge, Values and Skills*. London, Thousand Oaks, & New Delhi: SAGE Publications.

Vass, Antony A. 2004, *Social Work Competences: Core Knowledge, Values and Skills*. London: SAGE Publications Ltd..

Vayda, Elaine & Marion Bogo 1991, "A Teaching Model to Unite Classroom and Field." *Journal of Social Work Education* 27 (3).

Videka-Sherman, Lynn 1998, "Metaanalysis of Research on Social Work Practice in Mental Health." *Social Work* 33 (4).

Vinson, Kevin D. 1999, "National Curriculum Standards and Social Studies Education: Dewey, Freire, Foucault, and the Construction of a Radical Critique." *Theory & Research in Social Education* 27 (3).

Wallace, Peggy 1997, "Following the Threads of an Innovation: The History of Standardized Patients in Medical Education." *Caduceus* 13 (2).

Wallace, Peggy 2007, *Coaching Standardized Patients for Use in the Assessment of Clinical Competence*. New York: Springer Publishing Company.

Wayne, Julianne, Marion Bogo, & Miriam Raskin 2010, "Field Education as the Signature Pedagogy of Social Work Education." *Journal of Social Work Education* 46 (3).

Weick, Ann 1983, "Issues in Overturning a Medical Model of Social Work Practice." *Social Work* 28 (6).

Weick, Ann 1986, "The Philosophical Context of a Health Model of Social Work." *Social Casework* 67.

Weiner, Saul J. & Alan Schwartz 2014, "Directly Observed Care: Can Unannounced Standardized Patients Address a Gap in Performance Measurement?" *Journal of general internal medicine* 29 (8).

Weiss, Idit, John Gal, & Ram A. Cnaan 2004, "Social Work Education as Professional Socialization: A Study of the Impact of Social Work Education upon Students' Professional Preferences." *Journal of Social Service Research* 31 (1).

Weiss-Gal, Idit & Penelope Welbourne 2008, "The Professionalisation of Social Work: A Cross-national Exploration." *International Journal of Social Welfare* 17.

Wendler, Wiebke S., Stumpf-Wollersheim Jutta, & Isabell M. Welpe 2018, "Disrupting Education Through Blockchain-Based Education Technology?." *SSRN Electronic Journal*. https://papers.ssrn.com/sol3/papers.cfm?abstract_id=3210487.

Whatling, Tony & Erica Wodak 1979, "The Simulated Client in Social Work Training." *International Social Work* 22 (1).

Whelan, Gerald P., John R. Boulet, Dannette W. Mckinley, John J. Norcini, Marta van Zanten, Ronald K. Hambleton, William P. Burdick, & Steven J. Peitzman 2005, "Scoring Standardized Patient Examinations: Lessons Learned from the Development and Administration of the ECFMG Clinical Assessment." *Medical Teacher* 27 (3).

Wilensky, Harold L. & Charles N. Lebeaux 1958, *Industrial Society and Social Welfare*. Russell Sage Foundation.

Williams, Amy Fischer 2018, "Tribal Sovereign Status: Conceptualizing Its Integration into the Social Work Curriculum." https://sophia.stkate.edu/dsw/39 .

Williams, Peter 2019, "Does Competency-Based Education with Blockchain Signal a New Mission for Universities?" *Journal of Higher Education Policy and Mangment* 41 (1).

Wilson George & Anne Campbell 2012, "Developing Social Work Education: Academic Perspectives." *British Journal of Social Work* 43 (5).

Witkin, Stanley L. 1991, "Empirical Clinical Practice: A Critical Analysis." *Social Work* 36 (2).

Wodarski, John S. 1979, "Critical Issues in Social Work Education." *Journal of Education for Social Work* 15 (2).

Wong, Chack Kie, Wang Kate Yeong-Tsyr, & Kaun Ping-Yin 2009, "Social Citizenship Rights and the Welfare Circle Dilemma: Attitudinal Findings of Two Chinese Societies." *Asian Social Work and Policy Review* 3 (1).

Wong, Donna Kam Pun 2001, "Social Work Skills Laboratory in Action: Integrative and Reflective Learning Through Students' Participation." In Kember, David, Sally Candlin, & Louisa Yan, *Further Case Studies of Improving Teaching and Learning from the Action Learning Project*. Hong Kong: Action Learning Project.

Wyers, Norman L. 1991, "Policy-Practice in Social Work: Models and Issues." *Journal of Social Work Education* 27 (3).

Xiong, Yuegen & Sibin Wang 2007, "Development of Social Work Education in China in the Context of New Policy Initiatives: Issues and Challenges." *Social Work Education* 26 (6).

Yan, Miu Chung & A. Ka Tat Tsang 2005, "A Snapshot on the Development of Social Work Education in China: A Delphi Study." *Social Work Education* 24 (8).

Yee, Albert H. 1972, "Every Kid a Winner: Accountability in Education-A Review." *The Journal of Educational Research* 65 (7).

Yip, Kam-Shing 2004, "A Chinese Cultural Critique of the Global Qualifying Standards for Social Work Education." *Social Work Education* 23 (23).

Zlotnik, Joan Levy 2007, "Evidence-Based Practice and Social Work Education: A View from Washington." *Research on Social Work Practice* 17 (5).

Zuber-Skerritt, Ortrun 1996, *New Directions in Action Research*. London & Washington: The Falmer Press.

ソイダン，ハルク (Soydan, Haluk) 2014, "Evidence-Based Practice in Human Services." インクルーシブ (社会研究) 4.

后　记

2016年5月17日，习近平总书记在哲学社会科学工作座谈会上的讲话指出，“要善于提炼标识性概念，提出易于为国际社会所理解和接受的新概念、新范畴、新表述，引导国际学术界的研究和讨论”，“对国外的理论、概念、话语、方法，要有分析、有鉴别，适用的就拿来用，不适用的就不要生搬硬套。哲学社会科学要有批判精神，这是马克思主义最可贵的精神品质”。社会工作学界同样要善于提炼标识性概念，同样要秉承马克思主义的精神品质，并做到“围绕我国和世界发展面临的重大问题，着力提出能够体现中国立场、中国智慧、中国价值的理念、主张、方案”。

从个人学术阅历看，开启一项具有创新性研究的最佳路径是从概念出发，它将构成个人研究的逻辑起点，这是最易为人接纳的创新，但也是最难实现的创新。2016年，理查德·斯威德伯格（Richard Swedberg）在《英国社会学杂志》发表《在理论出现之前，或者如何使社会科学更有趣》，指出“理论化”的步骤包括：观察、命名、概念、类比、解释。建议从观察开始，在引入任何理论之前对研究主题有一个良好的经验性把握——为该现象命名——将名称转化为概念，或者引入一些现有概念以试图掌握该主题——在这一阶段，人们还可以尝试使用类比、隐喻，或许还可以使用类型学，既赋予理论以实体，又为其注入过程——最后一个要素是提出一个解释。本研究基本遵循此步骤，在面对跨越理论与实践鸿沟的现实问题时，提出作为临床技能训练策略的标准化案主，正视标准化案主应用面临的约束条件，设置场景，开发量表，建构模型，优化实践流程。亚历山大·M·施耐德（Alexander M. Shneider）将科学学科演化划分为四个阶段：概念化、工具开发、应用创新与知识整理，它对应四类科学工作者，每位学者可以尝试对号入座。这四个阶段并非线性关系，可能是多线程并发处理。但在我看来，社会工作学界同仁不少人还停留在单线程的知识整理与应用创新阶段，提出的概念、开发的工具可能连自己都抛弃了。一个概念，就像一个刚出生的婴儿，当你思考如何让它生存并得以茁壮成长时就会发现有许多工作要做。创造一个概念容易，但要论证它存在的必要性很不容易。如果只是为了创新而“创新”，并不考虑概念、工具的稳健性与可持续性，即便自己最后也会失去研究的兴趣。一篇文章不可能穷尽所有问题的研究，一篇文章也不可能等到成熟时才写，论文总是在写作中完善，在写作中成熟。当有创新的想法时，那就请立即动手：在研究中写作，在写作中研究。

本研究是一项完全基于个人兴趣的研究，缘起于2009年底南通大学医学院一则招聘标准化病人的海报，我看到后立即意识到可以嫁接到社会工作教育，“标准化案主”的概念也就当即跃出。我的第一篇CSSCI论文《标准化案主：社会工作临床技能教育的新策略》，正是以此为主题，发表在《社会学研究》2013年第2期上。博导彭华民教授在阅读完后用过一句话点评：你的论文具有逻辑性。由此我意识到论文的写作要具有逻辑性。可能我自己也未刻意地去思考这一问题，但在写作完有个习惯，就是会对自己论文的论证过程进行推导，看看论证是否存在漏洞或不严密的地方。比如说，《标准化：社会工作专业化、职业化的核心表征与必由路径》一文的标题原本是作为观点置于《标准化案主：社会工作临床技能教育新策略》一文中，但感觉论证尚不充分，就从原文中删除，最后经过系统论证形成了此文，而这两篇也是被引次数最多的论文。另外，我还习惯在一篇文章中为下一篇文章立论，以此保证系列论文在逻辑上的关联性。后来我就将完成论文后重新推导论证过程作为论文写作的必备环节，无论是发表在核心期刊还是普通期刊，都会认真完成，感谢导师彭华民教授在学术之路上的引领。

研究的深入离不开各级各类项目的支持。2010—2013年，依托“团体社会工作”课程，我申请的校级教育技术研究课题《基于Blackboard平台的标准化案主在社会工作实训教学中的应用研究》获得立项。2013—2017年，我主持教育部人文社会科学研究青年项目《标准化案主：社会工作临床技能教育的模式研究》，研究开始从策略转向模式，标准化案主成为统摄性概念。同年，我开始依托选修课程“社会工作实验与管理”实践标准化案主的理念。2014年7月，因在标准化案主培训中应用了社会表演学理论，我被邀请参加上海戏剧学院举办的第20届人类表演学国际大会。2014—2016年，我主持校级教学研究课题《证据·表演·服务·评估：社会工作实验教学的新模式》；2017—2019年，我主持校级微课“社会工作实验与管理”。2018年，我主持江苏省教育厅高校哲学社会科学研究基金《社会工作教育与评估的生态系统模式建构研究》。2018年11月，《标准化案主：社会工作临床技能教育的新策略》一文获得江苏省第十五届哲学社会科学优秀成果奖三等奖。2020—2024年，我主持国家社科后期资助项目《社会工作教育问题研究》。如此详细地列举出各类各级课题，既是为了说明不积跬步，无以至千里的道理，也是为了感谢课题评审背后的各位专家，没有他们的认可，也不会获得立项资助。我们有时耻于列出校级课题，但请不要将校级课题不当课题，它很可能是你学术研究启航的第一动力。

在对社会工作教育研究现状做知识图谱分析时，可以发现，无论中外，学术的承继、延展或互补都不明显，不少合作只是学缘、业缘、地缘间的弱联系。而有些学者会刻意回避他人的研究，不愿引用他人文献，将自己伪装成首倡者。恩格斯在《资本论》第三版（1883）序言中提及马克思的引证方法，指出："这种引证只是为了确定：一种在发展过程中产生的经济思想，是什么地方、什么时候、什么人第一次明确地提出的。这里考虑的只是，所提到的经济学见解在科学史上具有意义，能够多少恰当地从理论上表现当时的经济状况。至于这种见解从作者的观点来看是否还有绝对的或相对的意义，或者完全成为历史上的东西，那是毫无关系的。因此，这些引证只是从经济科学的历史中摘引下来作为正文的注解，从时间和首倡者两方面来确定经济理论中各个比较重要的成就。"在第一卷英文版（1886）序言再次提及，"引证经济学著作家的文句是为了表明：什么时候、什么地方、什么人第一次明确地提出某一观点。只要引用的论点具有重要意义，能够多少恰当地表现某一时期占统治地位的社会生产和交换的条件，马克思就加以引证，而不管这种论点是否为马克思所承认，或者，是否具有普遍意义。因此，这些引证是从科学史上摘引下来并作为注解以充实正文的。"保尔·拉法格在《忆马克思》中则提及，在引用文献时，马克思说："我执行历史的裁判，给每个人以应得的奖励。"马克思认为，一个作家即使毫不重要，毫无名气，只要这个作家第一个提出某种思想，或作出精确的表达，他就有责任指出这一作家的姓名。个人习惯列举出所有给予我启发的引文，不只是原文引用，未查到原始文献的还会注明"转引自"，从而导致论文与专著引用都很多。这会因此被要求删除一些不重要的或时间较早的文献，敬请各位读者包涵。另外，知识图谱多为截图，彩色转黑白后清晰度较低，非质量问题，也请谅解。

《礼记·学记》云，"建国君民，教学为先"，但如今研究仍是重组织孵化轻专业建设，重服务购买轻课堂教学，社会工作教育已然沦为边缘性话题。2019 年我离开南通大学社会工作系，来到苏州大学马克思主义学院，已退出社会工作本科教育，目前只是兼任本校社会工作专业硕士研究生导师，因此不再多言。真诚感谢在我从事社会工作教育研究的道路上给予了质疑、批评、支持与帮助的所有部门、组织与个人。而需要特别感谢的是曾经参加过“社会工作实验与管理”课程学习的南通大学社会工作专业的全体同学，感谢你们的积极参与！尽管我说过，毕业之后，相忘于江湖！

无论失败还是成功、彷徨还是奋进，悲伤还是欢喜，那都是我的来时路！

谨以此记！

臧其胜

2024年11月11日